KB068749

제2판

# 한국의 경제발전

김적교 저

박영사

# 제2판 머리말

    초판에서 미처 생각하지 못하였고 부족한 부분을 많이 수정 보완하였다. 특히 최근에 와서 우리 경제의 성장잠재력에 대한 우려의 목소리가 높고 분배문제도 심각한 사회적 문제로 제기되고 있다. 이러한 점을 감안하여 경제성장과 분배문제를 심층적으로 분석하였고 이와 관련하여 교육과 인력개발문제도 좀 더 보완하였다. 그 밖에도 전반적으로 내용을 충실히 하고 알기 쉽게 하도록 노력하였다.

    자료수집을 함에 있어 여러 사람의 도움을 받았으며 특히 많은 도움을 준 한국보건사회연구원의 원종욱 박사에게 심심한 사의를 표하고자 한다. 포스코경영연구소의 최충규 박사, 한국은행의 신현열 박사, 류현주 박사, 한양대학교 대학원의 유수정 양에게도 고마움을 표하고자 한다. 이 책의 편집과 원고교정을 맡아주신 박영사의 김효선 씨에게도 감사를 드리고자 한다.

2016년 1월

저 자

# 머리말

한국경제는 지난 반세기 동안 눈부신 성장과 발전을 하였으며 오늘날 경제발전의 모델로서 많은 국가들의 관심과 연구의 대상이 되고 있다. 이러한 우리 경제의 발전상에 대해 국내외적으로 그 동안 수많은 출판물이 있었으나 그 내용이 대부분 너무 방대하거나 전문적이어서 일반인이나 학생들이 접근하거나 이해하기가 쉽지 않다. 그렇지 않은 경우에는 너무 부분적이거나 단편적인 분석에 그치고 있어 우리 경제의 발전과정을 체계적으로 파악하기가 어렵다. 특히 반세기에 걸친 우리 경제의 발전상을 쉽게 역사적으로 조명한 책은 많지가 않다.

이 책을 쓰게 된 동기도 이러한 점을 고려하여 우리 경제가 지난 반세기 동안 어떻게 하여 지속적인 고도성장을 할 수 있었으며 이의 정책적·제도적 요인은 어디에 있고 또 어떤 문제점을 내포하였는지를 좀더 쉽게 역사적으로 분석·정리함으로써 일반인이나 학생들로 하여금 한국경제의 발전과정에 대한 올바른 평가와 이해를 돕고자 하는데 있다.

우리나라가 짧은 기간에 놀라운 경제발전을 이룩한 데는 정부의 정책적 요인이 크게 작용하였다. 정부가 대내외 환경변화에 적극적이며 적절히 대응함으로써 지속적인 성장이 가능하였기 때문이다. 따라서 우리나라 경제의 발전과정을 제대로 이해하기 위해서는 정부정책의 내용이나 전개과정에 대한 올바른 분석과 평가가 매우 중요하다. 이러한 취지에서 우리나라의 개발전략이나 정책이 발전단계와 환경변화에 따라 어떻게 대처하고 변화하였는지를 중점적으로 다루었으며 되도록이면 이를 체계적이고 쉽게 이해할 수 있도록 노력하였다.

저자는 이 책을 쓰는 데 필요한 자료를 수집함에 있어 여러 사람의 도움을 받았다. 이와 관련하여 한국은행 경제통계국의 박성빈 차장과 경제조사국의 신현열 차장(현 뉴욕지점차장), 정책금융공사의 조영준 팀장, 한국산업연구원의 한기주 박사와 주현 박사, 대외경제정책연구원의 최낙균 박사, 고희채 전문연구원과 김은지 전문연구원은 많은 도움을 주었으며 이 분들에게 심심한 사의를 표하고자 한다. 대외경제정책연구원 정보자료실의 안태경 실장은 필요한 참고자료를 신속하게 구해줘 많은 시간과 노력을 아낄 수 있었으며 이에 대하여 깊은 사의를 표하고자 한다.

끝으로 원고정리에 도움을 준 국제경제연구소의 박나현 양과 이새미 양에게도 고마움을 표하고자 하며 이 책의 편집과 원고교정을 맡아주신 박영사의 김효선 씨에게도 감사를 드리고자 한다.

2012년 8월

저 자

# 차 례

제 1 장

# 서         론

제1장

# 서    론

지난 반세기 동안 한국경제는 세계사에서 그 유례를 볼 수 없는 눈부신 성장과 발전을 하였다. 1945년 우리는 일제(日帝)로부터 해방은 되었으나 남북분단과 곧 이은 한국전쟁으로 국토는 폐허가 되고 경제는 황폐화되어 국민의 대부분이 기아선상에서 헤매는 참담한 상태에 놓여 있었다.

1953년 휴전 후 다행이도 우리는 미국을 중심으로 한 UN의 도움으로 전쟁에서 파괴된 생산시설을 복구하고 생활필수품 생산에 주력함으로써 1950년대 말에는 어느 정도의 민생안정은 기할 수 있었다. 그러나 낮은 경제성장률과 높은 인구증가율 때문에 국민의 생활수준은 크게 개선되지 못하였다. 1953년의 1인당 GNP는 67달러였는데 8년이 지난 1961년에도 82달러에 불과하였다.

뿐만 아니라 외국원조가 없이는 나라경제의 운영이 불가능하였고 국민의 저축률도 낮아서 경제성장에 필요한 투자재원을 마련할 수 없었다. 더욱이 1950년대 말부터는 외국원조가 줄어들고 정치적 불안이 겹치면서 경제사정은 더욱 나빠져 1960년 초의 한국경제는 그야말로 외국의 원조가 없이는 지탱하기 어려운 세계에서 가장 가난한 나라 중의 하나로 매우 비참한 상태에 있었다.

그러나 이러한 경제사정은 1961년 군사정권이 들어서면서 급격하게 변화하기 시작하였다. 박정희 대통령은 빈곤퇴치를 혁명공약으로 내걸고 경제정책에 일대 변화를 가져왔다. 경제개발5개년계획을 수립하여 정부주도의 경제개발전략을 실천에 옮겼다. 박대통령은 높은 경제성장을 통해서만 빈곤문제를 퇴치할 수 있고 높은 성장은 공업화를 통해서만 가능하기 때문에 공업화정책을 적극적으로 추진하였다.

박대통령은 정권초기에 기간산업 등 수입대체산업의 육성에 중점을 두었으나 좁은 국내시장과 어려운 외환사정 때문에 이를 계속 밀고 나가기 어려워 수출을 통한 공업화의 길을 택하였다. 다시 말하면 수출주도형 공업화전략, 즉 대외지향적 공업화전략을 통해서 고도성장을 달성하고자 하였다. 대외지향적 공업화전략은 정권과 시대적 환경변화에 따라 다소의 정책수정은 없지 않았으나 기본적으로 유지되었고 이를 통해 우리나라는 반세기란 짧은 기간에 10대 경제대국을 건설하고 정치적 민주화도 이룩함으로써 선진국의 문턱에 서게 되었다.

이러한 우리의 성과는 하나의 성공적인 발전모델로서 오늘날 많은 개발도상국의 관심과 연구의 대상이 되고 있으나 다른 한편으로는 경제발전의 어두운 그림자만 부각시킴으로써 비판적으로 보는 견해도 없지 않다. 경제발전이란 하나의 역사적·사회적 진화과정으로서 빛이 있는가 하면 그림자도 있기 마련이다. 따라서 문제는 이를 어떻게 객관적이며 공평하게 평가하는가가 더 중요하다.

이 책을 쓰게 된 동기도 우리나라 경제의 발전과정을 역사적으로 조명함으로써 개발전략과 정책이 시대상황이나 환경변화에 따라 어떻게 변화하였고 어떤 성과를 가져왔으며, 발전의 동력은 무엇인가를 좀 더 체계적으로 분석정리함으로써 한국경제의 발전과정을 보다 쉽게 객관적으로 이해하는데 도움을 주고자 하는데 있다.

이 책은 12개의 장으로 구성되었다. 제2장에서는 지난 반세기 동안의 전체적인 발전과정에 대한 이해를 돕기 위하여 시대적으로 나누어 주요 정책의 전개과정과 성과에 대하여 고찰하였다. 제3장에서는 우리나라 경제발전에 있어 정부의 역할이 지대하였음을 고려하여 정부의 개발전략과 정책이 발전단계나 환경변화에 따라 어떻게 변화하고 대처하였는지를 살펴보았다.

한 나라의 경제발전은 자본축적과정을 논하지 않고서는 제대로 설명할 수가 없다. 경제발전과정은 자본축적과정이라 할 수 있기 때문이다. 이러한 관점에서 제4장에서는 우리나라의 자본축적과정을 자본의 동원, 배분 및 효율성 측면에서 분석토록 하였다. 우리나라 경제발전과정을 이해하기 위해서는 먼저 거시경제적 변화과정을 볼 필요가 있기 때문에 제5장에서는 성장과 구조변화를 다루었다. 경제성장이 시대별로 어떻게 변화하여 왔고 고도성장의 요인은 무엇이며 경제성장이 생산 및 고용구조에 어떤 영향을 미쳤는지를 분석하였다.

제6장에서 제12장까지는 우리나라 경제발전에 중대한 영향을 미친 주요 정책과 그의 경제적 성과에 대한 분석에 초점을 두었다. 우리나라가 눈부신 경제발전을 하게 된 것은 성공적인 공업화정책에 있기 때문에 제6장에서는 공업화정책과 공업화과정에 대한 분석을 먼저 다루었다.

우리나라의 성공적인 공업화와 관련하여 우리는 흔히 수출촉진정책은 과대평가하는 반면 수입대체정책은 과소평가하는 경향이 있다. 우리나라의 수출이 잘 될 수 있었던 것은 수출촉진정책이 중요한 역할을 하였지만 수입대체정책도 이에 못지않게 큰 역할을 하였다. 왜냐하면 우리나라의 수출산업은 거의 전부가 수입대체산업으로 출발하였기 때문이며 그의 대표적 예가 중화학공업이다. 따라서 우리나라의 수출과 공업화과정을 설명하기 위해서는 수입대체산업이 어떤 과정을 거쳐 수출산업으로 발전하였는가에 대한 분석이 필요하다.

이러한 시각에서 제6장에서는 수입대체산업이 수출산업으로 발전할 수 있었던 정책적 배경과 그 과정에 대한 분석을 집중적으로 다루었다. 우리나라 공업화과정에서 중소기업도 중요한 역할을 하였기에 제7장에서는 중소기업정책의 전개과정을 시대별로 고찰하고 중소기업의 성장과 구조에 어떤 영향을 미쳤으며 또 중소기업이 당면한 중요 정책과제가 무엇인가를 집중 분석하였다. 우리나라의 공업화정책은 대기업에 유리하게 전개됨으로써 경제력 집중현상을 가져오고 이는 재벌의 형성으로 이어짐으로써 우리 경제의 구조와 성장에 큰 영향을 미쳤다. 따라서 제8장에서는 경제력 집중과 재벌정책을 집중적으로 다루었다.

우리나라 경제발전에 지대한 영향을 미친 정책으로 개방화정책을 들지 않을 수 없다. 우리나라가 공업화의 초기부터 대외개방을 한 것은 아니다. 초기에는 산업의 보호에 역점을 두었으나 공업화가 진전됨에 따라 단계적으로 추진하였다. 이 과정에서 외환위기를 겪는 등 부작용도 있었지만 전체적으로는 경제발전에 매우 긍정적인 역할을 미쳤다. 이러한 시각에서 제9장에서는 개방화정책이 발전단계별로 어떻게 전개되었고 어떤 순서로 개방화가 진행되었는가를 고찰하고 이에 대한 평가를 하도록 하였다.

제10장에서는 인적자본형성과 기술개발문제를 다루었다. 우리나라의 경제발전을 논함에 있어 교육과 과학기술정책을 다루지 않고는 설명이 불가능하다. 교육은 인적자본형성을 통해 경제성장의 기초를 다졌고 과학기술은 산업의 경쟁력 향상에 결정적 역할을 하였기 때문이다. 제10장에서는 교육정책을 인적자본형성 측면에서 조명하는 한편 과학기술정책이 공업화단계에 따라 어떻게 전개되었고 성공적인 공업화에 어떻게 기여하였는지를 중점적으로 다루었다.

우리나라 경제발전에 있어 사회개발과 소득분배문제는 항상 논쟁의 대상이 되었다. 박정희 정부는 성장제일주의를 택함으로써 사회개발은 정책의 중심에서 벗어났으나 각종 사회보험을 단계적으로 추진하였고 지속적인 고도성장으로 인한 고용증대로 소득분배는 개선되었으나 인플레이션으로 인한 부동산 투기와 경제력 집중으로 부의 편제현상이 제기되는 부작용도 없지 않았다. 사회개발은 6·29 선언 이후 정치적 민주화가 진행되면서 탄력을 받기 시작하였으며 특히 외환위기 이후는 정부정책의 중심에 서게 되어 괄목할만한 진전을 보았다. 제11장에서는 이러한 사회개발의 발전과정과 소득분배문제를 시대별, 정책별로 고찰하였다.

우리 경제는 외환위기를 거치면서 성장의 둔화, 소득분배의 악화, 경쟁의 격화 등 대내외적으로 새로운 도전에 직면하게 되었다. 투자환경의 악화로 투자가 둔화되는 가운데 저출산·고령화가 급진전됨에 따라 성장잠재력이 크게 떨어지고 있다. 산업의 경쟁력도 고비용·저효율로 경쟁력을 점차 상실하는 가운데 새로운 성장동력을 찾지 못하고 있어 우리 경제의 성장전망도 결코 밝지 못하다. 이러한 점을 감안하여 제12장에서는 성장잠재력의 약화요인은 어디에 있고 이를 극복하기 위한 정책과제를 분석하고 정책방향을 제시토록 하였다.

# 제 2 장

# 역사적 개관

## 제 2 장
# 역사적 개관

## 시대적 구분

　한 나라의 경제발전을 올바르게 이해하고 분석하기 위해서는 먼저 발전 과정의 전체적인 흐름을 파악하는 것이 매우 중요하며 이를 위해서는 발전 과정을 역사적, 시대적으로 구분하여 관찰할 필요가 있다. 왜냐하면 시대상 황이나 환경변화에 따라 개발전략과 정책의 중요성이 달라질 수 있고 이는 발전의 흐름에 큰 영향을 줄 수 있기 때문이다.

　지난 반세기 동안 한국경제의 발전과정을 역사적으로 고찰한다면 다음 과 같은 다섯 단계로 나눌 수 있다. 즉

- 50년대의 전후복구기
- 60년대의 자립경제기반조성기
- 70년대의 산업구조고도화와 농촌근대화추진기
- 80년대의 개방화·자유화의 전환기
- 90년대의 세계화와 구조조정기

　이와 같이 발전과정을 시대적으로 구분하는 이유는 정부의 주요 개발전 략과 정책이 대내외 환경변화에 따라 어떻게 변화하여 왔고 그 특징은 무엇 이고 어떤 성과를 가져왔는지를 체계적으로 분석할 수 있고 이를 통하여 우

리나라 경제발전과정에 대한 전체적인 흐름을 보다 잘 이해할 수 있기 때문이다.

　시대적 구분은 보는 시각이나 관점에 따라 다를 수 있으나 10년 단위로 나눈 것은 우리나라 경제개발전략이나 정책이 대체로 10년 단위로 크게 변화하였기 때문이다. 1950년대는 한국전쟁으로 인한 피해복구에 정책이 집중되었기 때문에 하나의 시대로 보는 것은 무리가 없다. 박정희 대통령이 집권하였던 1960년대와 1970년대를 하나의 시기로 볼 것이냐 둘로 나누어 보느냐의 문제가 있으나 1960년대와 1970년대는 개발정책의 중점이 다르기 때문에 분리하여 보도록 하였다.

　1980년대 전두환 정부와 노태우 정부의 정책 사이에는 상당한 차이가 있으나 전두환 정부가 7년이란 비교적 긴 기간을 집권하였고 정책이 가지는 함의가 크기 때문에 1980년대는 전두환 정부의 정책에 초점을 맞추어 하나의 시기로 보아도 무방하다고 보았다. 1990년대도 1997년의 외환위기 이전과 이후는 정책에 상당한 차이가 있으나 기본정책의 방향은 세계화와 이로 인한 구조조정에 있기 때문에 하나의 시기로 보았다.

## 제2절　전후복구기

### 1. 외국원조와 경제재건

　전후복구기는 1953년 휴전 이후부터 1960년 자유당정부가 4·19 혁명에 의하여 무너지기 전까지의 기간을 말한다. 한국전쟁은 우리 경제에 엄청난 물적·인적 피해를 주었다. 1백만명의 민간인 인명피해 이외에도 엄청난 산업시설의 피해를 가져왔다. 제조업시설은 42~44%가 파괴되었고, 전력은 수력 56%, 화력 52%가 파괴되고, 발전시설도 40~60% 이상의 피해를 보았다. 광업도 석탄광의 경우 탄광에 따라 차이는 있지만 굉도시설의 40~90%가 파괴되었다. 이 밖에도 주택을 비롯해 교육, 보건, 상하수도, 도로, 교량, 통신 등의 생활기반시설도 엄청난 피해를 입었는데, 민간부문 총피해액은 1953년 가격으로 4,106억환(10환=1원)에 달하였다.[1] 이는 한국은행이 1955년을 기준연도로 하여 발표한 1953년 국민총생산(GNP) 3,894억환 보다 1.05배가 큰 규모다.

　달러로 표시한 GNP나 전쟁피해액 규모는 환율에 따라 크게 달라지는데 그 당시 환율은 공정환율 외에 유엔군에 대한 대여자금 환율, 원조물자 구매 환율, 수출환율 등으로 나누어져 있었다. 정부는 1953년 8월부터 환율을 올리기 시작하여 12월에는 공정환율도 1달러=60환에서 180환으로 평가절하 하였다. 이와 같이 복수환율제도하에서는 어느 하나의 환율을 실제 환율로 이용하기는 어렵다. 따라서 복수환율을 동시에 반영하기 위한 방법은 원화 표시 수출입액을 달러표시 수출입액으로 나누어 간접적으로 실제 환율을 계산하는 것인데 이렇게 계산된 환율은 1달러=134환이며 이 환율로 계산하면 전쟁피해액은 약 30억 달러가 된다.

　환율문제 외에도 GNP추계문제가 있다. 우리나라 GNP는 1953년부터 한국은행이 발표하고 있고 5년마다 기준연도를 바꾸고 있는데 기준연도가 변함에 따라 GNP의 크기도 달라지기 때문이다. 한국은행은 1975년을 기준연도로 하여 국민소득계정의 시계열자료를 전반적으로 수정 발표하였다. 이 자료에 의하면 1953년 우리나라 GNP는 경상시장가격으로 479억원에 달하고 전쟁피해액은 GNP의 86%에 불과하다. 이 자료에 의하면 1953년의 GNP와 1인당 GNP는 각각 14억 달러와 67달러가 된다.[2]

　그러나 전쟁피해액을 GNP와 비교할 때 1975년 기준연도의 1953년 GNP를 사용하는 데는 문제가 있다. 왜냐하면 GNP추계는 기준연도를 옮기게 되면 과거의 GNP를 과대평가하는 문제가 있기 때문이다. 따라서 전쟁피해액의 규모는 1955년 기준연도의 1953년 GNP와 비교하는 것이 합리적이

---

1) 이대근(2002), p.253.
2) 통계로 본 한국의 발자취(1995), 통계청, p.315.

다. 따라서 전쟁피해액도 GNP의 86%가 아니라 105%로 보아야 한다. 그 당시 한국경제재건을 자문하였던 네이산협회(Nathan Associates)는 전쟁피해액을 2개년의 국민소득에 달한다고 추정한바 있다.3)

이와 같이 한국전쟁은 우리 국민경제를 거의 폐허화 시켰기 때문에 전후의 경제정책은 자연히 전쟁피해복구에 전력을 기울이지 않을 수 없었다. 물론 파괴된 시설의 복구도 중요하지만 이와 못지않게 중요한 것은 전시 인플레이션을 수습하여 민생의 안정을 기하는 것이었다. 다시 말하면 1950년대의 가장 중요한 정책과제는 파괴된 산업시설의 복구와 함께 민생안정에 있었다. 이를 위한 막대한 자금조달은 우리의 능력 밖이었기에 정부는 외국원조에 의존하지 않을 수 없었다.

1945년부터 1960년까지 우리나라가 받은 총원조액은 2,935.7백만 달러이며 이 중 미국으로부터 받은 원조액은 2,356.3백만 달러이고 UNKRA를 중심으로 한 UN기관으로부터 받은 금액은 579.4백만 달러였는데 미국원조가 80% 이상을 차지하였다.4) 1953년 이후 들어온 원조액도 2,083.3백만 달러에 달하였는데 그 중 84%인 1,745.3백만 달러가 미국으로부터 들어왔다(〈표 2-1〉).

**표 2-1 원조자금 도입규모, 1945-1960** (단위: 백만 달러)

|  | 미국 | UN | 합계 |
|---|---|---|---|
| 1945~1952 | 610,975 | 241.4 | 852.4 |
| 1953~1960 | 1,745.3 | 338.0 | 2,083.3 |
| 1945~1960 | 2,356.3 | 579.4 | 2,935.7 |

자료: 1945~1952년은 이대근(2002), p.341; 1953~1960년은 A. O. Krueger(1979), p.67.

---

3) Kwang Suk Kim and M. Roemer(1979), p.30.
4) 1945~1980년 동안 우리나라에 대한 미국의 유·무상 경제원조는 60억 달러가 넘었다. Edward S. Mason et al.(1980), p.xxx.

이러한 원조자금으로 정부는 경제재건에 필요한 원자재와 시설재를 수입하고 또 원조물자의 판매대전인 대충자금(counterpart fund)은 경제재건을 위한 내자를 조달하는데 큰 몫을 차지하였다. 〈표 2-2〉에서 보는 바와 같이 1953~1960년 기간 중 원조자금에 의한 수입은 평균 우리나라 총수입의 74.2 %를 차지하였고, 대충자금은 평균 총정부세입의 38.4%에 달하였는데 한 두 해를 제외하고는 재정수입의 거의 절반을 차지하였다. 또 원조자금과 GNP를 비교해도 이 기간 중 원조자금은 평균적으로 보아 GNP의 8.2%나 차지할 정도로 큰 규모였다.

표 2-2  원조와 국민경제, 1953-1960                                      (단위: %)

| | 1953 | 1954 | 1955 | 1956 | 1957 | 1958 | 1959 | 1960 | 1953~1960 평균 |
|---|---|---|---|---|---|---|---|---|---|
| 원조/수입(A) | 58.3 | 73.9 | 69.3 | 76.1 | 86.6 | 84.9 | 73.1 | 71.4 | 74.2 |
| 수입/GNP(B) | 12.9 | 7.3 | 9.8 | 13.1 | 12.0 | 10.7 | 10.1 | 12.6 | 11.1 |
| 원조/GNP (C=B×A) | 7.5 | 5.4 | 6.8 | 10.0 | 10.4 | 9.1 | 7.4 | 9.0 | 8.2 |
| 대충자금/ 총세입[3](D) | 11.9 | 29.9[1] | 46.5[2] | - | 52.9 | 51.5 | 41.6 | 34.6 | 38.4 |

주: 1) 1954년 4월에서 1955년 6월까지의 15개월임.
　　2) 1955년 7월에서 1956년 12월까지의 18개월임.
　　3) 세입은 중앙정부의 세입임.
자료: A, B, C는 A. O. Krueger(1979), p.67; D는 R. Bahl et al.(1986), p.227.

특히 주목할 만한 것은 그 당시 우리나라는 소득수준이 극히 낮아서 투자재원을 대부분 해외저축에 의존하여 왔다는 것이다. 〈표 2-3〉에서 보는 바와 같이 1953~1960년 동안 국민저축률은 평균 4.2%인 반면 해외저축률은 8.1%로서 투자율 12.3%의 65.9%는 해외저축으로 충당하였다. 다시 말하면 투자재원의 자립도는 34.1%에 불과하였다.[5]

---

5) 한국은행에서는 1993년 UN의 개정된 SNA체계에 따라 저축률과 투자율을 GNP에 대한 비율로 보지 않고 국민총처분가능소득(GNDI)에 대한 비율로 보고 있으며 저축도 GNDI

표 2-3 저축률과 투자율, 1953-1960 (단위: %)

| | 투자율 | 국민저축률 | 해외저축률[1] |
|---|---|---|---|
| 1953 | 15.4(14.7) | 8.8(13.1) | 6.6(1.6) |
| 1954 | 11.9(11.4) | 6.5(10.4) | 5.4(1.0) |
| 1955 | 12.3(11.7) | 5.2(10.3) | 7.1(1.4) |
| 1956 | 8.9(8.0) | −2.9(8.6) | 10.8(−0.6) |
| 1957 | 15.4(14.0) | 5.5(13.9) | 9.9(0.1) |
| 1958 | 12.9(11.8) | 4.8(12.8) | 8.1(−1.0) |
| 1959 | 11.2(10.4) | 4.2(10.8) | 7.0(−0.4) |
| 1960 | 10.9(10.0) | 0.8(9.0) | 10.1(1.0) |
| 1953~1960 | 12.3(11.5) | 4.2(10.0) | 8.1(1.5) |

주: 1) 투자율−국민저축률임.
( )안은 한국은행 자료임.
자료: 한국은행 국민계정 2009.

　　그 당시 원조의 목적은 주로 전후 복구사업과 경제안정에 두었기 때문에 원조의 내용은 시설재의 공여보다는 민생안정에 필요한 물자나 식량의 공급에 주안점을 두었다. 미국원조는 사업(project)원조, 비사업(non-project)원조 및 기술원조로 구분되는데 사업원조란 전력, 통신, 교통, 교육, 보건위생 등 주로 사회간접시설의 복구나 확충 등의 계획사업의 수행을 목적으로 하며, 비사업원조란 원맥, 석유류, 비료, 생고무, 인견사, 의약품 등 주로 생필품생산에 필요한 원자재를 공여하는데 목적이 있었다. 비사업원조는 원조물자를 민간에 판매하고 판매대전은 대충자금수입으로 들어가 경제재건사업에 사용되었다.

───────────────

에서 소비를 공제한 총저축개념으로 보고 있다. 그러나 GNDI에는 원조와 같은 해외경상이전이 포함되므로 저축을 과대평가하는 문제가 있다. 50년대와 60년대의 우리나라처럼 해외경상이전이 많은 경우 투자재원의 자립도는 GNP에서 소비를 공제한 국민저축이 총자본형성에서 차지하는 비율로 파악하는 것이 합리적이다. 경상이전에서 발생한 저축의 원천은 우리의 국민소득이 아니기 때문이다. 이러한 원칙에서 〈표 2-3〉에서는 투자율과 국민저축률 및 해외저축률을 계산하였고 이를 개정된 SNA에 의하여 계산된 한국은행의 투자율과 저축률과를 비교하였다. 〈표 2-3〉에서 보는 바와 같이 후자에 의한 국민저축률은 전자의 저축률보다는 높은 반면 해외저축률은 전자의 저축률보다 낮다.

　사업원조와 비사업원조의 비중은 해마다 다소 다르나 평균 8대 2의 비율로 나누어졌는데 미국원조가 투자사업보다는 경제안정에 더 큰 역점을 두고 있음을 알 수 있다. 기술원조는 공무원의 해외훈련이나 해외전문가의 초청에 사용되는 것으로서 그 규모는 매우 작았다.

　농산물원조는 미 공법 480호에 의한 농산물, 즉 쌀, 보리, 옥수수, 원면 등 미국의 잉여농산물의 원조인데 무상·구호용 원조도 있으나 대부분은 유상판매를 조건으로 하며, 판매대전은 한·미간 협의에 의하여 분담·사용하데 한국은 방위비 목적으로만 이를 사용할 수 있었다. 이러한 조건 때문에 미 공법 480호에 의한 잉여농산물원조는 엄격한 의미에서 경제원조라고 하기는 어렵다. 이러한 관계로 미국의 잉여농산물 도입은 농업생산을 위축시켜 국민경제에 적지 않은 피해를 주었다는 비판도 있으나 방대한 방위비 부담을 감당할 수 없는 그 당시의 처지로서는 불가피하며 필요한 선택이었다. 미국원조가 한국경제에 차지하는 비중 때문에 원조자금의 사용뿐 아니라 우리나라 경제정책 전반에 걸쳐 원조당국은 막강한 영향력을 행사하였으며, 모든 중요경세정책사항은 1952년 12월에 창설된 합동경제위원회(Combined Economic Board)를 통하여 조율되었던 것이다.

## 2. 한미합동경제위원회와 경제안정화정책

　정부는 1953년에 종합부흥3개년계획을 추진함에 따라 우리 경제는 빠른 회복세를 보였다. 원조물자의 대량도입으로 도로, 항만, 통신, 전력 등에 대한 정부의 복구활동이 본격화되었다. 또한 전쟁으로 눌려왔던 민간의 수요가 살아나고 건축경기에 자극받아 시멘트와 판유리 등 건축자재생산이 크게 늘어나는 등 광공업부문의 생산이 활기를 뛰기 시작하였다. 이러한 추세는 대체로 1956년까지 지속되어 1956년 말까지는 대부분의 산업생산이 1949년의 전전 수준을 회복하거나 능가하게 되었다.

　그러나 다른 한편 정부의 적극적인 부흥계획집행과 국방비의 증가로 원조자금의 급증에도 불구하고 재정적자가 늘어나 통화량은 크게 증가하였고 이는 물가상승으로 이어졌다. 물론 정부는 통화량 증가와 물가상승의 목표를 세우는 등 나름대로의 안정화노력은 있었으나 높은 물가상승은 지속되었다. 이와 같이 인플레이션의 압력이 지속되자 미국측은 1957년부터 한국정부에 보다 강력한 긴축정책의 실시를 요구하였으며 이를 관철시키기 위하여 재정안정계획의 채택을 계속적인 원조의 조건으로 제시하였다. 미국의 대한 원조 목적은 전후의 경제재건과 안정에 있으며 이는 1953년 12월에 한·미간에 체결된 「경제재건과 경제안정에 관한 합동경제위원회 협약」에 명시되어 있다. 따라서 미국측으로서는 연간 40%가 넘는 물가상승을 용인할 수 없다는 것이었다.

합동경제위원회 협약에는 통화가치의 안정과 국민경제의 건전한 육성을 위한 균형예산의 편성, 단일환율의 책정, 금융의 수신 내 여신 원칙, 대충자금의 운영 등에 대한 기본방향을 제시하고 있다. 합동경제위원회의 활동은 1956년 전반기까지는 정기적이 되지 못하였으나 후반기부터는 매주 정기적으로 개최되었다.[6]

이리하여 정부는 1957년부터 재정안정계획을 미국측과 합의하에 수립·집행하였다. 재정안정계획은 해가 갈수록 세분화되었는데 이는 미국측의 물가안정에 대한 집요한 관심을 반영한 것이라 할 수 있다. 1959년부터 재정안정계획은 연간, 분기별, 월별로 정부부문, 금융부문, 해외부문으로 나누어 수립·집행되었는데 일반회계는 물론 모든 특별회계의 세입과 세출과 각종 특별자금과 기타 일반은행의 융자자금 등 모든 부문에 깊이 관여하였다.

이와 같이 재정안정계획은 단순한 정책가이드라인이 아니라 세부집행계획이었다. 확정된 정부예산이라도 월별 또는 분기별 재정안정계획에 포함되지 않으면 집행이 불가능하는 등 자금집행은 엄격하게 통제되었다. 다시 말하면 미국측의 동의가 없으면 대한민국의 예산도 쓸 수 없었다는 것으로서

6) 합동경제위원회의 활동과 운영에 대해서는 송인상(1994), pp.163-177 참조.

내정간섭적인 면이 없지 않았으나 원조에 의존해야만 하는 우리 경제의 처지로서는 선택의 여지가 없었다.[7]

어떻든 이와 같은 강력한 안정화정책의 노력으로 우리 경제는 1957년부터 안정되기 시작하였다. 우선 재정적자가 크게 줄어들게 됨에 따라 통화량 증가가 줄고 폭등하던 물가가 크게 안정되기 시작하였다. 재정적자가 줄어들게 됨에 따라 통화량 증가도 크게 둔화되었다(〈표 2-4〉 참조).

표 2-4  주요 거시경제지표, 1953-1960  (단위: %)

| | GNP 성장률 | 소비자물가 상승률 | 통화량 증가율(M2) | 조세 부담률 | 통합재정수지[1] (대GNP) |
|---|---|---|---|---|---|
| 1953 | − | 52.5 | 114.3 | 5.5 | −1.5 |
| 1954 | 5.1 | 37.1 | 93.3 | 6.5 | −3.5 |
| 1955 | 4.5 | 68.3 | 62.1 | 6.2 | −1.7 |
| 1956 | −1.4 | 23.0 | 28.7 | 7.1 | 0.0 |
| 1957 | 7.6 | 23.1 | 19.8 | 7.5 | 2.3 |
| 1958 | 5.5 | −3.5 | 33.1 | 8.9 | −2.7 |
| 1959 | 3.8 | 3.2 | 8.8 | 12.0 | 0.8 |
| 1960 | 1.1 | 8.0 | 9.5 | 12.0 | 2.9 |

주: 1) 통합재정수지는 일반정부(중앙정부＋지방정부)의 통합재정수지임.
자료: 한국은행 경제통계시스템; R. Bahl et al.(1986), pp.259-260.

## 3. 무역산업정책

1950년대의 무역 및 산업정책은 생필품 등 비내구성 소비재중심의 국내생산에 초점을 두었다. 한국전쟁으로 생산시설은 크게 파괴된 데다가 북한에서 내려온 많은 피난민으로 인한 소비인구의 급증은 심각한 물자부족현상을 가져왔다. 이에 정부는 우선 생활에 필요한 물자의 생산에 주력하였고 그 재원은 원조로 충당하였다. 원조자체가 소비재중심으로 이루어진데도 원인

---

7) 김정렴(1990), p.75.

이 있겠지만 그 당시의 사정으로 보아 식량 및 원자재를 중심으로 한 소비
재원조는 우리 실정에 부합하였다고 할 수 있다. 미국원조가 농산물과 원자
재위주로 이루어졌기 때문에 이를 활용하는 원료가공형 공업화정책이 추진
되었으며, 특히 제분, 제당, 면방의 이른바 삼백(三白)산업을 중심으로 한 수
입대체산업이 발달되었다.

이러한 산업정책의 추진은 높은 관세와 수입의 양적 통제를 통하여 이
루어졌다. 정부는 1950년에 관세임시증징법(關稅臨時增徵法)을 제정하여 국내
에서 생산되는 반제품이나 완제품 및 사치품에 대해서는 고율관세를 부과하
여 국내산업을 보호하는 한편 식량이나 국내생산이 적은 원자재에 대해서는
무관세나 저율관세를 부과하여 물자의 원활한 공급을 기하도록 하였다.8) 단
순 평균관세율은 약 40%에 달하였으며 정부는 1957년에 다시 관세율을 평
균 4.1% 포인트나 인상하는 등 산업보호를 위한 고율관세정책은 계속되
었다.9)

수입은 처음에는 분기별로 수입할당제를 실시하였으나 1953년부터는
상·하반기로 나누어 실시하였고, 1956년부터는 보다 신축적인 수입허가제로
바꾸어 모든 수입물자는 자동승인품목, 제한품목 및 금지품목으로 나누어
통제하였으나 원조자금에 의한 수입에는 이를 적용하지 않았다.

환율은 높은 인플레이션 때문에 휴전 이후에도 여러 차례의 평가절하가
있었으나 상당히 과고평가된 상태로 운영되었다. 이는 정부가 유엔군 대여
금의 상환에 따른 외환수입을 올리고 원조자금을 많이 받기 위해서는 고평
가 환율을 유지하는 것이 유리하였기 때문이다. 반면 미국은 환율을 현실화
하는 것이 대여금상환이나 대충자금수입을 올리는데 유리하기 때문에 한·
미간에는 환율결정에 있어 적지 않은 마찰이 있었다.

이러한 관계로 환율은 1955년 8월에 1달러당 50원의 단일환율을 채택
하여 이를 원조자금이나 유엔군 대여금상환에도 일률적으로 적용하였으며

---

8) 한국의 무역, 어제와 오늘(1993), 한국무역협회, p.53.
9) Charles Frank, Jr. et al.(1975), p.36.

1959년까지 유지되었다. 1959년의 시장(암시장)환율은 1달러당 125원에 달하고 있어 공정환율이 상당히 과고평가 되었음을 알 수 있다. 다만 수출환율은 공정환율과는 별도로 지속적으로 평가절하가 되어 어느 정도의 현실화가 이루어졌다.

정부는 물론 수출촉진을 위해서도 노력을 하였다. 복수환율제를 도입하여 수출에 우대환율을 적용하였고 또 수출입링크제를 실시하여 수출액의 일정비율을 인기품목을 수입하는데 사용토록 하였다. 수출용 원자재에 대한 관세를 감면하였고 수출금융에 대해서는 우대금리를 적용하였다. 모든 수출업자와 수입업자는 상공부에 등록을 하여야 하는데 일정액의 수출을 한 자에게만 등록이 허용되었고 이를 허가함에 있어 수출업자보다는 수입업자에게 더 많은 수출액을 요구하였다.

이러한 노력에도 불구하고 수출은 수산물과 광산물의 1차산업이 주종을 이루고 있어 전반적으로 부진하여 연 평균 20백만 달러를 조금 상회하는데 그쳤다. 반면 수입은 수입대체를 위한 기계류수입과 원자재수입 및 농산물 수입으로 3~4억 달러에 달해 무역수지 적자폭은 연 3억 달러를 상회하였는데 이는 원조자금으로 충당하였다

## 4. 평    가

1950년대의 경제정책은 전쟁으로 인한 피해를 복구하면서 인플레이션을 수습하고 민생을 안정시키고자 하였는데 이러한 정책목표는 대체로 달성되었다고 할 수 있다. 이러한 과정에서 미국의 원조가 절대적인 역할을 하였으나 우리나라와 원조당국간에는 원조자금의 사용과 관련하여 마찰이 없었던 것은 아니다.

우리나라 정부는 더 많은 돈을 시설재 구입과 공장건설에 사용하고자 하였고 미국측은 원자재 도입에 더 많이 할당해서 대충자금의 수입을 늘리자고 주장하였다. 미국의 원조가 주로 농산물과 원자재로 구성된 반면 시설

재 도입이 매우 빈약하여 경제성장에 큰 도움이 되지 못하였다는 비판이 없는 것은 아니나 정부는 나름대로 많은 원조자금을 시설재 도입에 사용하고자 하였다. 특히 이승만 대통령은 제조업의 재건에 지대한 관심을 가졌으며 이로 인하여 미국과의 마찰이 적지 않았다. 이와 관련하여 당시 부흥부 장관을 역임하였든 송인상 씨는 그의 회고록에서 다음과 같이 기술하고 있다.

> "이승만 대통령은 항상 미국 원조자금은 한국 국민의 피의 대가인데 이것을 가지고 일본산 완제품을 들여와서 소비하는 것은 참을 수 없는 일이다 라며 기회 있을 때마다 더 많은 원조자금을 공장건설에 투자하라고 말하곤 하였다. … 나는 보다 많은 돈을 시설재 구입 및 공장건설에 사용하고자 주장했고 미국측은 판매재 도입에 더 많이 할당해서 대충자금의 적립을 늘리자고 주장했다. 이 일 때문에 몇 번씩이나 일어나 서로 얼굴을 붉히면서까지 회의가 중단되었던 적도 있다."[10]

그러나 미국원조의 목적자체가 경제성장보다는 전후복구와 민생안정에 있었기 때문에 원조의 성격자체를 가지고 비판하는 것은 옳지 않다. 다만 여기서 문제가 되는 것은 미국의 잉여농산물 도입과 이로 인한 우리 농업의 피해문제다. 미국으로부터의 양곡도입은 1953년 이후 평균 국내 양곡생산의 20~30%에 달하였다.[11] 이는 국내의 양곡수급과는 무관하게 이루어짐으로써 곡물가격을 통하여 농가소득에 매우 부정적인 영향을 미쳤다.

그러나 미국의 잉여농산물 도입은 그 판매대전인 대충자금수입을 통해 국방비를 지원하고 전후 복구사업에 사용되는 등 경제안정과 재건에도 기여하였다는 것을 결코 간과해서는 안 된다. 그 당시의 우리나라 재정형편으로는 막대한 군사비를 감당할 여력이 없었기 때문에 만일 잉여농산물원조가 없었다면 통화증발을 통해서 국방비를 조달할 수밖에 없었고 이렇게 되면

---

10) 송인상, 전게서, p.163.
11) 이대근, 전게서, pp.426-428 참조.

물가안정을 기할 수 없는 상황이 되었을 것이다. 따라서 잉여농산물 도입문제는 단순히 농업의 피해측면에서만 볼 것이 아니라 이러한 종합적인 측면에서 그 공과가 평가되어야 한다.

또 하나 지적할 사항은 정부는 원조자금의 효율적인 활용을 통해서 물가를 수습하면서 만족스럽지는 못하나 비교적 착실한 경제성장을 이룩하였다는 점이다. 비록 계획사업원조가 전체 원조금액의 20%에 지나지 않는다고는 하나 금액으로는 거의 6억 달러에 달해 결코 적은 금액이 아니며 이 자금의 대부분이 광공업과 전력, 교통, 통신, 운수 등의 사회간접시설을 위한 기계 및 시설재의 도입에 사용되어 생산을 직·간접적으로 지원하였다. 뿐만 아니라 비계획사업원조의 경우에도 판매대전인 대충자금수입을 통해 상당한 금액이 투융자사업에 사용됨으로써 경제성장을 지원하였다.

1953~60년에 투자율은 평균 12.3%인데 비하여 GDP성장률은 평균 3.9%로서 한계자본계수는 3.2가 되는데 이는 비교적 낮은 편으로 투자가 그만큼 효율적으로 이루어졌다는 것을 의미한다. 이는 제조업과 건설·전기·가스 등의 사회간접시설이 비교적 높은 성장을 시현하고 있음에서도 알 수 있다. 1954~60년에 제조업과 건설·전기·가스업 등은 각각 연평균 12.8%와 9.8%를 성장하였고 이로 인하여 농림어업부문이 2.4%란 저조한 성장을 하였음에도 불구하고 GDP는 3.9%의 안정적인 성장을 할 수 있었다(〈표 2-5〉). 이 기간 중 제조업은 판유리, 시멘트, 비료와 같은 일부 생산재공업의 발달이 있었으나 섬유류와 음·식료품 등의 비내구 소비재산업의 수입대체가 중심이 되었기 때문에 이 기간의 공업화과정을 용이한 수입대체(easy import substitution)시기라고도 한다.[12]

그러나 문제는 50년대의 경제적 성과는 모두가 외국원조의 힘으로 이루어졌다는 것이다. 다시 말하면 50년대의 우리 경제는 원조의존경제로서 원

---

[12] 판유리, 시멘트, 비료공장은 UNKRA원조자금에 의하여 건설되었다. 미국정부의 원조정책과는 달리 UNKRA원조는 처음부터 수입대체와 기간산업육성에 중점을 두었다. 이대근, 전게서, pp.365-367; S. Haggard(1990), pp.56-58 참조.

표 2-5  **산업별 경제성장률, 1953-1960**  (단위: %)

| | GDP<br>성장률 | 산업별 성장률 | | | |
| --- | --- | --- | --- | --- | --- |
| | | 농림<br>어업 | 광공업 | 제조업 | 기타 |
| 1953 | – | – | – | – | – |
| 1954 | 5.6 | 8.0 | 11.5 | 18.1 | 2.6 |
| 1955 | 4.5 | 1.5 | 19.9 | 21.3 | 5.6 |
| 1956 | −1.3 | −6.9 | 13.6 | 15.2 | 2.3 |
| 1957 | 7.6 | 9.4 | 9.9 | 7.1 | 6.5 |
| 1958 | 5.5 | 7.3 | 9.1 | 10.3 | 3.1 |
| 1959 | 3.9 | −0.3 | 10.0 | 9.2 | 7.8 |
| 1960 | 1.2 | −2.1 | 10.9 | 8.2 | 2.4 |
| 연평균 | 3.9 | 2.4 | 12.1 | 12.8 | 3.8 |

자료: 한국은행 경제통계시스템.

조가 없으면 지탱하기 어려운 상황이었으며 이는 1958년부터 미국의 원조가 줄고 무상에서 유상원조로 바꾸어지면서 그 영향은 나타나기 시작하였고 이러한 경제의 취약성은 1960년과 1961년의 정변을 겪으면서 경제정책의 일대변화를 가져오게 하였다.

## 제 3 절  자립경제기반조성기

### 1. 대외지향적 개발전략

1958년부터 원조가 줄어들면서 경제성장이 둔화되자 이에 대처하고자 하는 노력이 없었던 것은 아니다. 1959년에 부흥부산하의 산업개발위원회가 경제개발3개년계획(1960~62)을 작성하여 자립경제달성을 위한 시도는 있었다. 그러나 4·19 혁명으로 시행이 되지 못하였고 그 후 장면정권이 들어서

5계년계획(1961~65)을 추진하고자 하였으나 1961년의 5·16 군사혁명으로 빛을 보지 못하였다.

경제개발계획의 수립과 집행은 1961년 군사정권이 들어서면서 본격화되었다. 정부는 7.1%를 목표성장률로 하는 제1차 경제개발5개년계획(1962~66)을 수립하였는데 개발계획의 목표는 원조의존경제를 탈피하여 자립경제의 기반을 조성하고 고도성장을 통해서 빈곤의 악순환을 단절하는데 두었다. 이를 위하여 정부는 경제기획원을 설립하여 자원배분에 직접 관여하는 정부주도형 개발전략을 위한 행정체제를 갖추고 경제기획원에 기획기능과 예산기능을 통합하여 개발계획의 효율적인 집행을 기하도록 하였다.

여기서 주목하여야 할 것은 그 당시 농업이 국민경제에서 차지하는 막중한 비중과 식량부족문제가 있었음에도 불구하고 정부가 공업화에 초점을 둔 개발계획을 추진하였다는 점이다. 이는 자유당정부시절의 농업투자, 특히 수리사업의 비효율성문제도 있었지만 농업중심의 개발계획으로서는 빈곤문제를 근본적으로 해결할 수 없다고 판단하였기 때문이다.

1960년대 초만 해도 우리 인구의 40% 이상이 절대빈곤선상에 있는 등 빈곤문제는 심각하였으며 이 문제해결은 고도성장으로만 가능하고 고도성장은 공업화로만 실현가능하다고 믿었기 때문이다. 그러면 공업화정책을 어떻게 추진하여야 할 것인가? 여기에 당시의 혁명정부로서는 고뇌가 없었던 것은 아니다.

당초 혁명정부는 종합제철, 기계, 정유, 석유화학 등의 자본집약적인 수입대체산업의 육성에 상당한 역점을 두었다. 이를 바탕으로 7.1%란 당시의 경제상황으로는 상당히 의욕적인 목표성장률을 세웠으나 시행 첫 해부터 여러 가지 어려움에 봉착하게 되었다. 정부는 1962년에 내자동원을 위하여 통화개혁을 단행하였으나 실패하였고 군사정부에 대한 미국의 비협조로 1963년에는 외환위기를 맞이하게 되었다. 이에 따라 1963년에 계획의 보완작업이 시작되었고 목표성장률도 1964년부터 1966년까지 5%로 하향조정하는 등 계획의 내용이 상당히 수정되었다.

이와 관련하여 중요한 정책변화는 공업화의 기본전략이 수입대체에서 수출촉진으로 전환된 데 있다. 막대한 투자재원의 조달이 어렵게 되자 정부는 자본집약적인 수입대체산업의 육성을 무리하게 추진할 것이 아니라 경공업제품의 수출을 촉진시켜 우선 외환문제도 풀고 목표성장률을 달성하는 것이 현실적이라는 판단을 하게 되었고 1964년부터 수출지원정책이 집중적으로 실시되었다. 다시 말하면 개발전략을 수출중심의 대외지향적 개발전략으로 바꾸었으며 이러한 기본전략은 제2차 5개년계획기간까지 계속되었다.

흥미로운 것은 수출촉진정책을 추구하면서도 제1차 5개년계획에서 기도하였던 철강, 기계, 석유화학 등 중화학공업의 육성을 결코 포기하지 않았다는 점이다. 이는 자립경제의 달성은 공업화로만 가능하고 공업화는 중화학공업의 육성 없이는 완결될 수 없다는 최고통치자의 굳은 신념이 있었기 때문이다. 다시 말하면 정부는 수출촉진정책을 쓰면서도 수입대체산업육성을 동시에 추구하는 이중전략을 채택하였다고 할 수 있다. 박대통령을 위시하여 당시의 고위정책담당자들은 일본의 공업화경험에서 많은 영향을 받았다. 일본의 경험에서 보듯이 중화학공업은 단기적으로는 수입대체산업이나 장기적으로는 수출산업으로 발전할 수 있기 때문에 수출의 지속적인 성장을 위해서도 중화학공업의 육성이 필요하다고 보았다.

제1차 5개년계획이 당초 예상과는 달리 7.1%의 목표성장률을 초과 달성하는 등 계획이 성공을 하게 되자 정부는 중화학공업육성을 위한 제도정비에 착수하였다. 섬유, 철강, 석유화학, 기계, 전자, 조선 및 비철금속을 전략적 산업으로 지정하고 개별산업육성법을 제정하여 이들 산업을 지원하기 시작하였다. 이와 같이 제1, 2차 5개년계획에서는 자립경제기반조성을 위한 개발전략을 추진하는데 역점을 두었는데 이를 위한 부문별 주요 정책을 보면 다음과 같다.

## 2. 무역외환정책

정부는 미국의 원조가 줄어들면서 심각한 외환위기를 맞이하게 되자 1964년 5월에 공정환율을 달러당 130원에서 256원으로 대폭 평가절하 하고 환율제도도 종전의 고정환율제에서 단일변동환율제로 변경하여 수출산업의 가격경쟁력을 제고토록 하였다. 이와 함께 금융 및 세제상의 지원을 대폭 강화하는 등 수출입국(輸出立國)을 위한 총력전을 전개하였다.

이 중에서도 가장 중요한 것은 파격적인 수출금융우대정책이다. 정부는 공금리의 반에 가까운 낮은 금리로 그것도 거의 무제한으로 수출금융을 공급토록 하였다. 이러한 파격적인 우대금융정책은 수출업자에게는 엄청난 유인책이 아닐 수 없으며 가장 효과적인 지원정책이었다. 수출용 원자재수입에 대한 관세면제, 수출제품에 대한 영업세 및 물품세 면제, 수출소득에 대한 소득세감면, 특별감가상각인정 등 다양한 지원을 하였다. 일부 품목에 대해서는 철도 및 전기요금과 같은 공공요금을 할인해 주었다. 이 밖에도 수출을 위한 시설자금은 외화대부 및 외자도입 등에 의하여 지원하였다.

제2차 5개년계획기간 중에도 수출을 위한 지원은 계속되었다. 환율은 지속적인 평가절하로 현실화가 이루어진데다가 수출금융의 금리는 은행의 일반 대출금리의 인상에도 불구하고 인하하는 등 수출유인책은 강화되었다. 예컨대 은행의 일반대출금리는 1965년에 16%에서 26%로 올렸으나 수출금융의 금리는 8%에서 6.5%로 내렸고 1968년에는 6%까지 내렸다.

## 3. 재정금융정책

정부가 의욕적인 5개년계획을 추진함에 있어 가장 큰 애로사항은 투자재원의 조달문제였다. 저축증대를 위해서는 금리의 현실화가 무엇보다 중요하였다. 은행의 예금금리가 물가상승률보다 크게 낮아 저축유인이 전혀 없었고 이로 인하여 은행은 항상 자금부족 상태에 빠지는 등 내자동원에 큰 차질이 발생하였다. 이를 해결하기 위하여 1965년에 은행금리를 대폭 올려 1년 만기 정기예금금리를 15%에서 30.0%로 인상하고 대출금리는 16%에서 26%로 인상하였다. 이와 같은 역금리체제는 은행자금에 대한 가수요를 억제하고 저축성예금을 획기적으로 증대시키는데 결정적 역할을 하였다. 1965년에는 한일국교를 정상화하여 일본으로부터의 상업차관과 직접투자의 길을 열어주었다.

재정정책은 경제개발을 지원하기 위한 재원조달과 세제개혁에 역점을 두었다. 1966년에 국세청을 신설하여 징세행정을 대폭 강화하여 조세수입을 획기적으로 증대시켰으며 1967년에는 대대적인 세제개혁을 단행하여 세제를 개발지원세제로 개편하였다. 중요전략산업을 육성하기 위하여 투자세액공제제도를 도입하고 공개법인의 육성을 위해 공개법인과 비공개법인간의 차등세율을 적용하였다. 또한 부동산투기억제세를 신설하고 소비억제를 위해 사치품에 대해서는 중과하는 등 소비억제를 위한 세제를 대폭 강화하였다. 이와 같은 세제개혁으로 조세수입이 급증하여 GNP대비 조세수입, 즉 조세부담률은 1965년의 8.6%에서 1970년에는 15.4%로 거의 배나 상승하였다(〈표 2-7〉).

조세수입이 호조를 이루고 그 동안 미루어 왔던 개발계획이 본격화됨에 따라 재정지출도 1965년부터 급증하였다. 1965~1972년에 GNP는 연평균 10.3%가 증가한 반면 정부지출은 16.9%가 증가하였고 국방비를 제외하면 정부지출은 무려 19.9%나 증가하였다.[13] 이와 같이 1960년대에도 재정은 경제개발을 위하여 주도적 역할을 하였는데 정부지출 중 경제사업비의 비중이 크게 늘어나 1960년대 후반에는 거의 40%에 달하였다(〈표 2-6〉). 그러나 이로 인한 적극적인 재정정책으로 통합재정수지는 악화되어 1966년부터 적자를 시현하기 시작하여 1970년에는 GNP대비 재정적자가 1.6%에 달하였다(〈표 2-7〉).

---

13) 졸고(1977), p.275.

표 2-6   일반정부지출의 기능별 분류, 1961-1970   (단위: %)

| | 일반행정 | 방위 | 사회사업 | 경제사업 | 기타 | 합계 |
|---|---|---|---|---|---|---|
| 1961 | 16.4 | 25.7 | 27.3 | 28.7 | 2.2 | 100.0 |
| 1962 | 13.2 | 21.3 | 22.7 | 38.9 | 4.0 | 100.0 |
| 1963 | 17.0 | 21.9 | 27.6 | 32.5 | 1.0 | 100.0 |
| 1964 | 16.4 | 25.2 | 28.9 | 28.0 | 1.6 | 100.0 |
| 1965 | 17.2 | 24.3 | 28.8 | 28.1 | 1.7 | 100.0 |
| 1966 | 15.1 | 20.1 | 27.2 | 35.6 | 2.0 | 100.0 |
| 1967 | 12.6 | 17.3 | 25.1 | 43.4 | 1.7 | 100.0 |
| 1968 | 13.6 | 17.7 | 30.4 | 37.3 | 1.0 | 100.0 |
| 1969 | 12.6 | 15.6 | 24.5 | 46.2 | 1.2 | 100.0 |
| 1970 | 13.8 | 16.3 | 29.8 | 38.4 | 1.7 | 100.0 |

자료: R. Bahl et al.(1986), pp.266-267.

표 2-7   주요 거시경제지표, 1961-1970   (단위: %)

| | GDP 성장률 | 소비자물가 상승률 | 통화증가율 (M2) | 경상수지 (대GDP) | 조세부담률 (대GNP) | 통합재정수지[1] (대GNP) |
|---|---|---|---|---|---|---|
| 1961 | 5.9 | 8.2 | 59.4 | 1.6 | 9.6 | −0.2 |
| 1962 | 2.1 | 6.6 | 25.2 | −2.4 | 10.8 | −3.5 |
| 1963 | 9.1 | 20.2 | 7.6 | −5.3 | 8.9 | 0.1 |
| 1964 | 9.7 | 29.5 | 15.3 | −0.9 | 7.2 | 0.3 |
| 1965 | 5.7 | 13.5 | 51.9 | 0.3 | 8.6 | 1.1 |
| 1966 | 12.2 | 11.3 | 51.5 | −2.9 | 10.8 | −5.3 |
| 1967 | 5.9 | 10.9 | 61.3 | −4.6 | 12.1 | −2.8 |
| 1968 | 11.3 | 10.8 | 72.0 | −8.5 | 14.4 | −1.2 |
| 1969 | 13.8 | 12.4 | 54.7 | −8.4 | 15.1 | −4.1 |
| 1970 | 8.8 | 16.0 | 24.9 | −7.7 | 15.4 | −1.6 |

주: 1) 일반정부(중앙정부＋지방정부)의 통합재정수지임.
자료: 한국경제60년사-경제일반(2010), pp.102-106; R. Bahl et al.(1986), pp.259-260.

## 4. 과학기술기반조성

공업화를 추진하기 위해서는 인력과 과학기술의 뒷받침 없이는 불가능하기 때문에 정부는 제1차 5개년계획부터 인력개발과 과학기술의 기반조성을 위한 많은 노력을 경주하였다. 풍부한 노동인력을 고려할 때 인력개발이 최상의 과학기술정책이라는 인식하에 정부는 우선 기능인력의 양성에 중점을 두었다.

정부는 제1차 5개년계획이 시작되자 인력조사를 하여 인력수급계획을 작성하는 등 인력개발계획에 착수하였다. 기술 및 기능 인력을 양성하기 위해서 실업교육을 강화하는 것이 급선무라고 보아 공과대학과 실업계 고등학교의 정원수를 대폭 늘리도록 하였으며 그 폭은 경제개발에 따른 인력의 수급상황을 고려하여야 하기 때문에 경제기획원과 협의하여 결정하도록 하였다. 또한 기술계 고등학교의 교과과정을 개편하고 야간수업을 허용하는 등 실업교육을 강화하는데 집중적인 노력을 경주하였다.

이러한 실업교육의 강화로 1963년에 3만 4천명이었던 공업고등학교의 학생이 1972년에는 8만 2천명으로 2.4배나 늘었고 공과대학생은 1만 5천명에서 3만 8천명으로 2.5배가 되었다. 또한 공업전문학교를 67년부터 설립하여 1972년에는 학생수가 1만 9천명이 되었다.[14]

정부는 1967년에 과학기술정책을 보다 효과적으로 추진하기 위해 경제기획원의 기술관리국을 분리·발전시켜 과학기술처를 신설하였으며, 같은 해에 직업훈련법을 제정하여 직업훈련기관을 대폭 설립토록 하고 사내직업훈련계획도 허용하였다. 이로 인하여 많은 공공 및 민간 훈련기관이 신설되고 기업의 사내훈련이 제도화됨에 따라 기능인력의 양성은 크게 활성화되었다.

기능인력의 양성도 중요하지만 장기적으로는 기술개발을 담당할 고급기

---

14) 한국경제의 어제와 오늘(1975), 대통령비서실, p.38.

술인력의 양성과 이들을 수용할 수 있는 연구기반의 조성이 필요하다고 생각하여 1966년에 한국과학기술연구소(KIST)를 설립하였으며 1971년에는 한국과학원(KAIS)을 설립하여 고급과학기술인력을 국내서 자체 양성하도록 하였다. 또한 같은 해에 한국개발연구원(KDI)을 설립하여 해외에 있는 경제학자를 초빙하여 개발계획의 작성과 정책입안에 필요한 연구를 수행토록 하는 등 과학기술진흥을 위한 기반을 구축하는데도 각별한 노력을 기울였다.

## 5. 평   가

앞에서 지적한 바와 같이 1961년에 군사정부가 들어오면서 경제정책은 일대 변화를 가져왔다. 초기의 여러 가지 어려움이 있었음에도 불구하고 제1, 2차 경제개발계획은 당초의 목표성장률을 초과 달성하는 등 성공적으로 수행되었다. 1961~70년간 GDP의 성장률은 연평균 8.5%에 달하였고 제조업 성장률은 17.0%에 달하여 공업화는 빠르게 진전되었다. 1인당 GNP도 1961년의 82달러에서 1970년에는 253달러로 3배 이상 증가하였다. 실업률도 1963년의 8.1%에서 1970년에는 4.4%로 크게 떨어졌다.

빠른 공업화의 진전에는 수출이 견인차 역할을 하였다. 1962~71년 사이에 수출은 연평균 38.6%나 증가하였으며 이에는 정부의 강력한 수출유인 정책이 큰 역할을 하였지만 해외무역환경도 매우 유리하게 작용하였다. 1960년대는 케네디라운드 이후 세계무역이 황금기를 맞이하여 연평균 7~8%란 높은 성장을 하는 등 우리의 수출환경은 매우 우호적이었으며 여기에 우리의 대외지향적 공업화전략이 잘 맞아 떨어졌던 것이다.

이와 같이 1960년대의 개발전략은 괄목할만한 성과를 거두었다. 그러나 이러한 성과의 뒤에는 그림자가 없지는 않았다. 우선 인플레이션 문제를 들지 않을 수 없다. 1961~70년 사이에 서울소비자 물가지수는 연평균 13.9%나 증가하였는데 이는 개발계획의 적극적인 추진으로 통화량이 급증한데 기인하였다. 연말기준 통화량은 M2의 경우 연평균 37.7%나 증가하였는데 수출금융의 지원에 따른 신용팽창과 재정의 적극적인 개발지원에 따른 정부부문에서의 통화팽창이 주된 요인으로 작용하였다. 재정적자는 1965년 이후 급증하여 1970년에는 GNP대비 1.6%에 달하였다.

수출의 급증에도 불구하고 개발계획에 따른 수입수요의 증가로 수입이 빠르게 증가하여 무역수지 적자는 크게 늘어났다. 1950년대는 외국원조가 적자를 보전하여 주었으나 60년대 들어오면서 원조가 줄어들게 되자 경상수지적자도 크게 증가하였는데 1970년에는 GDP대비 7.7%에 달하였다(〈표 2-7〉).

이상에서 지적한 바와 같이 60년대는 높은 경제성장으로 절대 빈곤문제를 해결하는 한편 수출주도형 공업화전략을 안착시키는데 성공하였다고 할 수 있으며, 공업화에 필수 요건인 인력 및 기술개발을 위한 기초를 다짐으로서 자립경제달성을 위한 기반을 구축하였다고 할 수 있다. 다만 이 과정에서 인플레이션과 국제수지적자가 누적되는 부작용이 있었다.


## 제 4 절  산업구조고도화와 농촌근대화추진기

### 1. 중화학공업육성

#### 1.1 육성배경

1970년대 개발계획의 특징은 60년대 후반기에 시작한 중화학공업의 육성을 본격적으로 추진하는 한편 그 동안 공업화정책에 밀려 다소 소외되었든 농촌의 근대화작업을 추진하였던 시기라고 할 수 있다.

중화학공업의 육성이 1970년대에 들어와서 본격적으로 추진하게 된 배경에는 먼저 1960년대 후반기에 들어오면서 나타난 세계경제의 경기후퇴와 이에 따른 선진국에서의 노동집약적 상품에 대한 보호무역주의 대두다. 노동집약적인 상품이 주력수출품인 우리에게는 큰 위협이 아닐 수 없기 때문에 수출산업의 구조개선, 즉 노동집약적인 상품을 자본 및 기술집약적인 상품으로 대체해야 하는 필요성이 제기되었던 것이다.

다른 하나는 안보상의 위기의식을 들 수 있다. 미국의 닉슨 행정부는 1971년에 주한 미군을 1/3 가량 감축했으며 머지않아 완전히 철군한다고 알려졌다. 또한 1960년대 후반부터 시작된 북한의 위협과 도발행위는 안보상의 불안감을 주는데 충분하였다. 이에 따라 방위산업육성을 위해서라도 중화학공업의 건설이 필요하였다. 이러한 대내외 환경변화는 정부로 하여금 중화학공업의 육성에 박차를 가하는 요인을 제공하였다.

앞에서 지적한 바와 같이 정부는 60년대 후반에 이미 중화학공업육성을 위한 제도정비에 착수하였기 때문에 중화학공업육성 자체는 자립경제달성을 위한 공업화과정의 연장선상에서 보아야 할 것이나 60년대 말과 70년대 초에 나타난 대내외 경제여건의 악화와 안보상의 위기가 박대통령으로 하여금 중화학공업육성을 더 절실히 필요하게 하였다.

이리하여 박대통령은 1973년 연두기자회견에서 중화학공업육성을 선언하게 되었고 이와 아울러 1981년에 1인당 국민소득 1,000달러와 100억 달러 수출달성이란 중장기비전을 제시하였다.[15] 이는 중화학공업을 수출산업으로 발전시켜 지속적인 수출증대를 통해 우리나라를 상위중진국으로 만들어 보겠다는 박대통령의 강력한 의지의 표출이었다. 여하튼 이를 계기로 하여 정부는 철강, 조선, 기계, 전자, 석유화학 및 비철금속을 6대 전략산업으로 선정하여 집중적으로 육성하였다.

우리나라의 공업화전략은 일본의 공업화정책에서 많은 영향을 받았는데 상공부의 장차관을 역임하고 오랫동안 대통령 비서실장으로 박대통령을 측근에서 보좌하였던 김정렴씨는 그의 회고록에서 다음과 같이 기술하고 있다.

---

15) 1인당 소득 1,000달러의 구체적 추계근거에 대해서는 졸고, 「1970년대 초의 개발계획과 장기비존」, 한국개발연구원(2003), pp.45-46 참조.

"일본은 자원을 해외로부터 수입·가공해서 국내수요를 충족시키는 동시
에 수입대전을 마련해야 하므로 극히 제한된 자원과 자본을 최대한 효율
적으로 활용하기 위하여 정부주도 아래 소위 산업정책에 의하여 수출지
향적 공업화, 특히 중화학공업부문, 즉 고도공업부문에 집중해서 경제발
전을 기하고 있었다. 나는 한국경제의 나아갈 길은 여러 여건, 특히 경제
적 조건에 비추어 일본과 같아야 된다고 생각했다."16)

당시에 많은 고위정책가도 이와 같은 견해를 가졌었다. 물론 여기에는
지리적 문화적 인접성이 영향을 미친 것도 무시할 수는 없으나 그 당시 전
문가들은 일본과 우리나라 공업발전의 차이는 대략 20~30년 정도가 된다고
보았으며 이는 우리의 노력여하에 따라 추격이 가능하다고 생각하였다.

1981년에 1인당 국민소득 1,000달러와 100억 달러 수출목표는 70년대
초의 1인당 300달러의 소득수준과 20억 달러도 되지 못하는 수출규모를 생
각할 때 매우 야심적인 목표로서 일부에서는 실현성이 없는 목표라는 비판
도 있었다. 그러나 이들 목표는 기대 이상으로 1977년에 조기 달성되었다.
이러한 목표달성을 위해서는 중화학공업육성이 절대적으로 필요하다고 보
았다.

그 이유로는 첫째, 노동집약적인 경공업위주의 수출상품으로는 선진국
에서의 보호무역과 임금상승 때문에 수출의 한계가 있는 반면 중화학공업제
품은 수요의 소득탄력성이 높기 때문에 지속적인 수출증대가 가능하며, 둘
째, 중화학공업은 전후방 연관효과가 큰 기초소재 및 자본재산업으로 공업
구조의 고도화와 지속적인 성장을 위해서는 필요불가결하며, 셋째, 만성적인
국제수지적자문제를 개선하기 위해서도 중간재와 자본재의 수입대체가 필요
하며, 넷째, 남북간의 긴장고조에 따른 방위산업의 육성을 위해서도 중화학
공업의 육성이 필요하였다.

중화학공업육성의 궁극적인 목표는 1980년대 초까지 중화학공업을 수

16) 김정렴, 전게서, p.109.

출산업으로 육성하여 우리나라를 상위 중진공업국으로 발전시키는데 있으며
이를 위하여 중화학공업제품의 수출을 공산품 수출의 50% 이상으로 끌어
올리겠다는 것이다. 이를 위하여 정부는 재정, 금융, 무역, 외환, 과학기술
등 광범위한 분야에 걸쳐 정책전환이 있었다(자세한 지원정책내용은 제6장 제1
절 참조).

## 1.2 산업유인정책

중화학공업육성과 관련해서 가장 중요한 정책변화로는 산업유인정책의
변화를 지적할 수 있다. 60년대 말까지의 산업유인정책은 수출촉진에 집중
되었으나 중화학공업선언 이후 지원정책이 수출보다는 수입대체를 촉진하는
방향으로 전개되었다. 수출에 대한 지원은 점진적으로 줄이는 반면 중화학
공업에 대한 지원은 강화하는 방향으로 조세, 금융, 무역 및 외환정책이 변
화하였다. 다시 말하면 개발전략의 중심이 수출촉진에서 수입대체정책으로
이동하였다고 할 수 있다.

예컨대 수출소득에 대한 직접세감면제도의 폐지(1973), 수출기업에 대한
전기요금할인폐지(1975), 수출용원자재에 대한 관세면제의 관세환급제도로의
전환(1975)이 있었으며 중요산업의 시설재 도입에 대해서는 관세감면혜택을
주는 반면 수출산업에 대한 관세감면은 폐지하였다. 또한 중화학제품에 대
한 관세율을 올리는 반면 경공업제품에 대해서는 관세를 인하하는 등 중화
학공업을 보호하는 방향으로 관세제도도 개편하였다.

물론 이러한 수출에 대한 지원축소는 수출중시정책의 기조변화를 의미
하는 것은 아니나 지원의 무게가 수출에서 수입대체 쪽으로 기울였는데 이
는 중화학공업이 대부분 수입대체산업인 동시에 유치산업으로 정부의 지원
과 보호가 필요하였기 때문이다.

다른 한편 정부는 소위 중화학공업에 속하는 특정산업을 중요산업이라
고 지정하여 이들에 집중적인 조세 및 금융상의 지원을 하였다. 여기서 중요
산업이란 상기의 6대 산업 외 비료, 항공산업, 방위산업, 광업 및 발전설비

를 말한다. 이들 산업에 대해서는 소득세의 직접감면(최초 3년 100%, 다음 2년 50% 감면)을 허용하고 각종 관세 및 비관세장벽을 통하여 보호하여 주었다. 이로 인하여 수입자유화율도 70년대 들어와서 떨어졌다.

1973년 12월에는 국민투자기금법을 제정하여 이 법에 의하여 조성된 자금을 중화학공업에 일반 대출금리보다는 낮은 저리로 제공하도록 하였고 금리차는 재정에서 보전하여 주었다. 국민투자기금 외에 산업은행의 수출자금 설비금융 등의 정책금융도 중화학공업에 우선 지원되었고 외자도입에 있어서도 중화학공업을 우선하는 등 금융지원도 중화학공업에 집중되었다. 환율정책도 제도자체는 변동환율제나 중화학공업을 지원하기 위하여 1974년 이후 조정이 되지 않고 변동이 거의 없었기 때문에 수출산업에는 불리하게 작용하였다.

이와 같이 70년대의 산업정책은 1960년대의 수출촉진보다는 수입대체정책에 역점을 두었기 때문에 정부의 개입과 간섭은 강화되었다. 중화학공업은 자본집약적이고 기술집약적 산업으로서 막대한 자본이 필요할 뿐 아니라 상당한 기술력이 있어야 하나 그 당시 우리나라 기업으로는 이를 감당할 수 있는 기업은 많지 않았기 때문에 정부의 과감한 지원 없이는 중화학공업에 대한 투자는 기대하기 어려웠다. 정부의 막대한 지원에도 불구하고 기업이 중화학공업에 투자하는 것을 주저하였던 것이며, 이 때문에 적지 않은 기업이 타의 반, 자의 반으로 중화학공업에 투자를 하게 되었다.

여하튼 정부의 과감한 지원은 중화학공업에 대한 집중적인 투자로 이어져 제조업성장의 견인차 역할을 하였다. 중화학공업은 1971~79년에 연평균 20.0%나 성장함으로써 제조업 성장(18.2%)을 주도하였다. 중화학공업에 대한 집중적인 지원은 비단 중화학공업에 대한 투자만을 촉진하였을 뿐 아니라 전 산업에 걸쳐 투자 붐을 형성함으로써 고도성장을 유지하는데 결정적인 역할을 하였다. 1971~79년에 전 산업에 걸쳐 투자가 연평균 두 자리 수 이상의 실질증가가 있었으며 특히 광공업에는 연평균 29.0%의 급증을 보였다. 이로 인하여 국민경제 전체의 총고정자본형성도 연평균 16.7%의 실질증가를 하였고 GDP도 8.3%의 고도성장을 할 수 있었다.

세제금융상의 지원 외에도 정부는 고급기술인력 양성과 전문출연연구소를 설립하여 중화학공업육성을 지원하였다. 중화학공업은 고급기술인력의 뒷받침이 없이는 성공할 수가 없기 때문에 정부는 1970년대에 들어오면서 공과대학의 신설과 학과의 증설을 실시하고 공과대학의 특성화를 추진하여 중화학공업분야에 필요한 기술인력을 대폭 양성토록 하였다. 또한 한국과학기술연구소만으로는 급증하는 연구개발수요를 충족할 수 없기 때문에 기계, 화학, 전자, 통신기술 등 국책전문출연연구소를 설립하여 도입기술의 흡수개량을 지원하고 기술개발능력을 제고하도록 하였다.

## 2. 농촌의 근대화추진

### 2.1 추진배경

정부의 정책이 공업화에 집중됨에 따라 1960년대 중반부터 농촌인구의 이농현상이 심화되어 농업인구가 감소하고 농토도 도로건설과 공장부지 등으로 잠식당하게 되어 농업환경은 크게 악화되었다. 거기에다 오랫동안의 저곡가정책에 따른 증산의욕의 감퇴로 농업생산이 위축되는 등 농업은 상대적 쇠태의 길을 밟게 되었다. 이로 인하여 농업의 성장률도 크게 떨어져 도·농간의 소득격차가 심화되는 등 농업문제는 사회적 문제로까지 확대되었다.

농업의 성장률은 1960~65년간의 연평균 5.5%에서 1965~70년간에는 2.8%로 떨어졌고 1970~73년에는 1.2%로까지 급락하였으며, 식량작물은 마이너스 성장(−0.21%)을 시현하였다.[17] 미국의 식량원조가 1960년대 말부터 현금판매 또는 차관형식으로 전환됨에 따라 우리의 외환으로 식량을 수입해야 하는 문제가 발생하여 가뜩이나 어려운 국제수지상황을 더욱 어렵게 하였다. 이 때문에 식량의 자급문제는 무역수지적자의 짐을 덜어주기 위해서

---

17) 반성환(1980), p.51.

도 해결해야 할 시급한 과제로 등장하였다.

이에 따라 정부는 1970년대에 들어오면서 공업화 일변도의 불균형개발 전략에서 농·공개발을 병진하는 균형개발전략으로 개발전략상의 수정이 불가피하게 되었다. 이리하여 정부는 제3차 5개년계획에서는 농어촌의 혁신적 개발을 가장 큰 목표의 하나로 설정하였는데 이는 농어촌의 개발 없이는 우리 사회의 근대화작업은 사실상 불가능하다고 보았기 때문이다.

그러나 오랫동안의 침체과정을 겪어온 농어촌의 근대화를 위해서는 경제적인 유인책만으로는 불충분하며 이와 함께 정신운동이 필요하다고 보았던 것이며 이러한 취지에서 나온 것이 새마을 운동이다. 이리하여 1970년대의 농어촌 및 농업정책은 식량증산과 함께 새마을 운동을 통한 농어촌의 종합개발계획을 추진하는데 역점을 두었다.

### 2.2 식량증산계획

앞에서 지적한 바와 같이 식량문제는 주곡의 자급이나 국제수지문제를 고려해서도 시급히 해결해야 할 과제로 등장하였다. 물론 식량부족은 만성적인 문제로서 식량증산을 위해 정부가 그 동안 노력을 하지 않은 것은 아니다.

제1, 2차 5개년계획기간에도 정부는 농산물가격지지와 농가소득보장을 위하여 1966년에 농산물가격안정기금법과 농업기본법을 제정하여 법적·제도적 장치를 마련하였으나 정책의 우선순위를 공업화에 두었기 때문에 실효를 거두지 못하였다. 가령 가격정책만 하더라도 높은 농산물지지가격은 곡물의 높은 시장가격으로 이어지고 이는 일반물가의 상승으로 이어진다고 보아 저곡가정책은 상당기간 동안 지속되었다.

저곡가정책은 농가의 증산의욕을 감퇴시키는 반면 곡물소비를 조장시켜 식량부족문제를 더욱 어렵게 하였다. 특히 미국의 농산물 원조가 무상에서 유상으로 전환됨에 따라 식량문제는 국제수지문제로까지 비화되는 등 공업화의 제약요인으로까지 발전하게 되었다. 이렇게 되자 정부는 문제의 심각성을 고려하여 1960년대 말부터 다각도로 식량증산대책을 강구하기 시작하였다.

일차적으로 저곡가정책을 탈피하기 시작하였다. 정부는 1968년부터 추곡 및 하곡의 수매가격을 일반물가의 상승률보다 높게 책정하여 농산물의 교역조건을 개선하기 시작하였다. 1970년대에 들어오면서 수매가격을 지속적으로 인상하는 한편 수매규모를 대폭 확대함으로써 고곡가정책은 식량증산과 함께 농가소득을 향상시키는데 크게 기여하였다.

특히 주곡의 자급화를 위하여 통일벼와 같은 다수확품종을 일반미와 같은 수매가격을 적용함으로써 다수확품종의 보급확대에 결정적 역할을 하였다. 이를 통하여 1977년에는 쌀과 보리의 자급을 이룩하는 쾌거를 올렸다. 이 밖에도 정부는 1973년에 농지보전 및 이용에 관한 법률을 제정하여 농지의 타목적 전용을 방지토록 하였다.

이러한 정부의 노력에도 불구하고 전체 식량생산은 늘어나는 인구와 소득증가로 인한 식량수요 증가를 따르지 못해 식량자급률은 1960년대 초의 90% 수준에서 1978/79년에는 75% 수준으로 떨어졌다.[18] 다른 한편 고곡가정책은 시장방출가격을 정부수매가격보다 낮게 책정하는 이중가격제(二重價格制)와 병행함으로써 대규모의 재정적자를 유발시키는 부작용을 가져왔으나 주곡의 자급화를 이루었다는 면에서 높이 평가되어야 할 것이다.

## 2.3 새마을 운동

앞에서도 지적한 바와 같이 새마을 운동은 종합적인 농촌개발계획으로서 정부주도의 지역사회개발운동이며 농촌의 계몽과 생활환경개선 및 소득증대를 통해 잘 사는 농촌을 만드는데 있었다.

이 운동은 박대통령이 직접 창안한 운동으로 1970년부터 시작하였는데 처음에는 새마을 가꾸기 운동으로 출발하였다. 새마을 가꾸기 운동은 마을

---

18) 문팔용(1980), p.114.

진입로확장, 작은 교량건설, 지붕개량, 우물시설개선 등 부락민의 생활환경을 개선하는 운동이며 이를 위하여 정부는 시멘트 등을 무상지원하였다. 부락민의 반응과 성과가 좋게 나타나자 정부는 1972년부터 새마을 운동을 범국민적 운동으로 확대하였는데 스스로 노력하고 협동하는 마을에는 적극적으로 지원하고 그렇지 않은 마을에는 지원을 하지 않는 원칙을 세웠다.

이와 같이 새마을 운동은 생활환경개선사업부터 시작하였으나 잘 사는 농촌을 만들기 위해서는 새마을 운동이 소득증대에 이어지지 않고는 성공할 수 없기 때문에 소득증대사업에 중점을 두도록 하였다. 이와 아울러 새마을 연수원을 설립하여 새마을 지도자를 양성하고 근면(勤勉), 자조(自助), 협동(協同)의 새마을 정신교육을 실시하는 등 새마을 운동이 정신계몽, 환경개선 및 소득증대의 삼위일체가 되도록 하였다.[19]

정부는 새마을 운동을 전국적으로 확대하기 위하여 전국의 3만 5천개 마을을 참여정도에 따라 기초마을, 자조마을 및 자립마을로 나누었다. 참여도가 가장 낮은 경우가 기초마을이 되고 참여도가 가장 높은 마을을 자립마을로 지정하였다. 정부의 지원물자는 기초마을은 제외하고 자조마을과 자립마을에 배정토록 하였는데 이는 기초마을의 주민을 자극하여 새마을사업에 적극 참여토록 유도하기 위한 것이며 참여정도에 따라 지원을 달리하였다. 새마을 운동에 대한 참여도는 정부지원에 대한 농민자신의 출자, 노동력의 제공, 협동작업 능력, 생산성 향상 등을 다각도로 평가하여 결정하였다.

이와 같은 정부의 차등지원은 부락간의 경쟁심과 협동정신을 불러 일으켜 기초마을을 자조마을로, 자조마을을 자립마을로 발전시켜 궁극적으로는 모든 마을을 자립마을로 발전시켜 잘 사는 마을을 만들고자 하는데 있었다. 이를 위하여 정부는 새마을 운동을 3단계로 나누어 추진하였는데 1단계를 기초조성단계(1971~73), 2단계를 자조발전단계(1974~76), 3단계를 자립완성단계(1977~81)로 하여 1981년에는 농가호당 소득을 1백 40만원으로 올리는 것을

---

19) 새마을 운동의 배경과 전개과정에 관해서는 김정렴, 전게서, pp.171-199 참조.

목표로 삼았다. 1970~80년 사이에 새마을 운동을 위하여 투자된 총금액은 총 3조 4천 2백 51억원에 달하였는데 그 중 49.4%는 주민들이 충당하였다.[20]

소득증대사업의 1단계는 벼농사의 공동집단재배에 중점을 두었는데 이는 공동묘판의 설치로부터 품종의 선택, 이앙작업, 병충해방지와 수확에 이르기까지의 공동영농방법으로서 토지생산성을 올리는데 결정적 역할을 하였다. 예컨대 1ha당 쌀의 생산량은 1970~77년 사이에 3.5톤에서 4.9톤으로 크게 증가하였다. 2단계에서는 비닐하우스 채소재배, 양송이, 양봉, 과일, 담배, 비육우 등 농외소득의 증대에 중점을 두었으며, 3단계에서는 소득증대사업이 생산에서 판매와 가공까지 유기적으로 연결토록 하여 농촌의 소득을 종합적으로 향상 시키도록 하였다.

이와 같은 소득증대사업의 추진으로 농가경제는 획기적인 발전을 하였다. 농가소득의 급속한 성장으로 도·농간의 소득격차는 크게 줄었다. 〈표 2-8〉에서 보는 바와 같이 70년대 중반부터 농가의 가구당 명목소득은 도시 근로자 가구당 명목소득을 능가하게 되었다. 농가의 구입품가격이 소비자물가보다 높게 올라간 관계로 농가의 실질소득은 명목소득보다 빨리 올라가지는 못하였으나 60년대에 비하여 실질소득의 도·농간 격차도 크게 줄었다. 이러한 도·농간 소득격차의 감소는 70년대 와서 농외소득의 급속한 증가가 크게 기여한 것으로 보인다. 농외소득이 농가소득에서 차지하는 비중은 1970년의 18.1%에서 1978년에는 28.0%로 올라갔다.

새마을 운동은 농가의 소득증대뿐 아니라 도로포장, 작은 하천의 개보수, 간이상수도 및 하수도설치, 주택개량 등 생활환경을 개선하고 전국 마을에 전기를 보급하고 모든 리(里)·동(洞)까지 전화를 가설함으로서 주민들의 복지를 향상시키는데 크게 기여하였다. 특히 근면, 자조, 협동의 새마을 정신을 통해 농민에게 자신감과 자부심을 심어줌으로서 농촌의 근대화를 촉진시켜 주는 전기를 제공하였다는 점에서 높이 평가하여야 할 것이다.

---

20) Ki-Whan Chung(2002), p.26.

**표 2-8 도·농간 소득비교, 1965-1978** (단위: %)

| | 도시근로자소득에 대한<br>농가가구당 소득비율(경상가격) | 농가소득에 대한 농외소득의 비율 |
|---|---|---|
| 1965 | 99.7 | 20.8 |
| 1966 | 80.6 | 22.1 |
| 1967 | 60.1 | 22.2 |
| 1968 | 62.6 | 23.5 |
| 1969 | 65.3 | 23.3 |
| 1970 | 67.1 | 24.1 |
| 1971 | 78.9 | 18.1 |
| 1972 | 83.0 | 17.7 |
| 1973 | 87.4 | 18.8 |
| 1974 | 104.6 | 19.7 |
| 1975 | 101.6 | 18.1 |
| 1976 | 100.4 | 24.3 |
| 1977 | 102.0 | 27.7 |
| 1978 | 98.3 | 28.0 |

자료: 문팔용(1980), p.151.

## 3. 평    가

1970년대의 개발계획은 한국의 공업화과정을 한 단계 업그레이드 시키고 새마을 운동을 통해 농촌의 근대화를 촉진시킴으로써 한국경제의 지속적 성장을 위한 기반을 구축하였다고 할 수 있다. 그러나 이 과정에서 발생한 부작용 때문에 이의 공과에 대해서는 이견(異見)이 없지 않다.

중화학공업의 육성으로 한국경제는 오일쇼크와 같은 대외여건의 악화에도 불구하고 60년대에 이어 70년대도 지속적인 고도성장을 할 수 있었다. 1971~80년 사이에 GDP는 연평균 9.1%가 증가하였으며 공업구조도 획기적인 개선을 하였는데 중화학공업의 비중이 1970년의 37.8%에서 1980년에는 57.5%로 향상되었다(〈표 6-9〉).

| 표 2-9 | | 주요 거시경제지표, 1971-1980 | | | | | | (단위: %) |
|---|---|---|---|---|---|---|---|---|
| | GDP 성장률 | 소비자물가 상승률 | 통화량 증가율[1] (M2) | 명목임금 상승률 (제조업) | 명목 환율 (원/달러) | 경상 수지 (대GDP) | 통합 재정수지 (대GDP) | 조세 부담률 (대GDP) |
| 1971 | 10.4 | 13.5 | 29.3 | 16.2 | 347.7 | -8.9 | -2.2 | 14.4 |
| 1972 | 6.5 | 11.7 | 33.6 | 13.9 | 392.9 | -3.5 | -4.6 | 12.4 |
| 1973 | 14.8 | 3.2 | 36.1 | 18.0 | 398.3 | -2.3 | -1.6 | 12.0 |
| 1974 | 9.4 | 24.3 | 21.5 | 35.3 | 404.5 | -10.5 | -3.9 | 13.1 |
| 1975 | 7.3 | 25.2 | 25.2 | 27.0 | 484.0 | -8.9 | -4.5 | 14.9 |
| 1976 | 13.5 | 15.3 | 35.1 | 34.7 | 484.0 | -1.1 | -2.8 | 16.2 |
| 1977 | 11.8 | 10.1 | 40.1 | 33.8 | 484.0 | 0.0 | -2.6 | 16.1 |
| 1978 | 10.3 | 14.5 | 35.4 | 34.3 | 484.0 | -2.0 | -2.5 | 16.6 |
| 1979 | 8.4 | 18.3 | 29.7 | 28.6 | 484.0 | -6.6 | -1.4 | 16.9 |
| 1980 | -1.9 | 28.7 | 44.5 | 22.7 | 607.4 | -8.3 | -3.0 | 17.0 |

주: 1) 연말기준, 재정수지는 중앙정부재정수지임.
자료: 한국은행, 국민계정 2009; 한국경제60년사-경제일반(2010), pp.202-210.

그러나 이러한 성장의 이면에는 적지 않은 부작용이 있었다. 먼저 인플레이션 문제를 들 수 있다. 소비자물가는 1971~80년 사이에 연평균 16.5%가 상승하였는데 이는 중화학공업지원에 따른 통화량의 급증과 임금의 가파른 상승이 크게 작용한 것으로 보인다. 같은 기간에 통화량(M2)은 연말 기준으로 연평균 33.1%나 증가하였고 제조업의 임금은 26.5%나 상승하였다(〈표 2-9〉). 이 밖에도 오일쇼크로 인한 수입물가의 상승도 영향을 미친 것으로 보인다.

특히 노동생산성 증가를 앞지른 임금의 상승은 단위당 노동비용을 크게 올려 우리 산업의 국제경쟁력을 약화시켰다. 여기에다 환율마저 1974년 이후 전혀 평가절하가 되지 않아 산업의 경쟁력은 더욱 악화되었으며 무역수지적자는 누적되었다. 경상수지적자는 1980년에 GDP대비 8.3%에 달하였다(〈표 2-9〉).

70년대에 나타난 두드러진 현상 중의 하나는 오랫동안의 고도성장과 인플레이션 지속으로 인플레이션 기대심리가 확산되어 부동산투자가 재산증식 수단으로 인식됨에 따라 주택 및 택지가격이 급등하였다. 이는 도시근로자 가계소득의 증가를 크게 앞질러 부익부 빈익빈의 계층간 위화감을 조성하고 소득분배를 악화시키는 요인으로 작용하였다.

이상에서 지적한 바와 같이 70년대는 중화학공업육성과 새마을 운동의 추진으로 한국경제의 새로운 성장동력을 구축하고 주곡의 자급 및 도농간의 소득격차를 해소하였다는 매우 긍정적인 면이 있으나 다른 한편 높은 인플레이션의 지속은 산업의 경쟁력을 약화시키고 부동산투기를 유발함으로써 소득분배를 악화시키는 등 부작용도 있었음을 지적할 수 있다.

## 제 5 절　개방화·자유화의 전환기

### 1. 개발전략의 수정

1980년대는 경제개발전략에 있어서 하나의 큰 전환기라고 할 수 있다. 1970년대까지는 정부가 자원배분에 직접적이고 깊숙한 관여를 한 전형적인 정부주도적인 개발전략이었다. 경제개발5개년계획은 목표지향적이고 정부가 자원배분의 중심적 역할을 하고 시장은 정부를 도와주는 보충적 역할을 하는데 그쳤다. 이는 시장이 제대로 작동하지 않는 경제발전의 초기에서는 불가피하였으며 또 대단한 성과를 거두었다.

그러나 경제규모가 커지고 민간부문의 역할이 증대됨에 따라 정부관료 중심의 의사결정만으로는 효율적인 자원배분이 어렵다고 판단하였다. 이리하여 1980년대에 들어오면서 정부는 자원배분에 있어 민간부문과 시장의 역할을 중시하는 방향으로 개발전략의 수정이 필요하다는 인식을 하게 되었다.

이는 1970년대 후반에 나타난 여러 가지의 부작용이 원인제공을 한 점도 있지만 대통령을 보좌하는 인물들과 한국개발연구원 같은 두뇌집단도 적지 않은 역할을 한 것으로 보인다. 왜냐하면 대통령을 최측근에서 보좌하는 경제수석비서관이 모두 해외에서 수학한 시장주의자였으며 이들은 경제정책 수립에 상당한 영향력을 행사하였기 때문이다.

이러한 고위정책결정자의 인식전환은 산업 및 무역정책, 재정금융정책, 과학기술정책 등 광범위한 분야에서 시장 및 민간부문의 역할을 중시하는 방향으로 정책의 변화가 이루어졌다. 이러한 정책의 변화를 큰 틀로 본다면 자유화·개방화정책이라고 할 수 있다. 개방화정책을 성공적으로 추진하기 위해서는 물가안정을 중심으로 한 경제의 안정화가 필수적이기 때문에 정부는 안정화정책에 중점을 두면서 점진적으로 개방화정책을 추진하였다.

## 2. 안정화정책

앞에서 지적한 바와 같이 중화학공업에 대한 과도한 지원으로 1970년대 후반부터 여러 가지 부작용이 나타났으며 이는 1979년의 제2차 오일쇼크와 박대통령의 서거에 따른 정치적 혼란으로 더욱 악화되었다. 경기는 침체된 가운데 물가는 크게 오르고 국제수지적자가 심화되는 등 심각한 위기상황을 맞이하였다.

1980년에 새로 출발한 전두환 정부는 이러한 부작용이 정부의 지나친 개입에서 기인한다고 보아 여러 부문에서 개혁을 단행하였는데 1차적으로 물가안정에 집중적인 노력을 하였다. 이는 물가안정 없이는 국민생활의 안정이 안 될 뿐 아니라 물가안정은 시장경제가 제대로 작동하기 위한 기본요건으로서 경제성장과 국제경쟁력 강화를 위해서도 절대적으로 필요하였기 때문이다.

이리하여 신정부는 일련의 강력한 재정금융상의 긴축정책을 시행하였다. 사실 경제안정화정책은 1978년 박대통령 정부에서도 신현확 부총리가 취임하면서 시도를 하였으나 박대통령의 서거로 빛을 보지 못하였다. 신정부의 안정화정책은 1978년의 안정화정책과는 그 맥을 같이 한다고 할 수 있다.

우선 재정금융정책에서 강력한 긴축정책을 실시하였다. 재정정책에서는 1982년 예산편성제도를 영점기준방식(zero-based budgeting)으로 바꾸어 종전의 전년도 답습주의에서 오는 예산의 낭비를 제거하는 등 재정을 긴축적으로 운용하였다. 또한 중기예산편성제도를 도입하여 단일(單一)연도 예산편성제도에서 오는 단점을 보완하여 예산편성의 효율성을 기하도록 하였다.

이러한 긴축적인 재정운용을 통하여 재정적자는 크게 감소하였다. GNP 대비 재정적자는 1981년의 4.6%에서 점점 감소하여 1986년에는 재정이 거의 균형수준을 유지하였으며 그 이후에는 소폭이나마 흑자를 시현하였다. 통화관리도 긴축적으로 운용하여 1976~78년 기간 중 연평균 36%에 달하였던 총통화(M2)의 증가율은 1979~81년에는 25% 수준으로 떨어졌고 1983~85년에는 14% 수준에서 억제되었다(〈표 2-10〉). 이와 아울러 정책금융을 축소하고 시중은행의 민영화를 추진하는 등 금융의 효율화를 기하도록 하였다.

**표 2-10 주요 거시경제지표, 1981-1990** (단위: %)

|  | GDP 성장률 | 소비자물가 상승률 | 통화량 증가율[1] (M2) | 명목임금 상승률 (비농림어업) | 경상수지 (대GDP) | 재정수지 (대GDP) | 실질실효환율 (2000년=100) (노임단가기준) |
|---|---|---|---|---|---|---|---|
| 1981 | 7.4 | 21.4 | 36.1 | 20.7 | −6.4 | −4.3 | 98.6 |
| 1982 | 8.3 | 7.2 | 37.0 | 15.8 | −3.3 | −4.0 | 92.6 |
| 1983 | 12.2 | 3.4 | 22.9 | 11.0 | −1.8 | −1.5 | 89.8 |
| 1984 | 9.9 | 2.3 | 19.0 | 8.7 | −1.4 | −1.2 | 92.8 |
| 1985 | 7.5 | 2.5 | 18.1 | 9.2 | −0.8 | −0.8 | 96.0 |
| 1986 | 12.2 | 2.8 | 29.5 | 8.2 | 4.2 | −0.1 | 114.7 |
| 1987 | 12.3 | 3.1 | 30.2 | 10.1 | 7.2 | 0.2 | 113.6 |
| 1988 | 11.7 | 7.1 | 29.8 | 15.5 | 7.7 | 1.2 | 93.0 |
| 1989 | 6.8 | 5.7 | 25.8 | 21.1 | 2.3 | 0.0 | 82.0 |
| 1990 | 9.3 | 8.6 | 25.3 | 18.8 | −0.8 | −0.8 | 82.6 |

주: 1) 연말기준.
자료: 한국은행 국민계정 2009; 한국경제60년사-경제일반(2010), pp.202-210.

임금의 급속한 상승이 물가를 자극하는 중요한 요인이었음을 감안하여 정부는 임금상승→물가상승의 악순환을 단절하는 것이 무엇보다 중요하다고 판단하였다. 정부는 강력한 소득정책을 실시하여 비용상승요인을 제거토록 하였다. 공무원의 봉급을 동결하여 정부가 솔선수범을 하는 한편 임금가이드라인을 설정하여 민간부문의 임금인상을 억제토록 하였다. 이리하여 임금과 물가상승률은 80년대 들어오면서 한 자리수로 크게 안정되었다. 또한 우리 사회에 만연된 인플레이션 기대심리를 차단하지 않고는 장기적으로 물가안정은 어렵다고 보아 사회지도층을 중심으로 경제교육을 실시하여 물가안정의 필요성과 이를 위한 국민들의 협조와 이해를 구하도록 하였다.

이러한 일련의 정책이 상승작용을 하면서 물가가 안정되고 국제수지가 개선되면서 우리 경제는 다시 상승하는 성장세를 보이기 시작하였다. 특히 1985년 이후에는 3저현상(저유가, 저금리, 저달러)으로 인한 경기가 급속도로 호전되어 물가와 국제수지가 안정된 가운데 높은 성장을 유지할 수 있었다(〈표 2-10〉). 그러나 이러한 안정 속의 성장은 1987년 이후 민주화 운동이 산업계와 노동계로 확산되면서 임금이 크게 상승하고 이로 인한 경쟁력의 악화로 경상수지가 다시 적자로 돌아가는 등 안정기조는 흔들리기 시작하였다.

그러나 전체적으로 보면 1980년대는 해외여건의 도움도 있었지만 안정화정책의 성공으로 우리 경제는 해방 이후 처음으로 물가와 국제수지가 안정된 가운데 높은 성장을 유지하였던 시기였으며 그런 측면에서 안정화정책은 높이 평가되어야 할 것이다.

## 3. 개방화정책

정부는 안정화정책을 추진하는 한편 여러 부문에서 시장의 기능을 중시하는 정책을 추진하였는데 그 중에서도 대표적인 정책이 수입자유화정책이다. 정부는 중화학공업을 육성함에 있어 관세율을 높이고 수입통제를 강화하는 등 강력한 보호를 하였다. 이는 중화학공업의 빠른 성장을 가져왔으나 다른 한편 중복·과잉투자 등 상당한 비효율을 유발함으로써 중화학공업의 국제경쟁력은 크게 약화되었다. 더구나 중화학공업은 국내시장에서 거의 독과점적 지위를 누리고 있어 기술개발이나 생산성 향상을 위한 유인이 거의 없었다.

따라서 중화학공업의 경쟁력을 향상시키기 위해서는 외부로부터의 경쟁을 도입하는 것이 불가피하다고 보았다. 국제경쟁력의 강화문제는 비단 중화학공업만의 문제가 아니라 우리나라 제조업 전체의 문제라고도 할 수 있었다. 왜냐하면 우리나라의 무역정책은 1970년대까지는 전반적으로 보호주의적인 색채가 강하였기 때문에 수입자유화를 통해 경쟁력을 강화시킬 필요가 있었다.

이리하여 정부는 1983년에 수입자유화5개년계획을 세워 수입자유화율을 1983년의 23.7%에서 1988년에는 95%로 올리기로 하였으며 이와 함께 관세제도를 개편하여 국내산업에 대한 보호를 줄이도록 하였다. 수입자유화에 따른 우리 기업의 경쟁력 강화를 위하여 산업지원제도도 특정개별산업에 대한 직접적 지원에서 간접적 지원인 이른바 기능적 지원체제로 바꾸어 기업의 기술개발을 지원하도록 하였다.

금융에서도 점진적이지만 자유화조치가 있었다. 80년대 초 4개 시중은행(한일은행, 제일은행, 서울신탁은행, 조흥은행)의 민영화조치가 있었고 금리정책도 1984년부터 고객의 신용도에 따라 차등금리를 적용하는 등 자유화조치가 있었으며 환율도 복수바스켓 환율제도로 이행하여 명목환율을 지속적으로 조정하여 주었다. 또한 그 동안 선별적으로 허용하였던 외국인 투자와 기술도입도 대폭 자유화하였다. 1984년 12월에 외자도입법을 개정하여 외국인 직접투자는 포지티브제도에서 네거티브제도로 바꾸었고 기술도입은 허가제에서 신고제로 바꾸었다.

## 4. 평      가

1980년대는 경제개발전략이 정부주도에서 시장주도로 이행하는 과도기였다고 할 수 있다. 이 과정에서 정부는 정부주도 개발전략에서 발생한 여러 가지 부작용을 잘 정리하는 한편 경쟁과 효율을 중시하는 방향으로 정책을 개혁함으로써 시장경제체제로의 이행을 위한 준비작업을 착실히 수행하였다고 할 수 있다.

강력한 안정화정책의 실시로 물가를 안정시키고 점진적이며 제한된 무역자유화와 개방화를 통해 시장의 기능을 활성화하는 한편 민간의 투자와 연구개발활동을 촉진함으로써 지속적인 성장과 함께 산업의 경쟁력은 크게 향상되었다. 이를 통해 물가와 국제수지가 안정된 가운데 높은 성장을 달성할 수 있었다. 물론 여기에는 1985년 플라자합의(Plaza Accord) 이후 3저현상이라는 외부적 요인이 큰 도움을 주었지만 정책기조 자체는 올바른 방향으로 전개되었다.

개방화정책을 추진함에 있어 정부는 채찍과 당근정책(stick and carrot policy)을 적절히 사용함으로써 수입자유화정책을 효과적으로 수행할 수 있었다. 기업들은 정부의 수입자유화정책에 대하여 처음에는 상당한 우려를 표명하였다. 왜냐하면 그들의 기술력으로서는 선진국의 수입제품과 경쟁하기가 어려웠기 때문이다, 이러한 점을 고려하여 정부는 수입자유화를 예시하여 점진적으로 추진하는 한편 기술 및 인력개발을 위한 다양한 유인책을 제공하여 기업들로 하여금 수입자유화에 대비토록 하였다.

기업도 성장을 하고 경쟁에서 살아남기 위해서는 기술개발 외에는 다른 방법이 없다는 것을 잘 알고 있었기 때문에 정부의 산업유인정책에 적극 호응하였다. 이리하여 민간의 연구개발투자는 1980년대에 와서 급격히 증가하였고 우리 기업의 경쟁력 향상에 크게 기여하였다.

그러나 이러한 안정 속의 높은 성장은 1987년 6·29 선언 이후 정치적 민주화 운동이 전개되면서 그 동안 억압되었던 노동운동이 격렬해지고 임금

이 급상승하였다. 이로 인한 물가상승과 경쟁력의 상실로 경상수지는 다시
적자로 돌아서는 등 안정기조는 흔들리게 되었다. 1980년대 말 세계경제의
경기후퇴로 경기가 둔화되자 정부는 다시 경기부양책을 쓰게 되었으며 이와
같은 성장지향적 정책은 1990년대에도 이어지면서 안정 속의 성장시대는 막
을 내리게 되었다.

## 제 6 절  세계화와 구조조정기

### 1. 세계화정책의 배경

앞에서 지적한 바와 같이 1980년대는 개발전략이 시장기능을 중시하는
방향으로 전환됨에 따라 개방화·자유화정책이 상당한 진전을 보았으나 그
범위나 깊이에 있어서는 매우 제한적이었다. 가령 수입자유화에 있어서도
농산물의 수입은 매우 제한적이었고 공산품도 상당수의 품목이 수입선다변
화(輸入先多邊化)제도 때문에 일본으로부터의 수입이 제한되었고 서비스산업
의 경우는 자유화의 진전이 거의 없었다. 이는 정부의 기본정책이 경쟁력이
있는 공산품부터 자유화하고 경쟁력이 약한 산업은 뒤로 늦추는 것을 원칙
으로 하였기 때문이다.

그러나 이러한 정책은 1990년대에 들어오면서 정부가 우루과이라운드
협상에 적극적으로 참여하면서 변화를 하게 되었다. 1993년 김영삼 정부는
세계경제가 하나의 시장경제체제로 급속히 통합되어가는 흐름에 적극적으로
대응하기 위해 우리 경제도 전면적인 개방화를 추진할 필요가 있다고 판단
하여 세계화를 신정부의 가장 큰 국정지표로 설정하였다.

정부의 개입은 가능한 한 줄이고 시장의 기능은 가능한 한 살리는 이른
바 작은 정부·큰 시장의 원칙하에서 일련의 과감한 개혁정책을 단행하였다.
아직도 정부개입이 많고 이것이 경제발전의 장애가 되기 때문에 정부개입을

줄여 시장에 맡겨야 한다는 것이다. 다시 말하면 개발전략을 정부주도에서 시장주도로 바꾸어야 한다고 믿었다. 이러한 개발전략의 변경은 그 당시 팽배하였던 신자유주의 사상의 영향을 많이 받았다.

이를 위해 정부는 1차적으로 정부조직을 개편하여 경제기획원을 없애고 재무부와 통합하여 재정경제원을 신설하고 5개년개발계획제도를 폐지하였다. 우리 경제의 발전단계로 보아 중앙계획기구가 필요없고 자원배분은 시장에 맡기는 것이 옳다는 것이다. 이 밖에도 일부 부처를 통폐합하고 기구를 축소하는 한편 공기업을 민영화하는 등 작은 정부의 실현을 위한 노력이 있었다.

## 2. 개방화 · 자유화의 가속화

정부의 개발전략이 시장주도로 변함에 따라 대외개방이 전 산업에 걸쳐 급속도로 진행되었다. 관세율을 대폭 낮추고 수입제한조치를 철폐함으로써 수입자유화를 가속화하였다. 1988년에 단행한 제2차 관세개혁에 따라 평균 관세율은 1988년의 18.1%에서 1994년에는 7.9%로 낮추었다. 공산품의 관세율은 16.9%에서 6.2%로 떨어졌고 농산물의 경우에도 25.2%에서 16.6%로 떨어졌다. 대표적인 비관세장벽인 수입선다변화제도도 점점 완화하여 1999년에는 그 제도를 완전히 폐지하였다. 농산물의 수입제한도 관세화를 통해서 점진적으로 완화시켰다. 다만 쌀의 경우는 관세화를 10년간 유예하도록 하였다.

서비스산업도 대폭 개방하였는데 이는 주로 직접투자개방의 형식으로 진행되었다. 1984년 네거티브제도의 도입으로 시작된 직접투자의 개방은 1992년에는 신고제로 전환되었고 1996년 말 OECD에 가입하면서 개방폭이 확대되었으며 1997년 외환위기 이후 전면적 개방이 이루어졌다. 이에 따라 외국인 직접투자제한품목은 1995년 말 195개에서 1997년 말에는 52개, 2006년 말에는 28개(미개방 2개, 부분개방 26개)로 크게 축소되었다.

금융산업에 대한 규제도 대폭 완화하였다. 먼저 1993년에 금융실명제를 도입하여 차명거래에 의한 각종 부작용을 차단토록 하였으며, 금리를 자유화하는 한편 정책금융을 축소·정비함으로써 금융기관 자금운용의 자율성을 제고토록 하였다. 금융기관의 내부경영에 대한 규제, 예컨대 인사, 조직 및 예산의 결정 등에 대한 정부의 간여를 배제하여 금융기관의 경영자율성을 확대하고 창의적인 경영혁신을 유도토록 하였다. 금융기관의 효율성 제고를 위하여 전문화와 대형화를 적극 유도하였는데, 1994년에 국민은행을 민영화하고 기업은행과 주택은행을 개편하여 특수은행체제를 축소·정비하였으며, 투자금융회사와 종합금융회사의 업무영역을 통합하여 종합금융회사로 전한토록 하였다.

자본시장의 자유화는 1993년 제3단계 금융자율화 및 시장개방화계획을 발표하면서 본격적으로 시행되었다. 외국인 주식투자를 점진적으로 확대하고 채권투자에 대한 규제도 중소기업의 전환사채에 대한 직접투자를 허용하면서부터 완화되었다. 정부는 OECD 가입을 위한 자본 및 외환거래자유화를 대폭 양허하는 과정에서 은행 및 비은행금융기관의 단기외화차입을 자유화하였다. 장기자본도입은 강력히 규제된 가운데 단기자본도입만 허용된데다가 국내외 금리차 때문에 외화차입에 대한 수요가 크게 늘어났으며 이로 인하여 단기외채가 급증하였다.

총외채에 대한 단기외채비율이 1994년만해도 42%였으나 1996년 말에는 48%로 올라갔고 외환보유액에 대한 단기외채비율은 1996년에 무려 222%에 달하였다. 이에 더하여 단기자본이 장기사업에 주로 이용됨에 따라 외화자산과 부채 사이에 만기불일치가 발생한데다가 동남아 국가의 금융위기가 전염됨으로써 외환위기를 맞이하게 되었다.

## 3. 외환위기와 구조조정

1997년 12월 IMF는 기급자금지원을 조건으로 우리 정부에 대해 광범위한 구조조정을 요청하게 되었다. IMF의 요구조건은 두 가지로 나눌 수 있는

데 하나는 긴축거시경제정책이고 다른 하나는 광범위한 분야에 걸친 구조개
혁이었다.

거시경제정책으로는 재정금융의 긴축과 고금리정책으로 투자를 억제하
는 한편 저축을 증대하여 경상수지개선과 물가안정을 기하도록 권고하였으
며 이를 위하여 1998년도 GDP성장률 3%, 물가상승률 5%의 거시경제지표를
제시하였다. 이에 따라 정부는 강도 높은 긴축적 통화 및 재정정책을 시행하
였다. 먼저 금리를 현실화하여 12% 수준이었던 금리를 30%가 넘는 수준으
로 올렸다. 이에 따라 일시적으로 급등했던 환율도 안정되고 경상수지도 크
게 개선되었다.

그러나 고금리정책이 예상보다 실물경제를 너무 위축시키게 되자 정부
는 1998년 5월 이후 긴축정책을 완화하여 금리를 내리고 재정적자의 폭을
처음의 GDP대비 0.8%에서 5%까지 허용하도록 하였다. 이러한 경기부양정
책에 힘입어 GDP성장률은 1998년의 −5.7%에서 1999년에는 10.7%로 반등
하므로 급속한 회복세를 보였다. 구조개혁으로는 금융구조개혁, 기업구조개
혁, 공공부문구조개혁 및 노동시장구조개혁을 단행할 것을 권고하였다. 이러
한 IMF의 권고에 따라 취한 정부의 부문별 구조개혁의 주요 내용을 보면 다
음과 같다.

금융구조개혁은 크게 금융구조조정, 금유규제완화와 금융의 하부구조강
화의 차원에서 진행되었다. 금융구조조정에서는 퇴출 또는 인수·합병의 방
법으로 부실금융기관을 대폭 정리하였는데 1997년 말 6,571개에 이르던 전
체 금융기관수는 2004년 말까지 4,517개로 줄어 약 1/3 정도가 소멸되었다.
은행의 재무건전성도 크게 개선되었는데, BIS기준 은행의 자기자본비율은
1997년의 7.0%에서 1999년에는 10.8%로 상승하고 2004년에는 11.3%로 올
라갔다.

구조조정과 함께 규제도 크게 완화하였는데 외국인 주식투자 한도를
1998년 5월부터 폐지하여 완전 자유화하였고 외환거래의 자유화도 대폭 확
대하였다. 이와 아울러 경영의 투명성을 제고하고 책임경영체제를 확립하는

등 금융의 하부구조를 강화하도록 하였다.

기업구조개혁은 재무구조개선, 지배구조개선 및 사업구조개선으로 나누어 진행되었다. 재무구조개선을 위해서는 30대 대기업집단의 계열사간 신규채무보증을 전면 금지하는 한편 대기업의 부채비율을 200% 이하로 낮추도록 하였다.

지배구조개선을 위해서는 회계기준을 국제기준에 맞도록 개정하고 감사의 독립성을 강화하여 회계의 투명성을 제고토록 하였다. 이사회의 기능을 강화하고 대표소송제기를 위한 요건을 낮추는 등 일반주주들의 경영진에 대한 경영책임을 추궁할 수 있는 법적 수단을 대폭 보강하여 지배구조를 개선토록 하였다. 또한 구조조정을 원활하기 위해서 인수·합병을 활성화하도록 하였으며 기업집단간 대규모 사업조정(big deal)을 통해 기업의 전문화를 유도토록 하였다.

이러한 조치로 기업부문에서의 부실도 크게 해소되었다. 기업들의 대규모 유상증자와 기업공개, 차입금상환과 설비투자축소, 출자전환 및 부실기업정리 등으로 기업의 차입금이 감소함에 따라 부채비율이 크게 떨어졌다. 30대 기업집단의 평균부채비율이 1997년 말 518.9%에서 1999년 말에는 200%이하로 떨어졌으며 제조업부문 부채비율도 2003년에는 미국의 154.8%나 일본의 156.2%(2002)보다도 낮은 123.4%로 떨어졌다.

공공부문에서도 정부조직을 개편하여 인력을 감축하고 공기업을 민영화하는 등의 구조개혁을 단행하였다. 공공부문개혁은 김대중 정부하에서는 상당한 진전이 있었으나 노무현 정부에서는 오히려 큰 정부를 지향함으로써 공무원수가 늘어나는 등 공공부문의 구조개혁은 오히려 후퇴하였다고 할 수 있다.

노동시장도 경영상의 이유로 해고를 할 수 있고 파견근로를 합법화하는 등의 노동시장 유연성 제고를 위한 제도개선이 있었다. 그러나 경영상의 이유에 의한 해고가 실제로 어렵기 때문에 기업들이 상용직 근로자의 채용을 기피하고 일용직과 임시직을 선호함으로써 상용직 근로자의 비중은 급속히

감소하는 반면 비정규직 근로자의 비중이 급증하는 노동시장의 왜곡현상을
가져오는 부작용을 낳았다.

　구조개혁은 부실금융기관과 부실기업의 정리 등 긍정적인 효과도 있었
으나 기업의 투자위축, 실업의 양산, 소득의 양극화 등 부작용을 가져옴으로
써 정부가 성장보다는 안정과 복지에 역점을 두는 등 경제정책에 많은 영향
을 미쳤다. 특히 그 동안 우리 경제의 엔진역할을 하였던 대기업의 투자가
위축되면서 성장은 좀처럼 회복되지 않고 있으며 투자의 둔화로 경제성장률
은 4~5% 수준으로 떨어진 반면 물가와 국제수지는 안정되었다(〈표 2-11〉).

### 표 2-11  주요 거시경제지표, 1991-2007 (단위: %)

| | GDP 성장률 | 소비자물가 상승률 | 임금상승률 (비농림어업) | 실업률 | 경상수지 (대GDP) | 통합재정수지 (대GDP) | 실질실효환율 (2000년=100) (노임단가기준) |
|---|---|---|---|---|---|---|---|
| 1991 | 9.7 | 9.3 | 17.5 | 2.4 | −2.7 | 1.8 | 77.0 |
| 1992 | 5.8 | 6.2 | 15.2 | 2.5 | −1.2 | 0.7 | 81.9 |
| 1993 | 6.3 | 4.8 | 12.2 | 2.9 | 0.2 | −0.3 | 85.2 |
| 1994 | 8.8 | 6.3 | 12.7 | 2.5 | −1.0 | −0.4 | 83.5 |
| 1995 | 8.9 | 4.5 | 11.2 | 2.1 | −1.7 | −0.3 | 75.0 |
| 1996 | 7.2 | 4.9 | 11.9 | 2.0 | −4.5 | −0.2 | 69.1 |
| 1997 | 5.8 | 4.4 | 7.0 | 2.6 | −1.6 | 1.4 | 77.8 |
| 1998 | −5.7 | 7.5 | −2.5 | 7.0 | 11.7 | 3.9 | 111.2 |
| 1999 | 10.7 | 0.8 | 8.2 | 6.3 | 5.5 | 2.5 | 107.1 |
| 2000 | 8.8 | 2.3 | 8.0 | 4.1 | 2.4 | −1.1 | 100.0 |
| 2001 | 4.0 | 4.1 | 5.1 | 3.8 | 1.7 | −1.2 | 107.9 |
| 2002 | 7.2 | 2.8 | 11.2 | 3.1 | 1.0 | −3.3 | 102.8 |
| 2003 | 2.8 | 3.5 | 9.2 | 3.4 | 2.0 | −2.8 | 103.2 |
| 2004 | 4.6 | 3.6 | 6.0 | 3.5 | 4.1 | −2.2 | 101.4 |
| 2005 | 4.0 | 2.8 | 6.6 | 3.5 | 1.9 | −0.4 | 90.9 |
| 2006 | 5.2 | 2.2 | 5.7 | 3.3 | 0.6 | −0.4 | 87.1 |
| 2007 | 5.1 | 2.5 | 6.9 | 3.0 | 0.6 | −3.8 | 88.7 |

자료: 한국은행 국민계정 2009; 한국경제60년사-경제일반; 고영선(2008).

## 4. 평     가

1990년대는 본격적인 대외개방에 따른 외환위기와 이의 극복을 위한 구
조조정의 시기라고 할 수 있다. 외환위기는 OECD 가입을 위한 정부의 성급
한 자본시장 개방이 빌미를 제공하였으나 보다 근본적인 원인은 정부의 고
도성장정책에 따른 대기업의 무분별한 차입경영에 있다고 보아야 할 것이다.

1980년대 후반 경기과열을 진정시키기 위하여 노태우 정부는 잠시 안정
화정책을 시도하였으나 대기업의 저항으로 다시 성장정책으로 선회하게 되
었고 이는 김영삼 정부에서도 이어졌다. 김영삼 정부도 집권초기에는 재벌
을 규제코자 하였으나 이를 관철시키는 데는 실패하였으며 오히려 규제완화
를 통해 재벌의 시장진입을 용이하게 하였다. 이의 대표적 예가 삼성의 자동
차사업 진출이었다.

이와 같이 정부의 재벌규제정책이 실효를 거두지 못한 데는 재벌이 국
민경제에서 차지하는 막중한 비중 때문에 재벌규제는 상당한 경제적 손실을
감수해야 하나 정부는 이를 감수할 여유나 의지가 없었다. 재벌을 규제하다
가도 경기가 조금만 나빠지면 풀어주는 악순환이 계속되었다. 물론 여기에
는 정경유착이 한 몫을 한 것은 두말할 필요가 없다. 대기업은 대마불사(大
馬不死)의 믿음 속에서 계속 확장하였고 부채는 눈덩이처럼 불어났다. 이러
한 우리 경제의 구조적 문제점은 다 알고 있었으나 우리 스스로가 이를 해
결할 수 없었다. 다시 말하면 외부적 충격에 의하지 않고는 악순환의 고리를
단절할 수 없었던 것이며 이렇게 볼 때 1997년의 외환위기는 우리 경제의
구조개혁을 위한 필요악이었다고 할 수 있다.

이러한 성장선호정책은 김영삼 정부에 의해서도 계속되었다. 정부는 기
업에 대한 각종 규제를 완화함으로써 투자가 활성화되어 비교적 높은 성장
이 지속되었다. 1990~1995년에 총투자율은 평균 37.5%, GDP성장률은 8.1%
에 달하였다. 그러나 이러한 높은 성장의 이면에는 물가불안과 지속적인 경
상수지적자로 외채가 누적되었다. 경상수지가 지속적으로 적자를 시현한 것

은 명목환율이 1993년 이후 거의 움직이지 않은 반면 실질실효환율이 상당히 떨어졌기 때문이다(〈표 2-11〉). 정부의 환율정책에 대하여 당시 우려의 목소리가 있었으나 정부가 평가절하를 하지 않은 것은 기업의 과중한 외채상환 부담이 적지 않은 작용을 한 것으로 보인다. 이유야 어떻든 환율의 조기조정실패가 외환위기의 한 요인을 형성하였던 것은 부인하기 어렵다.

외환위기 이후는 IMF 프로그램에 의한 구조조정으로 경제가 다시 안정을 되찾고 경기도 일시적으로 회복되었으나 2000년대 들어오면서 정부의 복지지향적 정책전환과 민간의 투자부진으로 경제성장은 둔화되기 시작하였으며 투자부진이 지속되면서 성장둔화현상은 최근까지 이어지고 있다. 성장의 둔화로 실업과 빈곤층이 늘어나고 소득의 양극화가 확산되면서 소득분배문제가 정책의 최대 현안으로 대두되었다.

제 3 장

# 정부의 역할

**제3장**

# 정부의 역할

**제1절** 두 개의 다른 견해

우리나라 경제발전에 있어서 정부역할에 대해서는 국내외를 막론하고 보는 관점에 따라 상당한 견해 차이를 보이고 있다. 시장의 역할을 중시하는 신고전학파적 견해가 있는가 하면 정부의 역할을 중시하는 수정주의적 견해가 있으며 또 절충적인 시장친화적 견해도 있다.[1]

신고전학파적 견해는 우리나라를 포함한 동아세아 국가가 높은 성장을 할 수 있었던 것은 정부가 비교적 안정적인 거시경제환경을 조성하였고 수입대체 공업화정책도 오래 지속하지 않았으며 외국무역에서도 유인체계가 산업간 차가 크지 않았기 때문에 자원이 비교우위가 있는 산업으로 투입될 수 있었고 이를 통해 높은 성장이 가능하였다는 것이다. 생산요소시장도 대체로 경쟁적 시장이어서 금리나 임금도 큰 왜곡현상은 없었다는 것이다. 신고전학파에 의하면 정부보다는 시장이 더 큰 역할을 하였다는 것이다.

이러한 견해에 반하여 수정주의자들은 신고전학파의 견해는 한국이나 대만에 있어서의 실제상황을 제대로 보지 못하고 있다고 한다. 이들 나라는 특정산업을 선별하여 집중적으로 육성하였으며 보호의 수준이나 차이는 신고전학파들이 생각하는 것보다 훨씬 크며, 자본시장도 정부가 개입하여 이

---

1) World Bank(1993), pp.82-87 참조.

자율을 정책적으로 낮추어 정부가 원하는 산업으로 투자를 유도하는 등 상
당히 왜곡되었다는 것이다.

물론 1960년대 금리와 환율의 현실화 등 자유화정책을 부분적으로 실시
하였으나 일시적이었고 당시의 기본정책은 보호주의적 성격이 강하였기 때
문에 신고전학파적 견해는 맞지 않다는 것이다. 암스덴(A. H. Amsden)의 말
을 빌리면 한국의 자유화정책은 '한국경제발전교과서'의 한 주석에 불과하다
는 것이다.[2] 즉 1960년대의 자유화정책은 별로 큰 의미를 가지지 못한다는
것이다.

이들에 의하면 시장실패가 광범위하게 퍼져 있기 때문에 정부가 개입하
여 시장을 관리하고(managing market) 가격을 왜곡시킴으로써(getting prices
wrong) 비교우위이론에서는 불가능한 산업을 육성하고 성장시킬 수 있었다
는 것이다. 우리나라가 급속한 공업화를 할 수 있었던 것은 정부가 시장에
직접 개입하여 유망산업, 즉 승자를 골라서(picking the winner) 집중적으로
육성하였기 때문에 가능하였다는 것이다.

시장친화적 견해는 세계은행이 대표적이라 할 수 있는데 신고전학파 모
델을 바탕으로 하되 이를 약간 보완하고 있다. 이에 의하면 정부는 시장기능
이 작동되는 부문, 즉 생산부문에서는 개입을 덜 하는 대신 시장기능이 작동
되지 않는 부문 예컨대 교육, 과학기술 등에는 개입을 많이 하였다는 것이
다. 다시 말하면 정부의 역할은 거시경제를 안정시키고 교육에 대한 투자를
통해서 인적자본을 형성하고 대외개방을 하며 기업에 대해서는 투자환경을
조성하는데 있다는 것이다.

동아세아 국가에서는 이 네 가지 정책, 즉 거시경제안정, 인적자본형성,
대외개방 및 유리한 투자환경이 유기적으로 시행됨으로써 고도성장이 가능
하였다는 것이다. 이 네 가지는 정책의 기본테두리에 불과하며 구체적인 정
책은 신축적으로 운용함으로써 상황변화에 잘 대처하였다는 것이다. 가령

---

2) A. H. Amsden(1989), p.78.

한국의 중화학공업정책이 부작용을 가져오자 보호와 지원을 줄이고 대외개
방을 하는 등 적극적으로 대처하였다는 것이다.

시장친화적 견해도 기본적으로 자원배분은 시장에 맡겨야 한다는 입장
이기 때문에 신고전학파의 시장모델에 근거를 두고 있다고 할 수 있다. 이렇
게 볼 때 우리나라의 발전과정을 설명하는 데는 기본적으로 두 개의 발전모
델, 즉 시장을 중시하는 시장이론적 접근과 정부의 역할을 중시하는 제도론
적 접근으로 나눌 수 있다. 물론 이 두 견해는 나름대로의 근거와 논리가 있
기 때문에 그 동안 국내외를 막론하고 큰 논쟁의 대상이 되어 왔기에 이들
의 주장을 좀 더 자세히 검토하여 보는 것은 한국경제의 발전과정을 이해하
는데 큰 도움이 될 것으로 보인다.

## 1. 시장이론적 견해

시장이론적 견해는 개발도상국의 경제발전을 시장원리에 입각하여 설명
하고자 하는 신고전학파의 주장으로 발라사(B. Balassa)와 크루거(A. O. Krueger)
가 대표적인 학자다. 이들은 시장이 자원배분에 있어 주도적 역할을 하여야
하며 정부는 시장의 작동을 도와주는 보충적 역할에 그쳐야 한다고 보고 있
다. 이들은 한국과 대만 등 동아세아 국가들이 전후 놀라운 경제발전을 할
수 있었던 것은 대외지향적 개발전략을 채택해 무역을 자유화하고 환율을
현실화하는 등 가격기구를 활용하는 방향으로 정책을 전개함으로써 수출을
통해 고도성장을 누릴 수 있었다고 한다.

이들은 기본적으로 자유무역을 신봉하는 학자들로서 무역을 자유화하면
노동이 상대적으로 풍부한 나라에서는 처음에는 노동집약적인 산업에 특화
를 하게 되나 수출이 증가하면서 시설이 확장되고 시설확장으로 인한 규모
의 경제와 대외노출에 따른 기술향상으로 생산성이 올라가고 이로 인하여
단위당 비용을 줄일 수 있게 된다. 비용의 감소는 이윤과 저축의 증대로 이
어지고 저축증대는 다른 노동집약적인 산업에 대한 투자로 이어져 제조업부

문이 확대되고 수출도 증가하게 된다.

수출과 성장이 지속되면서 노동과 자본간의 상대가격에도 변화를 가져오게 된다. 노동집약적인 산업의 성장으로 노동은 점점 비싸게 되고 자본은 자본축적이 진행되면서 상대적으로 싸게 되어 비교우위는 비내구소비재와 같은 단순노동집약적인 산업에서 내구소비재나 중간재 및 생산재와 같은 자본 및 숙련집약적인 산업으로 이동하게 된다. 그러나 이들 산업은 대규모의 시설과 수평적 또는 수직적 특화가 요구되나 국내시장의 협소성 때문에 정부의 보호나 지원의 필요성이 제기된다.

이러한 이유에서 많은 개도국이 전후 대내지향적 개발전략을 추구하였으나 실패한 반면 한국과 대만 등 동아세아 국가는 대외지향적 개발전략을 추구함으로써 성공을 하였는데 이들 국가가 성공을 할 수 있었던 것은 다음과 같은 원칙하에 정책을 운용하였기 가능하였다고 한다.[3]

첫째, 유치산업의 보호를 위하여 제조업에 대한 특혜적인 조치가 필요하나 비효율적인 산업의 건설과 유지를 피하기 위하여 적절한 수준에 그쳐야 하며 과도한 지원을 하지 않는다.

둘째, 내구소비재나 중간재 및 생산재를 지원하더라도 수출과 수입대체에 대해 동등한 유인을 제공하여야 하며 이는 비교우위가 있는 상품이나 부품에 특화하게 함으로써 효율적인 수출과 수입대체가 가능하다.

셋째, 제조업의 산업간 유인율(incentive rates)의 차등을 최소한으로 줄여야 한다. 이는 시장경제원칙의 문제로서 기업이 어떤 사업에 투자를 할 것인지를 스스로 판단하도록 하며, 특히 수출의 경우는 세계시장 상황에 따라 수출상품의 구성을 어떻게 하여야 할지를 완전히 기업의 자유의사에 맡겨야 하며 정부가 개입해서는 안 된다.

넷째, 기업의 불확실성을 제거하기 위해 유인체계(incentive system)는 안정성과 자동성을 가져야 한다.

---

3) B. Balassa(1981), p.21.

발라사에 의하면 한국이나 대만 등 대외지향적 개발전략을 추구한 나라
들은 이러한 원칙에 충실하였다고 한다. 수입대체보다 수출에 현저하게 유
리한 유인을 제공하지 않았으며 대체로 정(正)의 실질이자율을 가졌고 산업
간 유인의 차별을 줄이는 등 가격왜곡을 최소화하고 시장기구를 활용하는
방향으로 정책을 운용하였다.[4] 한국의 경우 정부에 의한 시장개입이 있었으
나 70년대 후반 중화학공업 육성기를 제외하고는 수출과 수입대체에 비슷한
유인을 제공하고 환율을 현실화하고 금융의 자율성을 제고하는 등 자원배분
을 시장기능에 맡기고자 하는 정책적 노력이 있었기 때문에 고도성장을 할
수 있었다.[5]

크루거도 이와 비슷한 의견을 제시하고 있다. 한국은 1964년 이후 환율
현실화와 무역자유화 등의 자유화조치를 취하였으며 70년대 중화학공업육성
을 위한 수입대체정책이 있었으나 부작용으로 오래가지 못하였고 80년대 와
서 다시 대외지향적 정책을 썼기 때문에 수출을 통한 고도성장을 할 수 있
었다. 수출과 국내판매에 대한 실효보호율도 다른 나라에 비하여 완만하여
산업유인체계도 비교적 중립적이었다. 그에 의하면 한국의 경험으로 비추어
볼 때 자유화와 무역에 있어서 유인의 쏠림현상을 줄이는 것이야 말로 만족
스런 산업성장의 필수 전제조건이다.[6]

그러나 이러한 주장에 대하여 문제가 없는 것은 아니다. 우리나라 이자
율은 60년대와 70년대는 대부분 부의 실질금리가 지배적이었다. 무역금융의
경우 1962년부터 1981년까지 전 기간에 걸쳐 부의 실질금리를 보였고 일반
은행 대출금리도 1965년에서 1971년까지를 제외하고는 전 기간 부의 실질
금리를 보였다.[7] 수출과 수입대체에 대한 유인체계도 〈표 3-1〉에서 보는
바와 같이 균등하였다고 보기는 어렵다.

---

4) B. Balassa, 상게서, p.12.
5) B. Balassa(1990), p.16.
6) A. O. Krueger(1991), p.57.
7) 고영선, 전게서, p.424 참조.

**표 3-1  주요 산업별 실효보호율과 실효보조율, 1968, 1978**  (단위: %)

| 주요 산업별 | 국내판매에 대한 명목보호율 | | 국내판매에 대한 실효보호율 | | 수출에 대한 실효보조율 | |
|---|---|---|---|---|---|---|
| | 1968 | 1978 | 1968 | 1978 | 1968 | 1978 |
| 1차산업 | | | | | | |
| 　농림수산업 | 17 | 55 | 19 | 77 | -10 | 16 |
| 　광업 및 에너지 | 9 | -20 | 4 | 26 | 3 | 11 |
| 　1차산업 평균 | 17 | 46 | 18 | 62 | -3 | 15 |
| 제조업 | | | | | | |
| 　가공식품 | 3 | 40 | -18 | -29 | 2 | 32 |
| 　음료와 연초 | 2 | 20 | 19 | 28 | 15 | 13 |
| 　건축자재 | 4 | 7 | -11 | -15 | 6 | 19 |
| 　제1중간재 | 3 | -2 | -25 | -38 | 43 | 24 |
| 　제2중간재 | 21 | 1 | 26 | 8 | 17 | 26 |
| 　비내구소비재 | 12 | 15 | -11 | 32 | 5 | 17 |
| 　내구소비재 | 39 | 40 | 64 | 131 | 2 | 38 |
| 　기계 | 30 | 18 | 44 | 47 | 5 | 24 |
| 　수송장비 | 55 | 31 | 163 | 135 | 23 | 26 |
| 　제조업 평균 | 12 | 10 | -1 | 5 | 12 | 23 |
| 전 산업 평균 | 14 | 18 | 11 | 31 | 9 | 18 |

자료: 김광석(2001), p.87.

〈표 3-1〉에서 보는 바와 같이 1968년 전 산업의 경우 국내판매에 대한 실효보호율(11%)과 수출에 대한 실효보조율(9%)은 공히 비교적 낮고 큰 차이가 나지 않는다. 이러한 점에서 우리나라의 유인체계는 전체적으로 보아 중립적이었다고 할 수 있다. 그러나 부문별로 들어가면 내용은 상당히 달라진다.

제조업의 경우 1968년과 1978년에 국내판매에 대한 평균 실효보호율은 각각 -1%와 5%를 기록하였으나 수출에 대한 실효보조율은 비교적 높은 12%와 23%를 보이고 있어 당시에 수출에 대한 유인율이 수입대체에 대한 것보다 평균적으로 크게 높았음을 알 수 있다. 또한 내구소비재와 기계 및 수송장비 등 3개 업종을 보면 이들의 명목보호율과 실효보호율은 다른 업종에 비하여 매우 높은데 이는 정부가 중화학공업 육성을 위해 이들 산업을 60년대부터 보호하여 주었기 때문이다.[8] 우리나라의 수출과 수입대체에 대한 전체적인 보호수준이 다른 나라에 비해서는 상당히 낮다는 면에서는 상대적으로 중립적이라고 할 수는 있을지 모르나 산업별로는 큰 차이가 있기 때문에 유인체계가 중립적이라고 하는 것은 설득력이 없다.[9]

## 2. 제도론적 견해

제도론적 견해는 시장이론적 접근과는 달리 자원배분에 있어 시장보다는 정부가 중심적 역할을 해야 한다는 견해로서 소위 수정주의자로 불리는 학자들에 의하여 주장되었는데 그 대표적인 학자로는 암스덴(A. H. Amsden), 웨이드(R. Wade) 등을 들 수 있다. 암스덴은 일본, 한국 등 공업화를 상대적으로 늦게 시작한 나라들의 발전과정을 보면 정부가 자원배분에 깊이 관여하므로 성공적인 공업화를 달성할 수 있었으며 이러한 나라들의 성공적인 경험을 바탕으로 해서 이른바 후기공업화모델(late industrialization model)을 정립하고자 하였다.[10]

암스덴에 의하면 독일이나 일본과 같이 상대적으로 공업화를 늦게 시작한 국가들은 예외 없이 정부의 강력한 개입에 의하여 선발공업국을 추격(catching-up)할 수 있었으며 우리나라도 이러한 추격정책을 통하여 공업화를 성공적으로 추진할 수 있었다는 것이다.

신고전학파의 시장모델은 시장기능이 제대로 작동하는 것을 전제로 하기 때문에 가격만 정상화시키면(getting the prices right), 즉 가격결정을 시장에 맡기면 비교우위에 있는 산업으로 자원이 투입됨으로써 자원의 효율적

---

8) 김광석(2001), p.88; M. M. Moreira(1995), p.89 참조.
9) M. M. Moreira, 전게서, p.42 참조.
10) A. H. Amsden(1991), pp.282-286 참조.

배분이 가능하며 이를 통하여 지속적인 성장이 가능하다는 것이다. 저임금 국가는 처음에는 노동집약적인 산업에 비교우위를 가지나 공업화가 진전되면서 물적 및 인적자본축적을 통해 자본 및 숙련집약적인 산업으로 비교우위가 이동하기 때문에 비교우위를 따라 특화를 하게 되면 지속적인 수출증대와 성장이 가능하다는 것이다.

그러나 암스덴에 의하면 이러한 고전적인 무역이론을 바탕으로 하는 시장모델은 현실을 제대로 설명할 수 없다고 한다. 그 이유로 그는 다음과 같은 것을 지적한다.

첫째, 저임금은 경쟁력의 필요조건은 되나 충분조건은 되지 못한다는 것이다. 왜냐하면 경쟁력은 임금 외에 생산성도 중요한 요인이기 때문에 비록 후발공업국가가 저임금의 이점이 있어도 먼저 공업화를 시작한 나라의 높은 생산성 때문에 노동집약적인 산업에서도 경쟁력을 가지기 어렵다는 것이다. 다시 말하면 저임금의 이점만으로는 고생산성의 이점을 상쇄하기 어려우며 이의 구체적인 예로 암스덴은 1960년대 한국과 대만의 섬유산업을 들고 있다.

당시 한국과 대만의 섬유산업은 저임금의 이점을 가지고 있었으나 일본 섬유산업의 높은 생산성 때문에 경쟁력을 유지할 수 없었고 정부의 장기저리금융과 같은 보조금정책을 통해서 이를 극복할 수 있었다는 것이다. 역사적으로 보아도 19세기 독일이나 미국의 산업혁명도 기술혁신을 통해 영국과의 경쟁에서 이겼지 저임금으로 이긴 것은 아니라고 한다.[11]

둘째, 신고전학파의 시장모델은 물적 및 인적자본이 축적되면서 비교우위가 노동집약적인 산업에서 자본 및 숙련집약적인 중공업으로 자연적으로 이동한다고 하는데 이도 현실과는 상당한 괴리가 있다는 것이다.

노동집약적인 산업은 자본집약도가 낮아 기술이 비교적 단순하여 생산성 향상의 여지가 크지 않고 경쟁력의 기초가 임금인 반면 중공업은 자본집

---

11) A. H. Amsden(1989), p.143.

약도가 높고 기술이 복잡하여 숙련과 근대적 시설이 경쟁력의 기초가 되기 때문에 섬유산업과 같은 노동집약적인 산업을 발판으로 해서 중화학공업분야로 사업을 다각화하는 것은 쉽지가 않다. 기업가는 보수적이고 단기적 이윤극대화에만 관심을 가지기 때문에 위험도가 높고 회임기간이 긴 중공업에 투자하는 것을 기피하는 경향이 있기 때문이다.

암스덴에 의하면 1950년대와 60년대 우리나라 제조업을 이끌어왔던 면방업계에서 1970년대와 80년대에 와서 대표적인 재벌기업으로 성장한 기업은 하나도 없으며, 1984년 현재 상위 65개 재벌기업 중 5개 기업만이 섬유산업을 주력산업으로 가지고 있는데 이 중 가장 큰 충남방직도 40위에 불과하다는 것이다.[12]

이러한 사실은 신고전학파 학자들의 주장처럼 물적 및 인적자본의 축적으로 노동이 비싸지고 자본이 싸게 되면 비교우위가 노동집약적 산업에서 자본 및 숙련집약적 산업으로 선형적으로 이동한 것은 아니며 실제로는 정부의 지원에 의하여 창조되었다는 것이다. 다시 말하면 노동집약적 산업의 기업이 수출을 통해서 자본과 기술을 축적하여 중화학공업에 투자하는 방식으로 발전하지 않았으며 정부의 지원에 의하여 새로운 기업이 중공업의 주도적 기업이 되었다는 것이다.[13]

그러면 어떻게 하여 새로운 기업이 중공업분야에 진출하고 성공하게 되었는가? 이는 정부의 수입대체산업의 육성과 밀접한 관계를 가지고 있다고 한다. 우리나라의 경우 정부는 제1차 5개년계획부터 시멘트, 비료, 정유 등의 수입대체산업을 육성하기 시작하였으며 제2차 5개년계획에서는 중화학공업육성을 위한 제도를 정비하고 70년대 들어와서 거의 모든 중화학공업으로 확대하여 본격적으로 추진되었다. 이를 위하여 정부는 각종 세제금융상의 지원을 강화하였으며 민간기업의 참여를 적극 권장하였다. 이에 따라 많은 새로운 기업이 중화학공업분야에 진출하게 되었다.

---

12) A. H. Amsden, 상게서, p.258.

13) A. H. Amsden, 상게서, p.20.

정부는 이들 수입대체산업을 육성하기 위하여 저리금융, 세제지원, 관세장벽 등 여러 형태의 보조금을 장기간 지원하였는데 이러한 지원정책이 효력을 가질 수 있었던 것은 상호주의(reciprocity) 원칙을 철저히 따랐기 때문이다. 정부는 지원의 대가로 수출기업의 경우는 수출실적을, 수입대체산업의 경우는 생산실적을 요구하였고 실적이 나쁜 기업에 대해서는 제재를 가하고 실적이 좋은 기업에 대해선 보상함으로써 정부지원의 효율성을 기하도록 하였다.

또한 이들 산업의 경쟁력을 향상시키기 위하여 외국자본과 기술도입을 지원하고 인력양성을 통하여 기업이 필요로 하는 인력을 공급토록 하였다. 기업은 기업대로 현장의 생산기술을 향상시키는데 집중함으로써 세계수준의 생산성과 품질을 달성할 수 있었으며 이를 통해 수출신화를 창조할 수 있었다는 것이다.

이와 관련하여 암스덴은 특히 투자와 외국기술의 중요성을 강조하고 있다. 중화학공업의 경쟁력은 생산성에 의하여 결정되는데 선발공업국에서의 생산성 증가는 새로운 기술개발에 의하여 이루어지지만 후발공업국가에서는 기술개발을 통한 생산성 증가는 어려우며 외국기술을 얼마나 빨리 도입하고 이를 흡수·개량하느냐에 달려있다는 것이다.

따라서 정부가 저리금융 등 상대가격의 왜곡을 통해 투자를 지원하면 기업의 투자가 늘어나게 되고 투자확대로 시설재수입이 증가하고 생산이 증가하면서 시장도 확대된다. 시장의 확대로 기업의 투자는 더욱 증가하고 최신기술이 체화된 시설재의 수입도 증가한다. 투자의 증가로 규모의 경제를 누리게 되고 생산과정을 거치면서 외국기술을 효율적으로 활용하는 방법을 터득하게 되어 생산성도 증가하게 된다. 즉, 투자는 높은 성장을 가져오며 높은 성장은 학습효과(learning-by-doing)와 규모의 경제 및 기술도입을 촉진시켜 생산성 증가로 이어지며 생산성 증가는 높은 성장으로 이어지는 누적적인 확장과정이 전개된다는 것이다.[14]

---

14) A. H. Amsden, 전게서, p.150.

이와 같이 정부는 자원배분을 시장에 맡기지 않고 저리금융, 관세 및 비관세장벽 등의 형태로 기업을 지원하되 실적을 전제로 하였고 이에 기업이 적극 호응함으로써 지원의 효율성을 기할 수 있었다. 다시 말하면 우리나라의 고도성장은 시장의 보다 자유로운 작동 때문이 아니고 보조금지원과정(subsidization process)이 질적으로 탁월하였기 때문이라는 것이다. 상대가격의 왜곡이 있었으나 수출지향적 개발전략을 추구하였기 때문에 방향설정이 옳았고 이에 따라 왜곡의 정도는 심하지 않았다고 한다.

암스덴은 이 과정에서 우리나라의 대기업, 특히 재벌의 역할을 매우 긍정적으로 평가하고 있다. 중화학공업을 육성하면서 정부는 대기업의 참여를 적극 권장하였고 이에 따라 재벌은 기업인수와 새로운 사업에 진출함으로써 여러 부문으로 사업을 다각화하였다. 이로 인하여 산업의 집중도는 올라갔으나 이는 재벌간의 경쟁을 유도하고 투자를 촉진토록 하였으며, 재벌은 그룹 집중식 경영체제를 기반으로 하여 경영의 효율성을 기하고 여러 부문에 투자를 확대함으로써 범위의 경제를 실현할 수 있었다는 것이다.

물론 재벌은 여러 가지 사회적 문제를 야기하였지만 경제적으로는 놀라운 성과를 보였으며 60년대와 70년대 한국경제의 높은 성장, 높은 투자율 및 높은 생산성을 시현하는데 크게 기여함으로써 공업화의 주역 역할을 하였다고 한다.[15]

이상에서 검토한 바와 같이 암스덴의 후기공업화이론은 자원배분에 있어 적극적인 정부개입의 필요성을 강조한 것으로서 신고전학파의 이론과는 상당한 차이를 두고 있다. 신고전학파도 정부개입을 전혀 부정하는 것은 아니지만 개입을 하되 가격을 정상화하는 방향으로의 개입을 주장하는 반면 암스덴은 가격을 왜곡하여 기업을 지원하는 방향으로의 개입을 주장하고 있다. 물론 암스덴도 가격왜곡형태의 보조금지원은 부패를 수반하는 문제가 있으며 한국의 경우도 이에서 자유롭지 못하지만 비용보다는 이득이 컸다는

15) A. H. Amsden, 전게서, pp.118-119.

것이다.

그의 이론적 특징은 시장 대신에 정부와 기업이란 두 제도(institution)간의 교호작용을 통해 자본축적과 성장과정을 설명하는데 있다. 정부는 가격 왜곡형태의 보조금을 기업에 지원하고 기업은 이에 적극 호응함으로써 투자와 성장간의 누적적 확장과정이 가능하였다는 것이다. 이 과정에서 기업에게는 응분의 책임을 묻는 규율(discipline)을 부과하는 한편 정부는 정부 나름대로 객관적 기준에 의하여 사업을 선정하는 등의 규율을 가졌기 때문에 지대추구행위를 감소시키고 정책의 효율성을 기할 수 있었다는 것이다. 기업은 도입된 기술을 기초로 하여 이를 소화·흡수·개량하는데 전력투구를 함으로써 경쟁력을 향상시킬 수 있었고 사업을 다각화함으로써 지속적인 성장이 가능하였다는 것이다.

## 3. 평        가

이상에서 우리나라의 발전과정에 대한 시장이론적 견해와 제도론적 견해를 비교·검토하였다. 우리나라 경제발전에 있어 시장이 더 큰 역할을 하였는지 정부가 더 큰 역할을 하였는지는 보는 사람이 어떤 시각에서 관찰하느냐에 따라 다를 수 있다. 왜냐하면 우리나라의 경제발전은 양면성을 다가지고 있기 때문이다.

신고전학파학자들은 60년대와 80년대의 자유화정책만을 긍정적으로 평가하는 반면 70년대의 중화학공업정책은 부정적으로 보고 있다. 수출과 산업의 급속한 성장도 환율을 현실화하고 비교적 중립적인 유인체계를 유지하는 등 자원배분을 시장기능에 맡기고자 하는 정책적 노력이 있었기 때문에 가능하였다는 것이다. 이러한 주장은 엄밀히 말하면 한국의 발전과정을 자기들의 이론적 틀에 맞추어 설명한데 불과하다고 할 수 있다.

우리나라는 적어도 박정희 대통령이 통치하였던 60년대와 70년대까지는 정부가 광범위한 분야에서 자원배분에 깊이 관여하였으며 유인체계도 위에서 지적한 바와 같이 결코 중립적이 되지 못하였다. 다만 환율을 현실화하는 등의 부분적인 자유화 노력은 있었으나 가격은 전반적으로 왜곡되었기 때문에 시장기구가 자원배분에 큰 역할을 하지 못하였다.

80년대 와서야 여러 분야에서 자유화 노력이 있었으나 중화학공업 투자조정과 산업합리화정책의 추진 등 정부개입은 계속되었기 때문에 자유화정책이 자원배분에 미친 영향은 매우 제한적이었다고 보아야 할 것이다.

반면 수정주의자들은 정부가 장기간에 걸쳐 저리금융으로 특정산업을 지원하였기 때문에 경쟁력을 가질 수 있었으며 수출도 환율 이외에 다른 지원정책을 병행함으로써 촉진시킬 수 있었다는 것이다. 80년대에 와서 산업 및 무역정책과 금융정책에 있어 자유화가 있었으나 실질적인 대외개방은 제한적이었고 금융에서도 은행의 대출금리는 시장금리보다 낮았고 특히 외국 차관자금은 부의 실질금리를 보이는 등 가격왜곡현상은 계속되었다. 정부가 가격왜곡형태의 보조금지원이 있었음에도 불구하고 지대추구행위를 방지하고 공업화를 성공적으로 수행할 수 있었던 것은 정부가 기업에게 실적기준(performance standard)을 부과하는 등의 규율을 하였기에 가능하였다는 것이다.

이러한 암스덴의 주장은 우리나라의 공업화과정을 설명하는 데는 주류 경제학적 접근보다는 더 현실성이 있다. 특히 흥미로운 것은 1989년에 출판한 그의 책 "*Asia's Next Giant*"에서 그는 한국을 아세아의 차기 경제대국으로 성장할 것을 예상하였는데 그의 예측은 어느 정도 적중하였다고 할 수 있다.[16)]

그의 주장대로 정부의 보조금정책이 공업화를 촉진시키는데 결정적 역할을 한 것은 사실이나 이에 따른 부작용도 적지 않았음을 지적하지 않을 수 없다. 특히 70년대 중화학공업에 대한 과대한 지원은 중복·과잉투자를 초래하

---

16) 암스덴은 여러 차례 우리나라를 방문하여 각계의 전문가와 인터뷰는 물론 기업체를 방문하여 이들이 어떻게 생산성을 올리고 기술개발을 하였는지를 조사연구하였고 이를 기초로 하여 그의 이론을 정립하고자 한 것은 높이 평가할 만하며 이는 다른 대부분의 외국 학자들이 주로 통계적 분석에 입각하여 주장하는 것과는 상당한 차이가 있다.

였고 통화증발로 인한 인플레이션 압력과 국제수지 불균형 등을 가져오는 부작용이 있었으며, 재벌중심의 성장전략은 정경유착을 가져왔고 관치금융과 대마불사의 도덕적 해이를 초래하는 등 자원배분에 부정적인 영향을 미쳤다.

이러한 부작용을 줄이기 위하여 정부는 80년대 들어오면서 광범위한 분야에서 시장친화적인 개혁을 단행하였으며, 비록 암스덴이 지적한 것처럼 가격왜곡현상이 완전히 제거되지는 않았고 정부개입도 계속되었지만 그 폭이 상당히 감소됨으로써 자원배분에 있어 정부의 역할은 줄어든 반면 시장의 역할이 점진적이지만 증대되기 시작하였기 때문에 80년대 이후는 시장친화적 접근이 더 유효하였다고 할 수 있다.

이상에서 지적한 바와 같이 한국의 경제발전과정은 하나의 모델로는 설명하기는 어렵다. 50년대는 전형적인 대내지향적 개발전략을 취하였고 60년대부터 대외지향적 개발전략을 취하였다고 하나 60년대와 70년대의 정책에는 상당한 차이가 있다. 60년대는 원조의존경제에서 탈피하기 위하여 수출촉진에 총력을 기울였으며 이를 위하여 환율의 현실화 등 자유화의 노력이 있었으나 정부의 광범위한 시장개입이 있었기 때문에 그 당시의 정책을 시장모델로 설명하는 데는 한계가 있다.

70년대에 와서는 정책의 중점이 수출촉진에서 중화학공업육성 쪽으로 옮겨짐에 따라 정부개입의 강도는 심화되었다. 수입자유화와 환율의 자유화는 후퇴하고 가격왜곡형태의 보조금지원도 강화되었다. 이와 같이 70년대까지는 개발국가(developmental state)관이 지배함으로써 시장모델과는 거리가 먼 시기였다.

시장의 중요성이 부각된 것은 80년대 들어오면서 시작되었다. 70년대 후반에 오면서 중화학공업에 대한 과잉투자는 심각한 부작용을 가져왔기 때문이다. 경기가 과열되면서 물가와 임금이 급등하고 부동산투기가 성행하는 등 불균형 현상이 심화되었다. 이에 따라 자원배분에 대한 정부개입은 한계에 달하였고 물가안정과 경쟁이 중요하다는 인식이 확산되기 시작하였고 이는 80년대 전두환 정부가 들어오면서 구체화되었다. 정부는 물가안정에 총력을 기울이는 한편 독과점을 규제하고 수입자유화와 금융규제의 완화 등 시장메커니즘을 활용하고 정부개입은 줄이는 방향으로 정책이 전환되었다. 이와 같이 80년대는 정부주도에서 시장주도로 가는 과도기로서 시장모델과 제도모델이 혼재하였던 시기라고 할 수 있다.

90년대 들어오면서 시장모델이 본격적으로 시도되었다. 정부는 무역, 금융 및 자본시장에서 대폭적인 규제완화를 실시하고 경제력 집중을 억제하는 등 시장주도개발을 위한 개혁을 단행하였다. 규제완화에 따른 부작용에 적절히 대처하지 못하고 대기업과 금융기관의 부실이 확대되면서 외환위기의 빌미를 제공하는 등의 문제가 있었지만 1990년대부터는 시장친화적 정책이 주류를 형성하였다고 할 수 있기 때문에 제도론적 접근만으로는 한국의 1980년대와 1990년대를 설명하기에는 미흡하다 하겠다.

## 제 2 절  정부역할의 변화

이상에서 지적한 바와 같이 경제발전단계와 대내외 경제환경 변화에 따라 정부의 역할이 달라지고 개발전략도 변화하였기 때문에 우리나라의 경제발전과정을 어느 하나의 이론이나 모델로 설명하기는 어렵다. 따라서 경재발전과정에서 정부의 역할이 어떻게 변화하였는지를 좀 더 구체적으로 알기 위해서는 정부가 자원배분에 주도적 역할을 한 시기와 그렇기 않은 시기로 나누어 볼 필요가 있다. 이러한 측면에서 본다면 지난 반세기 동안의 우리나라 경제발전과정은 다음과 같은 4단계로 나눌 수 있다.

- 발전의 기반조성(1950년대)
- 정부주도개발(1960~1970년대)
- 시장경제이행(1980년대)
- 시장주도개발(1990년대 이후)

## 1. 발전의 기반조성(1950년대)

1950년대 이승만 정부가 한 가장 중요한 업적은 우리 경제가 장기적으로 발전할 수 있는 제도적 및 경제적 토대를 마련하였는데 있다고 할 수 있다. 정부는 전쟁으로 파괴된 경제를 복구하는 한편 우리 경제에 커다란 영향을 미친 다음과 같은 중요한 정책을 추진하였다.

첫째, 사유재산제도를 확립함으로써 자본주의적 시장경제가 발전할 수 있는 토대를 마련하였다. 일제하의 우리 경제는 전적으로 일본인의 지배하에 있었다. 이로 인하여 해방 당시 일본인이나 일본기업이 소유하였던 재산은 농지의 경우 우리나라 총경작면적의 13.4%, 공업의 경우 대체로 80~90%에 달하는 등 귀속재산이 우리 경제에 차지하는 비중은 막중하였다.[17] 귀속재산은 해방이 되면서 미군정에 의하여 몰수되었고 우리 정부가 들어서면서 귀속재산의 관리가 정부에 이관되었다. 귀속재산의 처리와 관련하여 국유화와 민영화를 두고 적지 않은 논쟁이 있었으나 이승만 정부는 민간에 불하를 원칙으로 하는 귀속재산처리법을 1948년 12월에 제정하였고 일부 공공성을 가진 것을 제외하고는 전부 민간에 불하하기로 하여 1958년까지 거의 전부가 매각되었다.

주요 매각원칙으로는 기업운영의 능력이 있는 당해기업의 연고자나 종업원에게 우선적으로 매각하며, 매각대금은 최장 15년간의 분할상환과 지가증권으로도 대금납입을 가능케 하였다. 불하가격과 실제 시장가격과는 상당한 차이가 있었고 당시의 높은 인플레이션 현상을 고려할 때 불하를 받은 기업이나 사람에게는 특혜의 소지가 있었다. 그러나 귀속재산의 불하는 우리나라에 있어서 산업자본의 육성과 사유재산제도를 바탕으로 하는 자본주의적 시장경제체제를 확립하는데 적지 않은 기여를 하였다.

둘째, 농지개혁을 들 수 있다. 정부는 1949년 농지개혁법을 제정하여 유

---

17) 이대근, 전게서, p.87.

상몰수와 유상분배의 농지개혁을 단행하였다. 농지개혁으로 농지의 소유관
계는 크게 변화하였는데 농지를 소유한 농가의 수는 1945년의 13.8%에서
1965년에는 71.6%로 증가한 반면 소작인은 48.9%에서 5.2%로 급감하였
다.[18] 이는 경자유전의 원칙을 실현한 것으로서 농촌의 소득분배와 농업생
산성에도 긍정적인 영향을 미쳤다.

농지개혁 후 소작인이 지주에게 지불하는 지대는 소득의 1/4에서 2%
정도로 떨어져서 농촌의 소득분배개선에도 기여하였다.[19] 농지개혁이 농가
호당 3정보라는 상한성을 둠으로써 농업의 영세화를 고착시켰다는 비판도
있으나 농민으로 하여금 생산의욕을 고취시킴으로써 토지생산성에도 긍정적
인 기여를 하였다.[20]

셋째, 교육의 진흥을 들 수 있다. 정부는 해방이 되면서 교육의 진흥에
무엇보다 심혈을 기울였다. 1945년 한국의 문맹률은 78%로 매우 높았다. 중·
고등학교와 대학을 포함한 총학생수는 인구의 5.7%에 불과하였고 초등학교
학생이 총학생의 93.7%나 차지할 정도로 교육수준은 매우 낮았다.[21] 따라서
정부는 문맹률의 퇴치가 무엇보다 시급하다고 보아 초등교육의 확대에 역점
을 두는 한편 전반적인 교육기회의 확대에도 힘을 기울였다. 1948년 정부수
립과 함께 초등교육의 의무교육제도를 도입하였고 1954년에는 의무교육완성
6개년계획을 세워 추진하였다. 이 결과 취학률은 〈표 3-2〉에서 보는 바와
같이 급속도로 증가하였는데 이는 1960년대의 노동집약적인 산업에 필요한
양질의 단순노동력을 공급하는데 결정적인 역할을 하였다.

넷째, 제조업의 재건을 들 수 있다. 50년대는 전후복구기로서 경제부흥
과 민생안정에 최대의 역점을 두었다. 투자재원을 전적으로 외국원조에 의
존하다보니 원조당국과 우리나라 정부간 정책수행을 두고 적지 않은 마찰이

---

18) Sung Hwan Ban et al.(1980), p.286.
19) Sung Hwan Ban et al.(1980), p.301.
20) FAO 자료에 의하면 헥타당 쌀의 생산량은 1952~56년의 3,340kg에서 1961~65년에는
   4,110kg으로 크게 증가하였다. Edward S. Mason et al.(1980), p.227 참조.
21) N. F. McGINN et al.(1980), p.5 참조.

**표 3-2 취학률 추이, 1945-1970** (단위: %)

|  | 1945 | 1953 | 1955 | 1960 | 1965 | 1970 |
|---|---|---|---|---|---|---|
| 초등학교(6~11) | – | 59.6 | 77.4 | 86.2 | 91.6 | 102.8 |
| 중학교(12~14) | – | 21.1 | 30.9 | 33.3 | 39.4 | 53.3 |
| 고등학교(15~17) | – | 12.4 | 17.8 | 19.9 | 27.0 | 29.3 |
| 대학(18-21) | – | 3.1 | 5.0 | 6.4 | 6.9 | 9.3 |
| 총인구대비 학생수 | 5.7 | 13.3 | 17.2 | 18.5 | 22.0 | 25.3 |

자료: N. F. McGINN et al.(1980), p.47.

있었다. 미국측은 환율현실화에 의한 수출촉진을 주장하였으나 정부는 경제
부흥을 위해서는 제조업 재건이 무엇보다 중요하다고 판단하여 수입대체정
책을 적극 추진하였다. 이승만 대통령은 원조자금을 가지고 일본으로부터
공산품을 수입하는 것을 안타깝게 생각하여 공장을 세워 수입을 대체하도록
하였다.

정부는 관세율을 올리고 수입할당제를 통하여 수입을 규제하는 한편 낮
은 환율과 저금리를 통해 산업을 적극 지원하였다. 면방공업, 제당, 제분, 고
무공업과 같은 비내구 소비재산업을 육성하는 한편 판유리, 시멘트 및 비료
와 같은 생산재산업도 육성함으로써 제조업을 재건하는데 주력하였다.

이 과정에서 특혜와 부패의 시비가 있었으나 정부는 일관성 있는 정책
을 추진하였다. 그 결과 제조업의 재건은 빠르게 진행되었다. 특히 면방공업
의 경우는 5개년부흥계획(1953~57)을 세워 괄목할만한 신장을 하였는데
1950년대 후반에는 국내수요를 초과하여 수출을 할 여력까지 발전하였다.
중요한 것은 이들 소비재산업이 60년대 와서 우리나라의 주력수출산업으로
발전하였다는 것이다. 이러한 점에서 50년대의 수입대체정책은 우리나라의
제조업을 재건하고 이를 통해 수출지향적 공업화를 추진하는데 중요한 디딤
돌 역할을 하였다고 할 수 있다.

이와 같이 1950년대는 비록 우리가 외국원조에 의존하였지만 공업화의

기반이 되는 제조업을 재건하고 귀속재산의 불하, 농지개혁의 실시 및 초등교육의 보편화를 추진함으로써 우리 경제가 발전할 수 있는 기반을 조성하는데 크게 기여하였으며 이런 측면에서 이승만 정부의 공헌은 결코 과소평가되어서는 안 될 것이다.

## 2. 정부주도개발(1960~1970년대)

1960년대와 1970년대는 정부가 자원배분에 직접 개입하는 정부주도(state-led) 개발전략을 추구한 전형적인 개발국가관이 지배하였던 시기였다. 정부는 1962년에 "지도받는 자본주의"를 지도이념으로 하는 제1차 경제개발 5개년계획을 수립·추진하였다. 그 당시 정부에서는 우리나라 경제가 나아갈 경제질서가 자본주의체제가 되어야 함은 분명하나 어떤 자본주의체제를 지향해야 할 것인가에 대해서 상당한 논의가 있었고 여기서 나온 아이디어가 지도받는 자본주의체제였다. 우리나라가 나아갈 경제질서는 자본주의체제가 되어야 하나 당시의 경제상황을 고려할 때 정부가 국민경제를 이끌어가는 형태가 되지 않고서는 5개년계획을 성공적으로 추진할 수 없다고 보았고 이러한 취지에서 나온 개념이 지도받는 자본주의체제였다.

지도받는 자본주의체제란 민간의 자유와 창의를 존중하는 자유기업주의를 원칙으로 하되 기간산업과 그 밖의 중요부문에 대해서는 정부가 직접 개입하거나 또는 간접적으로 유도하는 경제질서를 의미한다.[22] 다시 말하면 지도받는 자본주의란 사유재산제도와 시장경제를 원칙으로 하되 정부가 자원배분에 주도적 역할을 한다는 것으로서 이는 존슨(C. Johnson)[23]이 말하는 자본주의적 개발국가(capitalist developmental state)와 일치하는 개념이라 할 수 있다.

이와 같은 5개년계획의 지도이념은 제4차 5개년계획까지는 지속되었고

---

22) 안종직(1962), pp.36-37; 대통령비서실(1975), p.18 참조.
23) C. Johnson(1991), p.12.

성장제일주의로 구체화되었다. 다시 말하면 선성장후분배가 이 시기에 있어서 정부의 일관된 기본정책방향이었으며 공업화를 통한 고도성장을 달성하는데 최대의 역점을 두었다. 5개년계획은 총자원예산(overall resource budget: ORB)이란 연차계획을 통하여 추진하였는데 ORB는 정책계획(policy planning)이라기보다는 자원계획(resource planning)의 성격이 강하여 민간부문의 자원배분에까지 깊이 관여하였다.

1960년대는 노동집약적인 수출산업육성에 중점을 두었으나 공업화를 달성하기 위해서는 중화학공업의 육성이 불가피하다고 보아 60년대 후반에는 전자, 기계, 철강, 조선, 석유화학 및 비철금속을 전략산업으로 지정하였으며 70년대 들어오면서 이를 집중적으로 지원하였다. 또한 국민경제의 발전에 필요한 기간산업인 철강, 비료, 정유, 전력, 통신, 수송 등에는 정부가 직접 소유하는 공기업형태를 취하였다.

경제개발에 필요한 자본동원을 위하여 세제개혁과 함께 국세청을 신설하여 징세행정을 강화하고 고금리정책을 통해 내자동원을 극대화하도록 하였으며 국민투자기금을 조성하여 저리로 중화학공업을 집중 지원하였다. 한일국교를 정상화하여 외자유치의 길을 터놓았으며 민간의 외자도입은 정부가 보증해주는 등 정부는 자본의 동원과 배분에 깊이 관여하였다.

정부는 공업화에 필요한 기술 및 인력개발도 적극 추진하였다. 한국과학기술연구소를 비롯하여 전자, 기계, 화학, 통신, 에너지 등의 전문 연구소를 정부가 직접 설립하여 도입기술의 흡수·개량과 민간의 기술개발을 지원하였다. 인력개발도 정부가 적극 추진하였는데 1960년대는 기능인력의 양성에 중점을 두어 실업계 교육과 직업훈련을 대폭 강화하였고 1970년대는 고급기술인력의 양성을 위하여 한국과학원을 설립하고 이공계 대학과 학과를 획기적으로 증설하였다.

이와 같이 정부는 공업화를 통한 자립경제달성이란 중장기 목표를 설정하고 이에 필요한 자본, 기술 및 인력의 공급자로서의 역할을 충실히 하였다. 이러한 역할을 수행함에 있어 정부는 정·경 분리원칙을 철저히 시행토

록 하였다. 박대통령은 정치가 행정에 개입하는 것을 방지하기 위하여 입법
부나 정당이 정책에 개입하는 것을 억제토록 하였다. 정책의 입안과 집행에
관한 한 행정부가 주도권을 갖도록 하였으며 이를 위하여 엘리트 관료집단
을 적극적으로 활용하였다. 정부의 요직은 엘리트관료가 독점하였고 경제부
처의 장은 거의 이들 관료출신으로 구성되었다. 이와 같이 행정부와 관료의
힘이 절대적이었다는 점에서 퍼킨스(D. Perkins)는 1960~70년대의 한국경제
를 관료지시자본주의(bureaucratic command capitalism)체제라고 한다.[24]

　　이러한 정책을 수행함에 있어 정부는 부분적이지만 시장의 기능을 활용
하고자 하는 노력을 하지 않은 것은 아니다. 특히 1960년대에는 환율을 현
실화하고 수입을 자유화하며 금리를 현실화하는 조치를 취한 적이 있으나
환율을 제외하고는 단기에 그쳤다. 수입자유화는 국제수지적자가 심화되자
오래가지 못하였고 고금리정책도 1960년대 말 경기후퇴에 따른 기업의 이자
부담이 과중하게 되자 자취를 감추었다. 환율의 현실화정책도 1970년대 중
화학공업육성이 본격화되자 후퇴하고 말았다. 이와 같이 1960~70년대는 자
유화의 노력이 있었으나 부분적이며 단기에 그쳤기 때문에 이 시기를 신고
전학파적 견해나 친시장적 정책으로 설명하기는 어렵다.

　　정부주도 개발정책은 고도성장과 산업구조의 고도화를 가져왔으나 부작
용도 적지 않았다. 수출의 급증에도 수입수요의 증대로 국제수지는 계속 악
화되었고 팽창적인 재정금융정책으로 인한 통화량의 증가는 인플레이션으로
이어져 70년대에는 소득분배에도 부정적인 영향을 미쳤다. 이러한 부작용이
있었음에도 불구하고 1960~1970년대는 자립경제의 기반이 구축된 시기라고
평가할 수 있다.

　　높은 투자율과 수출증대로 지속적인 고도성장을 가능케 하였으며 수출
도 단순히 높은 성장을 보일 뿐 아니라 중화학공업제품 중심으로 구조가 개
선됨으로써 지속적인 성장을 가능케 하였다. 국내저축률도 배 이상으로 증

---

24) 1987년 8월 독일 Duisburg대학에서의 국제심포지움에서 발표한 논문에서 지적한다.

가하여 투자의 2/3 이상을 충당함으로써 높은 투자율의 지속을 가능케 하였으며 인력개발도 수출산업과 공업화에 필요한 인력을 제대로 공급할 수 있도록 제도화되었다. 또한 과학기술인프라를 구축함으로써 기술개발기반도 구축되었다. 이와 같이 1960~1970년대는 우리 경제가 지속적인 성장을 할 수 있는 산업적 및 기술적 기반이 구축되었다고 할 수 있다.

## 3. 시장경제이행(1980년대)

1980년대는 1960~70년대의 정부주도개발에서 시장경제주도, 즉 민간주도개발로 가는 과도기라고 할 수 있다. 정부주도의 성장제일주의는 높은 경제성장을 통해 빈곤문제를 해소하고 산업구조의 고도화를 기하는 등 큰 성과를 가져 왔으나 앞에서 지적한 바와 같이 적지 않은 부작용을 수반하였다. 이에 따라 1970년대 말부터 새로운 개발전략의 모색이 불가피하다는 인식이 확산되었고 이는 1981년 전두환 대통령이 집권하면서 구체화되었다.

새로운 개발전략의 핵심은 자원배분에 있어 정부의 개입은 줄이고 시장의 기능을 활용하는 한편 그 동안 소홀이 하였던 국민의 복지문제를 개선하는데 있었다. 다시 말하면 자원배분문제는 되도록 시장의 기능에 맡기고 정부는 사회개발문제에 대해서 좀 더 적극적으로 대처하자는 것이다. 이는 1960~70년대의 정부주도 개발전략에서 시장기능을 중시하는 개발, 즉 시장지향적 개발(market-oriented development)로 개발전략의 변화를 의미하는 것으로서 제5공화국은 물론 제6공화국까지 정책상의 차이는 있었으나 기본적으로 이어졌다.

새로운 개발전략이 요구되는 배경에는 첫째, 소수의 엘리트관료가 관리하기에는 우리 경제의 규모가 너무 크고 복잡하다는 것이고, 둘째, 정부의 보호와 지원만으로는 산업의 경쟁력을 향상시키기 어렵고, 셋째, 소득이 증가함에 따라 주택, 보건, 의료 등의 사회개발에 대한 국민의 욕구증대를 고려하지 않을 수 없고, 넷째, 물가와 국제수지문제가 심각하여 경제안정이 시급히 요구되는 현실적인 요인이 있었다.

이러한 새로운 개발전략은 제5차 5개년계획(1982~86)부터 구체화되었다. 5개년계획의 이름도 경제개발5개년계획에서 경제사회개발5개년계획으로 바꾸고 "안정·능률·균형"을 개발의 이념으로 삼았다. 물가안정을 통해 안정기조를 다지고 경쟁을 통해 경제의 능률을 제고하며 사회개발을 통해 국민경제의 균형있는 발전을 기하겠다는 것이다. 5개년계획의 성격도 종전의 목표지향적 계획(target-oriented plan)에서 장기비전과 정책방향을 제시하는 유도계획(indicative plan)으로 변화하였는데 이는 계획의 중심이 자원배분에 초점을 두는 자원계획(resource planning)에서 정책개발을 중시하는 정책계획(policy planning)으로 바뀌었다는 것을 의미한다.

새로운 개발전략은 여러 부문에 걸쳐 정책변화를 가져 왔는데 정부는 먼저 물가안정이 시급하다고 보아 물가안정에 총력을 기울였다. 1970년대 중반부터 나타난 물가등귀현상은 1979년 제2차 오일쇼크를 거치면서 경제안정은 물론 국제수지를 위협하는 수준까지 악화되었다. 재정금융상의 긴축정책은 물론 소득정책과 경제교육의 실시 등 종합적인 안정화정책을 실시하였다. 이는 단순히 물가안정을 통해 국제수지를 개선하자는 차원을 넘어서 시장기능의 활력을 위해서도 물가안정은 꼭 필요하였기 때문이다. 긴축적인 재정금융정책의 운용으로 통화량 증가가 크게 둔화되고 소득정책의 시행으로 임금이 안정되면서 물가도 크게 안정되었다.

이와 아울러 정부의 개입을 줄이고 시장의 기능을 회복시키고자 금융, 외환, 무역 및 산업정책 등 여러 부문에 걸쳐 점진적인 자유화조치를 단행하였다. 금융정책에서는 1981년부터 정부소유의 시중은행을 민영화하였으며 은행의 대출금리도 1984년에 고객의 신용도에 금리를 차등화하였고 1986년에는 은행의 CD발행금리, 보증부회사채발행금리 등을 자유화하였다. 환율정책도 1980년 원화의 20% 평가절하와 함께 교역상대국의 환율변동과 국내 인플레이션을 감안하여 자동조정되는 통화바스켓제도로 바꾸었다.

무역정책에서는 1984년부터 수입자유화 예시제를 통해 수입자유화율을

1988년까지 95%로 올리기로 하였으며, 관세개혁도 단행하여 관세율을 인하하여 산업의 보호를 줄이도록 하였다. 같은 해에 외자도입법을 개정하여 외국인 투자에 대해 네거티브제도를 도입하였고 기술도입도 허가제에서 신고제로 바꾸어 자유화조치를 외국인 투자에까지 확대하였다. 산업정책에서는 선별적 산업지원에서 기능적 지원정책으로 바꾸어 기업의 투자활동에 대한 규제를 완화하고 기술과 인력개발 지원에 중점을 두었다. 이를 위하여 1985년에는 7개의 개별산업육성법을 폐기하고 공업발전법으로 일원화하였다.

그러나 이러한 자유화조치는 점진적이고 부분적이며 제한적으로 단행하였다. 왜냐하면 시장경제를 정착시키기 위해서는 제도의 정비와 경제주체 행동양식의 변화 등 상당한 준비와 적응기간이 필요하기 때문이다. 예컨대 수입자유화의 경우도 5년에 걸쳐 단계적으로 실시하였을 뿐 아니라 자유화로 인한 충격을 줄이기 위하여 수입선다변화제도를 유지하였으며, 금리자유화도 여신금리부터 단계적으로 자유화하였고 은행의 민영화에도 불구하고 정부가 은행의 경영에 관여하는 등 자유화를 하면서도 규제는 계속되었다.

복지정책은 전두환 정부에서는 비생산적이라는 인식이 강하여 소극적으로 대처하였으나 노태우 정부출범 후 정치적 민주화로 복지에 대한 국민적 욕구가 분출되면서 적극적인 복지정책이 추진되었다. 1988년에는 국민연금제도와 최저임금제도가 도입되었으며 1989년에는 의료보험이 전 국민에 확대 실시되었다.

이와 같이 1980년대는 정부가 자유화정책을 통해 시장의 기능을 활용하면서도 다른 한편으로는 정부주도개발에서 오는 후유증을 최소화하기 위해 시장에 계속 개입하였기 때문에 1980년대는 정부주도개발에서 시장주도개발로 이행하는 과도기라고 할 수 있다. 정부가 1970년대처럼 강력하게 자원배분에 개입은 하지 않았으나 1980년대 초의 중화학공업 투자조정과 그 이후의 산업합리화계획의 추진 등 구조조정을 정부가 이끌어 왔기 때문에 1980년대도 개발국가관이 지배하였다고 할 수 있다. 그러나 정부의 개입정도나 정책방향에서는 상당한 차이가 있기 때문에 1970년대를 포괄적 개발국가

(comprehensive developmental state)시대라고 한다면 1980년대는 제한적 개발 국가(limited developmental state)시대라고 할 수 있다.[25]

## 4. 시장주도개발(1990년대 이후)

1990년대에 들어오면서 국내외 정치경제환경은 크게 변화하였다. 대내적으로는 김영삼 대통령의 이른바 문민정부가 집권하였고 대외적으로는 UR 협상이 진전되면서 세계화의 움직임이 확산일로에 있었다. 이러한 대내외 환경의 변화는 우리의 개발전략에도 큰 변화를 가져왔다.

세계화의 움직임이 대세임을 인식한 정부는 개방화·자유화정책을 좀 더 적극적으로 추진하기로 하였으며 이를 위해 광범위한 분야에 걸쳐 개혁을 단행하였다. 그 배경에는 우리나라 경제의 발전단계나 대외환경의 변화를 고려할 때 자원배분은 이제 전적으로 시장에 맡기는 시장주도개발(market-led development)전략이 바람직하다는 것이다. 이를 위해 정부는 정부주도개발계획의 상징인 경제기획원을 해체하여 재정경제부를 신설하고 5개년계획 제도를 폐지하였다.

김영삼 정부는 이른바 신경제5개년계획을 세워 민간의 자율과 창의를 바탕으로 경제구조와 체질을 튼튼히 할 것을 정책목표로 설정하였다. 이를 위해 경제활동에 대한 규제를 완화하고 대외개방과 경쟁촉진을 통해 산업의 경쟁력을 높이고 구조조정을 추진하겠다는 것이다. 정부의 지시와 통제에 의한 경제운용은 경제규모가 커지고 구조가 복잡하게 됨에 따라 한계에 달하였고 사회가 민주화되었기 때문에 모든 국민의 참여와 능동적인 창의력의 발휘만이 가장 효율적인 경제발전의 원동력이라는 것이다.[26]

이는 정부주도개발계획을 민간주도, 즉 시장주도개발계획으로 개발전략의 변화를 의미한다고 볼 수 있다. 이를 위한 구체적인 정책으로는 상품 및

25) Eun Mee Kim(1992), pp.19-28 참조.
26) 신경제5개년계획, 대한민국정부(1993), p.14.

서비스시장의 대외개방 가속화, 행정규제완화, 금융산업 규제완화, 공기업민
영화가 있었으며, 경제력 집중억제를 위해서는 재벌계열회사간 상호채무보
증제한(1992), 출자한도인하(1994), 규제대상 대기업집단의 범위를 30대 기업
집단으로 변경(1992)하는 등 공정거래질서 확립을 위한 여러 조치가 있었다.

    그러나 문제는 이러한 정책적 노력이 당초 정부가 원하였던 소기의 목
적을 달성함으로써 시장기구가 제대로 작동할 수 있었느냐에 있다. 시장경
제질서는 단순히 규제를 풀고 경쟁제한행위를 규제한다 해서 제대로 작동되
는 것은 아니다. 경제주체가 지켜야 할 행동규칙, 즉 법적·제도적 틀이 잘
만들어져야 하고 경제주체가 이를 지킬 때만 작동하기 때문이다.

    예컨대 정부는 OECD에 가입하면서 은행 및 비은행금융기관의 해외활
동에 대한 규제를 대폭 완화하였다. 1993년에 외화대출용도에 대한 규제를
완화하고 금융기관의 단기외화차입을 자유화하였다. 장기외화차입에 대해서
는 계속 규제를 한 대다가 경기의 상승으로 자금수요가 늘어나자 은행과 종
합금융회사들은 경쟁적으로 이자가 싼 단기외화를 차입하게 되었다. 이에
따라 금융기관의 단기외화부채가 급증하게 되었고 단기외화자금으로 장기투
자를 지원함으로써 자산과 부채 사이의 만기불일치가 생기게 되었으나 정부
는 이에 대한 감독을 강화하지 않았다. 특히 비은행금융기관에 대해서는 규
제장치가 전혀 없었고 이러한 제도의 미비는 외환위기로 이어졌다.

    금융도 1993년의 3단계 자유화와 1994년의 4단계 자유화조치를 거치면
서 여·수신금리가 대부분 자유화되고 은행장에 대한 정부의 인사권도 폐지
되는 등 금융의 자유화는 큰 진전을 보았다. 비은행금융기관의 진입과 퇴출
이 활발하게 되고 대기업들의 이 분야에 대한 진출이 늘어나는 등 금융기관
들의 신설·전환·합병도 크게 활성화되었다.

    이와 같이 금융의 자율화는 이루어졌으나 이에 상응하는 감독체계는 확
립되지 않은 가운데 대마불사의 도덕적 해이는 계속되어 금융기관과 대기업
의 부실은 누적되었다. 감독체계는 은행의 감독은 한국은행이, 보험회사의
감독은 보험감독원이, 기타 비은행금융기관의 감독은 재경부가 담당하는 3

원화로 나누어져 있어 효과적인 건전성감독이 어려웠다.

　재벌정책에 있어서도 김영삼 정부는 당초 공정거래위원회를 경제기획원에서 분리하여 독립시키고 위원장을 장관급으로 격상시키는 등 경쟁질서 확립을 위한 여러 조치를 취하였으나 경쟁정책은 실효를 거두지 못하였다. 경쟁제한적인 행위에 대한 규제도 과거의 정부에서도 그랬듯이 불공정거래행위에 관련된 규제가 대부분이며 기업결합, 부당한 공동행위, 시장지배력의 남용 등 보다 본질적인 문제에 대한 규제는 매우 적었다. 이는 재벌이 가지는 국민경제에 대한 막중한 비중 때문에 정부로서도 쉽게 재벌을 규제할 수 없었기 때문이다.

　규제완화도 기업의 불편을 해소하여 경기를 활성화하기 위한 수단으로 인식됨으로써 대기업의 시장진입을 용이하게 하였는데 이의 대표적인 예가 1994년 삼성의 자동차산업 시장진입이다. 이로 인하여 경제력의 집중현상은 개선되지 못하였다. 예컨대 30대 기업집단이 총자산, 매출액, 고용기준으로 국민경제에서 차지하는 비중은 1990년대에 들어와서도 외환위기 이전까지 대체로 상승하였다. 정부는 1993년 133개의 공기업 중 58개의 정부소유주식을 매각한다는 야심찬 민영화개혁을 발표하였으나 외환위기 이전까지는 큰 진전을 보지 못하였다.

　이상에서 지적한 바와 같이 시장경제질서 확립을 위한 정부의 노력에도 불구하고 성과는 만족스럽지 못하였다. 이는 금융자유화에서 보듯이 효과적인 감독체계의 확립이 없는 자유화는 실효성이 적고 부작용만 가져오며, 재벌에 대한 규제도 정경유착과 이에 따른 대마불사와 같은 도덕적 해이가 있는 한 재벌의 퇴출은 현실적으로 어려웠기 때문이다. 1997년의 외환위기 이전까지 재벌의 유일한 파산은 1985년의 국제그룹이라는 것이 이를 증명하고 있다.

　앞에서도 지적한 바와 같이 시장경제질서의 정착은 우선 제도적 틀이 잘 짜여져야 하고 이를 준수하는 경제주체의 윤리적 뒷받침이 있어야 하는데 이러한 조건이 충족되지 못한 채 규제만 완화하였다 해서 시장이 제대로 작동되는 것은 아니다.[27] 이러한 점에서 1997년의 외환위기는 우리 경제에 있어서 시장경제질서의 확립을 촉진시키는 중요한 계기를 마련하였다고 할 수 있다. 외환위기와 같은 외부적 충격이 없었다면 금융산업이나 대기업의 구조조정은 쉽게 이루어질 수 없기 때문이다. 외환위기 이후 정부는 IMF 의 권고에 따라 여러 부문에 걸쳐 구조개혁을 단행하였으며 특히 대외개방 과 금융 및 기업부문의 구조개혁에는 괄목한 성과를 거두었다.

노동시장의 구조조정은 1998년 노사정위원회를 구성하여 노사간의 주 고받는 협상이 있었는데 대체로 노동계에 유리하게 타협이 이루어졌다. 정 리해고제와 파견근로제의 도입으로 노동시장의 유연성은 다소 확보되었으나 복수노조 허용, 노조의 정치활동 허용 및 실업자의 노조가입을 허용함으로 써 노조활동은 더욱 격렬해지고 정치적 양상을 띠게 되었다. 특히 비정규직 고용문제와 관련한 한국노총과 민주노총간의 선명성 경쟁이 치열해지면서 총파업건수는 많아지고 노동운동이 대공권력투쟁으로 전개됨으로써 건전한 노사관계의 발전은 해결하여야 할 중요한 과제로 남게 되었다.[28]

이상에서 지적한 바와 같이 1990년대에 들어와서 시장주도개발을 위한 정부의 자유화·개방화 노력은 많이 있었으나 외환위기 이전까지는 금융구 조개혁 실패, 정경유착 및 대마불사의 도덕적 해이로 인한 기업구조개혁 실 패때문에 성공을 하지 못하였다. 다시 말하면 김영삼 정부가 기도하였던 시 장주도개발전략은 실패하였다고 할 수 있다. 실패요인으로 작용하였던 구조 적 문제가 외환위기를 겪으면서 그것도 외부적 충격요법에 의하여 상당히 해결되었다.

외환위기는 시장경제질서의 활성화에는 크게 기여하였으나 구조조정에 따른 실업 등 부작용 때문에 정부의 복지정책은 크게 강화되었다. 외환위기 이전에도 1995년 고용보험제도를 도입하여 근로자의 안정적인 소득보장을 기하도록 하였으나 외환위기 이후 실업과 빈곤문제가 심각해지자 고용보험

---

27) 이에 대해서는 졸고(1998), pp.132-136 참조.
28) 김수곤(2007), p.311.

대상을 30인 이상에서 5인 이상의 사업장에까지 확대하는 한편 단기 일자리 제공을 위한 공공근로사업이 도입되었다. 2000년에는 공공근로사업과 같은 일시적인 사회안전망을 제도화하는 한편 국민의 기본적인 생활을 제도적으로 보장한다는 취지에서 국민기초생활보장제도를 도입하였다.

국민기초생활보장제도는 국가가 국민의 최저생활을 근로능력의 유무에 관계없이 보장해주는 것으로서 획기적인 복지정책이라고 할 수 있는데 대상자 규모와 급여는 그 동안 크게 확대되었다. 기초생활보장제도 시행 이전인 1999년의 생계비지원 대상자는 54만명이었으나 2000년 10월 시행 이후에는 149만명으로 증가하였으며, 급여수준도 4인 가족기준으로 73만 9천원에서 2002년 10월에는 122만 2천원으로 대폭 증가함으로써 재정부담은 크게 늘어났다.[29]

## 5. 요약 및 평가

지난 반세기 동안 정부의 역할은 많은 변화를 하였다. 1950년대는 전후 폐허가 된 경제를 복구하는 한편 귀속재산의 민간불하 및 농지개혁을 통해 사유재산제도를 근간으로 하는 자본주의적 시장경제체제의 제도적 기반이 조성되었고 보통교육의 의무화와 제조업재건을 통해 공업화의 토대를 마련하는데 적지 않은 기여를 하였다.

박정희 대통령이 집권하였던 60년대와 70년대는 우리 경제가 자립할 수 있는 기반이 구축된 시기라고 할 수 있다. 정부는 대외지향적 공업화정책을 택하여 수출진흥에 총력을 기울였고 수출의 급속한 신장을 통해 공업화의 기반을 다질 수 있었다. 자립경제달성을 위해서는 중화학공업육성이 불가피하다고 보아 1960년대 후반에 개별산업육성법을 제정하고 1970년대에 중화학공업의 육성은 본격화되었다. 중화학공업육성을 통해 우리 경제의 지속적

---

29) 고영선, 전게서, p.288.

성장을 위한 기반이 구축되었고 새마을 운동을 통한 농촌근대화추진과 주곡의 자급은 박정희 정부의 큰 업적이다.

박정희 정부의 정부주도개발전략은 적지 않은 부작용을 가져 왔고 경제구조가 복잡해지고 민간부문이 확대되면서 새로운 개발전략의 모색이 요청되었고 이는 1981년 전두환 정부가 들어오면서 구체화되었다. 정부주도개발에서 오는 부작용을 치유하면서 자원배분에 있어 시장의 기능을 강조하는 시장지향적 개발전략이 추진되었다. 이를 위해 강력한 안정화정책을 추진하는 한편 중화학공업의 경쟁력제고를 위한 산업합리화조치와 산업, 무역, 금융 등에 걸쳐 비록 제한적이지만 자유화정책을 추진하였으며 이러한 노력은 노태우 정부 아래서도 기본적으로 계속되었다.

이와 같이 1980년대는 자원배분에 있어 정부개입이 줄어들고 시장의 기능이 중시되는 전환기라고 할 수 있으며 이러한 시장지향적 개발전략은 1990년대 초 김영삼 정부가 들어서면서 본격적으로 추진되기 시작하였다. 이는 당시의 세계화 추세에 의하여 상당한 영향을 받았으나 과거의 군사정부와는 다른 개발전략을 추진하고자 하는 정치적 고려도 상당히 작용하였다.

김영삼 정부는 경제기획원과 5개년계획을 개발독재의 산물로 인식하여 1994년에 해체하고 이른바 신경제5개년계획을 세워 재정, 금융, 행정규제 등 광범위한 분야에 걸쳐 개혁을 추진하였으나 개혁의 핵심이라 할 수 있는 금융 및 기업구조개혁에 실패함으로써 외환위기를 자초하였다. 구조개혁은 외환위기를 거치면서 많은 진전이 있었으며 이런 면에서 외환위기는 구조개혁을 위한 필요악이라 할 수 있다.

1970년대까지 정책의 기본방향은 성장제일주의 실현에 있다고 할 수 있다. 선성장후분배가 정부의 일관된 정책기조였으며 분배문제는 원칙적으로 시장에 맡겼다. 1980년대에 들어오면서 사회개발을 위한 노력이 없지는 않았으나 본격적인 복지정책은 6·29 선언 이후 정치적 민주화가 진행되면서 탄력을 받기 시작하였다.

1988년에 최저임금제도와 국민연금제도가 시행되었고 1989년에는 의료보험제도가 전 국민에 확대 실시되었으며 1995년에는 고용보험제도가 도입되었다. 외환위기 이후 실업의 증가와 분배문제가 악화되자 2000년에 국민의 기본생활을 제도적으로 보장하기 위하여 국민기초생활보장제도를 도입하는 등 분배개선과 국민복지증진을 위한 정부의 노력은 강화되었다.

   이상에서 보아온 바와 같이 정부의 정책은 발전단계와 대내외 환경변화에 따라 적지 않은 변화를 하였고 개발전략은 이러한 환경변화에 따라 비교적 적절히 대응하였다고 할 수 있다. 시장이 제대로 작동하지 못하는 발전초기에는 정부가 자원배분에 직접 개입하는 정부주도개발전략을 추구함으로써 고도성장을 달성할 수 있었으며, 급속한 공업화로 인한 부작용이 심화되자 정부개입을 줄이고 시장기능을 살리는 시장지향적 개혁을 통해 정부주도개발에서 오는 후유증을 무리 없이 극복할 수 있었다. 1990년대에 들어오면서 세계화가 급속도로 진행되자 이에 대응하기 위해 개방화와 자유화를 적극적으로 추진하였으나 성급한 자본시장개방과 제도의 미비로 외환위기를 맞이하게 되었다. 외환위기 이후 분배문제가 새로운 정책과제로 부상되면서 정책기조는 복지를 중시하는 방향으로 전개되었다.

# 제 4 장

# 자본축적과정

# 제 4 장

## 자본축적과정

## 제 1 절 자본축적의 세 가지 문제

　우리나라가 지난 반세기 동안 고도성장을 할 수 있었던 것은 자본축적이 활발히 이루어졌기 때문이다. 다시 말하면 투자율이 매우 높았기 때문이다. 우리나라의 총투자율은 1950년대는 평균적으로 10% 수준이었으나 1960년대는 20% 수준으로 올라갔고 1970년대부터는 30% 수준을 넘어섰으며 이는 1997년 외환위기 이전까지 대체로 계속되었다(〈표 4-1〉).

**표 4-1　저축률, 투자율, 투자재원자립도, 1953-2000**　　　　　　　(단위: %)

|  | 1953~1960 | 1961~1970 | 1971~1980 | 1981~1990 | 1991~2000 |
|---|---|---|---|---|---|
| GDP성장률 | 3.9 | 8.5 | 9.1 | 8.7 | 6.6 |
| 투자율 | 12.3 | 19.8 | 29.5 | 32.6 | 34.7 |
| 국민저축률 | 4.2 | 10.5 | 22.6 | 32.3 | 35.6 |
| 민간 | 6.9 | 8.2 | — | — | — |
| 정부 | −2.7 | 2.3 | — | — | — |
| 해외저축률 | 7.9 | 9.1 | 6.9 | 0.4 | −1.0 |
| 투자재원자립도 | 31.4 | 50.1 | 76.5 | 99.3 | 104.5 |

주: 1953~1970년까지는 1975년 기준 국민계정 시계열자료를 이용하였고 1971~2000년까지는 2005년 기준 시계열자료를 이용하였음. 1970년 이후의 민간저축률과 정부저축률은 1993년의 개정된 SNA에 의한 자료는 있으나 저축개념상의 차이로 이용할 수 없었음.

이러한 높은 투자율 때문에 생산과 고용이 늘어나고 소득이 빨리 증가할 수 있었다. 따라서 우리나라의 발전과정을 제대로 이해하기 위해서는 무엇보다도 자본축적과정에 대한 올바른 설명이 있어야 한다. 어떻게 해서 투자율이 그렇게 빨리 올라갔으며 어떤 방법으로 투자재원을 동원하고 조달했는지에 대한 분석이 있어야 한다. 그렇지 않고는 고도성장의 요인을 제대로 설명할 수 없다. 왜냐하면 경제발전이란 하나의 자본축적과정으로 볼 수 있기 때문이다. 물론 경제발전에는 자본 이외에도 노동과 기술이 중요한 역할을 하나 자본에 비하면 이들 요소는 보완적 요소에 불과하다. 자본축적이 있어야 노동이나 기술의 이용이 가능하기 때문이다.

자본축적과 관련해서는 세 가지의 상호연관된 문제가 있다. 하나는 투자재원을 어떻게 마련하느냐의 자본동원문제이며, 두 번째는 동원된 자본이 투자자들에게 쉽게 전달될 수 있는 신용 및 금융 메커니즘의 구축문제이며, 세 번째는 동원된 자본을 어떻게 효율적으로 사용하느냐의 투자의 효율성 문제다. 자본이 생산적이며 효율적으로 사용될 경우에만 자본축적이 지속될 수 있기 때문이다. 이러한 관점에 입각하여 제4장에서는 우리나라의 자본축적과정을 1950년대부터 1990년대까지 시대별로 간략히 분석하기로 한다.

## 제 2 절 자본축적과정

앞에서 투자율이 빠르게 상승하였다는 것을 지적하였는데 저축률도 투자율 못지않게 빠르게 상승하였다. 1950년대는 4% 수준에 그쳤던 저축률은 60년대는 10% 수준으로 올라갔고 70년대는 20%대로 상승하였고 80년대는 30%대로 급증하였다. 이러한 국민저축률의 급상승에도 불구하고 국내저축으로는 급증하는 투자수요를 충당할 수 없어 상당기간 동안 외국자본에 의존할 수밖에 없었다.

1950년대는 소득수준이 워낙 낮았기 때문에 가계저축은 기대할 수 없었고 정부부문도 재정적자로 투자재원조달에 기여할 수 없었다. 전쟁으로 파괴된 사회간접자본시설과 제조업을 재건하기 위해서는 적지 않은 자금이 필요하였는데 그 재원은 대부분 외국원조에 의존하였다.

〈표 4−1〉에서 보는 바와 같이 1953~60년간의 투자율은 연평균 12.3%인데 반하여 국민저축률은 4.2%에 그치고 있어 투자재원의 자립도, 즉 총투자에서 국내저축이 차지하는 비중은 31.4%에 불과하여 투자재원의 2/3를 해외저축에 의존하였다.[1] 해외저축률은 연평균 7.9%로 민간저축률 6.9%보다 높았으며 정부저축률은 −2.7%로 부의 저축을 시현하였는데 이는 전후복구사업과 방위비조달로 재정지출이 급증한 반면 조세수입은 이에 크게 미치지 못하였기 때문이다.

민간이 6.9%란 비교적 높은 저축률을 시현한데는 기업부문에서의 저축이 큰 역할을 하였다. 정부는 제조업의 재건을 위하여 유리한 투자환경을 조성하는데 역점을 두었다. 정부는 수입대체산업을 육성하기 위하여 미국측의 반대에도 불구하고 저환율정책을 유지하였으며 금융정책도 융자순위제를 도입하여 제조업 등의 생산적인 산업에 투자를 유도하였다.

기업은 물가상승률에 크게 미치지 못한 저금리로 대출을 받을 수 있었고 원조물자도 시중환율보다는 훨씬 낮은 공정환율로 배정받음으로써 막대한 이윤을 챙길 수 있었다. 특히 원조물자가 실수요자원칙으로 배정됨에 따라 일부 대기업은 원자재를 배정받아 일부는 공정환율의 2~3배에 달하는 시중환율로 되팔아 환차익을 보는 등 정부의 정책은 기업의 자본축적에 크게 유리하게 작용하였다. 이러한 원자재수입의 독점권을 이용한 대표적 산업이 이른바 면방, 제당, 제분의 삼백산업이었다.[2]

---

1) 한국은행도 1980년대까지 국민저축률과 해외저축률을 발표하였으나 1993년 SNA가 개정됨에 따라 저축을 국민저축과 해외저축으로 나누지 않고 총저축(국민총처분가능소득−총소비)개념으로 파악하고 있으며 이러한 저축개념상의 차이로 투자재원자립도가 〈그림 4−1〉에서 보는 바와 같이 1960년대까지는 매우 높고 본서의 투자재원자립도와 큰 차이가 있으나 무상원조가 없어진 70년대부터는 거의 동일하다(〈그림 4−1〉).

2) 이대근, 전게서, p.479.

　　저임금도 기업의 자본축적에 적지 않은 기여를 하였다. 1954~60년에 소비자물가는 연평균 약 20%가 상승한 반면 광업 및 제조업의 생산직 종업원의 임금은 연평균 각각 8.4%와 7.6%의 상승(1956~60)에 그쳐 실질임금은 생산성에 크게 미치지 못함으로써 기업의 이윤창출에는 유리한 여건이 조성되었다.

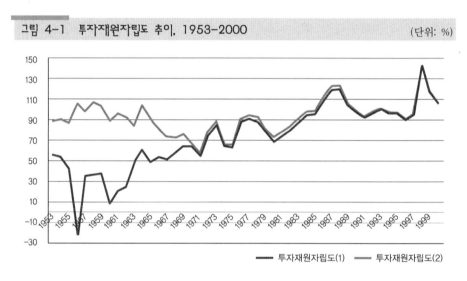

그림 4-1　투자재원자립도 추이, 1953-2000　　　　　　　　　　　(단위: %)

주: 투자재원자립도(1): [(국민총소득 - 총소비)/총자본형성]×100
　　투자재원자립도(2): [(국민총처분가능소득 - 총소비)/총자본형성]×100
자료: 자립도(1)은 계산, 자립도(2)는 한국은행 국민계정 2009.

　　이와 같이 인플레이션으로 인한 부의 실질금리 및 비현실적인 저환율정책은 기업의 이윤증대에 크게 기여하였고 잉여농산물 도입에 따른 저곡가도 저임금에 기여함으로써 기업의 이윤창출에 일조를 하였다. 다시 말하면 1950년대는 저곡가·저환율·저금리의 저가격정책은 자본축적에 결정적인 역할을 하였다.[3] 농지개혁의 경우 정부가 지주에게 발행한 지가증권은 인플레이션으로 가격이 폭락하여 지주계층은 경제적으로 몰락되었고 반면 증권업

────────────

3) Cho Soon(1994), p.15; 이대근(2002), p.481.

자와 같은 중간 유통업자로 소득이 이전됨으로써 토지자본의 산업자본화에는 실패하였다.

1960년대에 들어와서는 자본축적과정에 적지 않은 변화가 있었다. 미국의 원조감축으로 투자재원조달에 어려움을 겪게 되자 정부는 내자동원을 위한 노력을 강화하였다. 국세청을 신설하여 징세행정을 개선하고 세제개혁을 통해 조세수입을 올리고 금리를 현실화하여 금융저축을 증대코자 하였다. 이 결과 저축률은 50년대의 4.2%에서 10.5%로 크게 올라갔는데 민간의 저축률(8.9%) 증대가 큰 역할을 하였다. 정부저축률은 조세수입의 급증에도 불구하고 확장적인 재정정책으로 인해 2.3%에 그쳤다. 저축률이 급증한데는 투자활성화에 따른 소득증대가 큰 영향을 미쳤다. 성장하는 경제에서는 소비증가가 소득증가를 따라가지 못하므로 저축이 크게 증가하기 때문이다.

1960년대 투자율이 크게 상승한데는 정부의 무역 및 산업정책이 큰 영향을 미쳤다. 정부가 수출산업에 대한 금융·세제상의 파격적인 지원과 함께 내수산업도 관세와 비관세장벽을 통해 보호하여 줌으로써 투자가 크게 증가여 투자율은 60년대 와서 19.8%로 올라갔고 고도성장을 할 수 있었다.

투자가 활성화됨에 따라 임금도 크게 상승하였으나 노동생산성의 증가로 임금코스트 상승은 기업경영의 압박요인으로는 전혀 작용하지 못하였다. 1960년대는 실질임금이 비교적 안정된 가운데 노동의 공급이 거의 무제한적으로 이루어졌던 시기였다. 농촌에서 도시로의 많은 노동력 이동으로 임금이 올라가도 물가상승 때문에 실질임금은 노동생산성 증가를 따라가지 못하게 되어 그 차이만큼은 기업의 잉여로 남게 되었다.

이 때문에 노동공급이 많으면 많을수록 자본축적은 더욱 확대되는 이른바 루이스(W. A. Lewis)적인 자본축적이 이루어졌다.[4] 예컨대 1967~71년에 제조업의 노동생산성은 연평균 18.7%나 증가하였으나 실질임금은 8.7%의 상승에 그쳐 자본축적에 유리한 환경은 계속되었다(〈표 4-2〉). 이로 인하여

---

4) 루이스 자본축적론의 자세한 내용에 대해서는 W. A. Lewis(1955), pp.213-244 참조.

〈그림 4−2〉에서 보는 바와 같이 실질자본수익률(real rate of return on capital)
은 20% 후반대의 높은 수익률을 보이고 있고 지속적으로 상승함으로써 기
업은 높은 이윤을 창출할 수 있었다. 1961~70년에 제조업의 매출액 대비 경
상이익률과 영업이익률은 각각 연평균 6.6%와 11%란 높은 이익률을 보였다
(〈표 4−3〉).[5]

**표 4-2  임금, 노동생산성 및 노동비용증가율(제조업) 1967-1979**  (단위: %)

|           | 명목임금(A) | 노동생산성 | 단위노동비용 | 소비자물가(B) | 실질임금(A-B) |
|-----------|-----------|----------|------------|-------------|-------------|
| 1967~1971 | 21.9      | 18.7     | 3.7        | 13.2        | 8.7         |
| 1972~1979 | 28.8      | 11.3     | 18.4       | 15.3        | 13.5        |
| 1967~1979 | 26.4      | 12.0     | 12.9       | 14.6        | 11.8        |

자료: 김적교 외, 1984, p.187.

**표 4-3  기업의 매출액 경상이익률과 영업이익률(제조업), 1961-2000**  (단위: %)

|           | 경상이익률 | 영업이익률 |
|-----------|----------|----------|
| 1961~1970 | 6.6      | 11.0     |
| 1971~1980 | 3.5      | 8.1      |
| 1981~1990 | 2.5      | 7.2      |
| 1991~2000 | 1.3      | 7.1      |

자료: 한국은행 경제통계시스템.

　　이와 같이 1960년대에 와서 민간과 정부의 저축은 크게 늘어났으나 국
내저축을 가지고 5개년계획의 추진에 따라 급속히 증대되는 투자재원을 조
달하기에는 역부족이었다. 따라서 정부는 외자도입을 적극 추진하였고 이로
인하여 해외저축에 대한 의존도는 계속되었고 투자재원의 자립도는 1960년

---

5) 실질자본수익률은 실질자본소득(실질부가가치 − 실질노동소득)을 실질자본스톡으로 나눈
　 값이며 노동소득에는 임금과 무급가족종사자와 자영업주에 대한 노동보상도 포함되었
　 다. 또한 자본소득에는 감가상각과 조세 및 금융비용이 공제되지 않은 자본수익률이기
　 때문에 총자산이익률(ROA)이나 기업의 경상이익률과는 직접 비교할 수 없다. 우리나라
　 의 자본수익률은 대만과는 거의 비슷하나 중남미 여러 나라보다는 높았다. 졸저(1984),
　 p.89, p.186 참조.

대에 와서도 50%에 머물렀다(〈표 4-1〉).

　　정부는 1962년에 외자도입을 촉진하기 위하여 공공차관은 물론 민간차관에 대해서도 정부가 지급보증을 하여줌으로써 외자도입은 크게 활성화되었다. 더구나 국내외 금리차와 인플레이션 때문에 실질적인 금리부담은 거의 없었다. 예컨대 1966~70년에 실질해외차입 금리는 -5.1%이며 이와 같은 마이너스 금리는 1970년대 말까지 계속되었다(〈표 4-4〉). 외국에서 돈을 빌려오면 인플레이션 때문에 실질적인 금리부담은 하나도 없어 가만히 앉아서도 돈을 벌 수 있었다. 이 때문에 많은 기업이 적극적으로 차관도입을 추진하게 되었다.

**표 4-4  국내금리와 해외금리의 비교**　　　　　　　　　　　　　(단위: %)

|  | 1966~1970 | 1971~1975 | 1976~1980 |
|---|---|---|---|
| 국내 대출금리(A) | 24.4 | 17.4 | 18.0 |
| 국제금리(B) | 7.2 | 7.9 | 9.5 |
| 환율절하율(C) | 3.1 | 9.3 | 4.7 |
| 물가상승률(D) | 15.4 | 18.3 | 20.9 |
| 국내외 금리차(A-B-C) | 14.1 | 0.2 | 3.8 |
| 실질해외차입금리(B+C-D) | -5.1 | -1.1 | -6.7 |
| 실질국내금리(A-D) | 9.0 | -0.9 | -2.9 |

주: A는 예금은행의 상업어음할인금리. 단, 1990~1995년은 일반대출금리.
　　B는 90일 유로달러금리.
　　C는 GDP 디플레이터.
자료: 고영선(2008), p.204.

　　직접투자는 수출의무비율, 투자비율, 로얄티(royalty) 지불 등 여러 가지 조건이 부과됨으로써 매우 제한적이었다. 이러한 제한적 외국인 투자정책은 정부의 의도적인 정책이라기보다는 당시의 어려웠던 국제수지상황이 많은 영향을 미쳤다. 어떻든 이러한 제한적인 외국인 투자정책은 1980년대까지 대체로 이어져 직접투자는 매우 저조하여 1980년대까지 외국인 투자는 GDP 대비 1%를 초과하지 못하였다. 반면 차관은 1960년대 GDP대비 3.9%에 달

하였고 1970년대는 5.5%로 증가하였으며 1980년대도 2.1%에 달하였다.[6]
이러한 차관중심의 외자도입정책은 결과적이지만 우리나라 국민소유기업의
육성과 성장을 촉진함으로써 자본축적에는 기여하였으나 기업의 부채비율을
급증시켜 재무구조를 악화시킨 부작용을 가져왔다.

　1970년대에 와서도 정부의 적극적인 중화학공업육성정책에 따른 투자
활성화로 투자율이 크게 올라갔고 국민저축률도 소득증대에 따른 저축여력
의 향상에 힘입어 크게 향상되었다. 1971~80년에 투자율은 29.5%로 올라갔
고 국민저축률도 1960년대의 10.5%에서 22.6%로 두 배 이상 제고되었다. 높
은 국민저축률 때문에 해외저축률은 6.9%로 감소하였고 이에 따라 투자재원
의 자립도는 76.5%로 향상되었다. 저축률이 크게 증가한대는 무엇보다도 고
도성장의 지속에 따른 소득증대와 금융기관의 발달로 다양한 금융상품이 출
현되었고 이것이 민간의 금융저축을 올리는데 큰 역할을 하였다.

　정부부문에서도 저축증대를 위한 상당한 노력이 있었다. 중화학공업을
지원하기 위해서 정부는 여러 차례에 걸쳐 세제개혁을 단행하였으며 그 중
에서도 대표적인 것이 1975년의 방위세 신설과 1976년의 부가가치세의 도
입이다. 세제개혁으로 조세수입이 크게 늘어나 조세부담률은 1971년의 14.4%
에서 1980년에는 17.0%로 올라갔다. 이를 통해 정부는 급속히 늘어나는 재
정투융자를 지원할 수 있었다. 정부의 재정투융자규모는 1970년대 와서 크
게 증가하였는데 평균 GNP의 7.3%, 재정규모의 35.1%에 달하였다.[7]

　한편 1970년대는 중화학공업에 대한 과열투자가 진행되면서 임금상승
이 노동생산성 증가를 크게 앞질러 가파른 임금코스트의 상승을 가져왔다.
1972~79년에 제조업부문의 명목임금은 연평균 28.8%가 증가한 반면 노동
생산성증가율은 11.3%에 그쳐 임금코스트는 연평균 18.4%나 급등하였다(〈표
4-2〉). 같은 기간에 실질임금이 연평균 13.5%나 올라 생산성증가율 11.3%
를 앞지르고 있어 루이스적인 자본축적과정은 종지부를 찍게 되었다. 이는

---

6) 고영선, 전게서, pp.412-413, 부표 4 참조.
7) 김동건·황성현(1995), p.282.

기업경영에 상당한 부담으로 작용하였고 이로 인하여 기업의 경상이익률과 영업이익률은 60년대에 비하여 크게 떨어졌다(〈표 4−3〉).

노동비용의 높은 상승에도 불구하고 투자가 활발히 이루어진 것은 정부의 과감한 투자유인정책이 절대적인 영향을 미쳤다. 정부는 중화학공업육성을 위하여 국민투자기금을 조성하여 일반대출금리보다 낮은 우대금리를 적용하였고 환율도 거의 동결된 상태로 유지됨으로써 내·외자 공히 높은 물가상승 때문에 실질차입비용은 큰 폭의 마이너스를 보였다(〈표 4−4〉).

제조업의 실질자본수익률은 〈그림 4−2〉에서 보는 바와 같이 1960년대 중반부터 1973년까지 꾸준히 증가하여 오다가 제1차 오일쇼크로 크게 떨어졌으나 그 이후 경기가 회복되면서 78년까지 다시 상승하는 추세를 보였다. 79년 제2차 오일쇼크로 다시 크게 떨어지는 등 다소 기복은 있으나 대체로 20% 중반대에서 30% 중반대의 높은 수익률을 유지하였다.[8] 이는 내·외자에 대한 자금수요를 크게 늘려 중화학공업에 대한 투자가 집중적으로 이루어졌다.

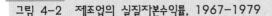

그림 4−2   제조업의 실질자본수익률, 1967−1979                    (단위: %)

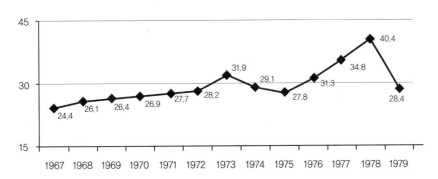

자료: 김적교 외(1984), p.186.

---

8) 실질임금이 노동생산성보다 빠르게 상승하여 실질자본수익률은 1974~79년에 마이너스 3.1%의 증가율을 보였으나 1967~73년에는 평균 4.7%나 증가하였다.

1980년대에 와서는 정부의 안정지향적인 정책전환으로 자본축적은 적지 않은 영향을 받았다. 정부의 강력한 긴축적인 재정금융정책으로 투자가 진정되어 투자율이 30% 수준으로 떨어졌으며 80년대 중반까지 계속되다가 1985년의 프라자 합의로 인한 3저 현상으로 경기가 회복되면서 투자율이 급상승하였다.

1980년대 전체를 볼 때는 투자율이 평균 32.6%로 1970년대의 투자율 29.5%보다는 약간 높은 것으로 나타났으나 전체적으로 큰 차이가 없다. 중요한 것은 투자율이 1970년대까지는 지속적으로 상승하는 움직임을 보이고 있어 80년대 보다는 1970년대 투자가 가장 활발히 이루어졌음을 알 수 있다(〈그림 5-1〉). 고정자본형성의 실질증가율을 보면 1970년대가 연평균 14.0%로 1980년대의 12.1%보다 높으며, 광공업부문의 경우는 23.3%로 1980년대의 16.1%보다는 크게 높다(〈표 4-5〉).

**표 4-5  경제성장률과 실질고정자본형성증가율, 1953-2000**　　　(단위: %)

|  | GDP | 총고정자본형성 | 농림어업 | 광공업 | SOC 및 서비스 |
|---|---|---|---|---|---|
| 1953~1960 | 3.9 | 10.2 | 11.2 | 17.7 | 9.9 |
| 1961~1970 | 8.5 | 22.4 | 18.9 | 22.5 | 23.9 |
| 1971~1980 | 9.1 | 14.0 | 8.7 | 23.3 | 13.5 |
| 1981~1990 | 8.7 | 12.1 | 14.0 | 16.1 | 11.8 |
| 1991~2000 | 6.6 | 5.6 | 1.2 | 5.8 | 5.6 |

자료: 1953~70년은 1975년 불변가격기준, 1971~2000년은 2005년 연쇄가격기준, 한국은행 국민계정 2009.

안정화정책의 성공으로 물가가 안정되고 국제수지가 개선되면서 저축률은 1970년대의 22.6%에서 32.3%로 크게 올라 투자재원의 자립도가 거의 100%에 달하였다. 이는 무엇보다도 지속적인 고도성장으로 국민소득이 크게 증가한데다가 재정수지와 경상수지가 흑자로 전환되면서 정부의 재정적자가 줄고 투자재원의 해외의존도가 줄었기 때문이다(〈표 4-1〉).

1990년대 와서는 노태우 정권에서부터 시작된 성장정책으로의 회귀가 김영삼 정부로 이어지면서 투자가 활성화되어 1991~97년에 투자율은 37.3%로 크게 올랐으며 저축률도 36.1%로 상승하였다. 그러나 투자율에는 미치지 못하여 해외저축에 대한 의존도는 계속되었고 지속적인 외채증가로 이어져 외환위기의 한 요인을 형성하였다.

비록 투자율은 높으나 하락하는 추세를 보이고 있어 자본축적률은 90년대 와서 크게 떨어졌다. 실질고정자본투자의 증가율은 80년대의 12.1%에서 5.6%로 하락하였고 성장률도 8.7%에서 6.6%로 떨어졌다. 투자의 수익성 악화가 큰 영향을 미쳤다.

6·29 민주화 선언 이후 임금이 급등하면서 실질임금 상승은 노동생산성 상승을 크게 앞질렀다. 예컨대 1987~1996년에 제조업의 노동생산성은 연평균 6.5%의 성장에 그쳤는데 실질임금은 10.5%나 증가하였다. 이런 여건 속에서도 대마불사의 도덕적 해이로 기업의 무리한 확장은 계속되었고 재무구조 악화로 이어졌다.

여기에다 기업의 누적된 부채로 인한 과중한 금리부담으로 이익률은 크게 떨어졌다. 총자산이익률(ROA)이나 매출액경상이익률 등 자본의 수익성을 나타내는 각종지표가 크게 악화되었다.[9] 투자의 효율성도 크게 떨어져 ICOR는 80년대의 3.7에서 5.0으로 올라갔고 2000년대 와서는 성장이 정체되면서 6.2로 크게 상승했다.

## 제 3 절  금융기관의 역할

앞에서 우리는 저축률과 투자율이 어떻게 하여 그렇게 빨리 상승하였는가를 살펴보았는데 이 과정에서 금융정책과 금융기관이 어떤 역할을 하였는

---

9) 한국은행의 자료에 의하면 제조업의 총자산이익률(ROA)은 1987년의 4.49%에서 지속적으로 떨어져 1996년에는 0.93%까지 떨어졌고 기업의 매출액 경상이익률도 80년대의 2.5%에서 1.3%로 떨어졌다. Anne O. Krueger and Jungho Yoo(2002), p.184.

지를 보기로 한다. 우리나라는 저축률이 매우 낮은 수준에서 공업화정책을 추진하였기 때문에 정부는 금융자원의 동원과 배분에 있어 깊이 관여하였다. 1950년대는 소득수준도 워낙 낮고 금융기관이 발달되지 못하였기 때문에 금융기관을 통한 자원동원은 매우 빈약하여 기업의 투자는 거의 전적으로 외국원조나 사금융시장을 통하여 이루어졌다.

1960년대 들어오면서 정부는 5개년계획의 성공적인 추진을 위해 금융제도를 개편·정비하기 시작하였다. 목적은 제도금융권을 정부의 통제하에 둠으로써 금융자원을 정부가 추진하고자 하는 전략산업에 배분하고자 하는데 있었다. 이를 위해 정부는 한국은행법과 은행법을 개정하여 중앙은행과 일반은행에 대한 정부의 영향력을 강화하였다. 또한 기존의 특수금융기관을 정비하는 한편 다수의 새로운 특수은행을 설립하여 개발금융체제를 구축하였다. 1954년에 산업은행을 설립하여 시설자금공급을 전담토록 한 바 있으며 1961년에는 농업협동조합과 중소기업은행, 1963년에는 국민은행, 1968년과 1969년에는 신탁은행과 주택은행이 설립되었으며 1960년대 후반부터 1970년대 초까지 10개의 지방은행이 세워졌다.

이와 함께 1965년에는 은행자금에 대한 가수요를 억제하고 투자재원의 국내조달을 증대코자 금리를 현실화하였다. 1년 만기 정기예금금리를 연 15%에서 30%로 올리고 여신금리도 일반어음대출의 경우 연 16%에서 26%로 올렸다. 이 조치로 금융기관의 저축성예금은 급증하였는데 1965년 GNP의 3.8%에 불과하였던 은행의 저축성예금은 1970년에는 GNP의 20.7%에 달함으로써 내자동원에는 크게 기여하였다.

1970년대에 들어와서 정부는 중화학공업을 육성하기 위해서 다시 저금리정책을 실시하였다. 1972년에 정부는 사채동결과 금리인하를 주요 내용으로 하는 8·3 긴급조치를 취하여 기업의 재무구조를 개선하고자 하였으며 이와 아울러 정책금융제도를 강화하여 중화학공업을 집중 지원하기 시작하였다. 정책금융은 중화학공업지원뿐 아니라 무역금융, 중소기업자금, 농수축산자금, 주택자금 등 광범한 분야에까지 확대되었는데 그 규모는 국내신용의 거의 50%에 달하였다. 저리의 정책금융은 대부분 시설투자를 지원하는데 목적이 있었기 때문에 투자활성화에는 크게 기여하였다.

금리인하로 부의 실질금리가 되면서 내자동원에 상당한 어려움이 제기되었다. 이에 정부는 사금융의 제도금융화와 함께 금융구조의 다원화를 통해 금융저축을 증대코자 하였다. 1972년에는 상호신용금고법과 신용협동조합법의 제정으로 서민금융의 활성화를 기하였으며, 같은 해에 단기금융업법을 제정하여 어음의 할인 및 매매업무 등 단기금융시장을 활성화하였다. 1975년에는 종합금융회사에 관한 법률의 제정으로 여러 종합금융회사가 설립되어 외화의 차입 및 대출, 설비 및 운전자금의 투융자, 기업어음의 할인·매매·인수 등 다양한 금융업무를 취급토록 하였다. 이러한 다양한 비은행 금융기관의 설립은 내자는 물론 외자의 조달에 크게 기여를 하였다.

이와 함께 직접금융시장을 통한 자금조달을 위해 증권시장에서도 일대 정비가 이루어졌다. 기업공개 및 주식소유 분산을 촉진하기 위해 1972년 기업공개촉진법을 제정한데 이어 1974년에는 증권투자신탁 전문회사인 한국투자신탁을 설립하는 등 투신산업이 본격적으로 도입되었다.

이와 같이 70년대 들어와서 다수의 비은행금융기관이 설립되면서 금융저축구조에도 많은 변화를 가져왔다. 금리인하로 실질금리가 크게 떨어지자 은행의 저축성예금은 상대적으로 위축된 반면 금리가 높은 비은행금융기관의 예금은 빠르게 증가함으로써 내자동원에 적지 않은 기여를 하였다. 은행의 저축성예금은 GNP의 20% 수준에서 정체된 반면 비은행기관의 저축은 72년의 GNP대비 6.9%에서 80년에는 17.1%로 급상승하였다(〈표 4-6〉).

80년대 와서 금융자유화와 개방화가 추진되면서 상황은 많이 달라졌다. 시중은행이 모두 민영화되고 금융기관간 경쟁을 촉진하기 위해 진입제한을 완화했다. 새로 많은 은행과 비은행금융기관이 추가로 설립되었고 취급업무도 다양화되었다. 특히 대기업이 제2금융권에 진입하게 됨에 따라 비은행금융기관의 폭발적인 성장이 이루어지는 등 금융산업의 비약적인 발전이 있었다. 물가가 안정된 가운데 고도성장의 지속으로 금융기관의 저축성예금은 전반적으로 크게 증가하였고 특히 비은행권의 저축은 은행권의 저축성예금을 크게 능가하는 등 괄목할만한 성장을 하였다.

또 하나의 두드러진 현상은 기업의 직접자금도달이 크게 늘어났다는 점이다. 1980년대 후반 경기가 회복되면서 기업들은 자본시장을 통하여 투자자금을 조달하기 시작하였고 규모도 크게 늘어났다. 1980년대 초만 해도 GNP의 4~6%에 불과하였던 주식과 회사채발행은 90년에는 각각 GNP의 17.3%와 13.4%에 달할 정도로 급성장하였다(〈표 4-6〉). 이와 같이 금융저축의 다양화로 자본시장을 통한 자금조달을 포함한 전체 금융저축규모는 1980년 GNP대비 50.1%%에서 1990년에는 136.8%에 달할 정도로 급성장함으로써 투자재원조달에 큰 역할을 하였다.

**표 4-6  금융저축의 성장(GNP대비)**                    (단위: %)

|      | 은행저축예금 | 비은행저축 | 주식 | 회사채 |
|------|------|------|------|------|
| 1972 | 21.7 | 6.9 | 1.0 | 0.2 |
| 1975 | 19.2 | 8.8 | 2.6 | 0.7 |
| 1978 | 21.4 | 12.0 | 3.9 | 2.8 |
| 1980 | 23.3 | 17.1 | 3.6 | 6.1 |
| 1983 | 25.2 | 31.4 | 3.8 | 7.1 |
| 1985 | 25.5 | 39.7 | 2.7 | 9.1 |
| 1988 | 27.8 | 57.7 | 10.4 | 9.0 |
| 1990 | 29.4 | 76.6 | 17.3 | 13.4 |
| 1993 | 34.6 | 104.4 | 14.5 | 16.8 |

자료: 재정금융통계, 각년도, 재정경제부.

이와 같이 우리나라의 금융저축은 개발초기에는 은행의 저축성예금에 주로 의존하였으나 그 규모가 워낙 작아 투자자금조달에 별로 도움이 되지 않아 외국원조에 주로 의존하였다. 60년대 후반부터 금리의 현실화와 지속적인 성장으로 금융저축이 늘어나기 시작하였고 70년대는 다수의 비은행금융기관의 설립으로 제2금융권의 금융저축은 크게 증가하였다 그러나 정부의

저금리정책으로 은행권의 금융저축은 상대적으로 위축된 반면 국내외 금리
차를 이용한 자금수요가 급증함에 따라 외국자본에 대한 의존도는 계속되었
다. 80년대 와서는 금융의 자유화와 자본시장의 활성화로 금융기관의 금융
저축의 증대는 물론 자본시장을 통한 자금조달이 급증함으로써 투자재원의
조달이 간접금융에서 직접금융으로의 구조변화가 이루어졌다.


## 제 4 절  투자의 효율성

아무리 많은 자원이 동원되어도 그것이 효율적으로 사용되지 못하면 자
본축적은 지속될 수 없다. 특히 우리나라와 같이 정부가 자원배분에 깊이 관
여하는 경제에서는 자원의 효율적 활용은 자원의 동원 못지않게 중요하다.
정부는 정부주도 개발전략을 추진하면서 자원배분에 깊이 관여하였으나 전
체적으로 볼 때 1980년대까지 투자는 비교적 효율적으로 이루어졌다고 할
수 있다. 왜냐하면 한계자본계수(incremental capital output ratio: ICOR)의 움
직임을 보면 〈표 4−7〉에서 보는 바와 같이 시대별로 약간의 차이는 있으나
1980년대까지는 비교적 낮은 3~4에서 안정적으로 움직이고 있고 이는 다른
개도국에 비하면 낮은 수준이기 때문이다.[10] 1990년대부터 ICOR가 다시 상
승하고 있는데 이는 경제성장이 둔화되는 가운데 자본축적의 지속으로 자본

**표 4−7  한계자본계수[1] 추이, 1953−2007**

| 1953~1960 | 1961~1970 | 1971~1980 | 1981~1990 | 1991~1997 | 1998~2007 |
|---|---|---|---|---|---|
| 3.2 | 2.3 | 4.0 | 3.7 | 5.0 | 6.2 |

주: 1) 투자율/경제성장률.

10) 발라사(B. Balassa)에 의하면 1960~70년에 싱가폴의 ICOR는 1.8, 한국은 2.1, 대만은
2.4인 반면 칠레는 5.5, 인도는 5.7, 우루과이는 9.1로 높은데 ICOR가 낮은 나라는 대외
지향적 개발전략을 취한 반면 ICOR가 높은 나라는 대내지향적 개발전략을 취하였다고
한다. B. Balassa(1981), p.18.

의 한계효율이 떨어지는데 기인한 것으로 보인다.

　1980년대까지 우리나라의 투자가 비교적 효율적으로 이루어진 데는 다음과 같은 요인이 작용한 것으로 보인다.

　첫째, 우리나라가 대외지향적인 개발전략을 취함으로써 비교우위가 있는 제조업에 대한 투자가 집중적으로 이루어졌기 때문이다. 〈표 4-5〉에서 보는 바와 같이 1950년대서 1980년대까지 광공업부문에 대한 실질고정자본형성이 가장 높은 증가율을 보이고 있다. 1950년대와 1960년대는 노동집약적인 경공업분야에 대한 투자가 집중적으로 이루어졌고 1970년대는 중화학공업에 대한 집중적인 투자로 과잉시설이 발생하는 등 문제가 있었지만 1980년대 와서 산업합리화조치로 과잉시설문제가 해결되고 중화학공업이 경쟁력을 가지면서 고도성장이 가능했고 이는 한계자본계수의 하락을 가져왔다.

　둘째, 정부가 기업에 지원을 하되 성과에 연계시킴으로써 투자의 실효성을 기할 수 있었다. 다시 말하면 정부가 지원을 하데 성과를 전제로 지원하는 상호주의(reciprocity)를 철저히 지켰다는 것이다. 60년대는 수출을 지원하데 실적을 기준으로 하였고 70년대의 중화학공업지원도 생산설비나 투자를 근거로 하여 지원하였다. 80년대 초의 중화학공업 투자조정이나 산업합리화정책의 경우도 시장진입의 금지, 생산설비의 감축 및 노후시설의 폐기 등을 전제로 하여 세제금융상의 지원을 하였으며, 기술개발자금지원에 있어서도 기업에게 일정률의 참여를 전제로 하는 매칭펀드(matching fund) 형태를 취하였다.

　셋째, 정부가 기능이나 기술과 같은 보완적 생산요소의 공급을 원활히 하여줌으로써 투자의 효율성을 높일 수 있었다. 어떤 산업에 투자를 하는 것도 중요하지만 더 중요한 것은 산업의 생산성을 올려 경쟁력을 가질 수 있도록 하는데 있는데 이를 위해서는 자본과 보완관계에 있는 기능(skill)과 기술(technology)을 원활히 공급해 주어야 한다. 이들 보완적 생산요소는 투자의 흡수능력(absorptive capacity)을 올려줌으로써 생산성 증대를 가져오기 때문이다.

우리나라는 일찍부터 실업교육을 강화하고 직업훈련법을 제정하여 사내 직업훈련제도를 도입하는 등 기능인력 양성을 적극적으로 추진하였으며 이것이 60년대 수출산업의 경쟁력 향상에 크게 기여하였다. 1970년대는 기술인력 양성과 이공계 대학교육을 확대함으로써 중화학공업에 필요한 인재를 공급토록 하였으며, 80년대부터는 민간부문의 연구개발투자를 집중 지원함으로써 산업의 경쟁력을 올릴 수 있었다.

이와 같이 우리나라는 대외지향적 개발전략을 추진하면서 발전단계별로 적절한 인력과 기술개발정책을 통해 보완적 요소공급을 원활히 하여 주었으며 이를 통해 산업의 경쟁력을 향상시키고 성공적인 공업화를 이룰 수 있었다.

넷째, 이러한 보완적 생산요소의 공급 외에도 1960년대는 비교우위가 있는 제조업의 육성에 집중적인 노력을 하였고 1980년대 와서는 개방화와 자유화를 통해 경쟁원리를 도입하는 등 자원배분의 효율성 제고를 위한 정책적 노력도 투자의 효율성 제고에 큰 영향을 미쳤다. 이는 한계자본계수(ICOR)의 움직임에서 잘 나타나고 있다. ICOR는 1950년대와 1960년대는 3.2와 2.3으로 매우 낮았고 1970년대는 중화학공업투자로 4.0으로 약간 올라갔으나 80년대는 3.2로 다시 떨어졌다.

## 제 5 절  자본축적과정의 특징

위에서 우리는 우리나라 자본축적과정에 대해서 시대적으로 구분하여 살펴보았는데 그 주요 특징으로는 다음과 같은 것을 지적할 수 있다.

첫째, 지난 반세기 동안 투자율은 크게 올라갔으나 투자재원을 오랫동안 외자에 의존하므로 자본축적구조는 매우 취약하였다. 1950년대는 자본축적이 거의 외국원조에 의존하였고 1960년대에 들어오면서 저축률이 상승하였으나 1970년대까지는 국내저축으로는 투자재원을 조달할 수 없어 계속 해외저축, 즉 외국자본에 의존하여 왔고 그 중에서도 차관에 주로 의존하였다.

이는 기업의 부채비율을 급증시켜 외환위기를 가져온 요인으로 작용하였으나 우리 국민소유의 대기업 성장을 가능케 한 긍정적인 면도 있다.

둘째, 자본축적과정에 있어 정부의 역할이 매우 컸다. 1950년대부터 정부는 기업의 투자와 성장에 유리한 환경을 조성하여 주었다. 정부는 다양한 형태의 보조금과 지원을 통해 기업의 생산코스트를 인하하여 줌으로써 기업의 이윤창출을 도와주었고 이는 기업의 적극적인 투자활동으로 이어짐으로써 자본축적을 촉진하는데 크게 기여하였다.

셋째, 저축률이 투자율보다 빠르게 상승함으로써 투자재원의 자립도를 제고하는데 크게 기여하였다. 이 과정에서 고도성장에 따른 소득증대가 저축률을 올리는데 결정적 역할을 하였다. 높은 투자율은 높은 성장률과 소득증가를 통해 저축률의 제고를 가져오고 이는 다시 고투자율로 이어지는 선순환관계가 성립되었다. 이 과정에서 정부의 각종 저축유인정책과 금융산업 발달에 따른 금융저축증대가 저축률 상승에 큰 역할을 하였다.

넷째, 실질자본수익률이 높았고 장기간 지속됨으로써 기업의 투자를 활성화하는데 크게 기여하였다.[11] 실질임금 상승은 1970년대 후반기를 제외하고는 80년대 중반까지 노동생산성 증가를 따라가지 못함으로써 20~30%의 높은 실질자본수익률이 가능했고 자본축적률이 올라갈 수 있었다.

다섯째, 90년대 들어오면서 자본축적률은 크게 하락하였다. 6·29 민주화 선언 이후 고임금의 지속으로 실질임금상승이 노동생산성 증가를 능가하여 자본축적에 부정적인 영향을 미쳤다. 1987~1996년에 제조업의 노동생산성은 연평균 6.5%의 상승에 그친 반면 실질임금은 10.5%나 크게 증가함으로써 자본수익률의 하락을 가져왔다. 이는 투자둔화로 이어지면서 자본축적률은 하락되었고 경제성장에도 부정적 영향을 미쳤다.

---

11) 홍원탁에 의하면 제조업의 실질자본수익률은 1954~61년 12%, 1962~65년 약 17%, 1967~71년 26%, 1972~76년 27%로 상승하였다. Wontack Hong(1994), p.195.

제 5 장

# 성장과 구조변화

# 제 5 장

# 성장과 구조변화

## 제1절 투자주도형 성장

우리나라 경제는 지난 반세기 동안 눈부신 발전을 하였다. 지속적인 고도성장을 통해서 세계의 최빈국에서 상위중진국으로 발돋움하였고 이제 선진국의 문턱까지 진입하게 되었다. 1인당 국민소득은 1953년의 67달러에서 2013년에는 26,205달러로 60년에 거의 400배 가까이 증가하였다. 수출은 3,000만 달러 미만에서 무려 5,600억 달러에 달하여 무역규모가 1조 달러를 넘는 세계 10대 무역대국으로 발전하였다.

이와 같이 우리나라가 짧은 기간에 괄목할만한 발전을 하게 된 것은 우리 경제가 지난 반세기 동안 지속적인 고도성장을 하였기 때문이다. 〈표 5-1〉에서 보는 바와 같이 우리나라 경제는 외환위기 이전까지는 고도성장을 지속하였다. 1954~97년 기간에 GDP는 연평균 8.0%의 높은 성장을 하였는데 농림어업을 제외하고는 전 산업이 고르게 높은 성장을 하였다. 제조업은 13.2%란 눈부신 성장을 하였고 서비스와 SOC부문도 각각 8.3%와 7.8%의 비교적 높은 성장을 보였으나 농림어업은 3.2%의 저조한 성장을 보였다.

### 표 5-1  산업부문별 GDP성장률, 1954-2007 (단위: %)

|  | 1954~1960 | 1961~1970 | 1971~1980 | 1981~1990 | 1991~1997 | 1954~1997 | 1998~2007 |
|---|---|---|---|---|---|---|---|
| 국내총생산 | 3.9 | 8.5 | 9.1 | 8.7 | 7.5 | 8.0 | 4.7 |
| 농림어업 | 2.4 | 4.6 | 1.6 | 3.7 | 1.1 | 3.2 | 0.8 |
| 광공업 | 12.1 | 15.9 | 14.2 | 11.8 | 7.5 | 12.5 | 8.0 |
| (제조업) | (12.8) | (17.0) | (16.2) | (12.3) | (7.7) | (13.2) | (8.1) |
| 서비스 | 3.8 | 8.7 | 8.6 | 9.2 | 8.0 | 7.8 | 4.0 |
| 전기가스 수도 및 건설 | 9.8 | 19.7 | 10.8 | 10.6 | 6.2 | 8.3 | 1.3 |
| (건설업) | – | – | (10.6) | (8.9) | (5.4) | – | (0.2) |

자료: 한국은행 국민계정 2009.

우리나라가 지속적인 고도성장을 할 수 있었던 것은 제4장에서 언급한 바와 같이 투자가 매우 활발하였기 때문에 가능하였다. 투자가 활발함으로써 생산과 수출이 늘고 소득이 증가하고 소득의 증가는 저축과 투자의 증가로 이어져 지속적인 고도성장이 가능하였다. 1954~97년 사이에 투자는 연평균 14.1%의 실질증가를 보였고 수출도 같은 기간에 17.8%의 높은 증가율을 보였다(〈표 5-2〉).

### 표 5-2  생산, 소비, 투자, 수출 및 고용의 실질증가율, 1954-2007 (단위: %)

|  | 1954~1960 | 1961~1970 | 1971~1980 | 1981~1990 | 1991~1997 | 1954~1997 | 1998~2007 |
|---|---|---|---|---|---|---|---|
| GDP | 3.9 | 8.5 | 9.1 | 8.7 | 7.5 | 8.0 | 4.7 |
| 총소비 | 4.3 | 6.6 | 6.7 | 7.9 | 6.9 | 6.6 | 3.8 |
| 총투자 | 9.2 | 22.3 | 14.9 | 12.8 | 8.0 | 14.1 | 2.2 |
| 총수출 | 9.8 | 29.0 | 22.8 | 12.1 | 15.0 | 17.8 | 12.0 |
| 고용 | – | 3.5[1] | 3.7 | 2.7 | 2.3 | 2.9[2] | 1.1 |

주: 1) 1964~1970.
   2) 1964~1997.
자료: 한국은행 국민계정 2009.

이런 높은 수출증가율 때문에 우리는 흔히 우리나라의 성장은 수출이 주도하였다고 이야기하고 있고 이를 근거로 수출주도성장(export-led growth) 론을 주장하는 학자가 적지 않다. 물론 수출이 빠르게 증가함으로써 경제성 장에 큰 역할을 한 것은 사실이나 우리나라의 성장을 수출이 주도하였다고 하는 데는 논리적으로나 현실적으로 문제가 있다.

수출증가율이 높은 것은 초기의 수출규모가 워낙 적은데서 오는 현상이 기 때문에 수출증가율이 높다고 해서 성장에 큰 영향을 미치는 것은 아니다. 1970년대 초까지만 해도 수출이 GNP에서 차지하는 비중이 10% 수준에 불 과하였기 때문에 수출의 증가율이 아무리 높다 하더라도 경제성장에 큰 영 향을 미칠 수가 없기 때문이다.

수출주도 성장론을 주장하는 학자들은 주로 신고전학파 학자들인데 이 들은 우리나라가 60년대 들어오면서 환율의 현실화와 저리의 수출금융 등을 제공함으로써 수출의 수익성(profitability)이 내수산업에 비하여 상대적으로 높고 이로 인하여 수출에 대한 투자가 증가하고 이는 소득증가를 통해 저축 과 투자의 증가로 이어져 지속적인 성장이 가능하였다는 것이다. 그러나 이 러한 주장은 현실과는 상당한 괴리가 있다.

1960년대와 70년대 우리나라 기업들이 수출에 전력투구를 한 이유는 다 른 산업에 비하여 수출의 수익성이 높아서 하였다기 보다는 저리의 수출금 융확보에 있다고 보아야 한다. 왜냐하면 시중금리가 높고 금융기관에의 접 근이 용이하지 않은 상황하에서 저리의 금융확보는 기업의 원활한 운영이나 성장을 위해서 거의 절대적이었기 때문이다. 기업들은 수출이 될만한 것은 수익성에 관계없이 수출을 하였고 수출에서 오는 손실은 국내판매나 보조금 으로 보전하고자 하였다. 다시 말하면 수출의 수익성이 수출의 결정적인 요 인은 아니었다는 것이다. 따라서 신고전학파 학자들이 주장하는 것처럼 수 출산업의 수익성이 내수산업보다 높아서 투자가 활성화되고 이는 소득증가 와 저축·투자의 증가로 이어졌다고 하는 것은 설득력이 약하다.

수출산업이 내수산업에 비하여 수익성이 결코 높지 않다는 것은 수출산

업의 생산성 추이를 보아도 알 수 있다. 1966~1970년에 우리나라 수출산업
의 총요소생산성은 연평균 5.4%가 증가한 반면 수입대체산업과 내수산업의
생산성은 각각 8.5%와 14%가 증가하였는데 이는 수출산업이 내수산업에 비
해 결코 효율적이 되지 못하는 것을 시사하는 것으로 수출의 수익성이 내수
산업의 수익성보다 좋다고 보기 어렵다는 것을 의미한다.[1]

　　물론 수출의 급증은 투자의 활성화에도 많은 영향을 미쳤다. 그러나 수
출 때문에 투자율이 10%에서 20%로 뛰고 20%에서 30%로 이상으로 뛸 수
는 없다. 여기서 중요한 사실은 우리나라가 공업화정책을 추진함에 있어 수
출촉진과 수입대체정책을 동시에 추진한 이중전략을 채택하였다는 점이다.
수출만 지원하지 않고 수입대체도 각종 관세와 비관세장벽 및 재정금융상의
지원을 동시에 하였고 이 때문에 투자율이 크게 올라갈 수 있었고 고도성장
이 가능하였다. 따라서 성장과의 인과관계라는 측면에서 본다면 수출보다는
투자가 성장을 주도하였다고 보는 것이 타당하다.[2]

　　물론 수출도 급증하여 투자에 적지 않은 영향을 미쳤겠지만 70년대까지
는 경공업제품 수출이 주류를 형성하였기 때문에 수출로 인한 투자증가는
제한적이었고 그보다는 중화학공업에 대한 집중적인 투자가 투자율을 올리
는데 결정적인 영향을 주었다. 따라서 수출증대가 투자를 통해 경제성장에
미치는 직접적인 영향은 매우 제한적이라고 보아야 한다.

　　위에서 지적한 바와 같이 우리나라의 성장은 수출보다는 투자가 주도하
였다고 봄이 타당하다. 물론 투자가 성장을 주도하였다고 해서 수출의 역할

---

1) 섬유나 가죽제품 및 전기전자제품과 같은 노동집약적인 수출산업의 생산성은 높았으나
　자본집약적인 산업의 낮은 생산성으로 인하여 수출산업 전체의 생산성은 낮게 나타났
　다. 보다 자세한 내용에 대해서는 졸고(1972), pp.28-33 참조.
2) 로드릭(D. Rodrik)도 투자주도 성장론을 주장하고 있다. 60년대 정부가 환율의 현실화와
　저리의 수출금융 등을 통해 수출을 크게 지원하였지만 국내산업도 높은 관세와 수입통
　제를 통해 보호해 주었기 때문에 정부의 각종 보조금이나 보호를 감안한 수출가격과 국
　내가격과의 차이, 즉 수익성 차이가 수출에 영향을 줄 정도로 크지 않았다는 것이다. 따
　라서 60년대 중반 이후 우리나라 수출의 급증을 상대가격 차이로는 설명할 수 없다고
　한다. 보다 자세한 논의에 대해서는 D. Rodrik(1995), pp.60-64 참조.

을 결코 과소평가하는 것은 아니다. 경제성장을 수요측 요인에서 분석한 연구에 의하면 1963~1985년에 수출확대가 경제성장의 30~40%를, 내수확대 및 수입대체효과가 60~70%를 설명하고 있어 내수가 수출보다 더 큰 역할을 하였음을 알 수 있다.[3] 수출도 경제성장에 큰 영향을 미친 것은 사실이나 수출확대도 따지고 보면 투자가 있었기에 가능하였기 때문에 성장의 진정한 요인은 투자에 있다고 보아야 할 것이다.

투자가 경제성장의 주된 요인이라는 것은 투자율과 성장률의 움직임을 보면 어느 정도 알 수 있다. 〈그림 5-1〉에서 보는 바와 같이 1970년대까지는 투자율과 성장률은 거의 같은 방향으로 움직이고 있고 80년대에 와서는 박대통령 서거 이후의 정변과 80년대 후반의 민주화 운동과 같은 경제외적 요인으로 투자율과 성장률간에는 다소 괴리현상이 나타나고 있으나 90년대

그림 5-1  투자율과 GDP성장률, 1953-2007                    (단위: %)

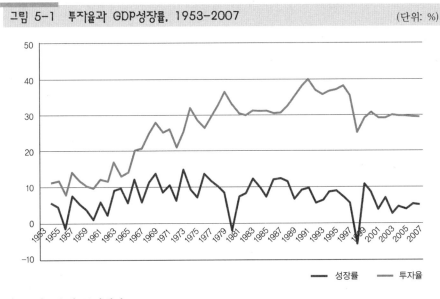

■ 성장률    ■ 투자율

자료: 한국은행 국민계정 2009.

---

3) 보다 자세한 내용에 대해서는 김광석(2001), pp.60-61 참조.

와서도 투자율이 떨어지면서 성장률도 떨어지는 비슷한 움직임을 보이고 있다. GDP성장률은 1980년대(1981~90)의 8.7%에서 90년대(1991~97) 와서는 7.5%로 떨어졌고 광공업, 서비스, SOC도 모두 성장률이 떨어졌다. 이와 같은 현상은 수출을 제외한 소비, 투자, 고용에서도 발견할 수 있다(〈표 5-2〉).

성장률 둔화의 주된 요인은 투자가 활발하지 못한데 기인한 것으로 보인다. 1980년대까지만 해도 투자는 두 자리수의 실질증가가 있었으나 90년대 와서는 한 자리수로 크게 떨어졌는데 이는 투자율의 둔화에 기인한다. 투자율은 〈그림 5-1〉에서 보는 바와 같이 90년대 초까지는 대체로 상승하는 추세를 보였으나 그 이후에는 점점 떨어지고 있다.

90년대 와서 투자율이 둔화된 데는 여러 가지 요인이 작용하였다. 80년대 후반 민주화 운동의 여파로 임금이 급등하였고 이것이 경쟁력 약화로 이어지고 개방이 가속화되고 경쟁이 심화되면서 기업의 경영환경은 더욱 악화되었다. 경쟁력 약화로 노동집약적인 산업이 도태되는 가운데 많은 기업은 고임금을 회피하기 위하여 해외로 나가고 개방화에 따른 기업에 대한 정부의 보호와 지원감소도 기업의 투자활동에는 결코 유리한 환경은 되지 못하였다. 이러한 대내외 환경변화는 투자율의 하락으로 이어졌고 성장률의 감소로 나타났다.

경제성장이 90년대 와서 다소 둔화되기는 하였으나 전체적으로 볼 때 우리나라 경제는 외환위기 이전까지 투자율이 매우 높았고 이로 인하여 고도성장을 유지할 수 있었다. 그러나 외환위기 이후 대내외 여건의 변화로 투자율은 크게 떨어졌는데 국내 총투자율은 1991~97년의 연평균 37.2%에서 1998~2007년에는 29.4%로 둔화되었다.

외환위기 이후의 투자부진에는 여러 가지 요인이 복합적으로 작용하였다. 외환위기 이후 기업, 특히 대기업의 구조조정으로 민간투자가 매우 부진하였다. 재벌에 대한 부정적 인식이 확산되고 정부의 재벌에 대한 규제가 강화된 것도 기업의 투자의욕을 감퇴시켰다. 대기업의 몰락을 지켜본 기업들이 대마불사의 불문율이 통하지 않는다는 것을 알게 되자 무리한 투자를 자제하게 되었다.

　기업은 높은 부채비율 때문에 재무건전성 확보가 무엇보다 중요한데다가 대내외 경제환경의 불안정으로 적극적인 투자를 회피하였고, 정부의 강력한 재정금융상의 긴축정책으로 거시경제적 여건도 기업의 투자에는 우호적이 되지 못하였다. 또한 금융기관의 감독기능 강화는 금융기관으로 하여금 수익성과 안정성을 중시하는 방향으로 대출관행을 전환케 함으로써 기업대출은 억제되었다. 이리하여 1998~2007년에 민간부문의 실질고정자본형성은 연평균 2.3%의 증가에 그쳤다.

　정부정책의 기조변화도 국내투자를 둔화시키는 요인으로 작용하였다. 외환위기로 인한 대량실업과 빈곤문제가 사회적 문제로 부각되면서 정부의 정책기조는 복지정책이 크게 강화되는 방향으로 전개되었다. 정부의 복지관련 재정지출은 급증한 반면 경제사업비의 감축으로 재정투융자사업은 크게 위축되었다. 그 결과 정부의 실질고정투자도 1998~2007년 기간에 연평균 2.2%의 증가에 그쳤다.

　투자의 둔화는 생산과 수출증가의 감소로 이어지고 이는 다시 고용과 소비증가의 감소로 이어져 경제성장은 크게 둔화되었다. GDP증가율은 같은 기간에 연평균 7.5%에서 4.7%로 떨어졌으며 소비도 6.9%에서 3.8%로 크게 떨어졌고 고용증가도 2.3%에서 1.1%로 떨어졌다.

　성장의 둔화는 SOC부문과 서비스산업의 급격한 성장감소에 의하여 큰 영향을 받았다. 외환위기 이후 대기업과 금융기관의 구조조정으로 실업이 양산되고 투자부진에 따른 고용의 감소는 내수경기의 침체로 이어져 서비스산업을 위축시켰다. 서비스산업의 성장은 8.0%에서 4.0%로 떨어졌다. 정부부문의 긴축으로 SOC부문의 성장도 6.2%에서 1.3%로 크게 둔화되었다. 이러한 저투자 → 저성장 현상은 최근까지 이어지고 있어 성장동력의 회복이 최대의 정책과제로 대두되고 있다.

## 제 2 절 산업구조의 변화

반세기 동안의 지속적인 고도성장은 산업구조에도 큰 영향을 미쳤다. 생산구조를 보면 〈표 5-3〉에서 보는 바와 같이 농림어업이 차지하는 비중은 1953년 이후 급속히 감소하여 2007년에는 2.9%까지 떨어졌다. 광공업부문은 1953년의 10.1%에서 2000년까지는 꾸준히 상승하였으나 2000년 이후에는 28% 수준에서 안정적인 움직임을 보이고 있다. 반면 SOC 및 서비스부문은 완만하지만 지속적으로 증가하여 53년의 42.6%에서 2007년에는 69.6%로 상승하였는데 서비스산업의 비중이 60%에 달하고 있어 우리나라의 산업구조가 점진적이지만 선진국형으로 이행되고 있음을 알 수 있다.

이와 같은 현상은 일본의 산업구조와 비교해도 알 수 있다. 2006년의 일본의 생산구조는 2007년의 우리나라 생산구조와 큰 차이를 보이지 않고

### 표 5-3 산업별 생산과 고용구조 추이, 1953-2007 (단위: %)

| 연도 | 농림·어업 | | 광공업 | | SOC 및 서비스 | |
|------|------|------|------|------|------|------|
| | 생산 | 고용 | 생산 | 고용 | 생산 | 고용 |
| 1953 | 47.3 | — | 10.1 | — | 42.6(40.8) | — |
| 1960 | 36.8 | 63.0 | 15.9 | 8.7[1] | 47.3(43.2) | 28.3[1] |
| 1970 | 29.1 | 50.4 | 20.1 | 14.3 | 50.8(44.3) | 25.3 |
| 1980 | 16.1 | 34.0 | 26.0 | 22.5 | 58.0(48.0) | 43.5 |
| 1990 | 8.7 | 17.9 | 27.4 | 27.6 | 63.9(51.5) | 54.5 |
| 2000 | 4.6 | 10.6 | 28.6 | 20.4 | 66.8(57.3) | 69.0 |
| 2007 | 2.9 | 7.4 | 27.5 | 17.7 | 69.6(60.0) | 75.0 |
| 2006 (일본) | 1.5 | — | 21.7 | — | 76.8(68.1) | — |

주: 1)은 1963년 수치며, (  )안은 서비스부문 생산임.
자료: 생산은 국내총생산에서 조세와 보조금을 가감한 총부가가치(경상가격)에 대한 비중임. 따라서 국내총생산(GDP)에 대한 비중과는 약간의 차이가 있음. 한국은행 국민계정 2009, pp.192-198 참조. 고용은 취업자기준임. 한국경제60년사-경제일반, p.205.

있다(〈표 5-3〉). 농림어업과 제조업의 비중은 우리나라가 일본보다 약간 높으나 서비스업은 일본의 비중이 높다. 그러나 그 차이가 크지 않고 서비스산업의 비중이 꾸준히 증가하고 있음을 고려할 때 우리나라의 생산구조도 서비스업의 비중이 절대적으로 높은 선진국형의 생산구조에 가까워지고 있음을 알 수 있다. 제조업의 비중은 어느 정도 한계에 왔고 농림어업의 비중은 더욱 감소할 것으로 보인다.

고용구조도 큰 변화를 하였는데 농림어업부문의 취업자비중은 지속적으로 감소하여 2007년에는 총고용의 7.4%만이 농림어업에 종사하고 있다. 광공업부문은 90년까지는 비중이 상승하였으나 그 이후에는 감소하고 있는데 그 비중이 생산비중보다 떨어지고 있다. 이는 광공업부문의 생산성이 다른 부문보다 높다는 것을 의미하는 것으로 광공업부문의 경쟁력이 그만큼 강하다는 것을 의미한다.

이와 반대로 SOC부문과 서비스산업의 고용비중은 계속 상승하고 있고 그 비중도 생산비중보다 높게 나타나고 있다. 이와 같은 현상은 농림어업부문에서도 나타나고 있는데 이는 이들 산업부문의 생산성이 광공업부문보다 낮다는 것을 의미하는 것으로 경쟁력이 그만큼 취약하다는 것을 시사하고 있다.

2008년 현재 우리나라 서비스산업의 노동생산성은 제조업 노동생산성의 54.2%에 지나지 않고 있어 부문간 생산성 격차가 매우 크다(〈표 5-4〉). 일본과 미국의 경우를 보면 서비스업의 노동생산성은 각각 제조업의 84.4%와 73.7%에 달하고 있어 생산성 격차가 그렇게 크지 않다. 이러한 사실은

**표 5-4 제조업대비 서비스업의 노동생산성 국제비교, 2008(제조업=100.0)**

| 한국 | 일본 | 독일 | 프랑스 | 영국 | 미국 |
|------|------|------|--------|------|------|
| 54.2 | 84.4 | 78.7 | 103.4 | 74.3 | 73.7 |

자료: OECD STAND Database, 황수경(2010), p.137에서 계산.

우리나라 서비스산업의 경쟁력이 그만큼 취약하다는 것인데 〈표 5-5〉에서 보는 바와 같이 우리나라 서비스산업의 노동생산성은 2008년 현재 일본의 67.2%, 독일의 68.3%, 미국의 52.4%로 매우 낮은 수준이다.

표 5-5  우리나라 서비스업과 제조업 노동생산성 국제비교, 2008(한국=100.0)

|  | 한국 | 일본 | 독일 | 프랑스 | 영국 | 미국 |
|---|---|---|---|---|---|---|
| 제조업 | 100.0 | 95.8 | 101.9 | 92.6 | 100.2 | 140.4 |
| 서비스업 | 100.0 | 148.9 | 146.5 | 176.5 | 137.2 | 190.7 |

자료: 위 〈표 5-4〉와 동일.

반면 우리나라 제조업의 노동생산성은 미국을 제외하고는 일본, 독일, 프랑스 등 선진국과 대등한 수준을 보이고 있어 우리나라 제조업이 강한 경쟁력을 가지고 있음을 알 수 있다. 서비스산업이 우리 국민경제에서 차지하는 비중이 점점 확대되고 있음을 고려할 때 서비스산업의 저조한 생산성은 경제성장의 큰 걸림돌로 작용할 가능성이 있다. 따라서 지속적인 성장을 추구하기 위해서는 서비스산업의 경쟁력 향상이 무엇보다 중요한 정책과제로 대두된다고 할 수 있다.

## 제 3 절  고도성장의 분해

위에서 우리는 지난 반세기 동안 우리나라 경제의 성장과 구조변화에 대하여 개괄적으로 살펴보았다. 중요한 특징은 생산구조는 선진국형으로 변화하고 있는 가운데 성장률은 90년대부터 둔화되기 시작하여 외환위기 이후 둔화속도가 매우 빠르게 진행되고 있으며, 그 주된 이유로 투자율의 둔화현상을 지적하였다. 투자가 경제성장의 중요요인이기는 하나 투자만이 경제성장을 결정하는 것은 아니며 생산성도 투자 못지않게 성장에 중요한 역할을 한다. 따라서 여기서는 성장의 둔화요인을 좀 더 구체적으로 살펴보기로 한다.

우리가 성장요인을 설명하는 데는 여러 가지 측면에서 볼 수 있다. 수요 측 요인과 공급측 요인으로 나눌 수 있는데 장기적인 추세를 설명하는 데는 공급측 요인을 가지고 설명하는 것이 일반적이다. 다시 말하면 경제성장은 자본, 노동 및 기술진보에 의하여 결정된다는 것이다. 이러한 시각에서 경제 성장을 설명하는 것이 성장회계(growth accounting)방법이다.

성장회계방법은 경제성장을 자본과 노동 및 기술진보의 함수로 보고 경 제성장을 사후적으로 이 세 가지 요인으로 나누어 이들 요인이 경제성장에 기여를 얼마나 하였는지를 계량적으로 추계하는 방법이다. 이 방법은 엄격 하게 말하면 경제성장의 인과관계를 설명하는 것은 아니기 때문에 경제성장 의 진정한 원인을 제대로 설명한다고 할 수 없다. 그러나 경제성장을 여러 가지 요인으로 분해하여 어떤 요인이 경제성장의 주된 역할을 하였는지를 계량적으로 파악할 수 있다는 점에서는 매우 유용한 수단이 되며 그러한 의 미에서 널리 사용되고 있다.

성장회계방법에 의한 우리나라 경제성장의 요인분석에는 수없이 많은 연구가 있었다. 이 방법도 생산요소의 추계방법이나 자료의 문제 등으로 연 구결과가 일치하는 것은 아니지만 대체로 우리나라의 경제성장은 자본과 노 동의 생산요소투입이 경제성장의 주도적 역할을 하였으며 그 중에서도 자본 투입이 가장 중요한 기여를 하였고 기술진보, 즉 총요소생산성(TFP)은 그다 지 큰 역할을 하지 못한 것으로 분석되고 있다.

경제발전 초기에는 노동은 풍부하고 기술수준은 낮은 반면 자본은 부족 하기 때문에 경제성장은 자본축적, 즉 투자활동에 의하여 좌우되는 것은 당 연한 것으로서 새로운 발견은 아니나 다만 이를 계량적으로 분석하였다는데 그 의의가 있다. 자본축적의 중요성과 축적과정에 대해서는 이미 제4장에서 설명하였기 때문에 여기서는 이에 대한 논의는 생략하기로 한다.

우리나라의 성장요인을 설명함에 있어 외환위기 이전과 이후를 나누어 볼 필요가 있다. 왜냐하면 외환위기 이전과 이후는 국내외 경제환경의 변화뿐만 아니라 정권의 성격과 정책기조에 적지 않은 변화가 있었으며 이는 경제성장에도 영향을 미쳤기 때문이다. 외환위기 이전의 정책기조는 성장지향적이라면 위기 이후의 정책기조는 복지지향적이라고 할 수 있으며 이는 투자활동에 영향을 주어 성장에도 적지 않은 영향을 미쳤다.

외환위기 이후 투자둔화로 성장이 저조하였음에도 불구하고 우리나라는 1961년 박정희 정부집권 이후 괄목한 성장을 하였다. 1961~2004년에 GDP성장률은 연평균 7.1%에 달하였고 고용증가를 감안한 근로자 1인당 GDP증가율도 4.7%에 달하였으며 이를 통해 우리의 생활수준은 엄청나게 향상되었다. 이는 〈표 5-6〉에서 보는 바와 같이 선진국은 말할 것 없이 중국을 제외하고는 가장 높은 증가율이다.

**표 5-6 주요 지역별 경제성장의 요인분석, 1961-2004** (단위: %)

| | GDP 성장률 | 근로자 1인당 GDP성장률 | 성장에 대한 기여 | |
|---|---|---|---|---|
| | | | 근로자 1인당 자본축적 | TFP 증가 |
| 전세계(83) | 4.0 | 2.4 | 1.2 | 1.3 |
| 선진국(22) | 3.3 | 2.1 | 1.1 | 1.1 |
| 중국 | 7.2 | 5.4 | 2.1 | 3.4 |
| 한국 | 7.1 | 4.7 | 2.9 | 1.8 |
| 동아시아(5) | 5.7 | 2.8 | 1.8 | 1.0 |
| 중남미(22) | 3.7 | 1.0 | 0.6 | 0.4 |
| 남아시아(4) | 4.9 | 3.0 | 1.1 | 1.8 |

주: ( ) 안의 숫자는 포함된 국가의 수를 의미.
자료: Hahn and Shin(2010), 한국경제60년사-총괄편(2011), p.13에서 재인용.

중요한 사실은 우리나라의 경제성장은 자본축적이 주도하였다는 점이다. 근로자 1인당 GDP성장률은 근로자 1인당 자본축적과 총요소생산성의 증가로 나눌 수 있는데 〈표 5-6〉에서 보는 바와 같이 1인당 자본축적은 1961~2004년간에 연평균 2.9%가 증가하였으며 총요소생산성은 연평균 1.8%

의 증가에 그쳤다. 이는 1인당 GDP증가율 4.7%의 61.7%를 자본축적이 기여하였고 나머지 38.3%는 생산성 증가가 기여하였다는 것을 의미한다.

외환위기 이전에는 근로자 1인당 자본축적이 연평균 3%의 높은 증가율을 보였으나 위기 이후에는 1%대로 크게 떨어졌다. 특히 주목되는 것은 근로자 1인당 자본축적증가율이 생산성증가율보다도 낮았는데 이는 외환위기 이후의 경제성장은 자본축적보다 생산성 증가에 의하여 주도되었다는 것으로서 앞으로의 성장전망에 대하여 시사하는 바가 매우 크다.

우리나라는 그 동안 개방화정책의 적극적인 추진, 연구개발투자의 확대, 교육을 통한 인적자본의 축적, 공업화정책의 적극적인 추진에 의한 산업구조의 개선 등에 힘입어 거의 반세기 동안 연평균 1.8%란 비교적 높은 생산성 증가를 시현하였다. 이는 선진국은 물론 중국을 제외한 다른 개도국들 보다 높은 수준이다. 그러나 생산성 증가의 주요 요인인 연구개발투자, 대외개방화, 산업구조의 개선, 인적자본축적 등이 외형적으로는 거의 한계에 도달하였음을 고려할 때 생산성 증가의 속도를 올리는 것은 용이하지 않을 것으로 보인다.

기술개발도 지금까지 주로 선진국 기술을 도입하여 이를 모방·개량하는 형태를 취하였으나 자체기술개발능력의 한계 때문에 기술개발을 통한 생산성 향상도 용이치 않다. 연구개발투자도 2007년 현재 GDP대비 3.47%로 거의 선진국 수준에 달하고 있어 이의 획기적인 증대도 쉽지 않으며 산업구조도 공업구조에 관한 한 개선의 여지는 크지 않다. 대외개방도 거의 완전개방체제에 진입하였으며, 교육에 의한 인적자본형성도 양적면에서 거의 한계에 달하였다. 물론 이러한 구조적 요인에 있어 개선의 여지가 없는 것은 아니나 개선의 여지가 점점 좁아지고 있어 생산성 증가는 우리 경제가 해결해야할 가장 중요한 과제라 하겠다.

## 제 4 절  고도성장의 제도적·정책적 요인

위에서 우리는 성장회계방법을 이용하여 우리나라의 경제성장의 요인을
설명하였으며 자본축적이 외환위기 이전까지 경제성장의 주된 역할을 하였
다는 것을 지적하였다. 그러나 이러한 정량적 분석만으로는 경제성장의 진
정한 요인을 설명하는 데는 한계가 있다. 왜냐하면 자본축적과 생산성의 증
가도 정부의 제도나 정책에 의하여 영향을 받기 때문에 자원의 동원과 배분
에 영향을 준 정책과 제도의 분석을 하지 않고는 진정한 고도성장의 원인을
알 수 없다.

따라서 성장회계방법에 의한 요인분석을 보완한다는 뜻에서 자원의 동
원과 배분에 지대한 영향을 미친 제도적·정책적 요인을 고찰할 필요가 있
다. 그 동안 수많은 정책과 제도의 변화가 있었고 이를 하나하나 다 다룰 수
없기 때문에 여기서는 박대통령 집권기의 중요한 제도적·정책적 요인을 중
심으로 고찰하기로 한다. 왜냐하면 우리나라가 고도성장을 할 수 있었던 것
은 박대통령의 집권기에 그 기반이 형성되었기 때문이다. 물론 80년대의 안
정화정책과 90년대의 자유화·개방화정책이 나름대로의 공헌이 큰 것은 사
실이나 80년대 이후의 정책은 박대통령의 수출주도형 공업화전략을 보완·
발전시키는데 있었다.

### 1. 정치지도자의 지도력

우리나라는 1962년에 제1차 5개년계획을 수립하여 1991년까지 6차에
걸쳐 5개년계획을 수립하여 성공적으로 집행하였으며 이를 통해 고도성장을
달성할 수 있었다. 따라서 5개년계획이 어떻게 하여 성공적으로 추진되었고
성공의 원동력은 어디에 있는가를 살펴볼 필요가 있다.

사실 5개년계획은 제2차 세계대전 후 거의 모든 개발도상국가가 실시하

였기 때문에 5개년계획 수립 그 자체로서는 큰 의미가 없다. 우리가 여기서 5개년계획을 새삼 강조하는 것은 우리의 5개년계획은 매우 성공적이었고 그 성공의 뒤에는 몇 개의 결정적인 제도적 요인이 있었다는 것이다.

박정희 대통령의 경제개발에 대한 강한 집념과 지도력을 들지 않을 수 없다. 왜냐하면 경제개발계획의 성패여부는 일차적으로 정치지도자의 경제개발에 대한 의지가 얼마나 강하느냐에 달려있기 때문이다. 박대통령의 경제개발에 대한 강한 의지는 경제개발5개년계획의 수립으로 대표될 수 있으나 보다 중요한 것은 성공적인 집행에 있는데 이에는 월간경제동향보고와 수출진흥확대회의와 같은 제도적 장치가 큰 역할을 하였다. 우리가 박대통령의 지도력을 높이 평가하는 이유는 박대통령의 집권기에 중화학공업이 육성되었으며 이를 통해 우리 경제의 지속적 성장을 위한 토대가 마련되었기 때문이다.

경제동향보고회의는 최고회의시절부터 있었으나 1965년부터 정례화가 되었다. 박대통령은 한 달에 한 번씩 경제기획원에 들러 월간경제동향보고를 받는데 이 회의에는 여당의 수뇌부, 청와대 참모와 전 각료가 참석하여 지난 한 달 동안의 여러 부문에 걸친 경제문제를 다룬다. 박대통령은 2~3시간 동안 자세를 흩트리지 않고 경청하면서 메모도하고 관계자들로부터 보충설명도 들으며 즉석에서 지시도 하는데 이 지시는 그 다음 달 동향보고때 조치사항이 보고된다. 대통령이 참석하는 월간동향보고회의는 각 부처 장관들에게 엄청난 압력으로 작용하였다. 대통령은 보고만 받는 것이 아니고 질문도 하기 때문에 배석한 장관이나 관료들은 이에 대비하지 않으면 안 되었기 때문이다.

박대통령의 집권기를 평가한 어느 한 언론기관의 기사는 다음과 같이 쓰고 있다.

"경제개발, 경제에 대한 박정희 대통령의 결의와 집념은 무서울 정도였다. 한 번 목표를 정하면 만난을 무릅쓰고 확고한 소신을 갖고 밀고 나갔다. 이런 비상한 결단과 추진력이 한국경제의 비약적인 성장의 동력이 된 것이다."4)

　월간경제동향보고회의는 처음에는 박대통령의 경제수업 기회이기도 하였으나 시간이 지날수록 그의 경제적 지식이 축적되면서 그는 경제전문가로 변신하게 되었다. 이리하여 그의 집권기인 60년대와 70년대의 경제개발은 그가 주도하였다 해도 과언은 아니다. 60년대 최대 국책사업이라 할 수 있는 경부고속도로와 포항종합제철소의 건설도 그의 아이디어에서 시작된 것이며 여러 국내외 경제전문가의 반대에도 불구하고 이를 추진한 것은 널리 알려진 사실이다.5)

　또 하나의 박대통령의 강한 실천의지가 표출된 것이 수출진흥확대회의다. 박대통령은 집권초기에 미국의 원조감축으로 심각한 외환위기를 맞이하게 되어 수출문제는 경제개발계획의 성패는 물론 정권의 존립과도 직결되는 문제로 부상하게 되었다. 이 때문에 박대통령은 1962년에 수출진흥법을 제정하고 이의 추진기구로 수출진흥위원회를 설치하여 직접 주재하는 등 집권초기부터 수출진흥을 위한 여러 조치를 취하였다. 1964년 수출진흥종합시책이 시행되고 민간기업이 참여하게 됨에 따라 호칭도 수출진흥확대회의로 바뀌었다. 1964년 11월 30일 우리나라 수출이 처음으로 1억 달러를 달성하게 되자 이를 기념하기 위하여 이 날을 「수출의 날」로 정하여 해마다 정기적으로 개최되었는데 박대통령은 몇 차례를 제외하고는 꼭 참석하였다.6)

　수출진흥확대회의는 수출실적을 분석·평가하고 수출목표달성을 독려하는 한편 수출유공자에 대한 포상과 함께 수출애로사항의 청취 및 대통령의 훈시를 하는 형식으로 2~3시간 진행되는데 참석인원은 처음에는 각 부처

4) 강광하 외, 전게서, p.135.
5) 포항종합제철건설과 관련된 비화에 대해서는 황병태(2011), pp.173-235 참조.
6) 강광하 외에 의하면 대통령주재 수출진흥확대회의가 처음으로 열린 것은 1965년 2월이라고 하나 수출진흥회의는 1962년 12월부터 대통령주재하에 열렸다. 이에 대해서는 대통령비서실(1975), p.34 참조.

장관과 금융기관장 및 수출유관 공공기관장 등 수십명에 불과하였으나 민간 기업의 참여가 확대되면서 그 수가 늘어나 100여명에 달하는 경우도 있었 다. 수출진흥확대회의에 대통령이 직접 매월 참가한다는 것은 정부가 수출 진흥에 정책의 최대 우선순위를 둔다는 것으로 수출입국을 대내에 천명하는 것이라 할 수 있다.

정부는 64년부터 가능한 모든 수단을 총동원하여 수출을 지원하기 시작 하였다. 수출기업은 물론 수출에 공을 세운 관료들과 유관기관을 포상하는 등 이들의 사기를 진작하여 줌으로써 그들로 하여금 수출증대에 총력을 기 울이게 하였다.

또한 대통령의 확고한 의지와 정부의 일관된 정책은 정부정책에 대한 신뢰성을 심어줌으로써 기업의 수출과 투자활동을 촉진하는데 크게 기여하 였다. 그 당시에는 정부가 시키는 대로만 하면 돈을 벌 수 있다는 것이 업계 의 일반적인 분위기였으며 이러한 업계의 호응은 수출실적으로도 나타났다. 정부는 1962년부터 1981년까지 해마다 수출목표를 책정하여 추진하였는데 1962년 한 해를 제외하고는 항상 수출목표를 초과 달성하였다.

월간경제동향보고회의는 80년대 초 전두환 정부에 의하여 정책기조가 정부주도에서 민간주도로 이행되면서 그 이상 지속되지는 않았으며 수출진 흥확대회의도 1987년 무역수지가 흑자로 돌아서고 수출과 수입을 함께 진흥 해야 할 필요성이 제기되면서 행사의 명칭도 「수출의 날」에서 「무역의 날」 로 바꾸었다. 월간경제동향보고회의와 수출진흥확대회의는 60년대와 70년대 의 개발계획의 성공적인 집행과 수출주도형 공업화전략을 추진하는데 결정 적인 제도적 뒷받침을 하였다고 할 수 있다.

## 2. 강력한 중앙기획기구

우리나라가 경제개발계획을 성공적으로 추진할 수 있었던 것은 대통령 의 지도력도 중요하지만 이를 뒷받침할 강력한 중앙기획기구(central planning agency)가 없었더라면 불가능하였을 것이다. 따라서 중앙기획기구로서의 경제기획원의 기능과 역할을 고찰할 필요가 있다.

경제기획원은 5개년계획의 수립과 개발정책의 입안을 담당하는 주무부서로서 자원배분과 집행에 지대한 영향을 미쳤다. 경제기획원은 1961년 군사정부에 의하여 부흥부의 기획기능과 외자(원조)관리기능 및 재무부의 예산기능을 통합하여 설립되었으며 처음에는 기획과 예산 및 경제협력기능만을 가지고 출발하였으나 1963년 12월 정부조직법의 개정으로 경제기획원 장관이 부총리로 승격되면서 정책결정은 물론 정책조정기능까지 관장함으로써 경제기획원의 위상은 가일층 강화되었다.

이러한 경제기획원의 위상강화는 5개년계획의 효율적 집행에 결정적인 영향을 주었다. 5개년계획은 실행계획인 연차계획의 수립으로 구체화되고 이는 예산의 뒷받침으로 집행되는데 연차계획 수립과 예산편성권을 경제기획원이 가졌기 때문에 자원배분은 경제기획원이 의도하는 방향으로 이루어질 수 있었다. 이에 더하여 경제기획원은 투자재원조달에 큰 몫을 담당하였던 외자도입까지 관장함으로써 내·외자를 막론하고 자원배분에 관한 한 완전한 통제력을 가지게 되었다.

경제기획원이 제도상으로는 자원배분에 완전한 통제력을 가졌다고 하나 경제기획원이 마음대로 자원을 배분할 수는 없다. 자원배분에는 우선순위의 문제가 있고 관계부처의 이해관계가 충돌하기 때문이다. 이 때문에 정책의 조정문제는 항상 정책집행에 있어 걸림돌로 작용하였다. 이러한 문제해결을 위하여 경제기획원 장관에 부총리 직함을 주어 경제장관회의를 주재하도록 하였으며 예산편성권을 가진 부총리로서는 정책조정이 비교적 용이하였다. 부처간에 협의가 잘 이루어지지 못하는 경우에는 청와대가 개입하여 조정하여 주기 때문에 정책결정은 신속하게 이루어질 수 있었고 개발계획의 효율적인 집행이 가능하였다.

경제기획원이 합리적인 경제개발계획을 수립하고 이를 원활히 수행할 수 있었던 것은 이러한 제도적 장치 외에도 최고의 엘리트집단으로 실무부처와는 달리 이익집단과는 초연하게 개발전략과 정책을 입안할 수 있었던 것도 크게 작용하였다.

경제기획원의 기능과 역할은 80년대 전반까지만 해도 큰 변화가 없었으나 80년대 후반 민주화 운동으로 인한 정치적·경제적 환경변화로 경제기획원의 위상은 크게 약화되었고 94년 김영삼 정부에 의하여 관치경제의 유물이란 인식 속에서 재정경제부로 통합됨으로써 역사 속으로 살아졌으나 80년대까지 정부주도 개발정책의 구심체로서 한국경제의 성장과 발전에 기여한 공로는 높이 평가되어야 할 것이다.

## 3. 성공적인 수입대체산업육성

우리나라 성공신화의 핵심은 성공적인 공업화에 있으며 성공적인 공업화는 수입대체산업을 수출산업으로 발전시킨데 있다. 물론 성공적인 공업화를 가져온 정책적인 요인으로는 여러 가지를 지적할 수 있으나 그의 핵심은 중화학공업을 중심으로 한 수입대체산업을 수출산업으로 발전시킨데 있기 때문에 여기서는 이에 국한하기로 한다.

우리 경제의 성공요인으로 국내외를 막론하고 모든 전문가는 대외지향적 개발전략을 들고 있다. 대외지향적 개발전략이란 수출지향적 개발전략으로 수출촉진정책을 의미한다. 다시 말하면 우리나라의 공업화는 수출이 주도하였다는 것이며 이런 맥락에서 우리나라의 공업화과정을 설명할 때 흔히 수출정책만 강조하고 수입대체정책은 과소평가하거나 비판적으로 보는 경향이 없지 않다.

우리나라와 같이 자원이 없는 나라가 수출을 하기 위해서는 새로운 산업의 육성이 필요하며 이를 위해서 처음에는 국내시장을 상대로 하는 산업보호정책, 즉 수입대체정책을 쓰지 않을 수 없다. 문제는 보호를 받는 산업이 경쟁력을 가짐으로써 수출산업으로 성장하느냐 하지 못하느냐에 수입대체전략의 성패가 달려있는데 우리나라는 이를 성공적으로 수행하였다. 우리나라가 수출을 통해 고도성장을 하였으나 수출산업의 내용을 보면 대부분의 경우 처음에는 내수시장을 상대로 하는 수입대체산업으로 성장을 하다가 수출산업으로 발전하였기 때문이다.

우리나라는 50년대부터 생필품을 중심으로 수입대체산업을 육성하였으며 이를 위해 각종 관세 및 비관세수단을 사용하였다. 1950년대는 소위 삼백산업을 중심으로 한 수입대체가 있었고 그 중 면방산업은 60년대에 와서 주력 수출산업으로 발전하였다. 60년대 와서는 수출을 촉진하면서도 수입대체정책을 쓰는 양면정책을 추진하였다. 수출을 지속적으로 증대하기 위해서는 기초소재와 중간재의 수입대체가 필요하였기 때문이다. 이리하여 60년대는 정유, 합성섬유, 합성수지, 시멘트, 비료 등 기초원자재와 중간재의 수입대체에 주력하였다. 이들은 국내수요를 충족시키는데 주로 사용되었지만 수출용 원자재로 사용됨으로써 70년대 와서는 수출증대에 크게 기여하였다.

70년대 들어오면서 철강, 조선, 기계, 전자, 석유화학 등 중화학공업을 본격적으로 육성하기 시작하였으며 이를 위하여 세제금융상의 지원을 강화하였다. 이들은 내수시장을 기반으로 한 성장과정을 거치면서 기술력을 축적하여 80년대부터 우리나라의 주력수출산업으로 발전하기 시작하였다.

중화학공업의 육성으로 기계류 수입이 급증하자 정부는 80년대에 와서 기계류의 국산화계획을 적극적으로 추진하기 시작하였으며 금융 및 기술지원을 집중적으로 제공하였다. 이러한 정부의 기계류 국산화계획은 90년대에 와서도 계속되었고 기업의 연구개발투자가 급증하고 국산기계류의 품질이 획기적으로 개선되면서 자본재산업도 90년대 와서 수출산업으로 발전하기 시작하였다.

이와 같이 우리나라는 공업화의 발전단계에 따라 처음에는 비내구소비재의 수입대체에서 기초소재 및 중간재의 수입대체로 이어지고 이는 다시 자본재의 수입대체로 이어지는 정책을 단계적으로 추진하였고 이들이 수출산업으로 발전함으로써 지속적인 고도성장을 달성할 수 있었다. 이를 위하여 정부는 다양한 세제금융상의 유인책을 통해 기업의 투자활동을 적극 지원함으로써 투자율이 크게 올라갔었다. 10%대 수준에 머물렀던 투자율은 60년대 와서 20%대로 올라갔고 70년대부터는 30% 이상으로 올라감으로써 앞에서 지적한 바와 같이 자본축적이 고도성장을 주도하게 되었다.

물론 이 과정에서 많은 부작용과 논란이 없지 않았다. 자유무역을 신봉하는 학자들은 중화학공업육성은 자원배분의 왜곡을 가져왔기 때문에 득보다 실이 크며 반대로 수정주의 학자들은 실보다는 득이 크다고 하였다. 그러나 중화학공업이 주력수출산업으로 발전함으로써 역사는 후자의 판정승으로 끝났다. 그러면 어떻게 하여 중화학공업을 중심으로 한 수입대체산업이 수출산업으로 발전할 수 있었는가? 중요한 요인으로는 다음과 같은 것을 지적할 수 있다.

첫째, 정부의 보호와 지원이 50년대와 60년대는 관세 및 비관세장벽 중심으로 이루어졌으나 70년대는 세제 및 금융상의 투자지원 중심으로 바뀌었고 80년대부터는 인력 및 기술개발지원의 간접지원으로 전환함으로써 산업의 발전단계에 따라 지원체제를 달리하였다. 처음에는 시장을 보호하는데 초점을 두었으나 투자지원으로 성장을 촉진하는 방향으로 바뀌었고 성장기를 거치면서 기술개발을 지원함으로써 경쟁력을 제고하는데 주력하였다.

둘째, 산업의 보호기간이 길지 않았기 때문에 비능률과 지대추구행위가 적었다. 정부는 70년대까지 중화학공업을 적극 보호하였으나 80년대 들어오면서 지원을 줄이고 수입자유화를 통하여 경쟁을 촉진시키는 등 시장기능을 적극 활용함으로써 비능률과 지대추구행위를 줄이도록 하였다.

셋째, 정부가 80년대 들어와서 중화학공업의 투자조정을 통해 과잉시설과 중복투자를 줄이는 한편 산업합리화정책을 추진하고 산업정책을 산업별 지원정책에서 기능별 지원정책으로 전환함으로써 경쟁력 배양을 위한 여건을 조성하여 주었다.

넷째, 과학기술정책이 공업화정책을 잘 지원하여 줌으로써 산업의 경쟁력 향상에 결정적 기여를 하였다. 60년대는 기능인력을 집중 양성함으로써 노동집약적인 산업의 경쟁력을 향상토록 하였으며 70년대는 기술인력의 양성과 해외고급과학기술인력의 유치 및 전문출연 연구기관의 설립을 통하여 중화학공업의 육성을 지원하였으며, 80년대부터는 민간의 기술개발지원을 집중 지원함으로써 산업의 경쟁력을 증대시키는 등 공업화의 발전단계에 따라 필요한 인력과 기술개발을 지원하였다.

다섯째, 중화학공업육성정책이 성공을 한데는 정부가 기업에 지원을 하되 이를 성과에 연계시킴으로써 정책의 실효성을 기할 수 있었다. 다시 말하면 정부가 지원을 하데 성과를 전제로 지원하는 이른바 상호주의(reciprocity)를 철저히 지켰다는 것이다. 가령 60년대는 수출을 지원하데 실적을 기준으로 지원을 하였고 70년대의 중화학공업지원도 생산설비나 투자를 근거로 하여 지원하였다. 80년대 초의 중화학공업 투자조정이나 산업합리화정책의 경우도 시장진입의 금지, 생산설비의 감축 및 노후시설의 폐기 등을 전제로 하여 세제금융상의 지원을 하였으며, 기술개발자금지원에 있어서도 기업에게 일정률의 참여를 전제로 하는 매칭펀드(matching fund) 형태를 취하였다.

일반적으로 개도국에서는 정부의 보조금정책이 일종의 선심용(giveaway)으로 인식됨으로써 실효를 거두지 못하는 경우가 많으나 한국에서는 지원을 성과와 연계시킴으로써 정책의 실효성을 기할 수 있었다는 것이며 여기에는 관리의 공정한 정책집행도 일조를 하였다고 할 수 있다.

여섯째, 정책적인 요인은 아니나 지속적인 고도성장에 따른 내수시장의 확대가 중화학공업의 경쟁력 향상에 크게 기여하였음을 지적하지 않을 수 없다. 중화학공업은 투자규모가 크고 일정규모의 생산시설을 요구하기 때문에 내수시장이 상당기간 동안 이를 뒷받침하여 주지 않고는 규모의 경제를 누리고 기술축적을 할 수 없다.

우리나라는 5개년계획의 성공적인 집행으로 지속적인 고도성장이 유지되었으며 이로 인하여 내수시장은 상당기간 동안 폭발적으로 성장하였다. 이를 바탕으로 해서 자동차, 철강, 전자, 석유화학 등이 높은 신장을 할 수 있었고 이 과정에서 기술력을 축적함으로써 수출산업으로 발전할 수 있었다는 것이다.

## 제 5 절  평  가

위에서 지난 반세기 동안 우리 경제가 유례를 보기 힘든 고도성장과 구조변화를 가져옴으로써 선진국의 문턱까지 왔음을 지적하였고 이러한 놀라운 발전을 가져온 요인을 정책적·제도적 측면을 중심으로 하여 살펴보았다. 우리나라는 그 동안 지속적인 고도성장으로 생활수준이 크게 향상된 가운데 낮은 실업률과 안정적인 소득분배를 유지하는 등 고도성장의 혜택을 많이 누려왔으나 97년 외환위기를 겪는 등 고도성장의 후유증도 만만치 않았다.  따라서 여기서는 고도성장이 가져온 문제점을 중심으로 살펴보기로 한다.

첫째, 지난 반세기 동안 고도성장과정의 가장 큰 부작용으로는 무엇보다도 1997년의 외환위기를 들지 않을 수 없다. 박정희 정부의 성장제일주의로 시작된 고도성장은 인플레이션과 국제수지불균형을 수반함으로써 1970년대까지 불안한 상태를 벗어나지 못하였다. 그러나 1980년대 전두환 정부의 안정화정책으로 거시경제적 불균형이 어느 정도 해소됨으로써 안정속의 성장가능성을 보였다.

1987년의 6·29 선언 이후 민주화 운동에 따른 임금의 급상승으로 안정화기반이 흔들리게 되자 노태우 정부도 초기에는 안정화정책을 시행하고자 하였으나 재계의 강력한 저항에 부딪치게 되면서 성장정책으로 선회하게 되었다. 성장지향정책은 김영삼 정부에서도 이어져 국제수지불균형은 심화되었고 외채는 급증하였다(〈표 5-7〉). 안정화정책이 지속적으로 추진되었더라면 외환위기는 피할 수 있었을 것으로 보이며 이러한 점에서 외환위기의 불씨는 80년대 말부터 생겼다고 할 수 있다. 다시 말하면 노태우 정부 이후 거시경제정책의 실패가 외환위기의 근본적 원인이라 할 수 있다.

표 5-7  성장, 물가, 임금, 국제수지 및 외채, 1985-1997 (단위: %)

| | GDP 상승률 | 소비자물가 상승률 | 명목임금 상승률 | 경상수지 (백만 달러) | 총외채 (백만 달러) |
|---|---|---|---|---|---|
| 1985 | 6.8 | 2.5 | 9.2 | −795 | 57,255 |
| 1986 | 10.6 | 2.8 | 8.2 | 4,709 | 55,483 |
| 1987 | 11.1 | 3.1 | 10.1 | 10,058 | 49,601 |
| 1988 | 10.6 | 7.1 | 15.5 | 14,505 | 44,778 |
| 1989 | 6.7 | 5.7 | 21.1 | 5,344 | 43,375 |
| 1990 | 9.2 | 8.6 | 18.8 | −2,014 | 47,777 |
| 1991 | 9.4 | 9.3 | 17.5 | −8,417 | 55,657 |
| 1992 | 5.9 | 6.2 | 15.2 | −4,095 | 60,262 |
| 1993 | 6.1 | 4.8 | 12.2 | 821 | 67,330 |
| 1994 | 8.5 | 6.3 | 12.7 | −4,024 | 89,830 |
| 1995 | 9.2 | 4.5 | 11.2 | −8,665 | 119,799 |
| 1996 | 7.0 | 4.9 | 11.9 | −23,120 | 157,363 |
| 1997 | 4.7 | 4.4 | 7.0 | −8,287 | 174,231 |

자료: 한국경제 60년사-경제 일반(2010), pp.198-211.

둘째, 재벌기업의 급성장과 경제력 집중현상을 들 수 있다. 70년대의 중화학공업육성으로 형성된 재벌의 성장은 고도성장의 견인차로서 한국경제의 성장과 발전에 크게 기여하였으나 국민경제적 폐해도 적지 않았다. 정부는 1980년대 중반까지 재벌에 대하여 채찍과 당근정책을 적절히 구사함으로써 정부가 바라는 방향으로 활용하였다. 70년대는 중화학공업육성을 위하여 재벌기업의 중화학공업에 대한 투자를 자의반 타의반으로 유도하였으며, 80년대는 중화학공업 투자조정과 산업합리화정책을 통하여 국제경쟁력을 강화토록 하였다. 다시 말하면 정부는 재벌의 성장이 국가경제발전에 이익이 되는 방향으로 재벌을 통제하였다.

그러나 이러한 국가의 재벌에 대한 통제력은 노태우 정부와 김영삼 정부가 경쟁을 촉진한다는 취지에서 규제완화정책을 적극 추진하면서 실종되기 시작하였다. 1985년의 공업발전법에 의하여 시장진입을 제한하였던 산업합리화업종의 시한이 1989년 만료되면서 사실상 모든 투자는 정부의 규제에서 벗어나게 되었다. 이로 인하여 석유화학, 자동차, 철강, 반도체부문에 대한 재벌기업들의 경쟁적 투자가 이루어지므로 경제력 집중현상은 심화되었다. 80년대에는 비교적 안정적인 움직임을 보였던 경제력 집중은 90년대 와서 크게 악화되었다.

물론 노태우 정부와 김영삼 정부에서도 재벌규제를 위한 여러 조치가 있었으나 실효를 거두지 못하였고 정부와 재벌간의 관계가 정경유착으로 이어지면서 재벌은 경제정책에 크게 영향을 미쳤다. 90년대에 와서 원화의 고평가가 지속되었던 것도 환율현실화로 발생할 외채부담 때문에 재계는 환율의 평가절하를 원치 않았고 이러한 재계의 의견이 상당히 반영되었던 것이다.

재벌이 국민경제에서 차지하는 비중이 커지면서 여러 가지 폐해가 나타나기 시작하였다. 대마불사의 도덕적 해이가 만연되면서 금융기관의 부실대출이 급증하고 방만한 경영으로 부채가 누적되는 등 재벌들의 과도한 차입경영은 외환위기의 한 요인으로 작용하였다.

셋째, 외환위기 이후의 저성장과 분배의 악화를 지적할 수 있다. 외환위기는 단순히 금융위기의 범주를 벗어나는 큰 충격을 주었다. 외환위기는 그동안 경제성장의 엔진역할을 하였던 재벌중심의 성장이 동력을 상실함에 따라 재벌이 해체되고 구조조정이 진행되면서 투자율이 급격하게 떨어지고 성장률이 크게 둔화되었다. 투자부진과 성장률의 둔화로 대량실업이 발생하고 소득의 양극화현상이 나타나면서 소득분배는 크게 악화되었다.

이러한 경제상황 변화는 정부의 정책기조를 성장보다는 복지를 중시하는 방향으로 전개토록 하는 등 정책전환을 시도하였으나 새로운 성장동력을 발굴하지 못한 채 투자가 둔화됨으로써 성장이 부진하고 소득분배도 개선되지 않고 있다. 따라서 투자를 활성화하여 새로운 성장동력을 발굴하고 성장력을 복원해서 분배개선과 양극화를 해소해야 하는 새로운 정책과제를 안게 되었다.

이상에서 지적한 바와 같이 우리 경제는 지난 반세기 동안 지속적인 고도성장과 산업구조의 고도화를 통해 선진국의 문턱에까지 오는 놀라운 성과를 거두었다. 특히 중화학공업을 수출산업으로 발전시킴으로써 공업화에 성공하고 이를 통해 10대 경제대국으로 발전한 것은 높이 평가되어야 할 것이다. 이 과정에서 외환위기를 겪는 등 고도성장의 부작용도 적지 않았으나 전체적으로는 경제개발의 성공적인 신화로서의 손색이 없다고 할 수 있다.

제 6 장

# 공업화정책과
# 공업화과정

# 공업화정책과 공업화과정

## 제1절   공업화정책

　우리나라가 지난 반세기 동안 고도성장을 할 수 있었던 것은 공업화정책을 성공적으로 추진한데 있다. 그런 의미에서 우리나라의 경제개발정책은 공업화정책이며 경제발전=공업화라 하여도 결코 지나친 표현은 아니다. 따라서 우리나라가 지난 반세기 동안 어떤 공업화정책을 추진하였고 어떤 결과를 가져 왔는지를 살펴보는 것은 우리나라 경제발전과정을 이해하는데 있어 핵심적 과제다.

　공업화(industrialization)[1]정책이란 매우 포괄적인 개념으로서 제조업의 육성과 발전 및 구조변화에 관련되는 재정·금융·무역정책과 기술 및 인력개발정책을 총칭한다고 할 수 있다. 따라서 특정산업의 육성과 발전을 대상으로 하는 산업정책(industrial policy)[2]보다는 넓은 개념으로서 산업발전정책(industrial development policy)이라 할 수 있는데 여기서 산업이란 제조업을 의미한다. 이러한 공업화개념에 입각하여 우리나라의 공업화정책과 공업화과정을 살펴보기로 한다. 이를 위하여 먼저 공업화정책의 전개과정을 시대

---

[1] 우리나라에서는 공업화를 산업화라고도 한다. 산업화란 제조업뿐 아니라 교통·통신·전력 등의 발전을 포함하는 넓은 개념이라고 할 수 있으나 개념이 다소 모호하고 산업화의 핵심은 제조업의 성장과 구조변화에 있기 때문에 공업화라고 함이 더 정확한 표현이 아닌가 한다.

[2] 산업정책의 다양한 개념에 대해서는 Ha Joon Chang(1994), pp.58-61 참조.

별로 구분하기로 한다. 공업화정책을 시대적으로 구분하는 것은 보는 시각이나 관점에 따라 다르기 때문에 객관적인 기준이 있는 것은 아니다. 따라서 여기서는 우리나라 경제발전의 시대구분과 일치시키기 위해서 다음과 같이 10년 단위로 나누어 고찰하기로 한다. 즉

- 1950년대의 전후복구와 제1단계수입대체
- 1960년대의 수출촉진과 선별적 산업정책
- 1970년대의 중화학공업육성과 제2단계수입대체
- 1980년대의 중화학공업투자조정과 산업합리화
- 1990년대의 첨단산업육성

## 1. 전후복구와 제1단계 수입대체

1950년대는 한국전쟁으로 인한 피해를 복구하고 민생안정에 초점을 두었던 시기로서 정부의 계획적인 공업화정책이 있었던 것은 아니다. 그 이유는 무엇보다 전후복구를 위한 재원을 전적으로 외국원조에 의존함에 따라 자주적인 개발계획이 불가능하였기 때문이다. 미국원조도 전후복구와 민생안정을 위한 식량이나 원자재를 공여하는데 중점을 두었기 때문에 산업정책도 자연히 이를 활용하는 원료가공형 소비재산업의 발달이 추진되었다.

정부는 생필품을 중심으로 한 물자의 원활한 수급을 기하는 한편 이들 산업을 육성하기 위하여 강력한 수출입통제정책을 실시하였으며, 특히 밀가루, 섬유 및 설탕의 소위 삼백산업을 중심으로 한 수입대체산업의 육성에 역점을 두었다. 국내 산업보호를 위하여 정부는 높은 관세장벽과 수량통제를 통하여 수입을 억제하였다.

1950년 정부는 관세수입을 올리고 국내산업을 보호하기 위하여 임시관세징법법을 제정하여 1,000여개 이상의 수입품목에 대한 관세율을 고시하였는데 주된 내용은 식용곡물이나 산업, 교육, 문화시설에 필요한 비경쟁기계

나 원료에 대해서는 무관세를 적용하고 국내생산이 되지 않는 반제품이나 국내생산이 적은 긴요한 물품에 대해서는 10%의 낮은 관세를 부과하는 한 편 국내생산이 되는 반제품과 완제품에 대해서는 단계적으로 높은 관세를 부과하였다.

특히 사치품에 대해서는 100% 이상의 고율관세를 부과토록 하였는데 평균단순관세율은 대략 40%에 달하였다.[3] 1952년에는 기계, 화학, 정유, 조선, 섬유, 전기 등의 중요산업용 기계나 원자재에 대한 관세를 감면하여 주었으며 1957년에는 다시 관세율을 올려 국내산업을 보호토록 하였다.

정부는 또한 수입허가제, 외화할당제, 구상무역제 등을 통해 수입을 강력 통제하였다. 종합적인 물자수급계획을 세워 1953년까지는 분기별로, 1953년 이후에는 반기별로 수입품목의 종류와 수량을 고시하였다. 1955년부터는 수입할당제를 보다 신축적인 수입허가제로 바꾸었으며 1956년부터는 자동승인품목, 제한품목과 금지품목으로 나누어 규제하였다. 미국의 원조자금으로 수입되는 물자는 원조당국과의 협의에 의하여 이루어진 관계로 이러한 규제를 받지 않았다.

원조자금에 의한 수입이 총수입의 대부분을 차지하였는데 1953~60년에 우리나라 총수입의 73%를 차지하였으며 나머지 27%는 정부보유달러에 의한 수입인데 이것도 정부가 UN군에 빌려준 대여금을 달러로 받은 상환금이 주종을 이루었다. 정부보유달러에 의한 수입액은 1954~60년에 연평균 78백만 달러에 달하였는데 이는 같은 기간 우리나라 연간 평균수출총액 23백만 달러의 세 배가 넘는 큰 금액이다.[4] UN군 대여금상환은 공정환율을 적용하였기 때문에 정부는 외화수입을 극대화하기 위해서도 공정환율을 가능한 한 과고평가된 상태로 유지하도록 하였다.

환율정책에 있어서도 정부는 환율을 시장환율보다 크게 낮은 수준에 유지시킴으로써 필요한 원자재나 기계류를 값싸게 들여오게 하는 한편 높은

---

3) Charles R. Frank et al, 전게서, pp.36-37.
4) Suk Tai Suh(1975), p.221.

관세와 수량통제를 통해 불필요한 수입은 강력히 억제하여 수입대체산업을
보호하여 주었다. 환율의 고평가는 수출에는 불리하게 작용하였으나 그 당
시의 수출은 거의 광산물과 농수산물의 1차산업 상품이었기 때문에 환율에
는 민감하지 않았고 수출업자에게는 수출입링크제를 통하여 환율에서 오는
손실을 보상하여 주었다.

　　이와 같이 정부는 무역정책과 환율정책을 통해 수입대체산업을 적극적
으로 육성하고자 하였는데 이러한 정부의 노력은 수입구조에도 잘 나타나고
있다. 〈표 6-1〉에서 보는 바와 같이 소비재수입의 비중은 1953년 이후 지
속적으로 떨어지는 반면 원자재와 중간재의 수입비중은 크게 증가하였다.
투자재(investment goods)의 수입비중은 10% 내외로서 그 비중이 가장 낮았
다. 이러한 수입구조의 변화는 원조자체가 소비재와 원자재 중심으로 이루
어졌기 때문에 자본재수입은 적을 수밖에 없었다.

**표 6-1　최종수요별 수입구조 추이, 1953-1960**　　　　　　　　　　(단위: %)

|  | 1953 | 1954 | 1955 | 1956 | 1957 | 1958 | 1959 | 1960 |
|---|---|---|---|---|---|---|---|---|
| 소비재 | 70.4 | 59.2 | 34.3 | 34.8 | 40.5 | 36.5 | 23.6 | 24.6 |
| 중간재와 원자재 | 22.4 | 21.0 | 39.5 | 43.4 | 41.0 | 47.0 | 48.5 | 49.6 |
| 투자재 | 3.4 | 13.6 | 16.8 | 11.1 | 9.6 | 9.7 | 13.7 | 11.7 |

자료: A. O. Krueger(1979), p.72.

　　제조업의 생산구조도 이러한 수입구조를 반영하여 음식료품과 섬유의복
등의 원료가공형 수입대체산업이 발전하였는데 이들이 전체 제조업 부가가
치의 70% 이상을 차지하였다. 물론 이러한 소비재산업 이외도 전후복구사업
의 추진에 따라 유리, 시멘트, 철강 등에 대한 수요의 증가로 일부 중간재공
업도 빨리 성장하였으나 그 규모가 워낙 작아 비중은 매우 낮았다.

　　대규모의 원조자금 유입과 전후복구사업이 활발하게 진행됨에 따라 제
조업이 활기를 뛰게 되었다. 1954~60년에 GDP성장률이 연평균 3.9%인데
비하여 제조업은 연평균 12.8%나 성장함으로써 전후 경제성장을 주도하였고

산업구조를 개선하는 데도 크게 기여하였다(〈표 6−2〉). GDP에서 제조업이
차지하는 비중은 1953년의 9.0%에서 1960년에는 13.8%로 올라갔다.

| 표 6-2  제조업의 부문별 성장률, 1954-2000 | | | | | | (단위: %) |
|---|---|---|---|---|---|---|
| | 1954~1960 | 1961~1970 | 1971~1980 | 1981~1990 | 1991~2000 | 1954~2000 |
| 제조업 | 12.8 | 17.0 | 16.2(18.2) | 12.3 | 8.7 | 13.1 |
| 경공업 | 11.1 | 13.4 | 12.9(14.2) | 7.1 | 1.6 | 8.8 |
| 중화학공업 | 18.5 | 25.2 | 17.7(20.0) | 14.6 | 10.1 | 15.5 |

주: 1954~1970년은 1975년 가격기준이고 1971~2000년은 2005년 연쇄가격기준이며 경공업
　　과 중화학공업의 분류는 〈표 6−5〉 참조. (　)은 1971~1979년간의 평균성장률임.
자료: 한국은행 국민계정 2009.

　　음식료품, 섬유, 의복, 가죽 및 가죽제품, 종이 및 종이제품과 같은 경공
업이 연평균 11.1%나 크게 성장하였는데 이는 수입대체정책이 상당히 작용
한 것으로 보인다. 〈표 6−3〉에서 보는 바와 같이 이들 산업의 수입계수(수
입/내수)는 53년 이후 전반적으로 떨어지는 경향을 보이고 있는데서도 알 수
있다. 화학, 석유석탄, 고무 및 플라스틱, 비금속광물, 금속 및 기계 및 장비
등의 중화학공업은 이보다 높은 18.5%의 성장률을 시현하였으나 워낙 이들
산업은 제조업에서 차지하는 비중이 적기 때문에 성장률 자체는 큰 의미가
있지 않다. 이들 산업 중에서도 비료와 유리와 같은 산업의 성장에는 수입대
체정책이 큰 영향을 미쳤으며 이는 수입계수의 하락에서도 나타나고 있다.
이와는 반대로 석유석탄, 화학, 기계, 금속제품 등 중화학공업에서는 전후
산업시설복구에 따른 이들 산업에 대한 수입수요의 증가로 수입계수는 전반
적으로 상승하였다.
　　이상에서 지적한 바와 같이 경공업 중심의 비내구소비재에 대한 수입대
체가 활발히 전개됨으로써 수입대체정책은 공업화의 진전에 상당한 기여를
하였다. 이러한 비내구소비재 중심의 수입대체를 용이한 수입대체 또는 제1
단계 수입대체(first stage import substitution)라고 한다.

**표 6-3   주요산업수입계수[1] 추이, 1953-1960**

|  | 1953 | 1954 | 1955 | 1956 | 1957 | 1958 | 1959 | 1960 |
|---|---|---|---|---|---|---|---|---|
| 음식료 | .019 | .013 | .012 | .003 | .022 | .078 | .058 | .044 |
| 섬유 | .108 | .135 | .146 | .051 | .037 | .053 | .055 | .071 |
| 의복 | .015 | .003 | .004 | .018 | .013 | .044 | .008 | .004 |
| 가죽 및 가죽제품 | − | .007 | − | − | .002 | .001 | .001 | .001 |
| 종이·종이 제품 | .428 | .372 | .414 | .181 | .208 | .475 | .341 | .304 |
| 화학 | .145 | .127 | .162 | .092 | .077 | .414 | .310 | .303 |
| 석탄·석유 제품 | .152 | .066 | .089 | .010 | .045 | .600 | .561 | .336 |
| 유리 및 점토제품 | − | .066 | .047 | .065 | .003 | .140 | .116 | .024 |
| 비료 | 1.000 | 1.000 | 1.000 | 1.000 | 1.000 | 1.000 | 1.000 | .967 |
| 금속제품 | .001 | .061 | .047 | .042 | .021 | .099 | .043 | .095 |
| 기계 | .388 | .359 | .236 | .222 | .007 | .405 | .441 | .450 |
| 전기기계 | .155 | .413 | .291 | .122 | .194 | .549 | .388 | .435 |

주: 1) 수입/내수.
자료: Suk Tai Suh(1975), p.75, pp.77-81.

50년대의 수입대체정책에 대하여 비판적인 견해가 없는 것은 아니다. 제조업의 성장률이 보호를 해주었음에도 불구하고 높은 편은 아니며 소비재 중심으로 수입대체가 이루어졌으나 수입대체효과가 크지 않았다는 것이다. 특히 환율을 왜곡시켜 수출에 부정적인 영향을 끼침으로써 50년대의 수입대체정책은 실패하였다는 것이다.[5] 물론 수출에 대해서는 우대환율이 적용되었으나 전반적으로 과고평가되었기 때문에 환율은 수출을 촉진하는 데는 별로 효과가 없었다고 할 수 있다.

그러나 전쟁피해로 제조업의 기반이 거의 전무하고 수출이 주로 1차산업 상품으로 구성되어 있는 상황에서 환율이 현실화되었다 해서 수출의 획기적 증대를 기대하는 것은 현실적으로 거의 불가능하다. 따라서 수출을 위해서도 우선 산업을 육성하여야 하며 이를 위해서는 비내구소비재 중심의

---

5) 수입대체정책에 대한 비판적 견해에 대해서는 A. O. Krueger(1979), p.62; A. O. Krueger (1991), pp.50-51 참조.

수입대체정책이 산업발전의 초기에 있어서는 필요불가결하다. 특히 섬유, 가죽, 신발 및 합판이 60년대 와서 우리나라의 주력 수출산업이 될 수 있었던 것도 정부가 이들 산업을 50년대에 보호·육성하였기 때문에 가능하였다. 이런 의미에서 50년대의 수입대체전략은 성공적이었고 전후의 안정적인 경제성장을 이룩하는데 크게 기여하였다고 할 수 있다.

## 2. 수출촉진과 선별적 산업정책

1950년대의 수입대체공업화정책은 전후의 복구와 경제성장에 큰 기여를 한 것은 높이 평가되어야 하겠으나 문제 또한 적지 않았다. 첫째, 국내시장의 협소성 때문에 국내시장을 상대로 하는 수입대체정책은 벽에 부딪치게 되었고, 둘째, 원자재의 수입에 의존하는 음식료품과 섬유공업과 같은 최종소비재 중심의 공업화로는 자립경제의 달성이 어렵고, 셋째, 원조가 감소한 대 다가 미미한 수출규모와 수출산업의 구조취약으로 국제수지적자 문제가 매우 심각한 구조적 문제로 제기되는 등 한국경제의 지속적인 발전을 위해서는 새로운 개발전략의 모색이 요청되었다.

이와 같은 문제인식은 1961년 군사정부가 집권한 이후 제1차 5개년계획의 수립을 통해 구체화되기 시작하였다. 당초 정부는 자립경제의 기반조성이란 목표아래 야심적인 공업화계획을 세웠으나 재원조달의 어려움과 1963년의 외환위기를 겪으면서 공업화전략의 중심이 수입대체에서 수출촉진으로 전환하기 시작하였다. 수출촉진을 통해서만 외환위기를 극복하고 자립적인 성장기반의 구축이 가능하다고 판단하여 수출입국(輸出立國)을 통한 공업화를 정책의 기본목표로 삼았다.

1964년부터 일련의 과감한 수출촉진정책을 실시하였다. 환율의 대폭 절하와 단일변동환율제실시, 수출산업에 대한 각종 조세 및 관세상의 감면혜택, 파격적인 저리의 수출금융지원, 철도와 선박운임 및 전기료금의 할인 등이 이에 속한다. 이러한 일반적인 수출지원 외에 정부는 1965년에 수출특화

산업으로 13개 품목을 선정하여 내·외자와 기술을 중점 지원하였는데 이들
은 거의 전부가 노동집약적인 경공업제품이었다.

13개 품목은 국제수지효과, 고용효과 및 타산업에 대한 파급효과 등을
고려하여 선정하였는데 면직물, 의류, 피혁제품, 생사류, 도자기제품, 고무제
품, 라디오, 전기기기, 합판, 모제품, 어패류 및 양송이 통조림, 공예품과 잡
화가 이에 속한다. 정부가 특정산업을 지정하여 유망수출산업으로 육성하였
는데 이는 한정된 자원으로는 선별적인 집중지원이 보다 효과적이라고 판단
하였기 때문이다.[6]

이와 같이 정부는 제1차 5개년계획기간 중에는 노동집약적인 경공업 중
심의 수출주도형 공업화전략을 추진하였으며 이러한 정책은 기본적으로 제2
차 5개년계획기간까지 계속되었다. 그러나 정부는 자립경제의 기반구축과
수출주도형 공업화를 위해서는 원자재나 중간재의 수입대체를 위한 선별적
산업정책이 불가피하다고 보아 제1차 5개년계획에서부터 정유, 화섬, 비료,
시멘트, P.V.C. 등과 같은 수입대체산업을 선별적으로 육성하기 시작하였으
며 이를 위하여 정부는 외국차관 도입을 장려하고 우대금융을 제공하였다.

이러한 선별적 산업정책은 제2차 5개년계획에서는 보다 제도화되었다.
계획의 기본목표를 "산업구조를 고도화하고 자립경제의 확립을 더욱 촉진"
하는데 두고 기초소재산업과 자본재산업 육성을 위한 각종 지원책이 마련되
었다. 1967년 3월 기계공업진흥법 제정을 시작으로 하여 조선(1967), 섬유공
업(1967), 전자(1969), 철강(1970), 석유화학(1970), 비철금속(1971)에 대한 개
별 육성법이 제정되었다. 세제와 금융면에서 이들 산업에 대한 지원이 강화
되었고 1960년대 말부터 울산, 포항, 구미 등에 대규모 공업단지를 건설하
였다.

제2차 5개년계획기간 중에는 중화학공업에 대한 지원이 점차 강화되었
으나 자금사정 때문에 본격적으로 추진은 되지 못하였다. 제1차 계획기간과

---

6) 김정렴, 전게서, p.115.

같이 정유, 시멘트, 비료, 제지, 합성섬유, 합성수지 등의 수입대체산업육성에 주력하였고 이 밖에도 제강(製鋼), 제련(製鍊)공장 등의 중간재산업이 크게 신장하였다. 이러한 수입대체산업에는 재정금융상의 지원 외에도 높은 관세와 비관세장벽을 통해 보호해 주었다.

이와 같이 정부는 수출을 촉진하면서도 선별적인 수입대체산업도 동시에 육성코자 하는 이중전략을 취하였으며 이는 정부가 수출을 위해서도 중장기적으로는 중화학공업의 육성이 필요하다고 판단하였기 때문이다. 이러한 정부의 강력한 수출촉진정책과 수입대체산업의 육성으로 제조업은 1960년대 괄목할만한 성장을 하였다. 1961~70년에 제조업은 연평균 17.0%나 성장하였고 그 중에서도 중화학공업은 25.2%나 성장하였으며 경공업도 13.4%나 성장하였다(〈표 6-2〉).

수출도 정부의 집중적인 지원으로 크게 증가하였는데 같은 기간에 연평균 39.8%란 높은 실질증가를 하였다. 그러나 수출이 생산에서 차지하는 비중이 적었기 때문에 제조업의 성장에 대한 기여는 생각보다 크지 못하였으며 내수확장이 더 큰 역할을 하였다.

1960~68년에 주요 수요부문별 제조업 성장에 대한 기여율을 보면 〈표 6-4〉에서 보는 바와 같이 내수확대의 기여가 74.0%로 가장 높고 그 다음이 수출확대로 24.3%를 기여하였고 수입대체의 기여는 1.7%로 가장 낮았다. 이를 중요 산업별로 보면 식료품과 건축자재, 기계 및 수송기계 등이 내수확장의 혜택을 가장 많이 받았으며 비내구용 소비재와 중간재 등이 수출확장의 혜택을 상대적으로 많이 입었다. 수입대체는 건축자재와 중간재부문에서 비교적 활발히 이루어졌다.

여기서 수입대체라 함은 어떤 특정산업의 국내수요에 대한 같은 산업의 수입비율의 변화로서 그 변화가 떨어지면 수입대체가 일어나게 되는데 경제가 빨리 성장하는 경우에는 국내생산으로 수입대체가 이루어져도 수입수요가 계속 늘어나기 때문에 수입계수가 줄어들기는 쉽지 않으며 따라서 수입대체의 기여율이 낮게 나타날 수 있다. 이러한 현상은 산업을 세분화하지 않

**표 6-4 주요 수요부문별 제조업 성장기여율, 1960-1968** (단위: %)

| | 내수 | 수출 | 수입대체 |
|---|---|---|---|
| 식료품 | 87.8 | 11.7 | 0.5 |
| 음료, 담배 | 88.9 | 9.9 | 1.1 |
| 건축자재 | 84.8 | 7.4 | 7.8 |
| 중간재 | 54.0 | 32.3 | 13.6 |
| 비내구소비재 | 53.0 | 40.2 | 6.8 |
| 내구소비재 | 78.1 | 27.2 | −5.3 |
| 기계 | 139.5 | 12.2 | −51.8 |
| 수송기계 | 144.6 | 4.2 | −48.8 |
| 제조업 전체 | 74.0 | 24.3 | 1.7 |

자료: Charles R. Frank Jr. et al.(1975), p.91.

을 경우에는 더욱 그러하다. 따라서 제조업 전체에 대한 수입대체의 성장기여도가 낮다고 해서 개별 산업의 수입대체효과가 적었다고 이해해서는 안된다. 실제로 1962~68년 기간에 80개 산업 중 12개 산업에서는 수입대체가 성장의 20% 이상을 차지하였다.[7] 수입대체효과를 제대로 파악하기 위해서는 산업을 세분화하여 동질적인 산업(제품)의 수입계수의 변화를 보는 것이 가장 합리적이다.[8]

　따라서 수입대체의 성장기여도가 낮다는 것을 가지고 수입대체산업의 성장이 저조하였다고 하거나 수입대체정책의 효과가 없었다고 해석해서는 안 된다. 수입대체산업은 거의가 국내시장을 상대로 하는 내수산업으로 내수와 직결되기 때문에 내수확장이 성장의 주된 요인이라는 것은 수입대체산업을 포함한 내수산업이 빨리 성장하였다는 것을 의미한다. 또한 수입대체산업도 처음에는 내수시장을 상대하지만 수출도 하기 때문에 수입계수의 변화만을 가지고 수입대체의 성장기여도를 논한다는 것은 문제가 있다.

　제조업의 급속한 성장은 공업구조와 수출입구조에 많은 영향을 미쳤다.

---

7) C. R. Frank. Jr. et al., 전게서, p.93.
8) Suk Tai Suh, 전게서, pp.86-87 참조.

우선 공업구조의 변화를 보면 전체 제조업에서 경공업이 차지하는 비중은 1960년의 72.0%에서 1970년에는 60.3%로 떨어진 반면 중화학공업의 비중은 28.0%에서 39.7%로 올라감으로써 공업구조가 다소 개선되었으나 음식료품과 섬유의복 및 가죽제품이 1970년에 와서도 전체 제조업 부가가치의 50%

**표 6-5  제조업의 생산[1] 및 고용[2] 구조 추이[3], 1953-2000**  (단위: %)

|  | 1953 | 1960 | 1970 | 1980 | 1990 | 2000 |
|---|---|---|---|---|---|---|
| 경공업 | 73.8 | 72.0 (66.8) | 60.3 (61.3) | 41.7 (51.2) | 29.4 (34.7) | 21.2 (33.1) |
| 식료품 및 담배 | 33.3 | 36.4 (15.7) | 28.8 (13.6) | 10.8 (9.0) | 7.4 (7.1) | 6.3 (6.8) |
| 섬유·의복·가죽 | 28.6 | 25.1 (35.4) | 21.3 (31.1) | 23.3 (30.9) | 13.5 (22.1) | 8.3 (16.5) |
| 나무·종이·인쇄 | 9.5 | 9.0 (13.4) | 7.9 (11.0) | 4.8 (7.8) | 5.1 (7.4) | 4.3 (6.4) |
| 기타 | 2.4 | 1.5 (2.3) | 2.3 (5.6) | 2.9 (3.5) | 3.3 (3.1) | 2.3 (3.4) |
| 중화학공업 | 26.2 | 28.0 (33.2) | 39.7 (38.7) | 58.3 (48.9) | 70.6 (60.3) | 78.8 (66.9) |
| 화학, 석유, 석탄, 고무 및 플라스틱 | 9.5 | 9.9 (12.1) | 19.7 (11.8) | 19.8 (13.2) | 14.5 (14.4) | 15.3 (11.6) |
| 비금속광물 | 7.6 | 5.1 (6.0) | 4.9 (5.8) | 6.5 (4.7) | 6.7 (4.2) | 4.2 (3.2) |
| 제1차 금속 | 0 | 2.7 (2.6) | 2.5 (3.7) | 10.2 (4.5) | 13.9 (4.0) | 12.8 (3.9) |
| 조립, 금속, 기계장비 | 9.3 | 10.4 (12.5) | 12.6 (17.4) | 21.8 (26.5) | 35.6 (37.7) | 46.5 (48.2) |
| 합계 | 100.0 | 100.0 | 100.0 | 100.0 | 100.0 | 100.0 |

주: 1) 생산은 경상부가가치기준임.
  2) ( )안은 종사자기준임.
  3) 한국은행은 1970년 이후에는 제조업을 11개 산업으로 분류하고 있으나 1970년 이전의 분류와 일치시키기 위하여 제조업을 9개 산업으로 통합하였다. 이 표에서의 중화학공업 비율은 〈표 6-10〉 한국은행의 중화학공업비율과는 산업분류상의 차이로 약간의 차이가 있음.
자료: 생산은 한국은행 국민계정 2009, 고용은 통계청의 각년도 광공업통계조사보고서.

나 차지하고 있어 이들 산업이 1970년까지만 해도 우리나라의 대표적인 제
조업이라 해도 과언은 아니다(〈표 6-5〉).

　1970년에 중화학공업의 비중이 다소 올라갔으나 이는 주로 화학, 석유
석탄고무 및 플라스틱의 비중이 9.9%에서 19.7%로 크게 증가한데 기인한다.
이 산업부문은 편의상 중화학공업으로 분류를 하였으나 그 내용은 고무제품
과 같은 경공업제품이 포함되어 있기 때문에 중화학공업의 비중이 다소 과
대평가되었다고 할 수 있다. 따라서 1960년대는 실질적인 공업구조의 변화
는 크지 않았다고 할 수 있다.

　이는 수출구조의 변화를 통해서도 알 수 있다. 상품수출에서 1차산품이
차지하는 비중은 1964년의 45.4%에서 1970년에는 17.5%로 크게 떨어진 반
면 공산품은 54.6%에서 82.4%로 크게 올라갔다. 공산품 중에서도 경공업제
품의 비중이 1970년에 69.6%나 차지함으로써 수출증가의 견인차 역할을 하
였다고 할 수 있다. 경공업 중에서도 섬유가 1970년에 와서도 전체 수출의
40.8%를 차지하고 있어 우리나라 수출의 주력산업임을 과시하고 있다(〈표
6-6〉).

**표 6-6　수출구조의 변화, 1964-2008** (단위: %)

|  | 1차산품 | 공산품 | 중화학 | 경공업 |
|---|---|---|---|---|
| 1964 | 45.4 | 54.6 | 9.2 | 45.4(27.7) |
| 1970 | 19.5 | 82.4 | 12.8 | 69.6(40.8) |
| 1980 | 11.7 | 88.2 | 41.8 | 46.4(29.1) |
| 1990 | 4.9 | 95.1 | 56.6 | 38.5(22.7) |
| 2000 | 2.8 | 97.2 | 81.0 | 16.2(10.9) |
| 2005 | 1.5 | 98.5 | 89.6 | 8.9(4.9) |
| 2008 | 1.8 | 98.1 | 91.7 | 6.4(3.2) |

주: ( )은 섬유제품의 비중임.
자료: 국제무역연구원.

　　1970년 우리나라 10대 수출품목은 거의 전부가 섬유류, 합판, 가발을 중
심으로 한 노동집약적 경공업제품이며 중공업제품으로는 전자제품과 철강
및 금속제품이 있으나 이들 제품도 대부분이 가정용의 소비재 성격이 강하
기 때문에 이를 고려한다면 소비재가 공산품수출의 거의 전부를 점한다 해
도 과언은 아니다. 이와 반대로 1961년에는 10대 수출상품은 거의 전부가
광산물중심의 1차산업 상품임을 고려할 때 10년 사이에 엄청난 수출상품구
조의 변화가 있었음을 알 수 있다.

　　공산품의 급속한 수출증대는 수입구조에도 상당한 영향을 미쳤다. 우리
나라의 수출은 외국에서 원자재와 중간재를 수입하여 이를 가공하여 수출하
는 원료가공형 수출이 주종을 이루고 있어 수출의 증가는 수입의 증가로 이
어졌다. 〈표 6-7〉에서 보는 바와 같이 수출용 수입은 1960년대에 들어와서
급증하였다. 1964년만 해도 수출용 수입이 우리나라 총상품수입의 0.2%에

**표 6-7  수입구조 추이, 1964-1975**　　　　　　　　　　　　　　　　(단위: %)

|      | 수출용 원자재 | 내수용 원자재, 기타 | 자본재 |
|------|------|------|------|
| 1964 | 0.2  | 82.5 | 17.2 |
| 1965 | 2.2  | 81.9 | 15.9 |
| 1966 | 14.0 | 62.0 | 24.0 |
| 1967 | 13.5 | 55.4 | 31.1 |
| 1968 | 14.5 | 49.1 | 36.4 |
| 1969 | 16.3 | 51.2 | 32.5 |
| 1970 | 19.5 | 50.8 | 29.7 |
| 1971 | 21.1 | 50.3 | 28.6 |
| 1972 | 24.1 | 45.7 | 30.2 |
| 1973 | 38.2 | 65.5 | 26.3 |
| 1974 | 30.8 | 42.2 | 27.0 |
| 1975 | 30.5 | 43.3 | 26.2 |

자료: A. O. Krueger(1979), p.106, p.139 자료를 이용하여 작성함. 자본재수입은 전체 수입
　　에서 수출용 원자재와 내수용 원자재 및 기타를 공제한 잔여로 구함.

불과하였으나 1970년에는 거의 20%에 육박하였다. 이는 그만큼 우리나라 공업의 해외원자재에 대한 의존도가 심화되었음을 가리키고 있다.

또 다른 중요한 수입구조 변화는 내수용 원자재와 중간재의 수입비중이 떨어진 반면 자본재수입은 크게 증가한데 있다. 1960년대 초만 해도 내수용 원자재와 중간재의 수입비중이 거의 80%에 달하였으나 1960년대 말에 와서는 50%까지 떨어졌는데 이는 60년대에 와서 합성수지와 합성섬유와 같은 석유화학계통의 중간원료가 수입대체되었기 때문이다. 다른 한편 제1, 2차 5개년개발계획의 추진에 따른 투자의 활성화로 자본재수입은 크게 늘어나 1964년에 전체 수입의 17.2%에 불과하였던 자본재수입이 1970년에는 30% 수준으로 크게 증가하였다.

이상에서 지적한 바와 같이 1960년대 우리나라 산업무역정책의 특징은 수출을 강력히 지원하면서도 선별적 산업정책을 통해 중간재 중심의 수입대체산업을 육성하기 시작한데 있다. 수출에 대한 파격적인 재정금융상의 지원을 통해 경공업제품수출의 급증을 가져왔으나 원료와 중간재의 해외의존을 심화시켰으며 이로 인하여 수출은 급증하였으나 수입의 급증도 유발함으로써 국제수지적자의 구조적 문제도 계속되었다. 이 문제를 타개하기 위해서는 수출용 소재나 부품의 국산화를 위해서도 철강, 기계, 전자, 석유화학 등의 중화학공업의 육성이 필요하다고 판단하여 개별산업육성법을 제정하여 자립경제달성을 위한 기초를 다지기 시작하였다.

## 3. 중화학공업육성과 제2단계 수입대체

앞에서 지적한 바와 같이 60년대 후반부터 시작한 선별적인 중간재 및 자본재의 수입대체정책, 즉 제2단계 수입대체정책은 70년대 초에 정부가 중화학공업육성을 본격적으로 추진하면서 급진전되었다.

중화학공업육성의 배경에는 선진국에 있어서의 보호주의 대두와 남북 간의 긴장고조가 큰 영향을 미친 것은 사실이나 기본적으로는 수출주도형 공업화를 추진하기 위해서는 중간재와 자본재를 국내생산으로 대체하지 않고는 불가능하며 또 공업화를 완성하기 위해서는 중화학공업의 육성은 절대적으로 필요하였기 때문이다. 그 당시의 우리나라가 처한 여러 가지 경제적 여건을 고려할 때 중화학공업정책은 엄청난 도전이 아닐 수 없었으며 세계은행과 같은 국제기관에서도 이에 대해 매우 비판적으로 보았다.

그 이유로는 중화학공업은 자본집약적이고 기술집약적이기 때문에 막대한 자본동원과 함께 상당한 수준의 기술력을 요할 뿐 아니라 국제경쟁력을 가지기 위해서는 규모의 경제를 향유할 정도의 경제적 단위의 생산시설을 갖추어야 하기 때문이다. 다시 말하면 중화학공업을 수출산업으로 발전시키기 위해서는 자본과 기술 및 상당한 크기의 시장이 요청되었으나 그 당시의 한국경제로는 이를 감당하기가 어려웠던 것이다. 특히 방위산업의 육성필요성이 제기되면서 철강, 기계, 조선, 전자, 석유화학, 비철금속의 6대 전략산업 이외에 항공산업, 방위산업 등을 중요산업으로 지정함으로써 중화학공업 육성의 폭은 더욱 넓어지고 지원은 확대되었다.

이러한 야심적인 중화학공업육성을 위하여 정부는 청와대 내에 중화학공업기획단을 설치하여 청와대가 직접 진두지휘하는 한편 정부는 재정, 금융, 무역, 과학기술 등 광범위한 분야에 걸쳐 중화학공업지원이 집중적으로 이루어졌다.

## 3.1 재정금융정책

중화학공업육성을 위해 정부는 세제지원을 대폭 강화하였다. 1974년에 조감법을 전면적으로 개정하여 종전의 직접감면, 투자세액공제, 특별상각, 준비금제도 등으로 다기화되었다. 조세감면제도를 직접감면(법인세 및 소득세 감면)과 간접감면(투자세액공제, 특별상각) 중 택일하도록 하였고 지원대상도 철강, 기계, 비철금속, 전자, 항공, 조선, 전력, 나프타분해 및 화학비료 등을 중요산업으로 지정하여 중점 지원토록 하였다.

또한 대규모 공업단지를 울산, 창원, 여천, 옥포 등에 조성하는 한편 포항제철과 한국종합화학과 같은 중요 기간산업에 대해서는 정부가 직접 출자를 하는 등 중화학공업을 위한 재정지출은 크게 확대되었는데 1970~1980년에 중앙정부 총재정규모의 3.8%에 달하였고, 경제사업비의 15.6%에 달하였다. 그 중 33%가 공업단지조성에 사용되었고, 45%가 정부출자, 나머지 22%가 이자보전에 지출되었다.[9]

정부는 재정의 부담을 덜어주기 위하여 여러 차례에 걸쳐 세제개혁을 단행하여 조세수입을 증대코자하였다. 1973년에는 주민세와 전화세를 신설하였고 1975년에는 방위세를 신설하였으며 1976년에는 부가가치세를 도입하였다. 이리하여 조세부담률도 1972년의 12.3%에서 1979년에는 16.7%로 올라갔다. 이러한 노력에도 불구하고 조세수입은 급속히 증대되는 정부지출을 충당할 수 없어 재정수지는 악화되어 재정적자는 계속 확대되었다.

정부는 조세 및 재정정책 외에도 금융정책을 통해 중화학공업을 적극적으로 지원하였는데 대표적인 것이 1973년에 제정된 국민투자기금법이다. 그 당시 우리나라의 저축률이 매우 낮아 중화학공업육성을 위한 투자재원의 조달이 시급한 문제로 대두되었다. 저축률이 낮은 것도 문제지만 그나마 있는 저축도 생산적인 곳으로 흘러들어가지 못하는데 더 큰 문제가 있었다.

각종 보험회사, 연금 및 공제조합, 공적기금 등에 상당한 자금이 있었으나 이들 자금의 상당부분이 부동산투자에 이용되었고 심지어 은행예금도 부동산투자를 위한 대출로 많이 이용되었다. 이러한 비생산적인 용도로 이용되는 자금을 모아서 보다 생산적인 투자로 이용하고자 하는 취지에서 만든 것이 국민투자기금이다.[10]

국민투자기금의 재원은 국민저축조합의 저축자금, 금융기관의 저축성예금, 보험회사의 보험금, 각종 공적기금의 예탁금으로 구성되었는데 조성된 기금은 중요산업의 설비 및 운전자금, 연불수출지원 등을 위하여 운용되었다. 1974~79년까지 국민투자기금의 조달실적은 총 1조 5,682억원에 달하였

9) Suk Chae Lee(1991), p.451.
10) 이에 대해서는 졸고(2003), pp.43-49 참조.

으며 일반대출금리보다 2~3% 포인트 낮은 저금리로 금융기관을 통해 대출되었다, 1974~79년 동안의 기금운용내역을 보면 중화학공업에 61.0%, 전력에 23.8%, 연불수출에 7.1%, 식량증산과 새마을 공장에 8.1%가 이용되었다.[11]

국민투자기금 이외도 산업은행자금, 수출산업설비금융 등의 정책금융도 중화학공업에 우선적으로 지원되었으며 외자도입에 있어서도 중화학공업은 우선적으로 허가하여 주었다. 이외에도 일반 금융기관을 통해 상당한 자금이 중화학공업에 투자되었다.

예컨대 1974년에는 산업은행을 포함한 전예금은행의 대출순증액의 32.2%가 중화학공업에 대출되었으나 1975년에는 65.8%로 배 이상 증가하였고 그 뒤에도 1980년까지 대체로 60% 수준을 유지하였다.[12] 산업은행의 중화학공업에 대한 대출은 1970년까지만 해도 제조업대출의 70%를 넘지 못하였으나 70년대에 들어오면서 급증하여 1979년에는 88.4%로 거의 90%에 육박하였다.[13] 이러한 중화학공업에 대한 집중적인 지원은 통화량의 급증을 가져왔다.

이와 같이 재정 및 금융자금이 중화학공업에 집중됨으로써 중화학공업에 대한 투자가 1970년대에 들어와서 급속도로 확대된 반면 경공업에 대한 투자는 상대적으로 위축되었다. 〈표 6−8〉에서 보는 바와 같이 1960년대 후반만 하더라도 실질고정자본형성 증가는 중화학공업부문과 경공업부문 사이에 차이가 없었으나 1970년대 들어오면서 중화학공업에 대한 투자가 집중됨으로써 투자의 불균형현상은 심화되었다. 1970년대 들어와서 중화학공업에 대한 투자집중으로 고도성장은 달성하였으나 인플레이션과 중복과잉투자를 초래하는 등 적지 않은 부작용을 가져왔다.

---

11) 김병주(1995), p.211.
12) Suk Chae Lee, 상계서, p.446.
13) 산업은행50년사 별책(2004), pp.432~434.

표 6-8  제조업의 부문별 자본축적증가율, 1966-1985 (단위: %)

|  | 제조업 | 중화학공업 | 경공업 |
| --- | --- | --- | --- |
| 1960~1970 | 11.6 | 11.0 | 11.8 |
| 1970~1973 | 21.7 | 23.6 | 20.2 |
| 1975~1978 | 14.6 | 21.6 | 11.5 |
| 1970~1978 | 18.3 | 24.9 | 15.4 |
| 1978~1985 | 9.5 | 11.0 | 8.3 |

자료: J. J. Stern et al.(1995), p.70.

### 3.2 무역 및 외환정책

중화학공업육성은 무역 및 환율정책에도 많은 변화를 가져왔다. 중화학공업을 보호하기 위하여 수입규제를 대폭 강화하였다. 국내생산이 가능한 중화학공업품목에 대해서는 원칙적으로 수입이 금지되거나 허가를 받도록 하게 함으로써 자동수입품목의 수가 줄어드는 반면 수입금지품목과 제한품목의 수가 늘어나 수입자유화율은 1970년에 들어오면서 계속 떨어졌다.

이러한 비관세장벽 이외에 관세율 조정을 통해서도 중화학공업을 보호하였다. 정부는 1973년의 관세제도를 개편하여 소비재에 대한 고율의 관세는 내려 보호를 줄이는 한편 중화학공업제품과 중간재에 대한 관세율을 올려 수입대체산업을 보호하였으며 중요산업용 기자재수입에 대해서는 관세를 감면하여 주었다. 1976년의 관세제도개편에서는 관세구조를 단순화하여 품목간 세율격차를 줄여 평균관세율은 인하되었으나 기계와 같은 자본재에 대한 관세율은 올려 중화학공업에 대한 보호는 강화되었다.

환율정책도 수입대체에는 유리하고 수출에는 불리하게 운용하였다. 정부는 1974년에 대미환율을 대폭 평가절하한 이후 명목환율을 1달러당 484원을 1979년까지 그대로 유지하였는데 이는 중화학공업에 필요한 자본재의 수입가격을 낮추고자 하는데 주목적이 있었다. 그러나 국내물가가 크게 오르게 됨에 따라 실질실효환율은 1973년부터 79년까지 계속 떨어져 수입은 급증한 반면 수출을 위축시켜 무역수지적자는 크게 증가하였다.

### 3.3 과학기술 및 인력정책

중화학공업은 기술과 고급기술인력의 뒷받침이 없이는 성공할 수가 없기 때문에 정부는 1970년대에 들어오면서 기능인력 양성을 강화하는 한편 고급기술인력과 자체기술개발능력을 제고하는데 역점을 두었다. 직업훈련소도 1973년부터 연차적으로 도청소재지와 공업단지에 설치하도록 하였으며, 1974년에는 직업훈련특별법을 제정하여 500인 이상을 고용하는 모든 기업에 직업훈련을 의무화시켰다. 공업화의 진전에 따라 급증하는 고급기술 인력의 수요를 충당하기 위하여 이공계 대학을 대폭 확충하고 한국과학원을 설립하여 고급과학기술인력을 국내에서 양성토록 하였다.

또한 1966년에 설립된 한국과학기술연구소만으로는 늘어나는 전문적인 기술개발수요를 충족할 수 없기 때문에 기계, 화학, 전자, 통신, 금속 등의 다양한 분야의 전문연구소를 새로 설립하여 도입되는 기술을 우리 실정에 맞게 개량흡수하고 자체의 기술개발능력을 제고하도록 하였으며 이를 위하여 연구개발투자도 확대하였다. 또한 1974년부터 충남에 제2의 연구단지인 대덕연구단지를 건설하여 민간연구기관의 설립을 유치하는 등 연구활동의 기반을 확충토록 하였다.

## 4. 중화학공업 투자조정과 산업합리화

### 4.1 중화학공업 투자조정

중화학공업육성정책은 고도성장과 산업구조의 개선에는 크게 기여하였으나 여러 가지 부작용을 가져왔다. 지나친 정부의 지원은 중복·과잉투자를 초래하고 인플레이션을 유발하는 등 부작용이 70년대 후반부터 나타나기 시작하였다. 79년 초 제2차 오일쇼크로 경기가 침체되면서 가동률이 떨어지고 경쟁력 결여로 수출도 어렵게 됨에 따라 사정은 더욱 악화되었다. 이를 해결하기 위해 정부는 1979년 5월에 경제안정화종합시책을 발표하였으며 그 일환으로 중화학공업 투자조정에 착수하였다. 투자조정의 기본방향은 중화학공업의 경쟁력 향상을 위하여 설비의 중복투자로 정상조업이 어려운 분야는 사업을 축소 또는 취소하고 업체가 난립하는 분야에 대서는 통합하고 전문화를 기하도록 하는데 있었다.

정부는 79년 5월에 과잉설비를 안고 있는 발전설비부문부터 1차 투자조정이 시행되었으나 관련업체간의 이해충돌과 박대통령 서거 이후의 정치적 불안으로 진전을 보지 못하였다. 그러다가 1980년 8월에 전두환 정부가 들어와서 투자조정을 단행하였는데 제2차 투자조정에서는 발전설비, 건설중장비, 자동차를 대상으로 실시하였고 같은 해 10월에는 중전기기, 전자교환기, 디젤엔진, 동제련의 4개 부문을 대상으로 3차 투자조정을 하였다.

발전설비부문에서는 현대, 대우, 삼성의 관련사들을 통합하고 정부와 산업은행, 외환은행이 출자한 한국중공업을 설립하여 공기업화하고 건설중장비는 삼성, 대우, 현대건설로 3원화하였다. 자동차는 당초 승용차는 현대가, 트럭 및 특장차는 기아자동차가 독점생산하도록 조치하였으나 1981년과 82년의 후속조치로 승용차, 버스, 8톤 이상 트럭은 현대와 새한자동차(대우)의 경쟁체제로 하고 소형트럭은 기아가, 소방차 등 특장차는 동아자동차가 전문화하기로 하였다.

중전기기, 디젤엔진, 전자교환기부문에서는 흡수·통합하거나 전문화시키기로 하였으며 동제련은 한국광업제련이 온산동제련을 흡수하여 일원화하도록 하였다. 이 과정에서 정부는 구제금융과 금융비용의 경감 등 추가적인 지원을 하였다.[14]

이와 같이 중화학공업 투자조정은 70년대 추진되었던 중화학공업육성정책의 후유증을 줄이기 위한 정책으로 불가피한 조치였다. 이 과정에서 해당 업체들의 반발도 없지 않았으나 정부는 투자조정을 강력히 밀고 나갔으며 흡수합병에 따른 경제력 집중화의 문제가 있었으나 감량경영을 통한 경영합

---

14) 한국경제60년사-산업, p.245 참조.

리화와 전문화 및 양산체제로 인한 경쟁력 향상 등 긍정적인 효과가 있었으며 이는 80년대 후반 중화학공업의 수출증대에 적지 않은 기여를 하였다.

### 4.2 공업발전법과 산업합리화정책

1970년대까지 정부는 특정산업만을 지원하는 선별적 산업정책을 추구하여 왔으며 이는 경제성장에는 큰 도움이 되었으나 중화학공업정책에서 보는 바와 같이 여러 가지 후유증을 가져왔다. 정부는 후유증을 해소하기 위한 응급수단으로 중화학공업 투자조정을 실시하였으나 이러한 인위적인 조정만으로는 근본적인 해결책은 되지 못하였다.

근본적 문제는 중화학공업의 국제경쟁력을 제고하는 것인데 이를 위해서는 정부의 보호와 지원은 줄이는 대신 경쟁을 촉진시키고 기술개발을 통해 경쟁력을 향상시키는 것이 바람직하다는 판단을 하게 되었다. 이에 따라 정부는 수입개방을 통해 경쟁을 촉진하는 한편 산업정책도 특정산업에 대한 직접지원에서 기술개발을 지원하는 간접적 지원인 이른바 기능적 지원제도 (functional support system)로 개편하는 방향으로 전환되었다.

이러한 정책방향에 따라 정부는 1981년에 조세감면규제법을 개정하여 조세감면혜택을 받는 산업을 대폭 줄이고 조세지원대상도 산업중심에서 기능중심으로 변경하고 금융에서도 국민투자기금의 규모를 대폭 축소하였다. 1985년에는 7개의 개별산업지원법을 폐지하고 공업발전법을 제정하여 산업지원제도를 일원화하기로 하였다. 이 법의 근본취지는 산업의 종류에 무관하게 기술개발과 생산성 향상을 지원함으로써 기업의 경쟁력을 향상시키고자 하는데 있었으며 정부의 개입은 경쟁력 보완이 필요하거나 경쟁력 상실 분야에 한하여 한시적으로만 지원한다는 것이다.

그 동안 우리나라의 산업은 정부의 과보호와 경쟁의 결여로 대외경쟁력이 상당히 약화되었다. 따라서 경쟁력 문제는 중화학공업만의 문제가 아니라 산업 전반의 문제이기도 하였다. 섬유나 신발과 같은 노동집약적인 산업은 임금상승 등 노동시장의 여건변화로 국제경쟁력을 상실해 가고 있었으며, 일부 중화학공업은 투자조정 이후에도 과잉시설문제가 해결되지 않고 있어 경쟁력 문제가 성장의 걸림돌로 작용하고 있었다. 또한 일부 업종은 장기적으로는 유망하다고 판단되었으나 기술부족으로 국제경쟁력을 갖지 못하는 경우도 있었다. 이러한 산업에 대해서는 정부가 기술개발과 시설개체를 위하여 저리자금의 지원이나 생산의 전문화를 유도하여 경쟁력을 제고시킬 필요가 있었다. 이리하여 지원이 필요한 산업은 정부가 합리화업종으로 지정하여 한시적으로 지원하기로 하였다.

합리화업종은 제1차로 1986년 7월에 직물, 합금철, 자동차, 선박용 디젤엔진, 건설중장비 등 6개 업종이 지정되었다. 1987년에는 염색가공과 비료공업이 새로 지정되었고 1992년에는 신발업이 추가로 지정됨으로써 모두 9개 업종이 합리화 대상업종으로 지정되었다. 합리화계획의 내용은 업종별로 다른데 시설과잉과 과당경쟁이 경쟁력 취약의 주원인인 합금철, 자동차, 선박용 디젤엔진, 중전기, 건설장비 등 자본집약적인 업종의 경우는 신규진입을 제한하고 특정제품 생산에 전문화하도록 하였다. 합리화계획에 따라 이루어지는 기업결합이나 공동행위는 독점규제 및 공정거래에 관한 법률의 적용을 받지 않도록 하였다.

섬유, 염색가공, 신발의 노동집약적 업종도 과당경쟁의 문제가 있기 때문에 신규진입을 제한하는 동시에 노후시설의 개체 및 시설자동화를 통한 시설현대화와 자체기술개발을 촉진하는데 초점을 맞추었다. 이를 위하여 저리의 합리화자금이 지원되었으며 산업합리화지정제도는 1997년까지 운용되었다.

## 4.3 기업의 기술개발지원

정부는 이상에서 지적한 바와 같이 산업합리화정책을 추진하는 한편 1987년부터 공업기반기술개발사업의 추진을 통해 민간의 기술개발을 적극적으로 지원하기 시작하였다. 이 사업은 산업계가 시급히 개발을 필요로 하는 공통애로기술이나 민간기업의 자체적인 노력만으로는 수준 향상이 어려운 기술을 대상으로 하는 사업으로 산업계의 기술적 수요를 충족시키는데 초점을 두었다. 이를 위하여 정부는 공업기술에 대한 민간의 수요조사를 통해 기술개발과제를 도출하고 기업의 참여를 전제로 정부가 지원하여 주는 관민협동 공동기술개발사업이라고 할 수 있다.

이 사업은 공업기술수요조사를 통해 도출된 국내산업의 공통적 핵심사항이 되는 기술분야와 산업의 국제경쟁력 제고를 위해 개발이 필요한 기술분야에 대해 정부가 소요자금의 2/3까지 기업에 지원하였다. 사업의 초기에는 공통애로기술개발과 유망 중소기업 기술지원에 중점을 두었으나 1990년대에 들어오면서 첨단기술산업을 포함한 다양한 분야의 기술개발사업으로 확대되는 등 산업기술개발정책의 핵심사업으로 발전하였다. 1987년부터 1990년까지 투자한 총금액은 807억원에 달하였으며 민간이 42.7%를 부담하고 나머지 57.3%는 정부가 부담하였다.[15]

민간기업의 기술개발지원사업은 상공부의 공업기반기술개발사업 외에도 1982년에 시작한 과학기술처의 특정연구개발사업을 통한 지원을 들 수 있다. 이 사업은 국가주도 연구개발사업과 민간주도 연구개발사업으로 나누어 추진하였는데 전자는 위험부담이 높고 공익성이 큰 사업으로 정부가 소요자금전액을 부담하는 반면 후자는 시장원리에 맡기기에는 적합지 않은 핵심산업기술의 개발로서 정부와 민간이 공동으로 부담하였다.

1982~1991년 사이에 정부 5,730억원, 민간 3,912억원, 합계 9,642억원이 투자되었는데 반도체, 컴퓨터 등 핵심산업기술 분야에 64%, 공공기술 분야에 18.4%, 기초과학연구 등에 17.5%가 투자되었다.[16] 이처럼 1980년대에는 상공부의 공업기반기술사업보다는 과기처의 특정연구개발사업이 산업기술개발에 있어서도 주도적 역할을 하였다.

이와 같이 민간의 기술개발을 위한 정부의 각종 지원정책이 실시되면서 기업의 연구개발투자가 80년대에 들어오면서 크게 늘어났으며 GNP대비 연

15) 한국경제60년사, 전게서, p.247.
16) 과학기술부(2008), p.102.

구개발투자도 크게 증가하였다. GNP대비 연구개발투자의 비율이 1980년의 0.56%에서 1990년에는 1.72%로 증가하였고 민간의 연구개발투자 부담비율도 48.4%에서 84.1%로 급증하였다.

이러한 민간의 활발한 연구개발활동은 기업의 기술연구소의 설립에서도 잘 나타나고 있는데 기업의 기술연구소가 1980년에는 53개에 불과하였으나 1990년에는 966개로 급증하였다. 특히 주목되는 것은 1980년에 전무하였던 중소기업의 기술연구소도 크게 늘어나는 등 연구개발활동이 대기업뿐 아니라 중소기업까지 확산되기 시작하였다.

연구개발인력에 있어서도 대학, 연구기관, 기업이 차지하는 비중이 1980년의 47.2%, 24.9%, 27.9%에서 1990년에는 30.8%, 14.7%, 54.5%로 변화하였는데 기업의 비중이 크게 올라갔음을 알 수 있다.[17] 기업의 활발한 연구개발활동으로 80년대에 들어와서는 연구개발활동의 중심이 정부주도에서 민간주도로 이행하기 시작하였다고 할 수 있다.

이상에서 지적한 바와 같이 1980년대 산업정책의 특징은 중화학공업정책의 후유증을 치유하는 한편 민간의 기술개발을 지원함으로써 산업의 경쟁력 향상에 역점을 두었다. 이는 산업정책이 종전의 특정산업지원 중심의 산업정책에서 기술개발중심의 기술지향적 산업정책(technology-oriented industrial policy)으로의 전환을 의미하는데 이는 80년대 들어오면서 정부의 개발정책이 시장의 기능을 중시하는 방향으로 수정되고 있는 정책방향과 맥을 같이 한다고 할 수 있다.

## 5. 첨단산업의 육성

### 5.1 추진배경

1990년대 들어오면서 과학기술을 둘러싼 대내외 환경은 크게 변화하고 있었다. 미국을 중심으로 선진국에서는 새로운 성장동력으로서 반도체와 컴

---

17) 과학기술부, 전게서, p.112.

퓨터, 정보기술, 신소재기술, 생명공학 등 이른바 첨단기술의 개발이 활발히 추진되었다. 특히 IT산업은 90년대 들어오면서 경제성장을 주도하는 산업으로 급부상하게 되는 등 선진국 중심으로 첨단기술의 개발이 급속도로 전개되는 가운데 기술패권주의가 강화되면서 기술보호주의는 확산일로에 있었다.

우리나라도 1980년대에 들어오면서 기업의 기술개발지원을 강화한 결과 80년대 후반부터 반도체, 컴퓨터 등의 첨단기술제품의 수출이 크게 증가하였다. 그러나 우리나라의 첨단기술제품은 선진국의 기술을 모방하고 부분적으로 개량하는 수준을 벗어나지 못하였기 때문에 경쟁력에는 한계가 있을 수밖에 없었고 게다가 선진국 제품과의 경쟁이 시작되면서 선진국이 기술이전을 기피하고 지적재산권 보호를 강화함으로써 기술도입 자체가 점점 어려워졌다. 뿐만 아니라 그 동안 우리 수출의 중심적 역할을 하였던 노동집약적인 전통적 산업은 임금상승과 시장의 개방으로 경쟁력을 급속히 상실하고 있어 전통적인 수출상품의 경쟁력을 강화하고 새로운 수출주력제품을 개발하지 않고는 수출의 지속적 증가가 불가능하게 되었다.

따라서 우리가 첨단기술제품을 주력수출상품으로 만들고 경쟁력을 강화하기 위해서는 자체의 기술개발능력을 제고하는 것이 시급하게 되었으며 외국기술에 의존하는 기술개발시스템을 가지고서는 지속적 성장이 불가능하다는 인식이 확산되었다. 더구나 WTO체제가 새로운 국제무역질서로 등장하면서 전 산업에 걸쳐 개방화가 급속히 진행되고 있으나 정부가 할 수 있는 것은 기술개발지원밖에 없기 때문에 정부는 첨단기술산업의 육성을 중심으로 한 기술개발에 범정부차원에서 총력을 기울이게 되었다.

첨단기술산업육성 문제는 80년대 후반부터 당시의 상공부를 중심으로 그 필요성이 제기되어 육성계획이 구체화되기도 하였다. 상공부는 1989년 9월에 메카트로닉스, 항공기, 신소재, 정밀화학, 생물산업, 광학산업의 7개 분야를 중심으로 하는 제1차 첨단기술산업발전5개년계획을 수립하여 추진하고자 하였으나 과학기술처 등 타부처의 반대로 실행에 옮기지는 못하였다.

상공부가 통산산업부로 개편된 후 1994년에 다시 제1차 5개년계획을 보강하여 첨단전자정보산업, 반도체·LCD산업, 메카트로닉스, 신소재, 정밀화학, 생물산업, 광학산업, 첨단섬유, 항공기, 첨단자동차의 10개 분야를 대상으로 하는 제2차 첨단산업발전5개년계획을 수립하여 추진하고자 하였으나 관련부처의 합의를 이끌어 내지는 못하는 등 난항을 거듭하였다.[18]

이와 같이 관련부처와의 협의가 어렵게 됨에 따라 정부의 연구개발사업은 관계부처의 업무영역에 맞게 나누어 추진하기로 하였다. 이에 산업자원부는 대외경쟁력 강화를 위한 첨단산업기술개발, 중소기업 현장애로기술, 품질향상기술 등 현장산업기술 관련 연구개발사업을 추진하게 되었다. 여기서는 산업자원부의 산업기술개발관련 정책만을 중심으로 살펴보기로 한다.

## 5.2 산업기술개발정책

1980년대까지 산업기술개발정책은 1987년도의 공업기반기술개발사업으로 시작되었는데 이 사업은 공통애로기술이나 중소기업 기술개발지원 등의 단기적 기술개발사업에 치중하였다.[19] 그러나 1980년대 말부터 첨단기술산업 육성의 필요성이 제기되면서 공업기반기술개발사업은 기존의 2~3년의 단기애로기술개발 위주에서 탈피하여 전자, 자동차, 조선 등 주력산업의 국제경쟁력 제고와 세계일류화를 위해 5년 내외의 개발기간이 소요되는 중장기 기술개발사업을 추진하는 등 그 내용이 확대 발전되었다.

이리하여 1990년에는 제조업의 국제경쟁력 강화를 위하여 생산기술발전5개년계획(1991~1995)을 수립하여 생산현장에서 요구되는 제품설계기술, 가공기술, 디자인기술, 자동화기술 등의 생산기술을 혁신하기로 하였다. 1995년에는 세계 초일류 수준의 유망제품개발을 위한 전략적 핵심기술개발을 목표로 하는 산업기술발전5개년계획(1996~2000)을 수립하여 주력산업의

---

18) 한국경제60년사, 전게서, p.285.
19) 공업기반기술개발사업은 1999년에 공업발전법이 산업발전법으로 변경됨에 따라 산업기반기술사업으로 바꾸었고 2002년에는 별도사업으로 추진되던 청정생산기술개발사업을 포함하여 산업기술개발사업이란 명칭으로 다시 변경되었다.

독자적 기술개발을 추진하였다.

2003년에는 차세대 성장동력산업의 육성과 중소기업 기술혁신촉진 및 지역의 기술혁신 역량강화를 위한 산업기술혁신5개년계획(2004~2008)을 수립하는 등 산업기술개발정책은 대내외 환경변화에 따라 다양한 분야의 사업으로 꾸준히 진화하여 왔다.

2007년 산업기술개발사업은 크게 4개 분야, 즉 중장기기술개발, 공통애로기술개발, 특화기술개발, 특화산업분야로 나눌 수 있는데 모두 27개 단위사업으로 구성되고 있다. 중장기기술개발분야로는 성장동력기술개발(차세대반도체, 차세대전지, 미래형자동차 등), 중기거점기술개발(기계, 철강, 전기전자 등 주력산업의 선진국 수준 기술경쟁력 확보) 등이 이에 속한다. 공통애로기술개발분야로는 핵심기반기술개발, 신기술실용화기술개발 등이 있으며, 특화기술개발로는 디자인기술개발, 민군겸용기술개발, 전자상거래기술개발 등이 있다. 특화산업분야로는 부품소재기술개발, 청정생산기술개발 등이 있다.[20]

이들 기술개발사업은 거의 모두가 매칭펀드(matching fund) 형태로 민간과 공동으로 추진되는 것을 특징으로 하고 있다. 이는 민간기업의 연구개발투자를 촉진함으로써 산업의 국제경쟁력 제고와 함께 미래의 신성장동력을 육성하는데 그 목적이 있었으며 이를 통해 DRAM반도체, HDTV, LCD, 미래형자동차 등 차세대 성장산업의 기반을 구축할 수 있었다.

1980년대 후반부터 시작한 정부의 산업기술개발지원은 1990년대에 들어오면서 크게 강화되었다. 예컨대 1996~2005년에 산업기술개발을 위한 정부의 연구개발투자는 총 45,305억원으로 1986~1995년의 6,577억원에 비하면 같은 10년 사이에 거의 7배나 늘어났다. 이에 따라 민간의 대응투자도 크게 늘어났는데 1996~2005년의 경우 정부투자의 45%에 해당하는 20,387억원의 민간대응투자가 있었다.[21]

정부는 또한 1995년부터 산업기술기반조성법을 제정하여 산업기술개발

---

20) 자세한 내용에 대해서는 한국산업기술재단(2008), pp.220-223 참조.
21) 한국산업기술재단, 전게서, pp.227-228.

을 위한 직접적인 지원뿐 아니라 기술개발 인프라 조성을 위한 간접적인 지원도 실시하였다. 이 사업의 목적은 기술개발활동의 하부구조를 이루는 정보, 연구시설, 표준화, 산업기술인력 양성, 기술이전 등을 지원함으로써 산업기술개발의 효율성을 증대하고 개발기술의 확산을 촉진하고자 하는데 있었다. 기업이 독자적으로 추진하기가 어려운 기술개발기반조성사업에 대해서는 정부가 사업비의 75%(산업인력 양성은 60%) 이내를 지원하고 연구기자재, 시험생산시설, 시험평가장비 등을 지원하였다. 기술기반조성사업을 위하여 정부는 1986~1995년에 94억원만의 지원이 있었으나 1996~2005년에는 21,090억원을 지원함으로써 지원규모를 대폭 증가하였다.

정부는 이와 같은 출연형태의 직접적인 지원 외에 조세정책과 금융정책을 통해 민간의 기술개발을 촉진하였다. 앞에서 지적한 바와 같이 80년대에 들어오면서 다양한 세제상의 지원을 하였는데 이는 90년대에 들어오면서 강화되었다.

1990년에 기술 및 인력개발비의 세액공제제도를 확대하여 중소기업의 경우 공제비율을 대기업과 차별화하여 종전의 10%에서 15%로 확대하였으며 연구개발용품 관세감면도 감면대상을 기존의 기업부설연구소와 산업기술연구조합 이외에 연구개발 전담부서를 추가하였다. 1995년에는 자본재산업 현장기술인력(연구원 포함) 소득공제제도를 신설하여 중소기업에 근무하는 근로자 중 대통령령이 정하는 현장기술인력을 지원토록 하였다. 또한 1997년에는 벤처기업육성특별법을 제정하여 벤처기업 활성화를 위한 다양한 세제금융상의 지원을 강화하였다.[22]

금융면에서도 기업의 연구활동을 위한 다양한 지원이 제공되었다. 1980년대에 시작한 3대 국책은행의 기술혁신자금 융자지원은 1990년대에도 지속되었으며 공업발전기금의 융자지원도 1995년 자본재산업 육성대책 추진에 따라 더욱 확대되어 품목당 지원한도가 커지고 지원대상도 중소기업 위주에

---

22) 한국산업기술재단, 전게서, pp.79-82 참조.

서 중견기업도 포함하는 방향으로 확대되었다. 1992년에는 과학기술진흥법의 개정에 따라 과학기술진흥기금이 설치되어 기술개발을 위한 지원을 하였고 1993년에는 정보화촉진기금이 설치되어 정보통신기술의 연구개발과 실용화, 정보통신시설의 현대화 사업 등을 지원하였다.

민간기업의 연구개발활동이 활성화됨으로써 기업이 연구개발활동의 중심축으로 부상하기 시작하였다. 우리나라 총연구개발비 중 민간부담률이 1980년의 48.4%에서 90년에는 84.1%로 크게 늘어났다. 기업연구소도 1985년 183개에서 1995년에는 2,270개로 10배 이상 증가하였으며 기업의 매출액대비 연구개발투자도 1985년의 1.51%에서 1995년에는 2.17%로 증가하는 등 기업의 기술개발활동이 더욱 활기를 띠게 되었다. 이러한 활발한 연구개발투자로 특허출원 건수도 1985년의 10,567건에서 1995년에는 78,499건으로 급증하였다.

이상에서 지적한 바와 같이 90년대 들어오면서 기술개발이 산업정책의 핵심으로 부각되면서 기업의 기술혁신을 위한 정부지원은 대폭 강화되었다. 이러한 점에서 우리나라의 공업화정책이 80년대는 기술의 중요성을 인식하고 정부의 정책기조를 기술개발을 중시하는 방향으로 전환시켰다는 의미에서 기술지향적 산업정책이라고 한다면 90년대는 이러한 정책을 본격적이며 집중적으로 실천에 옮겼다는 의미에서 기술주도형 공업화정책을 추진한 시기였다고 할 수 있다.

## 제 2 절  제조업의 성장과 구조변화

### 1. 공업화율

위에서 지적한 바와 같이 정부의 과감한 공업화정책으로 제조업은 지난 반세기 동안 지속적인 고도성장을 유지함으로써 우리나라의 경제성장과 수출중대의 견인차 역할을 하였다. 1953~2000년 사이에 제조업은 연평균 13.1%나 성장하였는데 이는 같은 기간 GDP 성장 7.1%에 비하면 거의 두 배에 가깝다(〈표 6-2〉). 이로 인하여 제조업이 GDP에서 차지하는 비중, 즉 공업화율은 1953년의 9.0%에서 2007년에는 24.5%로 크게 상승하였다(〈표 6-9〉).

**표 6-9  공업화율 추이**  (단위: %)

|  | 공업화율[1] | 중공업화율[2] |
|---|---|---|
| 1953 | 9.0 | 21.1 |
| 1960 | 13.8 | 23.4 |
| 1970 | 16.9 | 37.8 |
| 1980 | 21.9 | 57.5 |
| 1990 | 24.0 | 69.3 |
| 2000 | 25.2 | 77.1 |
| 2007 | 24.5 | 82.3 |

주: 1) GDP에 대한 제조업의 비중(경상가격기준).
　　2) 제조업 중 중화학공업의 비중(경상가격기준).
자료: 한국은행 국민계정 2009.

특히 놀라운 것은 중화학공업이 연평균 15.5%란 눈부신 성장을 함으로써 제조업 성장을 주도하였고 이로 인하여 중화학공업이 제조업에서 차지하는 비중은 1950년대의 20% 수준에서 2007년에는 80%를 넘어서는 등 중화학공업 중심으로 공업구조가 크게 변모하였다.

우리나라의 공업화율은 국제비교를 하더라도 매우 빠르게 진행되었음을 알 수 있다. 〈그림 6-1〉에서 보는 바와 같이 선진국의 공업화율은 1980년대 이후 전반적으로 하락하는 추세를 보이고 있으며 특히 영국과 이탈리아의 공업화율 하락이 두드러지고 있다. 이탈리아는 1980년대 초만 해도 공업화율은 27% 수준으로 독일과 거의 비슷하였으나 2007년에는 16.9%로 떨어졌으며 영국도 같은 기간에 23.3%에서 11.0%로 크게 떨어졌다.

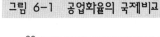

**그림 6-1  공업화율의 국제비교**                                    (단위: %)

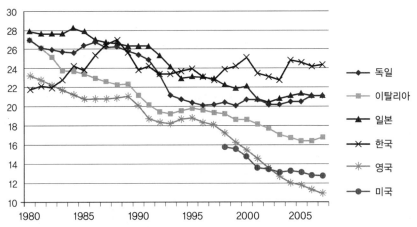

자료: OECD Statistical Analysis(STAN) data.

    이러한 현상은 기간은 다르지만 대체로 미국에서도 발견될 수 있는데
미국의 공업화율은 1998년의 15.8%에서 2007년에는 12.8%로 떨어졌다. 제
조업의 강국인 독일과 일본에서도 공업화율이 떨어지기는 하였으나 속도는
매우 완만하다. 2007년 독일과 일본의 공업화율은 각각 21.3%와 21.2%로 우
리나라보다는 낮다.

    선진국의 공업화율이 떨어지는 것은 소득수준 향상에 따라 서비스산업
에 대한 수요가 증가하고 이로 인한 서비스산업의 발달에서 오는 일반적인
현상이라고 할 수 있으나 영국이나 이탈리아처럼 공업화율의 급속한 하락은
제조업의 경쟁력 약화와 무관하지 않은 것으로 보인다. 이러한 나라에서 보
듯이 제조업의 몰락은 한 나라 경제의 쇠퇴에 결정적인 영향을 미칠 수 있
기 때문에 제조업의 경쟁력 향상은 지속적 성장을 위해서도 꼭 필요하다
고 하겠다.

    우리나라의 공업화율은 80년대까지 빠르게 상승하였으나 1990년대에

들어오면서 약간 하락하여 24~25% 수준에서 대체로 안정적인 움직임을 보
이고 있는데 2007년 현재 우리나라의 공업화율은 세계에서도 가장 높은 수
준이다. 이는 우리나라 제조업의 경쟁력이 그만큼 강하다는 것을 의미한다
고 볼 수 있다. 우리나라 제조업의 강한 경쟁력을 고려할 때 공업화율의 상
승이 불가능하지는 않을 것으로 보이나 우리나라도 서비스산업화가 빠르게
진행되고 있고 선진국의 경험에서 비추어 볼 때 27~28% 수준 이상을 기대
하기는 어려울 것으로 보여 어느 정도 한계에 도달하지 않았나 생각된다.

　선진국에서 공업화율이 하락하는 것과는 반대로 제조업에서 중화학공
업이 차지하는 비중, 즉 중공업화율은 선진국에서도 전체적으로 상승세를
보이고 있다(〈그림 6-2〉). 독일과 일본의 경우를 보면 중화학공업의 비중은
1980년의 76.1%와 79.0%에서 2007년에는 각각 85.3%와 86.2%로 상승하
였다.

　다른 선진국의 경우도 독일과 일본보다는 못하나 완만한 상승을 보이고
있으며 이탈리아를 제외하고는 2007년에는 그 비중이 거의 80% 수준에 육
박하고 있다. 중화학공업의 비중 상승은 제조업의 구조가 공업화의 진전에
따라 점차적으로 고부가가치산업, 고기술산업으로 이행하고 있음을 반영하
고 있다고 할 수 있다.

　〈그림 6-2〉에서 보는 바와 같이 우리나라의 중공업화율도 1980년의
58.0%에서 2007년에는 88.5%로 빠르게 상승하였는데 이는 선진국의 어느
나라보다도 높은 수준이다.[23] 우리나라의 중공업화율이 빠르게 진행된 데는
중화학공업이 80년대 이후 주력수출산업으로 부상하면서 지속적인 고도성장
을 달성하였기 때문이다. 그러나 이러한 추세도 중국 등 후발공업국가가 전
자, 조선, 자동차 등에서 빠르게 추격하고 있어 이 또한 어느 정도 한계에
달하지 않았나 생각된다.

---

23) 〈표 6-9〉의 중공업화율과 〈그림 6-2〉의 중공업화율은 산업분류상의 차이로 약간의
　차이가 있다.

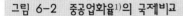

그림 6-2  중공업화율[1)의 국제비교                                    (단위: %)

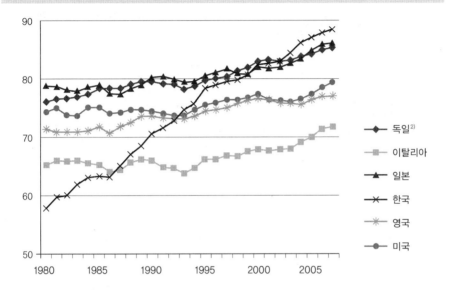

주: 1) 중화학공업 비중은 ISIC Rev.3기준으로 C21T22(제지·펄프 등), C23T25(화학, 고무·
      플라스틱 제품 등), C26(비금속광물 제품), C27T28(기초금속 및 조립금속 제품),
      C29T33(기계·설비), C34T35(운송 기기)를 합한 것으로 작성함.
    2) 1980~1990년 기간의 독일의 중화학공업 비중은 구서독 데이터를 기준으로 작성함.
자료: OECD Statistical Analysis(STAN) data.


## 2. 성장률 추이

앞에서 지적한 바와 같이 우리나라 제조업은 지난 반세기 동안 눈부신
성장을 함으로써 우리나라의 공업화율은 선진국 수준에 도달하였다. 이러한
제조업의 성장과정을 보면 우리 경제의 전반적인 성장과정과 대체로 그 궤
를 같이 하고 있음을 알 수 있는데 이는 제조업이 우리 경제의 성장을 이끌
어 왔음을 시사하고 있다. 〈표 6-10〉에서 보는 바와 같이 제조업의 성장률
이 높았을 때 GDP성장률도 높았다. 예컨대 GDP성장률은 50년대의 연평균
3.9%에서 60년대는 8.5%로 상승하였고 70년대는 9.1%로 상승하였는데 제조

**표 6-10  제조업의 경제성장기여율**                            (단위: %)

|  | GDP성장률(A) | 제조업성장률 | 기여도[1](B) | 기여율(B/A) |
|---|---|---|---|---|
| 1954~1960 | 3.85 | 12.8 | 0.75 | 19.5 |
| 1961~1970 | 8.45 | 17.0 | 2.24 | 26.5 |
| 1971~1980 | 9.05 | 16.2 | 2.44 | 27.0 |
| 1981~1990 | 8.66 | 12.3 | 2.40 | 27.7 |
| 1991~2000 | 6.63 | 8.7 | 2.10 | 31.7 |

주: 1) 제조업성장률에 제조업의 구성비를 곱한 값의 백분율임.
자료: GDP와 제조업의 성장률은 한국은행 국민계정 2009.

업의 성장률도 같은 기간에 12.8% → 17.0% → 16.2%로 상승하였다.[24]

특히 1960년대와 1970년대에 성장률이 가장 높았는데 이는 정부가 1960년대에 들어오면서 수출주도형 공업화정책을 추진하면서 수출을 적극적으로 지원하였고 1970년대는 중화학공업의 육성으로 제조업이 크게 신장할 수 있었기 때문이다. 이 기간은 박대통령이 집권한 기간으로서 경제성장의 황금기로 우리나라 공업화의 뿌리가 내린 시기였다. 1980년의 정치적 혼란기를 제외한 1971~79년 기간만을 고려한다면 GDP성장률은 연평균 10.3%, 제조업성장률은 18.2%, 중화학공업의 성장률은 무려 20.0%에 달하였다.

1980년 이후부터 정책기조가 성장에서 안정으로 전환됨에 따라 경제성장은 다소 둔화되기 시작하였다. GDP 성장이 9.1%에서 8.7%로 떨어졌고 제조업 성장도 16.2%에서 12.3%로 떨어졌다. 제조업 중에서는 경공업의 성장(7.1%)이 상대적으로 부진한 반면 중화학공업은 14.6%의 높은 성장을 계속 유지하였다. 이는 수입자유화가 진전되면서 섬유, 신발, 가죽제품 등의 노동집약적인 경공업제품의 경쟁력 상실로 이들의 수출이 둔화되는 반면 3저 현상으로 인한 중화학공업제품의 경쟁력이 개선되면서 이들의 수출이 급격하게 증대된데 기인한다.

---

24) 정치적 혼란기인 1980년을 제외한 1971~79년간만 보면 제조업의 성장률은 연평균 18.2%로 60년대보다는 높았다.

1990년대에 들어오면서 본격화되기 시작한 개방화정책과 1997년의 외환위기는 산업구조조정을 촉진함으로써 우리 경제 전체는 물론 제조업의 성장에도 적지 않은 영향을 미쳤다. 제조업의 성장이 80년대의 12.3%에서 8.7%로 떨어졌으며 경공업의 경우는 노동집약적 산업의 경쟁력 상실이 가속화됨으로서 성장률이 연평균 1.6%로 급락하였다. 반면 중화학공업은 대내외 여건이 불리함에도 불구하고 정부의 적극적인 기술개발지원과 벤처산업의 육성 및 기업의 연구개발투자의 확대로 경쟁력을 향상시킴으로써 10.1%란 비교적 높은 성장을 유지하였다.

이와 같은 제조업의 지속적인 고도성장은 지난 반세기 동안 우리 경제의 성장을 이끌어온 견인차 역할을 하였다. 제조업이 우리 경제 전체의 성장에 기여한 기여율을 시대별로 보면 1950년대는 제조업이 국민경제 전체에서 차지하는 비중이 워낙 낮았기 때문에 비교적 높은 성장에도 불구하고 GDP 성장에 대한 기여율은 평균 19.5%로 비교적 낮았다. 그러나 1960년 이후 공업화가 본격화되기 시작하면서 경제성장에 대한 제조업의 기여율은 점점 상승하기 시작하여 1990년대는 평균 31.7%에 달함으로써 우리 경제의 성장을 이끌어왔다 해도 과언은 아니다(〈표 6–10〉).

이러한 제조업의 높은 성장기여율은 공산품의 눈부신 수출증대에 기인하는데 공산품의 수출비중이 1964년의 54.6%에서 2000년에는 97.2%에 달하는 등 수출구조가 제조업 중심으로 완전히 탈바꿈하게 됨으로써 우리가 반세기 동안 해결하지 못하였던 국제수지적자 문제도 해결할 수 있었다.

또한 제조업의 지속적인 성장은 고용증대를 통해 실업문제 해결에도 크게 기여하였다. 1966~2000년 사이에 제조업부문의 고용은 연평균 4.2%나 증가하였는데 이는 우리나라 전체 고용증가율보다도 훨씬 높다. 1970년대까지는 고용증가율이 연평균 10% 수준에 달함으로써 일자리 창출에도 크게 기여하였다. 특히 중화학공업부문은 전 기간을 통하여 연평균 6.2%에 달하는 높은 고용증가율을 보임으로써 일자리 창출에도 크게 기여하였다(〈표 6–11〉).

| 표 6-11 | 제조업의 고용[1]증가율 | | (단위: %) |
|---|---|---|---|
| | 제조업 | 경공업 | 중공업 |
| 1966~1970 | 11.1 | 10.9 | 11.6 |
| 1971~1980 | 9.4 | 7.2 | 10.1 |
| 1981~1990 | 4.2 | 1.6 | 6.5 |
| 1991~2000 | −1.1 | −2.6 | −0.1 |
| 1966~2000 | 4.2 | 3.1 | 6.2 |

주: 1) 종사자 기준.
자료: 통계청, 각년도 광공업통계조사보고서.

그러나 1980년대부터 경제성장의 둔화로 제조업의 고용증가율도 점점 떨어지기 시작하여 1980년대는 4.2%로 떨어졌고 1990년대에 들어와서는 마이너스 1.1%로 고용이 감소하는 현상을 보였다. 이는 97년의 외환위기가 적지 않은 요인을 제공한데도 이유가 있지만 산업구조조정으로 경공업부문의 고용이 전반적으로 부진하여 연평균 2.6%나 감소한데 기인한다.

예컨대 1991년 경공업부문 종사자의 수는 월평균 1,245,045명이였으나 2000년에는 879,543명으로 크게 줄었다. 다행이도 중화학공업부문에서는 큰 감소(−0.1%)가 없었기 때문에 제조업 전체 고용감소는 크지 않았다. 여하튼 1990년대는 고용 없는 성장의 시대였다고 할 수 있다.

## 3. 공업구조의 고도화

제조업의 지속적인 고도성장은 생산, 고용, 수출 및 수입구조에도 큰 변화를 가져왔다. 우선 생산 및 고용구조의 변화를 보면 〈표 6−5〉에서 보는 바와 같이 1960년까지는 생산 및 고용구조에 큰 변화가 없었다. 1960년에는 제조업 부가가치의 72.0%가 경공업부문에서 창출되었으며 고용도 66.8%를 경공업이 차지하였다. 이와 같은 생산 및 고용구조는 1960년대 들어오면서 공업화정책이 본격적으로 추진되면서 변화하기 시작하여 1970년에는 경공업의 생산 및 고용의 비중이 60% 수준으로 떨어졌다.

1970년대 중화학공업육성정책이 추진되면서 경공업의 비중은 더욱 떨어져 생산의 경우 1970년의 60.3%에서 1980년에는 41.7%로 하락하였고 고용의 비중도 61.3%에서 51.2%로 크게 떨어졌다. 1980년대부터 개방화정책이 추진되고 임금의 상승으로 인한 경쟁력의 상실로 경공업의 비중은 지속적으로 떨어져 2000년에는 생산과 고용의 비중은 각각 21.2%와 33.1%를 차지하는데 그쳤으며 반대로 중화학공업의 비중은 각각 78.8%와 66.9%로 상승하였다(〈표 6-5〉).

우리나라 경공업의 대표적인 산업이라 할 수 있는 섬유, 의복 및 가죽제품은 1960년까지 제조업의 생산 및 고용의 1/4과 1/3 이상을 차지하였으나 1970년대에 들어오면서 점점 비중이 줄어들기 시작하여 1990년대에 와서는 비중이 급속도로 감소하여 2000년에는 제조업 생산의 8.3%, 고용의 16.5%를 차지하는데 그치고 있다.

이는 섬유산업의 수출과도 밀접한 관계를 가지고 있는데 섬유산업이 우리나라 수출총액에서 차지하는 비중이 1960년대에만 해도 40%를 차지하였으나 1970년대부터 지속적으로 하락하여 2000년에는 10.9%로 떨어졌으며 2008년에는 3.2%로까지 떨어졌다(〈표 6-6〉). 이와 같은 수출산업으로서의 섬유산업의 위상변화는 섬유산업의 생산과 고용의 감소를 초래하였을 뿐 아니라 경공업 전체의 상대적 하락을 가져온 결정적인 요인이라고 할 수 있다.

또 하나의 두드러진 구조변화의 하나는 조립·금속·전기·기계장비산업의 눈부신 성장을 들 수 있다. 이 산업은 1960년대까지는 큰 변화가 없었으나 1970년대 중화학공업의 육성이 본격적으로 추진되면서 급속한 성장을 시현하였다. 이에는 IT산업과 자동차산업의 발달이 결정적인 역할을 하였다. 이들 산업이 제조업의 생산과 고용에 차지하는 비중이 1970년의 12.6%와 17.4%에서 2000년에는 46.5%와 48.2%로 올라갔다(〈표 6-5〉). 다시 말하면 우리나라 제조업의 생산과 고용의 거의 반을 이들 산업이 차지하고 있다.

세 번째의 특징은 생산 및 수출구조가 기술집약적인 산업으로 빠르게 전환되고 있다는 것이다. 〈표 6-12〉에서 보는 바와 같이 1980년대 후반부터 IT산업을 중심으로 한 고기술(high-technology)산업과 중고기술(medium-high-technology)산업이 제조업에서 차지하는 비중이 크게 늘어나고 있고 중저기술(medium-low-technology)산업도 90년대 중반까지 상승한 반면 저기술(low-technology)산업의 비중은 크게 떨어지고 있다.25) 고기술산업 중에서도 IT산업은 1980~95년 사이에 연평균 20%에 가까운 고도성장을 함으로써 제조업에서 차지하는 비중도 1980년의 2.6%에서 1995년에는 9.4%로 크게 증가하였다. 반면 저기술산업의 비중은 1980년의 58.4%에서 1995년에는 26.2%로 떨어졌다. 이는 우리나라의 공업구조가 기술집약적인 산업구조로 고도화되고 있음을 시사하고 있다.

이러한 산업구조의 변화에 따라 수출구조도 기술집약적인 상품구조로 변화하고 있다. 주요 산업의 수출비율의 추이를 보면 반도체, IT기기, 가전

**표 6-12  제조업의 기술수준별 성장과 구조변화**                    (단위: %)

|  | 1980 | 1986 | 1990 | 1995 | 실질부가가치 연평균증가율 | | |
|---|---|---|---|---|---|---|---|
|  |  |  |  |  | 1980~1986 | 1986~1990 | 1990~1995 |
| 고기술산업 | 5.2 | 7.8 | 9.8 | 12.7 | 20.6 | 17.0 | 14.1 |
| (첨단기술산업) | 2.6 | 3.0 | 3.4 | 3.3 | 15.0 | 14.9 | 7.3 |
| (IT산업) | 2.6 | 4.9 | 6.3 | 9.4 | 25.2 | 18.2 | 17.2 |
| 중고기술산업 | 9.0 | 12.7 | 18.1 | 24.0 | 19.3 | 20.9 | 14.6 |
| 중저기술산업 | 27.3 | 32.6 | 34.6 | 37.1 | 16.1 | 12.4 | 9.7 |
| 저기술산업 | 58.4 | 46.8 | 37.6 | 26.2 | 8.6 | 4.8 | 0.7 |
| 제조업 | 100.0 | 100.0 | 100.0 | 100.0 | 12.7 | 10.8 | 8.2 |

자료: 한국경제60년사-산업(2010), p.240.

---

25) OECD는 산업의 R&D 집약도(intensity)의 크기에 따라 고기술, 중고기술, 중저기술 및 저기술의 네 가지로 분류를 하는데 고기술산업은 항공기, 의약품, TV와 통신기기, 의료, 정밀, 광학기구를 말하며 중고기술에는 전기기계, 자동차, 의약품을 제외한 화학제품, 기계기구 등이 속한다. 따라서 우리가 흔히 말하는 첨단기술산업과 고기술산업이 반듯이 일치하는 것은 아니나 고기술산업은 첨단기술산업이라 할 수 있다. OECD(2007), pp. 219-221 참조.

기기, 자동차, 수송기계, 정밀기계 등의 수출비율이 1980년 이후 급속도로 증가하고 있다. 반도체와 수송용기계는 2000년 현재 82.3%와 89.5%에 달하고 있으며 IT기기, 가전기기, 자동차, 정밀기기도 수출비율이 30~55% 이르고 있다. 경공업 중에서는 섬유 및 의복만이 49.2%의 높은 비율을 보이고 있다(〈표 9-5〉). 이리하여 2000년대에 와서는 반도체, 컴퓨터, 자동차, 통신기기 등 첨단기술제품이 주력수출산업으로 등장하였다.

## 제 3 절  공업화과정

### 1. 공업화의 전개과정

우리나라의 공업화과정은 비내구소비재의 발달로 시작하여 중간재와 내구소비재의 발달을 거쳐 자본재산업의 발달로 전개되었다. 그런데 중요한 것은 이들 산업이 처음에는 수입대체산업으로 시작하여 수출산업으로 발전되었다는데 있다. 따라서 우리나라의 공업화과정을 제대로 이해하기 위해서는 수출정책에 대한 이해도 중요하지만 이에 못지않게 중요한 것은 수입대체정책에 대한 올바른 평가다.

지금까지 우리나라의 공업화과정을 설명함에 있어 대부분의 연구나 분석은 수출정책에만 초점을 둠으로써 수입대체정책은 과소평가되어 왔다. 이는 다분히 자원배분에 있어 수출촉진은 효율적인 반면 수입대체는 보호가 수반되기 때문에 비효율적이라는 인식에 근거하고 있는데 이러한 논리로는 우리나라의 공업화과정을 제대로 설명할 수 없다. 왜냐하면 우리나라 수출산업은 대부분이 수입대체산업으로 시작되었기 때문이다.

따라서 우리나라의 공업화과정을 제대로 설명하기 위해서는 수입대체정책과 함께 수입대체산업이 어떤 과정을 거쳐 수출산업으로 발전되었는가를 보지 않으면 안 된다. 여기서는 소비재산업, 중간재산업, 자본재산업이 어떤

과정을 거쳐 수입대체산업에서 수출산업으로 발전하였는가를 중요산업 중심
으로 살펴보기로 한다.

## 2. 소비재산업

우리가 수출주도형 공업화정책을 추진하였다고 해서 처음부터 수출산업
을 육성한 것은 아니다. 우리나라처럼 자원이 부족하고 더구나 전쟁으로 모
든 산업시설이 파괴된 상황하에서는 거의 모든 물자를 수입에만 의존할 수
밖에 없었기 때문에 먼저 국내수요를 충족시키기 위한 수입대체산업의 육성
이 중요할 수밖에 없었다. 이러한 이유에서 1950년대 정부는 생활필수품을
중심으로 한 비내구소비재의 수입대체에 역점을 두었으며 이를 위해 관세
및 비관세장벽을 통하여 산업을 강력히 보호하였다.

이러한 비내구소비재 중심의 제1단계 수입대체는 대체로 1950년대 말에
마무리를 지었다고 할 수 있으며 이렇게 빨리 할 수 있었던 것은 전적으로
외국원조의 덕택이라 할 수 있다. 왜냐하면 수입대체에 필요한 외화는 원조
자금에 의하여 조달되었기 때문이다.

1960년대 와서 정부의 강력한 수출지원정책으로 수출이 획기적으로 증
가하였는데 그 내용을 보면 섬유류와 합판이 주도적 역할을 하였다. 그런데
이들 산업은 실제로 1950년대부터 적극적으로 육성되었던 것이다. 면방공업
의 경우를 보면 정부는 1953년에 5개년 면방공업부흥계획(1953~57)을 세워
근대적 시설을 증설토록 하였으며 이를 통해 면방공업은 급속한 성장을 하
게 되어 1950년대 후반에는 국내수요를 충족하고도 남아 수출을 할 여력까
지 가지게 되었다.[26] 이러한 육성정책이 있었기 때문에 면방공업이 수출산
업으로 약진할 수 있었다.

합판공업도 1954년 동명목재가 연간 80백만 S/F의 생산능력을 갖춘 시

---

[26] 이대근, 전게서, pp.373-374 참조.

설을 설립하여 내수를 목적으로 생산을 시작하였으며 1956년까지는 국내자
급에 주력하였고 1950년대 말경부터 소량이지만 수출을 하기 시작하였다.
이것이 바탕이 되어 1964년에는 수출특화산업으로 지정되면서 합판공업은
급속한 발전을 하게 되었다.[27] 발라사(B. Balassa)에 의하면 합판과 화섬제품
은 수입대체과정을 거치지 않고 수출산업으로 발전하였다고 주장하고 있으
나 이는 사실과 다르다.[28]

섬유류와 합판은 1960년대 우리나라의 대표적인 수출산업으로 발전하
였는데 이는 이들 산업이 50년대에 수입대체산업으로 육성되었기 때문에 가
능하였던 것이며 그렇지 않았더라면 아무리 강력한 수출촉진정책을 실시하
였더라도 수출의 급속한 증대는 불가능하였을 것이다. 우리가 60년대의 수
출을 논함에 있어 재정금융상의 지원정책만 강조하고 그 바탕이 되는 산업
정책적 측면을 고려하지 않는 것은 잘못되었다고 할 수 있다.

물론 모든 수출산업이 수입대체과정을 거쳐 수출산업으로 발전한 것은
아니다. 60년대의 가발이나 70년대의 컬러TV가 이에 해당된다고 할 수 있
다. 그러나 대부분의 경우는 국내시장을 상대로 한 수입대체과정을 거쳐 수
출산업으로 발전하는 것이 일반적이며 이런 의미에서 수입대체는 개도국 공
산품수출의 전제조건이라 할 수 있다.

수입대체산업이 수출산업으로 발전하는 과정은 제1단계 수입대체에서는
비교적 순조롭게 이루어진다. 왜냐하면 제1단계 수입대체는 주로 섬유류, 신
발류, 가정용품 등 비교적 단순하고 노동집약적인 소비재이기 때문에 이의
생산은 국내수요가 있는데다가 기술적으로도 어렵지 않기 때문이다. 따라서
이러한 상품은 자급단계가 지나면 저임금을 바탕으로 해서 수출이 가능하게
된다. 이의 대표적인 산업으로 섬유산업과 신발산업을 들 수 있다.

그러나 중간재, 내구소비재와 생산재의 수입대체가 이루어지는 제2단계
수입대체는 그렇게 용이하지가 않다. 이들 산업은 규모의 경제를 요구하고

27) 한국경제의 어제와 오늘, 대통령비서실(1975), p.114.
28) B. Balassa(1981), p.17.

숙련공과 상당한 기술을 요구하기 때문이다. 따라서 공업화의 성공여부는 제2단계 수입대체를 성공적으로 수행하느냐 하지 못하느냐에 달려 있는데 많은 개도국이 이에 실패한 반면 우리나라는 성공을 하였다.

앞에서 지적한 바와 같이 섬유공업은 50년대의 수입대체과정을 거쳐 60년대에 와서 우리나라의 주력수출산업으로 성장하였는데 60년대 중반까지만 해도 면제품수출의 비중이 압도적이었다. 60년대 초에는 면포를 중심으로 한 직물류 수출이 대부분이었으나 60년대 중반 이후 사류나 직물류 등 가공한 제품의 수출이 급격하게 증가하여 편물류가 직물류를 앞서기 시작하였다. 70년대 초에는 봉제품이 직물류를 앞서는 등 가공도가 높은 섬유제품의 비중이 늘어났다. 이와 같이 섬유제품의 수출도 저가공 제품에서 고가공 제품으로 이행되어 갔다.

한편 60년대 들어오면서 화섬에 대한 수요가 급증함에 따라 60년대 중반부터 그 동안 수입에 의존하였던 나일론, 비스코스인견사, 아크릴섬유, 폴리프로필렌섬유, 폴리에스텔섬유, 아세테이트섬유 등의 국내생산이 시작되었으며 이들은 70년대에 들어오면서 수출산업으로 성장하였다. 〈표 6−13〉에서 보는 바와 같이 이들 산업은 대체로 60년대 중반까지는 거의 100% 수입에 의존하다가 60년대 중반부터 국내생산이 시작됨에 따라 수입비율은 떨어졌고 60년대 후반 또는 70년대 초부터 부분적이나마 수출이 되면서 수출비율은 증가하기 시작하였다.

화학섬유는 주로 면방, 모방, 직물업 등의 생산용 원료로 사용되었으나 그의 기초원료인 카프로락담, A.N. 모노머, P.P. 레진 등은 수입에 의존하여 왔는데 1973년 울산 석유화학 콤비나트가 준공 가동됨에 따라 원료의 국내 조달이 가능해졌으며 주원료인 A.N. 모노머는 73년 중 총소요량의 80% 이상이 국산으로 대체되었고 카프로락담도 74년부터 상당량이 대체되기 시작하였다.[29]

---

29) 대통령비서실, 전게서, p.110.

**표 6-13 주요 화섬의 수입비율¹⁾과 수출비율²⁾** (단위: %)

| | 비스코스인견사 | | 폴리프로필렌 | | 나이론 | | 폴리에스텔 | | 아크릴 | |
|---|---|---|---|---|---|---|---|---|---|---|
| | 수입 | 수출 | 수입 | 수출 | 수입 | 수출 | 수입 | 수출 | 수입 | 수출 |
| 1963 | 100.0 | – | – | – | 98.6 | – | 100.0 | – | 100.0 | – |
| 1964 | 100.0 | – | – | – | 53.6 | – | 100.0 | – | 100.0 | – |
| 1965 | 100.0 | – | – | – | 69.0 | – | 100.0 | – | 100.0 | – |
| 1966 | 98.3 | – | 100.0 | – | 83.0 | – | 100.0 | – | 58.6 | – |
| 1967 | 55.8 | – | 100.0 | – | 87.4 | – | 100.0 | – | 66.6 | – |
| 1968 | 30.7 | – | 36.4 | – | 71.8 | – | 100.0 | – | 46.7 | – |
| 1969 | 21.5 | – | 21.8 | 3.0 | 56.9 | 1.4 | 55.5 | 1.1 | 24.8 | 18.4 |
| 1970 | 22.7 | 10.7 | 1.2 | 5.3 | 49.4 | 11.5 | 45.3 | 21.2 | 59.7 | 68.2 |
| 1971 | 34.8 | 31.6 | 0.3 | 1.6 | 48.8 | 41.3 | 33.8 | 65.9 | 43.6 | 43.3 |
| 1972 | 37.9 | 49.0 | – | 3.5 | 40.6 | 55.8 | 40.7 | 74.2 | 46.8 | 62.1 |
| 1973 | 47.6 | 53.1 | 0.1 | 36.2 | 47.5 | 52.8 | 45.4 | 65.8 | 75.1 | 77.2 |
| 1974 | 23.2 | 40.6 | 1.3 | 40.0 | 27.4 | 56.3 | 12.9 | 58.8 | 40.6 | 58.5 |

주: 1) 수입/내수×100.
　　2) 수출/생산×100.
자료: Suk Tai Suh(1975), pp.143-149.

　　이와 같이 섬유산업은 면방공업의 경우 원료(원면)수입을 통해 소비재의 국내생산이 이루어졌고 이것이 수출산업으로 발전하였으며 화섬의 경우는 수입으로부터 시작하여 국내생산에 의한 중간재의 제1차 수입대체가 이루어지고 그 다음에 기초원료의 제2차 수입대체가 이루어졌다. 즉 수입 → 국내생산 → 수입대체 → 수출로 이어지는 과정을 통하여 발전하였는데 면방이 먼저 수입대체과정을 통해 수출산업으로 발전하였고 화섬이 그 뒤를 이었다.

　　수입대체과정을 통한 수출산업의 발달은 다른 소비재산업에서도 얼마든지 볼 수 있다. 고무산업도 1950년대 말까지도 고무신 생산이 주된 산업이었다. 고무신은 해방 이후 부산을 중심으로 1947년 태화, 1949년에 국제상사가 고무신공장의 설립을 계기로 발전하였는데 처음에는 국내시장을 대상으로 하였다. 1960년대 들어오면서 정부의 수출지원정책과 싼 임금 및 풍부한 노동력을 바탕으로 하여 고무신을 수출하기 시작하였으며 그 뒤 제품을 고무화 중심에서 포화, 케미화(플라스틱제)로 다양화하면서 유망수출산업으로 발전하였다. 이리하여 신발은 1970년에 7대 수출산업으로 성장하였다.

고무산업도 60년대 들어오면서 자동차공업 등 관련 산업이 육성되면서 타이어, 고무벨트 등 산업용 고무에 대한 수요가 급증함에 따라 고무제품의 생산시설이 크게 증가하였다. 생산시설이 증가함에 따라 생산량도 크게 늘어나 60년대 후반부터는 수출이 되기 시작하여 1973년에는 고무신 1억 달러, 타이어 11백만 달러, 공업용 고무벨트 8백만 달러 등 고무제품 전체의 수출은 124백만 달러에 달하였다. 이에 필요한 원자재는 수입에 의존하였으나 1973년 울산 석유화학공업단지 내에 범용합성고무공장이 준공 가동되면서 소요원자재의 상당 부분을 수입대체하게 되었다.[30] 이와 같이 고무산업도 원료의 수입에 의한 국내 생산과정을 거치면서 수출산업으로 발전하였고 1970년대 들어오면서는 중간재의 수입대체가 시작되었다.

## 3. 중간재 및 내구소비재 산업

제2단계 수입대체는 위에서 지적한 바와 같이 1960년대 후반부터 정부가 중화학공업을 육성하면서 시작되었는데 중간재의 수입대체에 중점을 두었다. 왜냐하면 원자재의 수입의존이 심화됨으로써 수출증가에도 불구하고 국제수지적자는 더욱 악화되는 현상 때문에 국제수지문제를 해결하기 위해서는 원자재와 중간재의 수입대체가 긴요하였기 때문이다. 이의 대표적인 것이 석유화학공업과 철강공업의 육성이다.

정부는 제1차 5개년계획의 성공적인 추진으로 섬유, 신발, 등 각종 생활필수품과 공업용 원료에 대한 수요가 급증하자 석유화학공업을 개발하기로 하였다. 1968년 울산에 석유화학공업단지를 건설하기 시작하여 13개 계열공장을 1974년까지 모두 완공하였으며 석유화학공업을 육성하기 위하여 정부

---

30) 대통령비서실, 상게서, p.111.

는 1970년에 석유화학공업육성법을 제정하여 금융, 세제상의 지원을 하였다.

물론 울산 석유화학공업단지가 조성되기 전에도 석유화학공업의 발달이 없었던 것은 아니다. 합성수지공업은 1966년 대한플라스틱공업에 의한 연산 6,600톤 규모의 PVC 공장의 준공이 있었으며, 합성섬유공업도 1967년 이후 나일론, 폴리에스테르, 폴리프로필렌 등 상당한 규모의 국내생산이 있었다. 합성세제도 1966년부터 개발되어 1973년에는 생산실적이 39천톤에 이르는 등 상당한 발전이 있었다.

이 밖에도 석유화학제품을 원료로 하는 많은 유기화공약품이 68년 이후 생산이 시작되었다.[31] 그러나 이들 공업의 원료는 거의 수입에 의존하였기 때문에 산업이 성장할수록 원료수입이 크게 늘어나 국제수지를 악화시키는 요인으로 작용하였다. 울산 석유화학공업단지의 준공으로 관련산업의 원료를 국산으로 대체하여 섬유제품, 신발, 플라스틱제품과 농업 및 공업용 합성수지제품 등 급증하는 국내외 수요를 충당하였으며 이들이 수출산업으로 성장하는데 크게 기여하였다.

공업화의 진전에 따른 석유화학제품에 대한 국내외 수요가 급증하자 정부는 1976년에 여천에 국제규모의 제2석유화학단지를 착공하여 1979년에 완공하였으며 이로써 우리나라는 에틸렌 기준 연산 50.5만톤 및 관련 계열 공장을 갖춘 세계 15위 생산국으로 발돋움하게 되었다. 이와 같이 석유화학공업은 수입대체산업으로 시작하여 원료의 국산화를 거쳐 수출산업으로 발전하였다.

석유화학공업과 마찬가지로 대표적인 중간재산업인 철강공업은 1960년대에 들어오면서 공업화의 추진으로 철강재수요가 급증하였으나 국내 생산시설의 부족으로 처음에는 철강재의 대부분을 수입에 의존하였다. 이에 정부는 철강공업의 시설증대에 많은 노력을 하여 제선시설에 있어서는 1965년에 동국제강의 소형고로, 69년 인천제철의 전기회전로가 설치되었고 제강에

---

31) 대통령비서실, 전게서, p.91.

서는 동국제강, 극동철강 등이 전기로를 신설 또는 확장하였으며 압연부문
도 시설이 크게 확장되었다.

　이리하여 1971년의 철강생산시설은 제선 203천톤, 제강 931천톤, 압연
2,081톤에 달하여 철강재의 상당 부분이 수입대체되었다.[32] 국내 생산시설
의 증가로 철강재의 수입의존도는 1963년의 48.6%에서 1972년에는 15.6%로
떨어졌다.[33]

　그러나 1973년 포항종합제철이 준공되기 이전까지는 제선, 제강, 압연
이 동일공장에서 이루어지는 일관제철소가 없는데다가 단일공장의 규모도
10만톤을 상회하는 공장이 불과 몇 개 안 될 정도로 영세하여 효율성이 낮
았으며 반제품은 국내에서 생산을 하지 못하고 수입에만 의존하였다.

　포항종합제철의 준공으로 그 동안 수입에만 의존하였던 반제품의 대부
분을 자급하게 되었을 뿐 아니라 수출을 할 여력까지 생겼다. 고도성장으로
철강재에 대한 수요가 지속적으로 증가함에 따라 포항종합제철은 규모를 계
속 확장하여 조선, 자동차, 일반기계 등에 소요되는 철강재의 공급을 원활히
하였을 뿐 아니라 수출산업으로까지 발전하였다. 〈표 6-14〉에서 보는 바와
같이 철강재의 자급도는 1972년의 22.7%에서 1987년에는 77.4%로 올라갔고
수출도 1975년부터 급증하기 시작하여 1987년에는 생산량의 1/3 이상이 수
출되었다.

**표 6-14　철강공업의 생산과 수요** (단위: 백만 톤)

| | 수요 | | | 생산(B) | 자급도B/A(%) |
|---|---|---|---|---|---|
| | 내수 | 수출 | 합계(A) | | |
| 1972 | 1.80 | 0.88 | 2.68 | 0.61 | 22.7 |
| 1982 | 6.08 | 5.23 | 11.31 | 11.26 | 84.3 |
| 1987 | 15.19 | 6.47 | 21.66 | 16.77 | 77.4 |

자료: R. R. Stern et al.(1995), p.172.

32) 대통령비서실, 전게서, p.56.
33) Suk Tai Suh, 전게서, p.165.

　　대표적인 내구소비재인 자동차와 전자산업도 1970년대에 들어오면서 본격적으로 발전되기 시작하였다. 자동차공업은 1970년대 초까지만 해도 해외에서 부품을 수입하여 조립·생산하는 단계를 벗어나지 못하였으나 1974년 장기자동차공업육성계획이 공포되면서 전환기를 맞이하였다. 이 계획은 기존의 KD(knocked-down)형태의 조립생산으로는 자동차의 완전국산화가 어렵다고 보아 자동차를 수출산업으로 육성시키기 위해서는 독자적인 모델개발이 필요하다고 판단하여 정부는 부품공업의 육성, 차종별 전문생산체제의 확립 등을 위한 금융, 세제 및 행정적 지원을 강화하였다.

　　예컨대 승용차에 대한 관세를 종전의 150%에서 250%로 상향 조정하고 외제승용차의 조립생산을 위한 부품수입을 제한하고 수입관세의 면제를 폐지하는 등 강력한 보호조치를 취하였다.[34] 이리하여 1976년에 현대자동차는 최초의 국산 고유모델인 국산화율 95%의 포니를 생산하기 시작하였다.

　　국민소득증대에 따른 자동차수요의 급증으로 1980년대 들어오면서 자동차공업은 양산체제로 들어가고 수출도 본격적으로 시작되었다. 현대자동차는 1985년에 연산 30만대 규모의 단일모델 전용공장을 완공하였으며, 대우와 기아자동차도 국제경쟁이 가능한 대량생산체제를 확립하였다. 이리하여 1986년에 현대자동차는 포니를 미국시장에 수출하는데 성공함으로써 자동차공업은 수출산업으로 발전되기 시작하였다. 1988년에는 국내생산이 100만대를 돌파하면서 세계 10대 생산국으로 부상하였다.

　　이리하여 자동차산업의 수출비율은 1980년의 8.5%에서 1995년에는 19.3%, 2000년에는 28.6%로 증가함으로써 우리나라의 주력수출산업으로 발전하였다. 28.6%는 완성차와 부품을 모두 포함한 것이며 완성차만을 보면 수출비율은 거의 50%에 달하였다.[35]

　　전기전자산업은 노동집약적인 산업으로서 다른 중화학공업에 비하여 상대적으로 일찍이 발전하였다. 1959년 금성사가 라디오 생산으로 시작된 전자

---

34) 보다 자세한 내용에 대해서는 이철희(1980), pp.12-18 참조.
35) 한국의 산업경쟁력 종합연구-통계자료집(2003), p.68.

산업은 1966년 일본 히타치와의 기술제휴로 흑백 TV를 생산하기 시작하였고
1966년과 67년에는 훼어차일드, 모토로라 등 미국의 다국적 기업이 한국에 반
도체조립공장을 세움으로써 수출산업으로서의 가능성을 보이기 시작하였다.
이에 정부는 1969년에 전자공업진흥법을 제정하여 전자산업을 적극 지원함에
따라 삼성 등 대기업이 진출하면서 전자산업은 활기를 띠기 시작하였다.

수출품목도 처음에는 라디오 등 몇 개에 불과하였으나 60년대 후반부터
흑백 TV, 전축, 스피커, 전화교환기와 집적회로 등 반도체소자가 주력수출품
목으로 등장하였다. 그러나 이들은 대부분 외국에서 부품을 수입·조립 생산
하는 단계를 벗어나지 못하였기 때문에 수입의존도는 수출증가에도 불구하
고 심화되는 현상을 보였다. 〈표 6-15〉에서 보는 바와 같이 공급액(생산+
수입)에 대한 수입비중은 1970년에 41.2%에 달하는 등 매우 높았다. 이는 수
입중간재투입액의 비율이 올라갔기 때문인데 총중간재투입 중에서 수입중간
재의 비중이 크게 올라갔다. 예컨대 전체 중간재투입에서 수입중간재투입이
차지하는 비중은 1965년의 26.5%에서 1975년에는 42.1%로 급증하였다.

이와 같이 중간재의 수입의존이 심화됨에 따라 1970년대 들어오면서 중
간재의 국산화 노력이 집중적으로 이루어졌다. 전자산업을 수출산업으로 육

**표 6-15  전자산업의 수입 및 수출비율, 중간재투입비율, 1960-1995**   (단위: %)

|  | 수입액/공급액 | 수입중간재투입/산출액 | 수입중간재투입/전체중간재투입 | 수출액/산출액 |
|---|---|---|---|---|
| 1960 | 67.6 | 16.3 | 21.2 | 17.2 |
| 1965 | 27.5 | 17.4 | 26.5 | 10.3 |
| 1970 | 41.2 | 26.7 | 39.6 | 22.7 |
| 1975 | 31.1 | 29.3 | 42.1 | 38.1 |
| 1980 | 27.0 | 23.0 | 31.8 | 34.7 |
| 1985 | 27.8 | 27.4 | 38.0 | 44.2 |
| 1990 | 21.3 | 23.2 | 32.3 | 39.3 |
| 1995 | 21.1 | 23.3 | 35.1 | 47.5 |

자료: 한국은행 경제통계시스템.

성하고 경쟁력을 향상하기 위해서는 소재 및 부품의 국산화가 시급하다고 판단하였기 때문이다. 이를 위하여 정부는 1973년 구미에 대규모 전자공업단지를 조성하여 전자산업을 적극 지원하는 한편 수입에 의존하였던 기초소재를 생산하도록 하였다.

이러한 노력의 결과로 1975년 이후 중간재의 수입의존도는 크게 감소하여 1980년에는 산출액 대비 수입중간재 비율과 총중간재 투입액 대비 수입중간재 비율은 각각 29.3%와 42.1%에서 23.9%와 31.8%로 크게 떨어졌다 (〈표 6－15〉).

한편 전자산업의 꽃인 컬러TV가 유망수출산업으로 부상하면서 1977년 삼성전자와 금성사의 컬러TV 양산체제가 시작되고 1980년초 컬러TV의 방송과 시판이 허용되면서 컬러TV는 물론 VTR, 전자레인지, 컴퓨터, 반도체 등에 대한 투자가 집중적으로 이루어져 전자산업은 급속한 성장을 하였고 수출도 급증하였다. 수출비율도 70년대 들어오면서 급속도로 상승하여 1995년에는 거의 50%에 달하였다. 이와 같이 전자산업도 원자재의 수입에 의한 조립생산으로 시작하여 중간재의 수입대체과정을 거치면서 주력수출산업으로 발전하였다.

## 4. 자본재산업

위에서 지적한 바와 같이 중간재의 수입대체는 산업에 따라 다소 차이는 있지만 1960년대 후반 또는 1970년대에 들어오면서 활발히 이루어졌다. 그러나 자본재산업은 공업화의 진전에 따라 내수는 빠르게 신장하였으나 생산설비의 부족과 기술수준의 낙후 및 관련 부품소재의 미 발달로 공급부족현상이 지속됨에 따라 수입이 대폭 증가하여 수입의존도는 심화되었다. 여기서 자본재산업이란 일반기계산업을 칭한다.[36)]

---

36) 일반기계산업이란 한국산업표준분류에서 2단위를 기준으로 할 때 일반기계(29)를 말하는데 일반목적용기계(291), 가공공작기계(292), 기타특수목적용기계(293), 무기총포탄(294),

〈표 6-16〉에서 보는 바와 같이 1960년에 일반기계산업의 수입의존도
는 12.1%에 불과하였으나 공업화의 진전에 따라 1970년에는 77.8%로 급증
하였다. 일반기계의 국내 생산도 몇몇 기종을 제외하고는 조립생산단계를
벗어나지 못하였으며 생산기종도 발동기, 양수기, 분무기, 경운기 등의 농업
기계와 재봉기, 편직기 등의 섬유기계, 범용위주의 일부 공작기계 등에 국
한되었다.

**표 6-16  일반기계산업의 수입 및 수출비율, 중간재투입비율, 1960-2008**  (단위: %)

|  | 수입액/공급액 | 수입중간재투입/산출액 | 수출액/산출액 | 산출액/공급액 |
|---|---|---|---|---|
| 1960 | 12.1 | 10.3 | 1.5 | − |
| 1970 | 77.8 | 12.1 | 3.3 | 20.4 |
| 1980 | 59.0 | 15.8 | 10.7 | 48.6 |
| 1990 | 36.9 | 16.6 | 19.2 | 62.3 |
| 2000 | 34.1 | 11.9 | 29.9 | 65.9 |
| 2008 | 29.7 | − | 46.0 | 56.1 |

자료: 1960~1990년은 한국은행 경제통계시스템, 2000~2008년은 한국기계산업진흥회.

그러나 1973년 9월 중화학공업육성정책의 일환으로 장기기계공업육성
계획이 공표되면서 새로운 전기가 마련되었다. 정부는 창원에 기계공업단지
를 조성하여 기계류의 국산화정책을 적극적으로 추진하기로 하였다. 기존의
Turn-Key 수입방식에 의한 공장건설을 지양하고 플랜트국산화를 촉진하기
위하여 도입기계시설에 대한 표준국산화율을 제정·공고하여 일정비율의 국
산기자재 사용을 의무화하도록 하였다. 도입기계시설에 대한 사전신고제 등
을 통해 외국기자재의 도입을 적극 억제하였다. 이러한 정부의 적극적인 육
성정책에 힘입어 자본재산업도 급속한 성장을 하여 자급도(생산액/공급액)는
1970년 이후 지속적으로 상승한 반면 수입의존도(수입액/공급액)는 크게 떨어

_____

기타가정용기구(295) 등을 포함하며 통상 타산업에 생산설비를 제공하는 좁은 의미의
기계산업을 총칭한다. 한국의 산업경쟁력 종합연구, 2003, p.420.

졌다(〈표 6-16〉).

1980년대에 들어오면서 산업정책이 기술수준의 향상과 부품산업의 육성 등 국제경쟁력 제고에 역점을 두게 됨에 따라 자본재산업도 70년대의 양적 성장에서 질적 성장으로 전환되었다. 특히 1985년 플라자합의로 엔화의 급격한 평가절상으로 국산기계의 가격경쟁력이 강화되는 호기를 맞이하여 정부는 1986년 3월 기계류와 부품 및 소재의 국산화정책을 공표하여 대일의 존도가 높고 기술적 파급효과가 큰 품목을 선정하여 금융 및 기술지원을 집중적으로 제공하였다.

금융에서는 공업발전기금, 산업기술향상자금, 국민투자기금 등에서 장기저리자금을 공급하였으며, 기술지원에서는 공업진흥청, 중소기업진흥공단, 기계연구소 등 기술관련 기관에서 현장애로기술을 지도하고 시험장비를 제공하는 등의 지원을 하였다.

이와 같은 정부의 기계류 부품·소재의 국산화정책은 1990년대에 와서도 계속되었다. 정부의 지원정책이 강화되면서 기술개발을 위한 민간의 연구개발투자도 크게 활성화되었다. 일반기계의 매출액 대비 연구개발투자를 보면 1985년의 2.26%에서 1995년에는 2.88%, 2000년에는 3.13%로 올라갔다. 이에 따라 기계류의 국산화율도 꾸준히 올라가 자급도는 1980년의 48.6%에서 2000년에는 65.9%로 상승하였다.

이 기간에 약 4,202여개의 범용 부품·소재를 국산화하고 370개 품목의 우수품질마크를 인증하는 등 상당한 기술적 성과를 거두었다. 그러나 이 시기에는 원천기술개발이나 연구인력 양성보다는 단기적 상용화가 가능한 중·저급 기술위주로 범용품목의 국산화에 집중되었다.[37]

수출도 1980년대 중반의 3저 현상에 따른 가격경쟁력의 개선과 기술수준의 향상으로 크게 증가하였다. 1980년대 초만 하더라도 3천만 달러 수준을 넘지 못하던 수출이 80년대 후반부터 급증하기 시작하여 1991년에는 33

---

37) 과학기술부(2008), p.301.

억 달러, 2000년에는 112억 달러에 달하였다. 이리하여 수출비율도 80년의 10.7%에서 95년에는 16.1%로 올라갔고 2000년에는 29.9%로 상승하였다. 수출기종도 종전의 저급의 섬유기계와 운반하역기 등의 중심에서 자동직기 등의 섬유기계, 지게차, 엘리베이터 등의 운반하역기, 불도저, 로더 등의 건설기계, 가열기, 냉각기 등의 화학기계, 소형NC선반 등의 공작기계 등으로 크게 다양화되었다.[38]

중화학공업을 중심으로 한 제조업부문이 확대되면서 기계류에 대한 수입수요는 계속 증가하여 일반기계산업의 무역수지 적자규모는 외환위기 이전까지는 계속 확대되었으나 그 이후부터는 수입의 감소로 하락하는 추세를 보이고 있다. 이로 인하여 수입의존도도 꾸준히 떨어져 2000년에는 34.1%에 달하였다. 그러나 2000년 현재 가공·조립기술은 선진국의 80~90% 수준에 달하고 있으나 그 밖의 대부분의 기술은 선진국의 50% 수준을 넘지 못하고 있고 특히 설계기술은 선진국의 30~40%에 불과한 것으로 기술수준의 향상이 경쟁력의 핵심적 과제로 대두되었다.

이러한 점을 감안하여 2000년대에 들어오면서 정부는 2001년 4월 부품·소재 전문기업 등의 육성에 관한 특별조치법을 제정하여 정책기조를 종전의 국산화를 중심으로 한 수입대체정책에서 수출중심의 글로벌 공급기지화정책으로 전환하였다. 이리하여 2001년 7월 부품소재발전기본계획(MCT-2010)을 수립하였고 부품소재신뢰성향상종합추진계획(2005년 3월), 부품소재산업진흥원설립(2005년 7월), 부품소재중핵기업발전대책(2006년 5월), 소재산업발전비전 및 전략수립(2007년 7월) 등 각종 후속대책을 수립하였다.[39]

이러한 노력으로 부품·소재산업은 급속한 성장을 함과 동시에 기술수준도 크게 향상되었다. 2007년 기준 우리나라 부품소재의 종합기술경쟁력은 설계기술의 향상으로 미국을 100으로 하였을 때 88.5에 해당되는 것으로 평가되고 있다.[40] 이러한 기술력을 바탕으로 하여 수출은 급증한 반면 수입수

---

38) 산업은행(1989), p.41.
39) 한국경제60년사-산업, p.324.

요는 안정적인 추세를 보여 무역수지는 2000년대에 들어오면서 흑자기조를 보이고 있고 수출비율도 2000년의 29.9%에서 2008년에는 46.0%로 크게 상승하였다(〈표 6-16〉).

이와 같이 자본재산업은 1960년대까지는 전적으로 수입에 의존하였으나 1970년대에 들어오면서 국산화정책이 추진되면서 수입대체가 활발히 이루어졌으며 이 과정에서 축적된 기술력과 기업의 꾸준한 기술개발 노력으로 1990년대 들어오면서 수출산업으로의 발전가능성을 보이기 시작하였으며 2000년대에 들어와서는 수출산업으로 발전되었다.

## 제 4 절  요약 및 평가

이상에서 고찰한 바와 같이 우리나라의 공업화는 주요 산업이 성공적인 수입대체과정을 거쳐 수출산업으로 발전함으로써 지속적인 고도성장을 할 수 있었다. 이를 통해 우리나라는 상위 중진공업국으로 성장하여 선진국의 문턱에까지 진입하게 되었다. 특히 철강, 조선, 전자, 자동차는 세계 5대 생산국 안에 드는 공업대국으로 발전하였다. 우리나라가 성공적인 공업화과정을 이룩한 데는 여러 가지의 복합적인 요인이 작용하였는데 중요 정책적인 요인으로는 다음과 같은 것을 지적할 수 있다.

첫째, 정부의 정책이 대내외 환경변화에 잘 대처함으로써 개방체제의 이점을 효과적으로 활용하였다는 점을 지적할 수 있다. 1960년대는 수출진흥정책을 통해 노동집약적인 수출산업을 육성함으로써 수출주도형 공업화의 기반을 조성하였으며, 70년대는 동태적인 비교우위산업육성이란 관점에서 중화학공업을 육성함으로써 노동집약적 상품에 대한 보호주의에 효과적으로 대처하고 지속적인 성장을 위한 기반을 조성할 수 있었다.

---

40) 한국경제60년사-산업, p.331.

중화학공업에 대한 과도한 지원으로 적지 않은 부작용이 있었으나 80년대의 개방화와 산업합리화 및 기능적 지원정책을 통해 중화학공업의 경쟁력을 크게 향상시킬 수 있었다. 90년대는 새로운 성장동력으로 IT산업을 중심으로 한 첨단기술산업을 육성함으로써 WTO체제에 효과적으로 대처할 수 있었다. 물론 여기에는 1960년대 세계경제의 호황과 1980년대 중반의 3저현상 등 우호적인 외부환경이 적지 않은 기여를 한 것을 무시할 수 없으나 전체적으로 볼 때 정부의 정책대응이 적절하였다고 할 수 있다.

둘째, 우리가 수출주도형 공업화정책을 성공적으로 수행한 데는 인력 및 기술개발정책이 산업정책을 잘 뒷받침하여 주었기 때문에 가능하였다는 것을 지적할 수 있다. 다시 말하면 산업정책과 인력 및 과학기술정책이 잘 조화를 이루었다는 것이다. 산업의 경쟁력은 중장기적으로는 기능 및 기술수준에 의하여 결정되기 때문에 인력을 개발하고 자체의 기술력을 제고시키지 않고는 경쟁력을 확보할 수가 없다. 이러한 취지에서 정부는 공업화의 발전단계에 따라 적절한 인력 및 기술개발정책을 실시하였다.

노동집약적인 상품수출이 중심이 된 60년대는 실업계 고등학교의 확충, 직업훈련제도의 법제화, 직업훈련기관의 활성화 등을 통해 기능인력의 공급을 원활히 하였고 중화학공업을 육성하기 시작한 70년대는 대학 이공계 학과의 정원을 대폭 확충하여 기술인력을 양성하는 한편 여러 부문에 걸친 정부출연 연구기관을 설립하여 도입기술의 소화·개량과 함께 자체기술개발능력을 배양토록 하였다.

80년대는 대외개방에 따른 민간기업의 경쟁력 향상이 시급히 요청됨에 따라 민간의 연구개발투자를 적극 지원하는 한편 기술도입의 자유화를 통해 산업의 경쟁력을 강화토록 하였다. 90년대에 들어오면서 IT 등 첨단기술산업이 새로운 수출산업으로 부상됨에 따라 이에 대한 투자와 지원을 대폭 강화하였다. 이와 같이 실물투자와 함께 인력 및 기술개발과 같은 보완적 투자가 적절히 병행됨으로써 산업의 국제경쟁력을 지속적으로 향상시킬 수 있었다.

셋째, 중화학공업을 육성함에 있어 보호와 지원을 하되 한시적으로 추진함으로써 부작용을 최소화할 수 있었다. 70년대의 과도한 중화학공업지원은 과잉·중복투자와 인플레이션 유발 등 부작용이 적지 않았으나 80년대 들어오면서 정책자금의 축소, 수입자유화, 독과점규제 강화, 산업합리화의 추진 등을 통해 정부의 보호와 지원을 감축하는 한편 기술개발을 지원함으로써 기업의 자생력을 강화토록 한 것이 기업의 경쟁력 향상에 크게 기여하였다. 다시 말하면 80년대의 채찍과 당근정책이 산업기술의 발달에 지대한 영향을 미쳤다고 할 수 있다.

넷째, 우리나라의 공업화의 특징은 수입대체산업을 수출산업으로 발전시킨데 있는데 이를 단계적으로 추진함으로써 무리 없이 추진할 수 있었다. 50년대의 비내구소비재의 수입대체를 시작으로 하여 60년대와 70년대의 중간재와 내구소비재의 수입대체과정을 거쳐 이들을 수출산업으로 발전시켰다. 자본재산업은 70년대 이후 국산화정책을 꾸준히 추진하여 왔으며 이 과정에서 축적된 기술력을 바탕으로 90년대에 들어오면서 수출산업으로의 발전가능성을 보였으며 2000년대에 와서 수출산업으로 발전되기 시작하였다.

다섯째, 물론 우리나라의 공업화과정은 위에서 지적한 바와 같은 긍정적인 면만 있는 것은 아니다. 부존자원이 빈약하고 저축이 턱 없이 부족한 상태에서 유래가 없는 고도성장을 하다 보니 외채에 의존할 수밖에 없었고 이는 외채의 누적으로 이어져 외환위기를 자초하였다. 또한 대기업 중심의 고도성장은 경제력의 집중현상을 가져옴으로써 부의 편제와 소득분배의 불평등의 부작용을 초래하였다. 자본축적의 빈약으로 투자재원의 적지 않은 량을 통화증발에 의존하게 됨에 따라 줄곧 인플레이션 압력에 시달려야 했고 이는 만성적인 국제수지적자로 이어졌다.

제 7 장

# 공업화와 중소기업

# 공업화와 중소기업

중소기업정책

## 1. 60~70년대의 중소기업정책

우리나라의 중소기업은 지난 반세기 동안 급속한 공업화과정에서 적지 않은 시련과 굴곡의 발전과정을 겪어왔다. 이는 우리나라의 공업화정책이 대체로 대기업에 유리하게 전개되었기 때문이다. 1960년대의 수출지원정책은 수출용 원자재, 중간재 및 자본재의 무관세수입을 허용함으로써 외국에서 원료와 기계를 수입, 이를 가공하여 수출하는 가공무역형 산업의 발달을 촉진시켰다.

이러한 정책은 당시의 어려웠던 외환사정과 수출증대를 통한 고도성장을 달성하기 위해서는 불가피한 조치였으나 국내의 원자재와 중간재 생산을 억제하는 한편 대량생산체제를 통한 규모의 이익을 향유케 함으로써 대기업에 유리하게 작용하였다. 외국에서 원자재나 중간재의 수입이 크면 클수록 이윤도 크기 때문에 국산 원자재나 중간재의 사용은 소홀히 할 수밖에 없었고 이에 따라 국내시장을 주로 상대하는 중소기업의 발달에는 큰 도움이 되지 못하였다. 물론 그 당시는 국내의 산업이 발달되지 못하여 국산 원자재나 중간재의 사용에는 현실적으로 제약이 큰데도 이유가 있겠으나 수출지원제도 자체가 국내의 원자재나 중간재의 사용과는 무관하게 수출액의 외형에다 초점을 두었기 때문에 중소기업보다는 대기업의 성장을 촉진시키는 결과를 가져왔다.

대기업은 정부의 지원정책 외에도 자금동원력, 시장개척력, 경영 및 기술력 등 여러 면에서 중소기업보다는 유리한 입장에 있기 때문에 쉽게 수출산업에 뛰어들 수 있었으며 이는 대기업을 수출지향적인 산업으로 만들게 하였다. 특히 수출을 해야 기업성장의 절대적 요건인 은행대출에 용이하게 접근할 수 있기 때문에 대기업일수록 수출에 총력을 기울이게 함으로써 대기업의 성장을 가속화시켰던 것이다.

수출지원제도와 더불어 대기업의 성장을 촉진시킨 또 하나의 중요한 정책은 1970년대의 중화학공업육성정책이다. 중화학공업은 대부분이 자본집약적이고 대규모 투자를 요하기 때문에 대기업이 아니고는 참여할 수 없는데다가 정부의 파격적인 각종 지원정책은 중화학공업에 대한 투자의 붐을 형성하였으며 이를 통하여 대기업은 1970년대에 와서 더욱 빠르게 성장할 수 있었다.

수출지원제도와 중화학공업육성정책이 중소기업의 발달에는 큰 도움이 되지 못한 것은 사실이나 그렇다고 하여 정부가 중소기업을 소홀히 한 것은 결코 아니다. 정부는 1960년대 초부터 중소기업의 중요성을 인식하여 중소기업육성을 위한 여러 가지 시책을 단행하였다. 1961년에는 중소기업에 대한 금융업무를 전담하는 중소기업은행을 설립하였으며, 1963년에는 중소기업협동조합법, 1966년에는 중소기업기본법을 제정하여 중소기업정책의 추진을 위한 제도적 장치를 마련하였다.

정부는 중소기업의 수출산업화를 위하여 1964년에 수출산업단지조성법을 제정하고 구로(1967), 부평(1968), 주안(1969)에 수출단지를 조성하였으며 1965년에는 수출특화산업을 육성하기 위하여 생사류, 편직물, 도자기류 등 13개 업종을 지정하여 시설의 개보수와 확장을 위한 시설자금을 지원하였다. 1967년에는 중소기업신용보증법을 제정하고 신용보증기금을 설정하여 중소기업은행으로 하여금 기금을 운용토록 하였다.

1970년대에 들어와 중화학공업의 육성이 본격화되면서 부품산업육성의 필요성이 제기됨에 따라 중소기업육성을 위한 제도가 강화되기 시작하였다. 1974년에는 중소기업의 신용보증에 대한 수요가 급증함에 따라 신용보증기금법을 제정하여 신용보증기금을 별도 법인으로 승격시켜 신용보증업무를 전담토록 하였다. 1975년에는 중소기업계열화촉진법을 제정하여 1977년에 10개 업종 64개 품목을 계열화품목으로 지정하였으며 이를 통해 중소기업의 전문화를 유도토록 하였다.

1970년대 후반에 오면서 중소기업의 진흥을 위한 제도는 확충되었다. 1978년 말에 중소기업진흥법을 제정하는 한편 중소기업기본법 등 관계법을 대폭 보완하여 근대화 및 협동화사업의 추진, 전문·계열화 사업의 강화, 경영 및 기술지도의 강화, 금융지원의 확대 등을 추진하였다. 1979년에는 23개 품목을 중소기업 고유업종으로 지정함으로서써 중소기업고유업종제도를 도입하고 중소기업진흥기금의 설치와 함께 중소기업의 종합적인 지원을 전담하는 중소기업진흥공단을 설립하였다.

이와 같이 1960년대와 1970년대에도 중소기업진흥을 위한 여러 가지 지원과 제도적 장치가 마련되었으나 무역 및 산업정책 자체가 워낙 대기업에 유리하게 작용하였기 때문에 중소기업은 상대적으로 위축이 될 수밖에 없었다. 〈표 7-1〉에서 보는 바와 같이 1970년과 1980년 사이에 중소기업의 비중은 사업체수, 종사자수 및 부가가치의 모든 면에서 크게 떨어졌다.

예컨대 1967~79년 기간에 제조업 전체는 연평균 23.6%의 성장을 하였으나 500인 이상의 대기업은 연평균 27.2%의 고속성장을 함으로써 제조업 성장을 주도하였다. 물론 이 기간에 중소기업도 규모별 차이는 있으나 10~26% 사이의 비교적 높은 성장을 하였으나 대기업의 성장에 미치지 못하였다.

성장의 상대적 둔화로 중소기업의 일자리 창출도 대기업에는 미치지 못하였는데 대기업의 고용은 연평균 두 자리수의 증가율을 보였으나 중소기업

**표 7-1  중소기업의 비중추이(제조업), 1963-2007**                     (단위: %)

| | 1963 | 1970 | 1980 | 1990 | 2000 | 2007 |
|---|---|---|---|---|---|---|
| **사업체** | | | | | | |
| 중소기업 | 98.7 | 97.1 | 96.6 | 98.3 | 99.3 | 99.5 |
| 대기업 | 1.3 | 2.9 | 3.4 | 1.7 | 0.7 | 0.5 |
| **종사자** | | | | | | |
| 중소기업 | 66.4 | 49.0 | 49.6 | 61.7 | 74.0 | 76.9 |
| 대기업 | 33.6 | 51.0 | 50.4 | 38.3 | 26.0 | 23.1 |
| **부가가치** | | | | | | |
| 중소기업 | 52.8 | 28.8 | 35.2 | 44.3 | 50.2 | 50.8 |
| 대기업 | 47.2 | 71.2 | 64.8 | 55.7 | 49.8 | 49.2 |

자료: 광공업 통계조사보고서, 통계청.

의 경우는 한 자리수의 증가율에 그쳤다(〈표 7-2〉). 이처럼 1960년대와 70
년대는 대기업이 제조업의 성장과 일자리 창출에 주도적 역할을 하였다. 반
면 총요소생산성은 중소기업이 대기업보다 높은 증가율을 보이고 있어 중소
기업이 상대적으로 더 능률적이었다고 할 수 있다.

**표 7-2  기업규모별 산출, 고용 및 생산성증가율(제조업), 1967-1979**    (단위: %)

| 기업규모 | 산출 | 고용 | 총요소생산성 | 노동생산성 |
|---|---|---|---|---|
| 5~9인 | 10.3 | −1.4 | 7.7 | 11.9 |
| 10~19인 | 13.8 | 2.1 | 8.5 | 11.5 |
| 20~49인 | 20.5 | 7.8 | 9.2 | 11.8 |
| 50~99인 | 22.6 | 9.8 | 6.7 | 11.7 |
| 100~199인 | 26.8 | 11.7 | 9.0 | 13.5 |
| 200~499인 | 21.0 | 11.6 | 2.7 | 8.5 |
| 500인 이상 | 27.2 | 14.5 | 2.7 | 11.1 |
| 제조업 전체 | 23.6 | 10.4 | 5.5 | 12.0 |

자료: 김적교 외(1984), p.69, p.72.

## 2. 80년대의 중소기업정책

1970년대 대기업 위주의 성장은 1980년대에 들어오면서 여러 가지 문제가 제기되었다. 산업구조가 대기업 위주로 진행되어 부문간, 산업간 불균형이 심화되었고 시장이 개방되면서 중화학공업을 중심으로 한 산업의 국제경쟁력 향상이 시급히 요청되었던 것이다.

이러한 문제는 모두가 중소기업과 관련되는 문제로서 중소기업의 획기적인 발전 없이는 문제해결이 어려웠다. 다시 말하면 중소기업문제가 지속적이며 균형있는 산업발전의 큰 제약요인으로 부각되기 시작하였으며 이에 따라 중소기업정책도 새로운 시각에서의 접근이 요청되었다.

중소기업이 경제적 약자이기 때문에 보호해 주어야 한다는 종래의 소극적인 관점에서 벗어나 경제발전의 핵심적인 주체로 인식되기 시작하였으며 이에 따라 중소기업정책도 장기적이며 구조적인 관점에서 추진하게 되었다. 먼저 정부는 1982년에 중소기업진흥장기계획(1982~1991)을 세워 관련법을 정비·보완하는 한편 중소기업을 보다 종합적이고 체계적으로 지원하기 시작하였다. 1980년대 추진한 주요 시책을 보면 다음과 같다.[1]

첫째, 유망 중소기업 발굴시책이다. 정부는 1983년부터 매년 1,000개씩 1987년까지 5,000개의 유망 중소기업을 발굴하여 종합적으로 지원하기로 하였다. 유망 중소기업의 발굴은 금융기관, 정부출연기관, 중소기업진흥공단 등 70여개의 발굴기관이 자발적으로 발굴하도록 하였으며 발굴된 기업에 대해서는 금융상의 우대지원, 기술지원, 정보제공, 해외시장 및 정보알선, 종업원에 대한 교육연수 등을 종합적으로 지원하여 주었다. 또한 중소기업 고유업종 지정도 1979년의 23개에서 1989년에는 237개로 크게 확대되었다.[2]

둘째, 기술개발지원정책을 들 수 있다. 정부는 자동차, 조선, 전자 등 대규모 조립산업의 경쟁력을 향상시키기 위해서는 계열 및 하청관계에 있는

---

1) 자세한 내용에 대해서는 중소기업은행 30년사, 1991, pp.662-676 참조.
2) 산업연구원(1999), p.6.

중소기업의 기술개발이 필수적이라는 판단아래 중소기업의 기술개발활동을 지원하여 주었다. 정부는 특정연구개발사업과 공업기반기술사업 등의 국가 연구개발사업에 대한 중소기업의 참여를 확대하였고 금융기관을 통한 기술개발자금을 확대하였으며 벤처 캐피탈 및 창업투자회사를 통한 기술개발 투융자를 지원하여 주도록 하였다. 1989년에는 기술개발 중소기업에 대한 원활한 자금공급을 위하여 기술신용보증기금을 설립하였으며 생산기술연구원을 신설하여 중소기업의 생산현장기술을 적극 지원토록 하였다.

또한 조세면에서도 기술개발준비금제도, 기술 및 인력개발비의 세액공제제도, 연구용 시설에 대한 투자세액공제 및 특별상각제도 등을 개선·보강하는 한편 기술집약형 중소기업의 창업에 대한 법인세 감면 등의 조치가 이루어졌다.

셋째, 1980년대 중반에 들어오면서 중소기업의 창업을 적극적으로 지원하기 시작하였다. 대기업에 의한 경제력 집중현상을 완화하고 중소기업육성을 통한 균형 있는 산업의 발전 및 시장경제의 활성화를 위해서는 많은 새로운 기업의 창업이 필요하였던 것이다. 이에 정부는 1986년 1월 중소기업창업지원법을 제정하여 창업자금의 지원과 창업기업에 대한 투자업무를 담당하는 다수의 창업투자회사를 설립하였으며, 농촌지역에서의 창업자와 기술집약형 중소창업자에 대해서는 일정기간 소득세, 법인세, 취득세, 재산세를 감면하여 주었다.

넷째, 대기업과의 협력관계를 증진토록 하였다. 1982년에 중소기업계열화촉진법을 대폭 정비하여 모기업체단위별 수급기업협의회 구성과 대금지급지연방지 등과 같은 제도적 기반을 조성함으로써 모기업과 수급기업간의 대등한 거래관계를 정립하고 분쟁요인을 사전에 제거토록 하였다. 1984년에는 하도급거래공정화에 관한 법률을 제정하여 도급계약의 체결, 납품대금의 결제 등에 관한 모기업과 수급기업이 준수하여야 할 사항을 법제화시킴으로써 양자간의 거래가 공정하게 이루어지도록 하였다.

이리하여 계열화 품목수도 80년대 와서 크게 늘어나 1977년의 64개 품목에서 1990년에는 1,160개에 달하였고 중소기업 중에서 하도급기업이 차지하는 비중인 수급기업비율도 1980년의 30.0%에서 1992년에는 73.4%로 크게 증가하였다. 또한 1989년부터는 대기업이 영위하고 있는 중소기업형 업종은 중소기업에 이양토록 하기 위하여 세제 및 금융상의 우대조치를 취하였는데 이 정책으로 1989년에만 874개 품목이 대기업에서 중소기업으로 이전되었으며 1993년에는 그 수가 2,012품목에 달하였다.[3]

다섯째, 중소기업의 경영안정과 구조조정을 적극적으로 추진하였다. 앞에서 지적한 바와 같이 1980년대 후반에 들어오면서 중소기업을 둘러싼 기업환경은 매우 악화되었다. 원화의 지속적인 상승, 고율의 임금인상, 국내시장개방으로 중소기업의 경쟁력은 급격하게 악화되었다. 이에 따라 중소기업의 경영안정과 경쟁력 제고를 위한 조치가 시급히 요청되었다.

이를 위하여 1989년 3월에 중소기업의 경영안정 및 구조조정촉진에 관한 특별조치법을 제정하여 중소기업의 경영안정을 위한 구조조정기금을 설치하여 사업전환 및 기술개발사업, 기술인력양성사업, 정보화사업 등에 대한 지원을 하였다. 경영안정을 위해서는 중소기업상업어음에 대한 한국은행의 재할인비율 인상, 노사분규피해업체에 대한 자금지원확대, 수출중소기업에 대한 무역금융확충 및 특별설비자금공급 등을 지원하였다.

구조조정을 위해서는 중소기업의 경쟁력 제고에 초점을 두어 기술개발자금의 지원, 기술인력의 양성·훈련을 지원하고 기술개발제품에 대한 우선구매를 추진하였다. 이와 함께 1989년에는 중소기업의 정보화촉진5개년계획을 수립하여 중소기업에 대한 컴퓨터 보급률을 획기적으로 제고토록 하였으며 경영관리의 전산화와 설비의 자동화를 적극 지원하였다. 같은 해에 중소기업사업전환촉진계획을 수립하여 경쟁력이 크게 약화된 중소기업에 대해서는 고기술, 고생산성, 고부가가치업종 및 성장산업 분야로의 사업전환을 지원하였다.

---

3) 졸고(1997), p.136.

이와 같은 정부의 적극적인 중소기업지원정책으로 80년대는 중소기업의 황금기라고 할 수 있다. 〈표 7-1〉에서 보는 바와 같이 중소기업은 사업체 수, 생산, 고용 등 모든 면에서 제조업 전체에서 차지하는 비중이 크게 늘어 났다.

1981~90년 기간에 제조업 전체는 연평균 13.4%가 성장하였으나 300인 이상의 대기업의 성장은 12.0%의 성장에 그친 반면 중소기업은 연평균 23.8%란 놀라운 성장률을 보였다(〈표 7-3〉). 이런 높은 성장은 고용에도 그대로 반영되어 중소기업의 종사자수는 연평균 6.3%나 증가한 반면 대기업의 경우는 1.2%의 증가에 그침으로써 중소기업이 제조업의 성장은 물론 일자리 창출에도 주도적 역할을 하였다.

**표 7-3  중소기업과 대기업의 성장률 및 고용증가율(제조업), 1981-2007** (단위: %)

| | 1981~1990 | | 1991~2000 | | 2001~2007 | |
|---|---|---|---|---|---|---|
| | 부가가치 | 종사자 | 부가가치 | 종사자 | 부가가치 | 종사자 |
| 중소기업 | 23.8 | 6.3 | 9.2 | 0.6 | 7.1 | 1.8 |
| 대기업 | 11.7 | 1.2 | 7.0 | −5.1 | 6.9 | −0.4 |
| 제조업 전체 | 13.4 | 4.0 | 8.0 | −1.3 | 7.0 | 1.2 |

주: 중소기업은 5~299인의 기업, 대기업은 300인 이상의 기업.
자료: 광공업통계조사보고서, 통계청.

## 3. 90년대 이후의 중소기업정책

1990년대에 들어오면서 개방화가 본격적으로 추진됨에 따라 중소기업 정책도 적지 않은 변화를 하게 되었다. 개방화정책에 순응하기 위하여 중소 기업에 대한 보호를 줄이는 한편 구조조정과 기술개발을 촉진하는 방향으로 정부의 정책이 전개되었다.

예컨대 중소기업의 고유업종의 수를 점차적으로 줄었으며, 1993년 GATT와 정부조달에 관한 협정을 체결하면서 공공기관에 의한 중소기업제품

의 단체수의계약 품목수도 축소되었다. 다른 한편 1997년 외환위기를 맞이
하면서 중소기업의 중요성이 새롭게 인식되었고 이에 따라 중소기업정책은
기술개발지원과 벤처기업육성 중심으로 보다 체계적이며 집중적으로 이루어
졌다.

정부는 1993년에 중소기업이 대학 및 연구소의 고급인력과 연구장비 등
기술개발자원을 활용하여 생산현장기술애로를 해결하도록 산·학·연 기술개
발 컨소시엄을 설립하였으며, 1997년에는 기술개발능력을 보유한 중소기업
에게 신제품 개발에 소요되는 비용의 일부를 정부가 지원하는 기술개발혁신
사업을 시행하였고 1998년에는 공공기관의 기술혁신지원계획(KOSBIR)을 세
워 정부부처 등 공공기관의 R&D 예산의 5% 이상을 중소기업기술개발을 위
하여 사용하도록 하였다.

이러한 직접적인 중소기업 기술개발지원사업 외에도 정부는 1996년에
KOSDAQ시장을 개설하여 기술집약적인 중소기업의 육성을 장려하였으며
1997년에는 벤처사업특별법을 제정하여 벤처기업의 창업을 지원하였다. 정
부가 중소기업의 기술개발과 벤처기업의 육성에 심혈을 기울게 된 배경에
는 그 동안 우리 경제의 성장을 주도하여온 대기업 위주의 성장에는 한계가
있음을 직시하여 새로운 성장의 동력으로 중소기업, 특히 기술집약적인 중
소기업의 육성이 필요하였기 때문이다.

이와 같은 이유에서 2000년대에 들어와서도 이러한 기본정책 방향에는
변함이 없었고 이에 따라 기술개발을 중심으로 한 중소기업정책은 더욱 강
화되었다. 2002년에 중소기업 기술혁신촉진법을 제정하여 중소기업 기술개
발지원을 위한 법적 장치를 마련하여 다각적인 사업을 시작하였다.

예컨대 2001년에는 기술경쟁력과 미래 성장가능성을 갖춘 중소기업을
기술혁신형 중소기업으로 선정하여 국제경쟁력이 있는 우수기업으로 육성하
는 INNO-BIZ사업을 시작하였으며, 대학이나 연구소 등 공공연구기관의 보
유기술을 이전받아 실용화하는데 드는 비용을 지원하는 중소기업 이전기술
개발사업을 시행하였다. 2002년에는 에너지 절감 및 환경오염물질을 줄이기

위한 공정기술개발을 지원하는 녹색화 기술개발사업을, 2003년에는 중소기업간 공동기술개발을 지원하는 기업협동형 기술개발사업을 추진하였으며, 2004년에는 기술혁신 중소기업을 적극 발굴·육성하여 기술수준을 선진국수준으로 향상시키기 위한 기술혁신 지원사업을 실시하였다.

이와 같은 정부의 적극적인 정책으로 90년대 와서도 중소기업은 지속적인 성장을 하였으며 제조업 전체에서 차지하는 비중도 꾸준한 상승세를 유지하였는데 이러한 추세는 2000년 이후에도 지속되었다.

1990년대 들어오면서 두드러진 현상 중의 하나는 중소기업과 대기업을 막론하고 성장률이 전체적으로 크게 둔화되었다는 것이다. 이는 제5장에서 지적한 바와 같이 한국경제는 투자율의 둔화와 1997년의 외환위기 이후의 구조조정을 거치면서 경제성장이 둔화되기 시작하였으며 이러한 거시경제적인 환경변화는 중소기업의 성장에도 적지 않은 영향을 미쳤기 때문이다. 중소기업의 성장률은 1980년대의 23.8%에서 1990년대에는 9.2%로 떨어졌고 2000년대(2001~2007) 와서는 7.1%로 더욱 둔화되었다(〈표 7-3〉).

특히 주목되는 것은 80년대까지 제조업의 일자리 창출에 크게 기여하였던 중소기업이 90년대 들어오면서 고용증대에 별로 기여를 하지 못하였다는 점이다. 1991~2000년 기간에 중소기업의 종사자는 연평균 0.6%의 증가에 그쳤고 2000년대 들어와서도 고용증가율은 1.8%에 그쳤다.

물론 이는 대기업의 절대적 고용감소에 비하면 선전하였다고 할 수 있으나 경영환경의 변화는 기업으로 하여금 노동절약적인 경영전략을 추구하게 하였기 때문이다. 대외개방과 임금의 상승으로 인한 경쟁의 심화는 기업으로 하여금 시설자동화나 연구개발투자를 통해 경쟁력을 제고하는 방향으로 경영전략을 전환하게 하였으며 이로 인하여 업종이나 기업의 규모를 불문하고 기업들이 가급적 고용을 줄이는 기업의 슬림화현상이 나타나게 되었다.[4] 이러한 경영전략의 변화는 고용에 부정적인 영향을 미쳤는데 대기업일

---

4) 주현(2008), p.37.

수록 심하였고 중소기업에도 영향을 미쳤다.

　고무적인 현상은 중소기업의 연구개발투자가 90년대부터 크게 증가하였다는 점이다. 중소기업의 매출액 대비 연구·개발투자의 비율은 1980년대 초에만 해도 0.1% 수준에 불과하였으나 1990년에는 0.25%, 2000년에는 0.47%, 2010년에는 1.31%로 크게 증가하였으며 연구개발을 수행하는 중소기업의 수도 크게 늘어나 2010년 현재 기술개발을 수행하는 중소기업이 전체 중소기업체의 28.9%에 이르고 있다. 이들 연구·개발수행업체의 매출액 대비 연구·개발투자비율은 3.5%에 달하는 등 중소기업의 기술개발이 크게 활성화되었음을 알 수 있다(〈표 7−4〉).

### 표 7-4  중소기업 R&D 투자 추이 (단위: %)

|  | 1981 | 1985 | 1990 | 1995 | 2000 | 2005 | 2010 |
|---|---|---|---|---|---|---|---|
| 매출액 대비 R&D 투자비율 | 0.11 | 0.22 | 0.25 | 0.31 | 0.47 | 1.12 | 1.31 |
| R&D 수행업체비율 | – | – | – | 8.3 | 12.0 | 20.8 | 28.9 |

자료: 중소기업중앙회.

## 제 2 절  중소기업의 성장과 구조변화

　위에서 지적한 바와 같이 중소기업정책은 1980년대 들오면서 본격적으로 추진되었으며 그 이전까지는 대체로 소극적인 성격을 벗어나지 못하였다. 이로 인하여 1970년대 말까지 중소기업은 상대적으로 위축된 반면 대기업은 급성장을 하였다. 그러나 1980년대에 들어오면서 중소기업의 성장이 대기업의 성장을 앞지름으로써 이러한 현상은 반전되었다.

　〈표 7−1〉에서 보는 바와 같이 1980년까지 제조업에 있어 중소기업의 비중은 사업체수, 고용 및 부가가치에 있어 계속 하락하여 왔다. 그러나 그 이후부터 2007년까지 계속 증가한 반면 대기업의 비중은 떨어져 2007년 말

현재 중소기업은 우리나라 제조업 사업체수의 99.5%, 고용의 76.9%, 부가가치의 50.8%를 차지할 정도로 막중한 위치를 차지하고 있다.

이와 같은 중소기업의 지속적인 성장은 기업구조에도 적지 않은 변화를 가져왔는데 1980년대 이후의 중요한 중소기업의 구조변화로는 다음과 같은 것을 지적할 수 있다.

첫째, 중소기업 중에서도 100인 미만의 소기업의 성장이 중소기업의 성장을 주도하였다는 것을 지적할 수 있다. 〈표 7-5〉에서 보는 바와 같이 1980~2001년 기간에 중소기업은 생산과 고용에 있어 대기업보다 높은 성장률을 보이고 있는데 기업규모가 적으면 적을수록 성장률은 높았다. 특히 20인 미만의 영세사업체의 성장률과 고용증가율이 가장 높았으며 이리하여 1980년 이후 19인 미만 기업은 사업체수, 종사자수, 부가가치에서 그 비중이 지속적으로 확대되었다(〈표 7-6〉).

**표 7-5  기업규모별 산출, 고용 및 생산성증가율, 1985-2001**  (단위: %)

| 기업규모 | 산출 | 고용 | 노동생산성 | 총요소생산성 |
|---|---|---|---|---|
| 5~9인 | 16.5 | 8.2 | 7.6 | 5.8 |
| 10~19인 | 14.3 | 5.9 | 8.3 | 5.1 |
| 20~99인 | 11.7 | 2.9 | 9.3 | 4.6 |
| 100~299인 | 9.8 | -0.5 | 10.8 | 4.3 |
| 300인 이상 | 10.0 | -2.9 | 13.6 | 4.9 |
| 제조업 전체 | 10.6 | 0.9 | 10.0 | 4.3 |

자료: 한국의 산업경쟁력 종합연구-통계자료집(2003), pp.83-85, pp.96-103.

둘째, 100인에서 299인까지의 이른바 중기업의 비중이 지속적으로 감소하고 있다는 것이다. 1985~2001년에 중기업은 연평균 9.8%가 성장하였는데 이는 100인 미만의 소기업 성장보다도 낮았고 300인 이상의 대기업 성장보다도 못하였다. 고용증가도 같은 기간에 연평균 0.5%나 감소함으로써 중기업의 비중은 1990년 이후 지속적으로 떨어졌다(〈표 7-6〉).

**표 7-6  제조업의 규모별 구조변화**                                      (단위: %)

| 기업<br>규모 | 1980 | | | 1990 | | | 2000 | | | 2007 | | |
|---|---|---|---|---|---|---|---|---|---|---|---|---|
| | 사업체 | 종사자 | 부가<br>가치 | 사업체 | 종사자 | 부가<br>가치 | 사업체 | 종사자 | 부가<br>가치 | 사업체 | 종사자 | 부가<br>가치 |
| 5~19인 | 58.9 | 8.4 | 4.1 | 61.0 | 14.7 | 7.1 | 70.6 | 34.3 | 11.2 | 76.3 | 28.1 | 12.7 |
| 20~99인 | 29.8 | 20.2 | 13.0 | 32.6 | 29.2 | 20.3 | 23.1 | 33.4 | 21.5 | 20.8 | 32.8 | 22.2 |
| 100~299인 | 7.9 | 20.8 | 18.0 | 4.7 | 17.7 | 17.1 | 2.8 | 16.3 | 17.5 | 2.4 | 16.0 | 15.9 |
| 300인<br>이상 | 3.4 | 50.6 | 64.9 | 1.7 | 38.4 | 55.5 | 0.7 | 26.0 | 49.8 | 0.5 | 23.1 | 49.2 |
| 합계 | 100.0 | 100.0 | 100.0 | 100.0 | 100.0 | 100.0 | 100.0 | 100.0 | 100.0 | 100.0 | 100.0 | 100.0 |

자료: 광공업통계 조사보고서, 통계청.

   뿐만 아니라 기업의 허리라 할 수 있는 중견기업(종업원 300~999명)의 비중도 줄어들고 있어 우리나라의 기업구조는 허리가 매우 취약한 구조를 가지고 있다.
   〈그림 7-1〉에서 보는 바와 같이 2009년 현재 우리나라 중견기업의 매출액이 제조업 전체에서 차지하는 비중은 16.1%로서 중소기업(52.5%)과 종

**그림 7-1  한국·일본·독일의 기업체 규모별 매출액비중**          (단위: %)

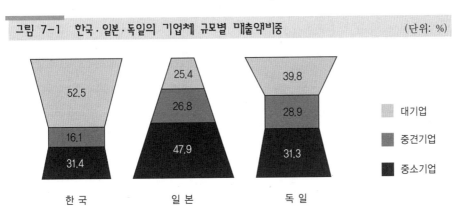

주: 중견기업 기준은 한국·일본은 종업원 300~999명, 독일은 250~999명이며, 매출액은 한
   국 2009년, 일본 2006년, 독일 2005년 기준임.
자료: IBK 경제연구소, 매일경제 2011. 6. 7.에서 재인용.

업원 1,000명 이상의 대기업(31.4%)에 비하면 그 비중이 매우 작은 편이며 이는 일본의 26.8%와 독일의 28.9%에 비하면 더욱 두드러지게 나타난다. 중견 기업이 차지하는 종업원의 비중을 보더라도 우리나라는 17.4%로 일본(17.3%) 과는 비슷하나 독일의 28.7%에 비하면 매우 낮다. 우리나라의 중견기업은 대기업으로 분류됨으로써 대기업이 받고 있는 각종 규제를 받고 있는데다 기업이미지와 임금격차 등으로 고급인력이나 연구개발인력의 유치가 어려워 성장이 정체될 수밖에 없었다.

셋째, 중화학공업의 발달로 중소기업도 중화학공업 중심으로 구조변화 를 하였다는 점을 지적할 수 있다. 전자, 자동차, 조선 등의 조립산업의 발달 로 부품을 생산하는 중소기업이 크게 발전하게 되었으며 이는 중소중화학기 업의 성장을 촉진함으로써 중소기업 안에서도 중소중화학공업이 중소경공업 보다는 빠르게 성장할 수 있었다. 〈표 7-7〉에서 보는 바와 같이 중소중화 학공업의 비중은 1970년대부터 지속적으로 증가하였다.

이와 관련하여 또 하나의 중요한 구조변화는 1980년대 들어오면서 중화 학공업 안에서도 중소기업 중심으로 구조조정이 진행되었다는 것이다. 정부

**표 7-7  중소기업의 구조변화, 1970-1990** (단위: %)

| | 사업체 수 | | | 고용 | | | 부가가치 | | |
|---|---|---|---|---|---|---|---|---|---|
| | 1970 | 1980 | 1990 | 1970 | 1980 | 1990 | 1970 | 1980 | 1990 |
| **경공업** | | | | | | | | | |
| 중소기업 | 97.2 | 97.0 | 98.4 | 47.9 | 51.0 | 66.9 | 29.4 | 36.4 | 54.2 |
| 대기업 | 2.8 | 3.0 | 1.6 | 52.1 | 49.0 | 33.1 | 70.6 | 63.6 | 45.8 |
| **중화학공업** | | | | | | | | | |
| 중소기업 | 96.8 | 96.1 | 98.1 | 50.9 | 49.6 | 57.4 | 27.9 | 34.0 | 39.3 |
| 대기업 | 3.2 | 3.9 | 1.9 | 49.1 | 50.4 | 42.6 | 72.1 | 66.0 | 60.7 |
| **중소기업 전체** | | | | | | | | | |
| 경공업 | 66.6 | 59.3 | 49.7 | 63.0 | 57.9 | 49.5 | 57.9 | 49.2 | 41.5 |
| 중화학공업 | 33.4 | 40.7 | 50.3 | 37.0 | 42.1 | 50.5 | 42.1 | 50.8 | 58.5 |

자료: 졸고(1993), p.235.

의 창업지원, 계열화사업촉진, 벤처기업육성 등 적극적인 중소기업육성정책
으로 중화학공업 안에서도 대기업보다는 중소기업의 성장이 빨랐으며 이로
인하여 중소중화학기업의 비중은 지속적으로 증가하였다(〈표 7-7〉).

넷째, 경공업의 경우도 중소기업 중심으로 구조조정이 이루어졌다. 임금
상승과 시장의 개방으로 노동집약적인 수출지향적 대기업은 경쟁력 상실로
시장에서 퇴출된 반면 중소경공업은 대부분이 내수시장 지향적이기 때문에
안정적인 성장을 할 수 있었다. 이러한 현상은 특히 섬유, 가죽제품, 목재,
고무제품 분야에서 발견할 수 있는데 이 분야에서 대기업은 1980년대에 들
어오면서 경쟁력 상실로 사업체수, 고용 및 부가가치에서 비중이 크게 떨어
진 반면 중소기업의 비중은 크게 늘어남으로써 경공업부문에서도 중소기업
중심의 구조변화를 볼 수 있다.

예컨대 신발산업의 경우 1980년대 말 높은 임금상승과 인력난 등으로 삼
화, 진양, 태화, 동양 등의 대규모 회사들이 도산하였고 국제상사도 생산라인
을 대폭 축소하였으며 일부 업체들은 생산기지를 인건비가 싼 동남아로 옮기
는 등의 구조조정이 일어남으로써 대기업의 생산활동은 크게 위축되었다.

다섯째, 혁신형 중소기업의 급속한 성장을 지적할 수 있다. 정부는 80년
대 중반부터 기술집약형 중소기업을 육성하기 시작하였으며, 특히 외환위기
이후 혁신형 중소기업이 새로운 성장동력으로 부상하면서 특별법 제정과 코
스닥시장 개설 등 벤처기업 및 기술집약형 중소기업육성을 위한 집중적인
지원이 이루어졌다. 이리하여 벤처기업과 Inno-Biz를 합한 혁신형 중소기업
은 1998년의 2,042개에서 2008년에는 32,363개로 급성장하였다. 혁신형 중
소기업의 성장으로 우리나라 중소기업의 기술수준도 상당히 향상되었는데
우리나라 중소기업의 기술수준은 기술내용에 따라 차이는 있지만 전체적으
로 보아 2007년 현재 세계최고수준 대비 75.8% 수준에 달하는 것으로 평가
되고 있다.[5]

---

5) 김현종, 상게서, p.83.

## 제3절 평가와 과제

위에서 지적한 바와 같이 우리나라의 중소기업은 정부의 적극적인 지원 정책에 힘입어 1980년대 이후 제조업의 성장을 주도함으로써 공업화를 촉진시키는데 큰 역할을 하였고 공업구조의 고도화와 수출증대에도 큰 기여를 하였다. 이러한 성과에도 불구하고 우리나라의 중소기업은 여러 가지 문제점을 안고 있는 것도 부인하기 어렵다. 이를 위한 중요한 정책적 과제로는 다음과 같은 것을 지적할 수 있다.

첫째, 중소기업의 혁신역량을 보다 적극적으로 강화함으로써 생산성을 제고할 필요가 있다. 이미 지적한 바와 같이 우리나라의 중소기업은 영세소기업의 비중이 너무 큰 구조적 취약성을 가지고 있다. 예컨대 2007년 현재 5~19인에 속하는 영세기업이 전체 제조업 사업체에서 차지하는 비중이 76.2%를 차지하고 있으며 여기에 20~49인의 기업을 합한 소기업의 비중은 92.8%에 달한다. 영세규모의 사업체가 많다는 것은 기업의 창업이 활발하다는 뜻에서 긍정적인 면도 있으나 생산성이 낮은 부정적인 면도 있기 때문에 소기업의 비중확대는 결코 바람직한 현상이라 할 수 없다.

기업규모의 영세성은 저생산성으로 이어지고 이는 경쟁력의 약화로 나타나며, 특히 연구개발을 할 능력을 갖지 못하기 때문에 기업의 성장에는 한계를 가질 수밖에 없다. 이러한 영세·소기업의 비중확대는 중소기업 전체의 저생산성으로 이어져 대기업과 중소기업간의 생산성 격차는 확대되었다.

1980년대까지만 해도 대기업과 중소기업간의 생산성 격차는 50% 수준을 넘지 못하였으나 90년대 들어오면서 생산성 격차가 확대되어 2000년 초에 와서는 중소기업의 노동생산성은 대기업 노동생산성의 거의 1/3 수준으로 떨어졌다(〈그림 7-2〉). 이는 일본의 53.2%, 미국의 58.3%, 독일의 63.1%, 이탈리아의 65.2%에 비하면 매우 낮은 수준이다.[6]

---

6) 김주훈(2005), p.48.

그림 7-2  중소기업 노동생산성 변화추이(대기업=100)  (단위: %)

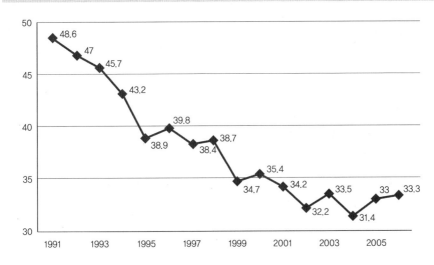

자료: 주현(2008), p.61.

대외개방이 급속도로 진행되면서 노동집약적인 중소기업은 경쟁력을 잃게 되고 외환위기로 인한 경영여건의 악화는 중소기업의 설비투자를 위축시킴으로써 자본장비율에 영향을 주고 이는 노동생산성의 저하를 가져왔다. 생산성의 저하는 수익성의 저하로 이어지면서 중소기업의 매출액영업이익률은 2000년대 와서 떨어지고 있으며 이로 인하여 대기업과의 영업이익률 차이는 확대되었다.

예컨대 1990년에서 2007년 사이에 대기업과 중소기업의 매출액영업이익률은 평균적으로 각각 7.66%와 4.84%로서 그 차이는 2.82%였으나 2000년 이후에는 차이가 크게 확대되어 2004년에는 5.3%포인트까지 벌어졌다.[7] 이와 같은 중소기업의 수익성 저하는 노동소득의 저하로 이어지면서 소득양극화의 한 요인으로 작용하였다.

---

7) 주현(2008), p.49.

이와 같이 중소기업문제가 소득양극화의 한 원인으로 지적되면서 고유업종제도의 부할 등 중소기업정책이 과거의 중소기업보호정책으로 회귀하는 움직임이 나타나고 있는데 이는 바람직한 정책방향이라 할 수 없다.

중소기업이 지속적으로 성장을 하기 위해서는 혁신역량을 강화하여 개방화시대에 적극적으로 대응할 수 있는 여건과 환경을 만들어주는데 정책의 초점을 두어야 한다. 중소기업에 대해서는 그 동안 조세, 정책자금, 공공구매, 외국인 고용 등의 다양한 지원이 집중적으로 이루어져 왔으며 2008년 현재도 중소기업지원정책은 18개 부처와 16개 지방자치단체별로 총 1,400여 개의 정책이 다양하게 추진되고 있다.8)

이러한 각종 지원은 중소기업의 성장에 크게 기여한 긍정적인 면도 있지만 중소기업의 정부의존성을 심화시킴으로써 경쟁력이 약화되고 자생력이 하락하는 부작용을 가져왔음을 부인하기 어렵다.

따라서 중소기업의 생산성을 향상시키고 경쟁력을 강화하기 위해서는 백화점식 지원보다는 시장실패가 인정되는 연구개발투자와 인력개발지원 및 벤처기업지원 등을 통해 중소기업의 혁신역량을 강화하는데 집중되어야 할 것이다. 정부도 그 동안 중소기업의 연구개발활동을 위한 여러 가지 시책을 실시한 결과 적지 않은 성과가 있으나 연구개발수행업체의 비중이나 매출액 대비 연구개발비 투자비율도 아직도 미흡한 수준이다.

벤처기업육성정책도 이미 지적한 바와 같이 그 동안 상당한 성과가 있었으나 잠재기술력의 사업화 가능성보다 이미 기술을 어느 정도 확보한 중소기업에 집중됨으로써 초기 혁신기업보다는 안정된 기반을 갖춘 혁신수행업체가 선택되는 결과를 초래하였다. 이로 인하여 기술혁신지원정책이 핵심 원천기술보다는 단순애로기술개발의 지원에 집중되는 양적 확대에 치중되고 있다. 따라서 보다 실효성 있는 지원을 위해서는 사전타당성 조사를 통한 혁신기업의 발굴 등 질적인 제도정비가 필요하다.9)

8) 김현종, 전게서, p.85.
9) 김현종, 전게서, p.84.

둘째, 중소기업의 구조를 튼튼히 할 필요가 있다. 위에서 지적한 바와 같이 우리나라의 기업구조를 보면 소기업의 기업체수는 지속적으로 증가하여 그 비중이 너무 큰 반면 중기업과 대기업의 기업체수는 1990년대 들어오면서 절대적으로 줄어들고 있고 이로 인하여 생산이나 고용의 비중도 지속적으로 감소하고 있다.

현행 중소기업정책은 중소기업 졸업과 함께 중소기업에 주는 각종 혜택을 배제하거나 축소시키므로 중소기업은 성장을 기피하고 중소기업 지위에 안주하려는 경향이 있다. 중소기업지원정책이 근로자수, 매출액 등 양적 기준에 의하여 중소기업과 대기업을 구분함에 따라 성장가능성이 있는 기업도 중소기업의 혜택을 누리기 위하여 성장을 기피하는 현상이 발생하고 있다.

우리나라의 기업정책은 중소기업은 보호의 대상인 반면 대기업은 규제의 대상인 것처럼 인식됨에 따라 기업의 성장의욕을 감퇴시킴으로써 중소기업은 증가하나 중견기업과 대기업은 감소하는 왜곡현상을 가져왔으며 이는 산업 전체의 건전한 성장과 발전을 위해 결코 바람직하다 할 수 없다.[10] 따라서 중소기업정책도 중소기업과 대기업을 구분하여 지원하는 이분법적 정책을 탈피하여 중소기업의 보호에만 초점을 두기보다는 기업의 건전한 성장과 발전이란 측면에서 접근할 필요가 있다.

이를 위해서는 독일에서 하는 것처럼 창업, 성장, 확장 등 기업의 발전 단계별로 구분하여 지원하는 맞춤형 정책을 고려할 필요가 있다. 창업단계에서는 전문지식과 기술적 노하우가 기업의 핵심적 역량이기 때문에 조기에 사업화할 수 있는 기반을 조성하도록 지원하데 기업의 평가시 재무 및 경영성과는 배제 또는 완화함으로써 기술창업이 활성화하는데 초점을 두어야 할 것이다.

성장단계에서는 새로운 상품과 시장의 개발이 중요한 단계로서 정부지

---

10) 다행히 2011년 3월에 정부는 산업발전법을 개정하여 중견기업의 범위를 명백히 하고 중소기업졸업 후 일정기간 동안 금융세제상의 지원을 제공토록 하였다. 2011년 매일경제 6월 7일자 신문 참조.

원은 혁신역량을 보강할 수 있는 협력파트너의 확보와 성장동력을 주도할 수 있는 고급인력의 확보에 역점을 두고 확장단계에서는 글로벌시장에 진출할 수 있도록 기술개발의 위험부담과 자금문제를 해결하는데 지원을 집중하여야 할 것이다.[11]

셋째, 대기업과 중소기업간의 상생협력을 강화하여야 할 것이다. 우리나라 중소기업은 대기업에 대한 의존도가 매우 높다. 우리나라 중소기업 중 하도급기업이 차지하는 기업의 비중이 2006년 현재 약 60%에 달하며 대기업의 매출의존도도 26%에 달하고 있다. 이와 같이 대기업과 중소기업간의 관계가 밀접하게 됨에 따라 불공정한 하도급거래가 발생하는 등 항상 마찰과 갈등이 존재하였다. 따라서 대기업과 중소기업간의 공정거래질서 확립은 아무리 강조해도 지나치지 않다 하겠다.

대기업이 우월적 지위를 남용하여 외부에서 구입하던 자재를 오너 2세, 3세의 소유회사에 일감을 몰아주는 것은 불공정행위로서 막아야겠지만 그렇다고 해서 대기업이 공정한 규칙하에서 업종을 넓혀가는 것까지 막아서는 안 된다.

정부는 2012년 1월에 동반성장위원회 주도하에 두부, 김 등 82개 품목을 중소기업적합업종으로 선정하여 공표하였다. 이는 권고사항으로 강제성은 없으나 일부 정치권에서는 이를 강제화하여야 한다는 주장도 있는데 이는 매우 위험한 발상이다. 이를 법제화할 경우에는 위헌소지가 있을 뿐 아니라 외국 대기업의 진출도 제한되므로 국제통상의 분쟁대상이 될 수도 있기 때문이다.

따라서 상생협력은 어디까지나 강요에 의하기보다는 합의에 의하여 자발적으로 추진되어야 할 것이다. 기술 및 제품의 공동개발, 정보의 공유, 기술개발자금의 지원, 현금성 결제비율의 제고, 신뢰에 기초한 성과공유제의 구축 등 산업의 경쟁력 향상에 도움이 되는 방향으로 상생협력이 촉진되어

11) 자세한 내용에 대해서는 김현종, 전게서, pp.90-93 참조.

야 할 것이다. 이와 아울러 대기업도 서민들의 생계수단인 골목상권까지 진입하는 문어발식 경영에서 벗어나 약자를 도와주는 사회적 책임을 다하는 것도 상생협력의 좋은 본보기가 될 수 있을 것이다.

# 제 8 장

# 공업화와 경제력 집중

제 8 장

# 공업화와 경제력 집중

제 1 절 **경제력 집중 추이**

우리나라의 공업화정책은 대기업에 유리하게 전개됨으로써 대기업의 급속한 성장을 통해 경제력의 집중화현상을 가져왔고 이로 인하여 대기업이 국민경제에서 차지하는 비중이 크게 증가하였다. 〈표 8-1〉에서 보는 바와

표 8-1 **광공업부문 일반집중률 추이, 1966-2010** (단위: %)

|  | 출하기준 | | 고용기준 | |
|---|---|---|---|---|
|  | 50대 기업 | 100대 기업 | 50대 기업 | 100대 기업 |
| 1966 | 29.0 | 38.5 | 16.4 | 22.7 |
| 1970 | 30.3 | 40.6 | 15.4 | 22.3 |
| 1974 | 32.9 | 43.6 | 16.3 | 23.0 |
| 1981 | 36.6 | 46.2 | 16.5 | 22.8 |
| 1985 | 34.8 | 43.4 | 15.2 | 20.8 |
| 1990 | 30.0 | 37.7 | 13.6 | 18.4 |
| 1995 | 33.6 | 40.4 | 14.5 | 18.2 |
| 2000 | 38.1 | 44.8 | 13.9 | 17.0 |
| 2005 | 38.0 | 44.8 | 13.7 | 16.3 |
| 2010 | 39.4 | 45.6 | 11.1 | 13.2 |

자료: 1966~70년은, 이규억(1977), p.77; 1981~2005년은 이재형(2007), p.110; 2010년은 이재형(2013), p.114.

- 225 -

같이 광공업부문에서 상위 100대 기업의 출하액 비중은 1966년의 38.5%에
서 1970년에는 40.6%, 1981년에는 46.2%로 크게 상승하였다. 이러한 상승추
세는 70년대 중화학공업의 육성정책에 의하여 크게 영향을 받았다.

그러나 80년대에 들어오면서 경제의 안정화와 중화학공업의 구조조정으
로 경제성장이 둔화되면서 대기업의 비중이 떨어졌다가 80년대 후반 경제가
회복되면서 다시 상승하였다. 97년 외환위기 이후에 잠시 떨어졌다가 다시
약간 상승하고 있으나 대체로 40% 중반대에서 안정적인 추세를 보이고 있다.

이와 같은 추세는 50대 기업의 경우에도 발견될 수 있다. 70년대 집중
률이 올라갔다가 80년대 떨어졌다가 외환위기 이후 다시 약간 상승하고 있
으나 대체로 30% 후반대에서 안정되고 있다. 다른 한편 고용집중률을 보면
출하액과는 달리 점진적이지만 대체로 떨어지는 추세를 보이고 있는데 이는
대기업의 고용흡수력이 점점 약화되고 있음을 시사하고 있다.

우리나라 대기업의 집중도는 선진자본주의 국가와 비교할 때 특별히 높
은 수준은 아닌 것으로 평가되고 있다. 1990~93년간 한국, 일본, 미국의 100
대 기업의 고용, 매출, 자산의 평균집중도를 보면 한국이 각각 18.6%, 41.6%,
46.7%, 일본이 21.0%, 39.0%, 34.4%, 미국이 41.1%, 55.7%, 31.9%로 자산에서
만 한국의 집중도가 가장 높을 뿐 고용과 매출면에서는 미국이 가장 높고
우리나라와 일본은 거의 비슷한 수준으로 특별히 높은 수준은 아니다.[1]

그럼에도 불구하고 대기업의 경제력 집중이 유별나게 우리나라에서 문제
가 되는 것은 우리나라의 대기업은 가족중심의 기업집단, 즉 재벌형태로 성장
하여 왔고 이로 인하여 여러 가지 경제적·사회적 문제가 야기되었기 때문이
다. 따라서 30대 기업집단을 기준으로 한 경제력 집중현상을 볼 필요가 있다.

〈표 8-2〉에서 보는 바와 같이 광공업부문에 있어 30대 대기업집단이
출하액, 부가가치, 고용에서 차지하는 비중을 보면 출하액과 고용의 경우
100대 기업의 집중도와 거의 비슷한 추세를 보이고 있는데 이는 100대 기업
의 80% 이상이 재벌의 계열기업으로 구성되고 있기 때문이다.

---

1) 황인학(1997), p.84.

표 8-2   30대 기업집단의 광공업부문 점유율 추이                    (단위: %)

|  | 1981 | 1985 | 1990 | 1992 | 1995 |
|---|---|---|---|---|---|
| 출하액 | 39.7(28.4) | 40.2(30.2) | 35.0(27.1) | 39.7(31.7) | 40.7(33.6) |
| 부가가치 | 30.8(20.4) | 33.1(24.1) | 30.0(22.8) | 35.9(28.0) | 40.2(33.9) |
| 고용 | 19.8(12.1) | 17.6(11.7) | 16.0(11.6) | 17.5(13.1) | 18.0(14.1) |

주: ( )는 10대 기업집단기준임.
자료: 한국개발연구원.

연도별 추이를 보면 80년대 중반까지는 고용을 제외하고는 전반적으로 집중이 심화되었으나 그 이후 완화되었다가 90년대 들어와서 다시 상승하는 추세를 보였다. 이는 86년 이후 정부의 경제력 집중 억제정책과 90년대 김영삼 정부의 규제완화정책이 영향을 미치지 않았나 생각된다. 그러나 10대 기업집단의 점유율을 보면 90년대 중반까지 고용을 제외하고는 전반적으로 집중도가 심화되는 추세를 보이고 있어 경재력집중은 10대 재벌중심으로 심화되었음을 알 수 있다. 이와 같은 10대 기업집단의 집중도가 심화되고 있는 추이는 〈그림 8-1〉에서도 나타나고 있다.

그림 8-1   광공업부문 기업집단 비중의 장기적 변화                   (단위: %)

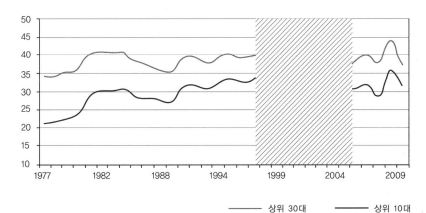

자료: 이재형(2013), p.291.

　　대기업집단에 의한 경제력 집중화현상은 1997년의 외환위기를 계기로 하여 큰 변화를 하였다. 정부는 1998년 재벌의 경영조직, 지배구조 및 사업구조개혁을 주요 내용으로 하는 이른바 5＋3원칙을 발표하여 강도 높은 구조개혁을 단행하였다. 정부가 구조개혁을 추진한데는 재벌의 문어발식 확장과 과대부채 및 외형위주의 성장이 외환위기의 주범으로 보았기 때문이며 재벌개혁 없이는 한국경제의 건전하고 지속적인 성장이 불가능하다고 판단하였다.

　　이러한 정부의 구조개혁으로 대기업집단의 경제력 집중은 2000년대 초까지는 상당히 완화되었으나 그 이후에는 경제가 다시 회복되면서 다시 상승한 것으로 보인다.[2] 〈그림 8-1〉에서 보는 바와 같이 제조업의 경우 30대 기업집단의 집중도는 2006년 이후 상승하였다가 다시 하락하는 등 경기에 따라 기복을 보이고 있고 2009년도에 크게 상승하였다가 2010년에는 다시 떨어지고 있어 외환위기 이전과 별 차이가 없다. 중요한 것은 추세적으로 볼 때 30대 기업집단의 경제력 집중이 심화되는 경향은 없는 것으로 보인다.

　　이러한 30대 기업집단의 안정적인 경제력 집중현상은 비금융업(금융업을 제외한 제조업과 서비스업)에서도 볼 수 있다(〈그림 8-2〉). 비금융업에서 30대 기업집단의 매출액비중을 보면 2000년대 초까지는 약간 떨어지고 있으나 제조업부문의 움직임과 큰 차이는 없다. 비금융업의 집중도는 제조업의 집중도보다는 낮고 대체로 30% 중반대서 안정적으로 움직이고 있다고 할 수 있다.

　　이는 대기업집단이 서비스업에서 차지하는 비중이 별로 크지 않아서 전체 집중도에는 별 영향을 미치지 못하기 때문이다. 예컨대 2010년 서비스산업에 있어 30대 대기업집단의 매출액 비중은 16.1%인 반면 제조업에서의 비중은 45.5%에 달하고 있다. 자산의 집중도 2000년대 초에는 다소 올라가는

---

2) 강선민에 의하면 외환위기 이후 구조조정으로 제조업에서 30대 재벌의 총자산, 매출액, 고용의 비중은 2000년까지 급격히 떨어졌다가 그 이후 2005년까지 약간 상승하는 것으로 추정되고 있다. 강선민(2007), p.64. 한국개발연구원에서는 1990년대 후반부터 2000년대 초까지 기초통계자료의 공백으로 대기업집단의 집중도를 조사하지 않고 있다.

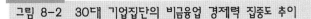

그림 8-2   30대 기업집단의 비금융업 경제력 집중도 추이

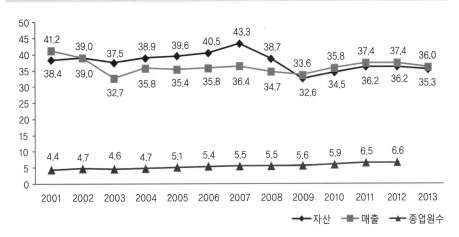

자료: 한국경제연구원.

움직임을 보였으나 다시 하락하여 30% 중반대서 안정되고 있고 고용의 경우에는 오히려 약간 상승하고 있다 .

　우리나라의 경제력 집중은 앞에서 지적한 바와 같이 선진자본주의 국가와 비교해서 특별히 높은 것은 아니다. 그럼에도 불구하고 대기업집단의 자산이나 매출액을 GDP와 비교해서 집중도를 추정하고 이를 근거로 하여 재벌의 경제력 집중의 심각성을 부각시켜 비판하는 경우가 없지 않다. 2011년의 경우 30대 기업집단의 GDP대비 자산은 100.3%, GDP대비 매출은 97.5%에 달하고 있는 것으로 추정되고 있는데 이를 보면 재벌의 경제력 집중이 매우 심각한 것으로 오해하기 쉽다. 그러나 이질적인 두 개의 변수를 비교하여 경제력 집중을 논하는 것은 옳지 못하다. 부가가치개념인 GDP를 매출액과 비교할 수는 없으며 더구나 유량(流量)인 GDP와 저량(貯量)인 자산과 비교하는 것도 옳지 못하다.

　대기업집단이 국민경제에서 차지하는 비중이 얼마나 큰 가를 파악하기 위해서는 동질의 분모와 분자를 가지고 비교하여야 한다. 이러한 기준에 입

각하여 대기업집단의 국민경제적 비중을 다룬 시도가 없지는 않았다. 최승
노에 의하면 30대 기업집단이 창출한 부가가치는 연도별 기복은 있으나 1990
년대 대체로 GDP의 12~15%에 달하는 것으로 추정하고 있고, 매출액기준으
로는 제조업 매출의 25~30% 수준으로 추정하고 있다. 이재형도 매출액기준
으로 30대 기업집단은 1996~2000년에 대체로 36~40% 수준으로 추정하고
있는데 농림수산, 공공행정 등의 산업과 재벌이 참여하지 않은 산업은 제외
되었기 때문에 과대평가된 문제가 있다.3)

부가가치기준의 비교는 기업경영분석의 부가가치와 국민계정상의 부가
가치는 추계방법상 차이가 있기 때문에 이를 비교하기가 쉽지 않다. 따라서
매출액기준으로 하는 것이 상대적으로 용이하다고 할 수 있다. 최승노가 사
용한 기업경영 분석자료는 산업 전체의 매출액 규모를 파악하는 데는 한계
가 있기 때문에 과소평가된 가능성이 높은 반면, 이재형의 수치는 과대평가
된 면이 있기 때문에 매출액 기준으로는 30대 기업의 비중은 산업 전체의
30% 수준을 크게 넘지 않는 것으로 보는 것은 무리가 없다고 할 수 있다.

대기업집단의 경제력 집중과 관련된 또 다른 문제점은 우리나라처럼 수
출을 통해 성장하는 개방경제하에서는 경제력 집중이 과대평가될 가능성이
있다는 것이다. 우리나라의 대기업은 해외에서 생산·수출하는 경우가 많은
데 이런 경우 수출을 많이 하면 할수록 매출집중도는 올라가게 된다. 생산과
매출이 해외에서 발생해도 연결재무재표를 통해 국내 모기업의 실적에 반영
되고 집중도계산에 그대로 반영되기 때문이다. 〈표 8-3〉에서 보는 바와 같
이 수출을 제외한 30대 기업집단의 국내 매출집중도를 보면 그렇지 않은 경
우보다는 현저히 낮다. 매출집중도의 상승은 해외매출신장에 의한 효과이며
이는 국내시장과 아무런 관계가 없기 때문에 국내 매출집중도를 집중도로
보는 것이 합리적이라고 할 수 있다.4)

이상에서 지적한 바와 같이 30대 기업집단의 경제력 집중은 추세적으로

3) 보다 자세한 내용에 대해서는 이재형(2013), pp.281-284 참조.
4) 이에 대해서는 황인학 외(2013), pp.58-59 참조.

| 표 8-3 | 수출을 감안한 30대 기업집단의 경제력 집중 | | | | | | (단위: %) |
|---|---|---|---|---|---|---|---|
| 구분 | | 2003 | 2005 | 2007 | 2009 | 2010 | 2011 |
| 4대 | 매출집중도(A) | 18.7 | 17.4 | 17.3 | 18.0 | 19.3 | 20.1 |
| | 국내 매출집중도(B) | 16.8 | 15.3 | 10.1 | 11.1 | 14.1 | 12.8 |
| | 편의(A−B) | 1.9 | 2.1 | 7.2 | 6.9 | 5.2 | 7.3 |
| 30대 전체 | 매출집중도 | 28.3 | 31.2 | 32.6 | 34.8 | 36.5 | 39.0 |
| | 국내 매출집중도(B) | 23.9 | 29.4 | 20.3 | 22.8 | 26.9 | 25.5 |
| | 편의(A−B) | 4.4 | 1.8 | 12.3 | 12.0 | 9.6 | 13.5 |

자료: 황인학(2013), p.59.

볼 때 심화되는 경향은 없는 것으로 보인다. 매출액기준으로 볼 때 30대 기업집단의 비중이 국민경제에서 차지하는 비중은 30% 수준을 크게 넘지 않을 것으로 보인다. 제조업의 경우는 경기에 따라 기복은 있지만 30% 후반대에서, 비금융업의 경우는 30% 중반대에서 대체로 안정적인 움직임을 보이고 있기 때문이다.

우리나라가 그 동안 대기업 중심으로 성장하여 왔고 또 앞으로도 이들의 역할은 상당기간 동안 계속될 것이기 때문에 재벌들에 의한 어느 정도의 경제력 집중은 불가피하다. 우리가 대기업집단의 경제력 집중을 과소평가하는 것도 좋지 않지만 그렇다고 해서 이를 실제 이상으로 과대평가하는 것도 결코 바람직하지 않기 때문이다. 더구나 오늘날과 같은 완전개방체제하에서 기업의 규모를 가지고 규제하는 것은 문제가 많기 때문에 앞으로는 경제력 집중에 대한 규제보다는 시장집중에 대한 규제로 나갈 필요가 있다.

대기업집단의 문제로는 점유율 집중 외에 소유집중과 사업영역의 다변화문제를 지적할 수 있다. 우리나라 재벌은 계열기업의 확장과 사업영역의 다각화를 통해 급속한 성장을 하여 왔다. 사업영역의 다각화는 급변하는 기업환경에 대응하기 위하여 위험을 분산하고 새로운 유망업종으로 진출하기 위해서는 어느 정도는 불가피하고 또 어떤 면에서는 권장할만하다. 그러나 문제는 자기의 능력 이상으로 금융차입이나 채무보증을 통해 사업영역을 확

장함으로써 재무구조를 악화시켰다는 데 있다. 외환위기가 발생한 1997년
말 30대 기업집단의 평균부채비율은 563.1%였고 일부 대기업은 1,000%를
상회함으로써 외환위기의 주요 요인으로 작용하였다.

그러나 외환위기 이후 정부의 강력한 구조조정으로 재무구조는 크게 개
선되었고 출자총액규제로 문어발식 기업확장도 제한받게 되었다. 이는 대기
업집단의 소유구조에도 적지 않은 변화를 가져왔다. 총수일가의 내부지분율
은 꾸준히 감소하여 2015년 현재 4.3%로 떨어진 반면, 계열사 지분율은 점
점 증가하여 2015년에는 48.5%로 올라갔다. 〈표 8-4〉에서 보는 바와 같이
30대 기업집단의 내부지분율은 외환위기 이후 다소 감소하였으나 그 이후에
는 꾸준히 증가하는 추세를 보이고 있고 2015년에는 55.2%에 이르고 있는
데 이는 계열사 지분율이 증가한 데 기인한다. 이러한 특징은 총수일가가 아
주 적은 지분율을 가지고 대기업집단을 지배한다는 것으로서 지배구조의 취
약성을 반영하고 있다고 하겠다.

**표 8-4  대기업집단[1]의 내부지분율[2] 변동추이** (단위: %)

| | 1996 | 1998 | 2000 | 2002 | 2004 | 2006 | 2008 | 2010 | 2012 | 2014 |
|---|---|---|---|---|---|---|---|---|---|---|
| 내부지분율 | 44.1 | 44.5 | 43.4 | 49.5 | 51.8 | 51.2 | 51.0 | 50.5 | 56.1 | 54.7 |
| 가족지분율 | 10.3 | 7.9 | 4.5 | 7.5 | 4.6 | 5.0 | 4.2 | 4.4 | 4.2 | 4.2 |
| 계열사지분율 | 33.8 | 36.6 | 38.9 | 39.0 | 40.4 | 43.8 | 44.4 | 43.6 | 49.6 | 48.3 |
| 기타 | - | - | - | 3.0 | 2.8 | 2.4 | 2.4 | 2.5 | 2.4 | 2.2 |

주: 1) 대기업집단 지정기준 변경에 따라 2001년까지 30대 기업집단을 대상으로, 2002년부
터는 상호출자제한 기업집단을 대상으로 함(상호출자제한 기업집단은 2002년 자산 2
조원 이상의 기업집단에서 2008년 자산 5조원 이상의 기업집단으로 변경).
2) 내부지분율은 가족지분율, 계열사지분율, 기타지분율의 합계이며, 기타지분율은 비영
리법인 및 등기임원의 지분과 자기주식을 합한 것임.
자료: 공정거래위원회.

## 제 2 절 경제력 집중과 재벌정책

정부가 경제력 집중에 대한 관심을 가지게 된 것은 70년대 중반 이후였다. 1970년대에 들어오면서 중화학공업정책의 추진으로 대기업이 급성장하면서 경제력의 집중화현상이 나타나기 시작하였다. 정부는 중화학공업육성을 위하여 각종 세제금융상의 지원과 함께 보호를 하여 주었으며 이는 대기업의 급속한 성장과 시장의 독과점화를 심화시켰다. 1974년의 시장구조를 보면 공산품의 83%가 독과점 시장구조를 가졌으며 출하기준으로도 64%에 달하였다.[5]

시장의 독과점구조가 심화되면서 나타난 현상 중의 하나가 물가상승이었다. 1973년 제1차 석유파동 이후 물가가 급등하였는데 그 중에서도 독과점품목의 가격이 급등하여 물가상승을 주도하였다. 예컨대 1970~75년 사이에 도매물가는 140%가 상승하였는데 독과점품목의 가격은 거의 200%가 상승한 반면 경쟁품목의 가격은 100%의 상승에 그쳤다.[6]

시장의 독과점구조는 물가외 여러 가지 폐해를 가져오기 때문에 정부는 1976년에 「물가안정 및 공정거래에 관한 법률」을 제정하여 독과점을 규제하기 위한 제도를 마련하였다. 그러나 당시 정부는 중화학공업의 육성에 역점을 두었기 때문에 대기업에 의한 불공정거래와 같은 경쟁제한적인 행위가 있었으나 이에 대해서는 암묵적으로 용인하여 주었다. 따라서 독과점 규제는 가격통제를 통한 물가안정에만 집중되었다.

1980년대 들어오면서 정책기조가 자원배분에 있어 시장기구를 중시하는 방향으로 전환되면서 독과점규제도 경쟁촉진과 공정거래질서 확립이란 측면에서의 접근이 필요하다는 인식이 확산되었다.

이러한 취지에서 정부는 1980년 12월에 「물가안정 및 공정거래에 관한

---

5) 이규억·윤창호(1993), p.350.
6) 이규억(1977), p.133.

법률」을 「독점규제 및 공정거래에 관한 법률」로 대체하여 경제력 집중과 독과점폐해를 규제하기 시작하였다. 그러나 이 법 자체도 원인규제보다는 폐해규제의 성격이 강한 데다, 재벌의 막강한 영향력 때문에 실제 운용은 불공정거래행위나 부당한 국제계약, 불공정하도급거래행위 등 폐해규제에 집중되었으며 경제력 집중, 기업결합, 시장지배적 사업자의 남용행위 등 시장지배의 구조적 문제에 대한 규제는 많지 않았다.

정부가 경제력 집중을 본격적으로 규제하기 시작한 것은 1986년부터였으며 그 이후 여러 차례에 걸쳐 공정거래법을 개정하여 경제력 집중을 규제하고자 하였다. 1986년에는 경제력 집중규제를 하기 위한 대규모 기업집단의 지정제도와 출자총액제한제도를 도입하였고 대규모 기업집단 계열회사간 상호출자를 금지하였다. 1992년에는 대규모 기업집단 계열사간 상호채무보증을 제한하였으며, 1994년에는 출자한도를 순자산의 40% → 20%로 하향 조정하는 등의 조치가 있었다.[7] 이 밖에도 여신관리제도, 업종전문화시책, 대기업의 부동산소유제한 등 백화점식 재벌규제가 있었으나 정책의 일관성 결여, 경기상황, 정경유착 등의 문제로 큰 성과는 거두지 못하였다.

재벌의 경제력 집중에 대한 본격적인 규제는 1997년 외환위기 이후 추진되었다. 재벌의 문어발식 다각화, 과도한 차입경영, 선단식 경영이 구조개혁의 대상으로 지적되면서 정부는 재벌의 사업구조조정, 지배구조개선과 선단식 경영구조의 개선을 위한 다각적인 노력이 있었다. 사업구조조정을 위해서 주력산업의 빅딜정책이 추진되었다. 정부는 1998년 두 차례에 걸쳐 9개 업종에 대한 5대 재벌의 사업교환이 있었으며 선단식 경영구조개선을 위해서는 그룹의 기획조정실을 폐지하고 계열기업간 채무보증을 금지하였다. 지배구조개선을 위해서는 경영투명성 제고, 주주권 강화, 대주주의 책임성 확립 등의 개선이 있었다.

그러나 소유지배구조의 개선이 미흡하다는 지적이 제기되면서 노무현 정부에서는 소유지배구조에 관한 정보공개, 출자총액제한제도의 개선, 금융·

7) 보다 자세한 내용에 대해서는 강선민(2007), pp.48-54 참조.

보험회사 의결권한 축소, 지주회사체제로의 전환유도 등 소유지배구조개선
을 위한 노력이 있었다.

2008년 이명박 정부가 들어서면서 경쟁촉진을 통한 효율성 증대가 강조
되면서 기업규제를 완화하는 방향으로 공정거래정책이 선회하였다. 2009년
에는 공정거래법을 개정하여 출자총액제한제도를 폐지하였고 지주회사에 대
한 규제도 완화하는 등 이른바 친기업적인 정책을 추진함으로써 노무현 정
부의 정책과는 상당한 차이를 보였다. 그러나 2013년에 출범한 박근혜 정부
는 경제양극화에 따른 경제민주화 요구에 부응하여 일감몰아주기 등 총수일
가의 사익편취를 규율하는 한편, 신규 순환출자를 금지하고, 부당 하도급에
대한 3배 손해배상제 등을 도입하였다.

이상에서 지적한 바와 같이 재벌정책이 일관성을 갖지 못하고 경기변동
이나 정권에 따라 대처방안이 변화하는 부침현상을 보여 왔는데 이는 재벌
문제를 보는 철학이나 원칙 없이 정책당국의 편의에 따라 정책이 추진되었
기 때문이다. 대부분의 정권이 정권초기에는 재벌을 강력히 규제하고자 하
다가도 경기가 나빠지면 규제를 완화하였으며, 때로는 사회적 형평을 중시
하는가 하면 때로는 경제적 효율성을 강조하는 혼란상을 보여 왔다.

대기업집단은 한편으로는 경쟁력 있는 기업집단으로 계속 육성할 필요
성이 있는가 하면 다른 한편으로는 규제를 하지 않을 수 없는 양면성을 가
지고 있기 때문에 이를 어떻게 조화시키면서 기업집단의 성장을 유도해 나
가느냐가 재벌정책의 핵심과제라 하겠다.

우리나라의 재벌정책은 자산규모를 기준으로 대규모 기업집단을 지정하
고 경제력 집중을 규제하는 것을 핵심으로 하고 있다. 이 제도가 처음 도입
된 1987년에는 자산총액 4,000억원을 기준으로 하였으나 물가상승과 경제규
모의 확대로 기업집단의 수가 늘어남에 따라 1993년부터는 순위기준으로 상
위 30개 기업집단만을 지정하여 규제하였다.

2002년부터는 기업집단을 형태별로 구분하여 5조원 이상의 기업집단에
대해서는 출자총액제한 등의 규제를 하였고 2조원 이상의 기업집단에 대해

서는 상호출자금지 및 채무보증금지 등의 규제를 하였으며 공기업집단도 규제대상으로 하였다. 이러한 기준의 변경에도 불구하고 규제대상 기업집단 수도 점점 늘어나 2006년에는 59개에 달하였다. 그리고 2008년에는 상호출자제한대상을 자산규모 5조원 이상의 기업집단으로 상향 조정하였다.

이와 같이 자산규모를 가지고 경제력 집중을 규제하는 정책은 다른 나라에서는 유례를 찾기 어려운 독특한 정책이다. 이러한 정책의 배경에는 과거 재벌이 정부의 지원과 보호아래 부를 축적하였기 때문에 재벌이 가지는 경제적 비효율성 외에 공평한 소득분배, 부의 세습차단 등 사회적 형평을 위해서라도 재벌규제가 필요하다는 인식이 깔려있다.

그러나 오늘날과 같은 완전개방경제체제에서 규모가 크다고 하여 규제를 하는 데는 문제가 있다. 물론 경제력 집중에서 오는 경쟁제한행위나 불법이나 탈법과 같은 행위는 엄격하게 규제하여야 하겠지만 기술혁신이나 효율적인 경영 및 투자를 통해 성장하는 기업에 대해 규모가 크다고 해서 규제를 하는 것은 시장경제질서의 창달을 위해서 결코 바람직하다고 할 수 없다. 우리 경제가 지속적인 성장을 위해서는 대기업의 지속적인 투자가 필요하며 이는 필연적으로 규모의 확대로 이어질 수밖에 없는 것이 현실이다. 우리가 성장을 포기하지 않는 한 기업집단의 성장을 막을 수는 없다. 규제를 하였음에도 불구하고 규제대상 기업집단 수는 점점 늘어나고 있다는 사실 자체가 이를 반증하고 있다.[8]

재벌의 국민경제적 비중이 점차 안정되고 있고 더구나 세계경제는 국경없는 시장경제로 통합되는 경제환경 속에서 인위적인 잣대를 가지고 일률적으로 기업을 규제하는 것은 합리적이지 못할 뿐 아니라 실효성도 적다. 선진국가에서는 대기업집단문제가 시장경제의 발전 속에서 자연적으로 축소 또는 소멸되어 왔음을 고려할 때 재벌문제도 경쟁촉진이란 공정거래정책의 기본정신에 입각하여 중장기적인 관점에서 접근하는 것이 바람직하다 하겠다.[9]

---

8) 상호출자제한을 받는 기업집단수는 2008년의 28개에서 2015년에는 41개로 증가하였다.
9) 한국경제60년사-경제일반, p.824 참조.

# 제 9 장

# 개방화정책과
# 개방화과정

# 개방화정책과 개방화과정

## 제 1 절 개방화정책

### 1. 시대적 구분

우리나라가 고도성장을 할 수 있었던 것은 대외지향적 공업화전략을 채택한데 있다. 대외지향적 공업화전략은 수출을 통한 지속적인 성장을 추구하는 정책을 의미한다. 우리나라처럼 자원이 없는 나라가 수출을 하기 위해서는 새로운 산업의 육성이 필요하고 이를 위해서는 보호를 해야 되기 때문에 실제로는 수출진흥정책을 쓰면서도 수입대체정책을 쓰지 않을 수 없었다. 이러한 이유에서 우리나라의 개방화정책은 적지 않은 우여곡절을 겪었다.

1950년대의 원조의존시기에는 대내지향적 개발전략의 채택으로 산업과 무역은 정부의 강력한 통제하에 있었기 때문에 개방화정책은 생각도 할 수 없는 상황이었다. 1960년대 들어오면서 정부는 빈곤퇴치를 위해 고도성장이 필요했고 이를 위해 대외지향적 정책을 채택하여 수출진흥에 총력을 기울였다. 1967년 GATT에 가입하면서 수입자유화도 시도하였으나 국제수지의 압력 때문에 중단하는 등 60년대의 개방화는 큰 진전을 보지 못하였다.

70년대 중화학공업이 육성되면서 개방화정책은 후퇴하였다. 중화학공업육성을 위해 관세 및 비관세장벽을 강화하지 않을 수 없었으며 이에 따라 수입자유화율은 떨어졌다. 1980년대 들어오면서 개발전략이 시장의 기능을 중시하는 방향으로 전개됨에 따라 개방화정책이 추진되어 큰 진전이 있었으나 주로 공산품의 수입자유화에 역점을 두는 제한적인 개방화에 그쳤다. 따라서 개방화정책은 1990년대 UR협상으로 세계화가 급진전되고 1996년 OECD에 가입하면서 전 산업에 걸쳐 본격적으로 추진되었다고 할 수 있다.

이와 같이 우리나라의 개방화정책은 시대상황에 따라 단계적이며 제한적으로 시행되었다고 할 수 있는데 이를 시대별로 보면 다음과 같이 구분할 수 있다.

- 60년대의 개방화시도
- 70년대의 개방화후퇴
- 80년대의 단계적·제한적 개방화
- 90년대의 전면적 개방화

## 2. 60년대의 개방화시도

우리나라의 개방화정책은 1960년대 정부가 대외지향적 개발전략을 추구하면서 시작되었다고 할 수 있다. 1950년대의 전후복구기에 정부는 국민의 기본수요를 충족시키기 위해 대내지향적 개발전략을 쓸 수밖에 없었고 이에 따라 정부는 국내산업을 보호하는 한편 대외무역은 강력한 정부의 통제하에 두었다.

그러나 1950년대 말 전후복구가 거의 완결되고 1960년대 초 군사정부가 들어오면서 경제정책은 일대 변화를 하게 되었다. 국내시장의 협소성을 고려할 때 대내지향적 개발전략으로는 심각한 빈곤문제를 해결할 수 없다는 판단하에 수출촉진에 초점을 맞춘 대외지향적 개발전략을 추진하였다. 그러나 당시의 심각한 국제수지문제 때문에 수출촉진정책을 쓰면서 수입대체정책도 병행하는 일종의 이중적 전략을 취하지 않을 수 없었다. 수입자유화의 노력이 없지 않았으나 국제수지문제 때문에 오래가지 못함으로써 개방화정책은 진전을 보지 못하였다.

수출촉진을 위해 먼저 환율을 현실화하고 환율제도를 종전의 고정환율제에서 변동환율제로 바꾸었다. 정부는 1964년 5월 대미환율을 달러당 130원에서 256원으로 올리는 대폭적인 원화의 평가절하를 단행하였으며 이와 동시에 환율제도를 단일변동환율제도로 변경하였다. 그 이후 환율은 시장수급상황에 따라 유동화가 됨으로써 상당한 현실화가 이루어졌다.

환율조정 외에도 수출촉진을 위해 다양한 세제·금융상의 지원을 하였고 특히 일반대출금리의 반도 되지 않은 저리의 수출금융을 제공하는 등 파격적인 지원을 하였다(〈표 9-1〉). 정부가 수출금융의 금리를 파격적으로 낮춘 이유는 수출을 함에 있어 적어도 금융에서 외국기업보다 불리한 입장에

**표 9-1  수출금융과 일반대출금융의 금리추이**  (단위: %)

| 실시연도 | 수출금융(A) | 일반대출금융(B) | B-A |
|---|---|---|---|
| 1962. 4 | 12.78 | 16.43 | 3.65 |
| 1962. 7 | 10.95 | 16.43 | 5.48 |
| 1962. 12 | 9.13 | 15.70 | 6.57 |
| 1963. 5 | 8.03 | 15.70 | 7.67 |
| 1964. 3 | 8.00 | 16.00 | 8.00 |
| 1965. 9 | 6.50 | 26.00 | 19.50 |
| 1967. 6 | 6.00 | 26.00 | 20.00 |
| 1973. 5 | 7.00 | 15.50 | 8.50 |
| 1974. 1 | 9.00 | 15.50 | 6.50 |
| 1975. 4 | 7.00 | 15.59 | 8.50 |
| 1976. 8 | 8.00 | 18.00 | 10.00 |
| 1978. 6 | 9.00 | 19.00 | 10.00 |
| 1980. 1 | 12.00 | 25.00 | 13.00 |

자료: 졸고(1983), p.195.

서지 않도록 하기 위해서였다. 다시 말하면 수출은 세금도 안 내고 관세도 안 물고 금리도 국제수준에다 아무 통제도 없는 완전 자유무역상태에 있었다고 할 수 있다. 이러한 수출의 자유화정책은 중소기업, 대기업 할 것 없이 수출전선에 뛰어 들게 함으로써 수출신장에 크게 기여하였다.

1964년 원화의 평가절하 이후 국제수지가 다소 개선되면서 정부는 수입규제를 완화하기 시작하였다. 1965년부터 1967년까지 수입자동품목의 수를 늘리고 수입금지품목이나 제한품목을 점진적으로 줄였다. 또한 1967년 GATT에 가입하면서 수입규제를 포지티브 제도에서 네거티브 제도로 바꾸고 최고 관세율도 250%에서 150%로 내리는 등의 관세개혁도 단행하였다. 그러나 이러한 수입자유화 노력은 오래가지 못하였다. 수입자유화로 인한 수입급증으로 국제수지가 악화되자 정부는 1968년 다시 수입규제를 강화하였기 때문이다.

이와 같이 국제수지문제가 수입자유화의 걸림돌로 작용하였는데 이는 수출이 아무리 빨리 증가하여도 수출입규모의 절대적 차이가 워낙 커서 국제수지적자는 계속 증가하는 구조적 문제를 가지고 있었기 때문이다. 예컨대 1964년 우리나라 수출규모는 119백만 달러였는데 수입규모는 404백만 달러로 수입이 수출의 거의 4배에 달하였다. 이러한 수출입 절대규모의 차이 때문에 수출의 급증에도 불구하고 무역수지적자는 계속 증가하였다.

국제수지문제가 아니라도 60년대는 산업정책상 개방화를 적극적으로 추진하기는 어려웠다. 정부의 일관된 정책기조는 공업화정책을 추진하는데 있었으며 이를 위해서는 수입대체산업을 육성해야 했고 관세·비관세상의 보호가 필요하였기 때문이다. 이를 위해 60년대 후반에는 섬유, 철강, 기계공업 등 7개의 개별 산업육성법을 제정하여 이들을 적극 보호하였다. 이로 인하여 60년대는 관세율이 매우 높아 단순평균관세율이 거의 40%에 달하였다.

1967년 GATT 가입과 함께 관세개혁을 단행하였으나 가중평균관세율이 1966년의 43.1%에서 40.6%로 소폭 조정되는데 그쳤다.[1] 수입자유화율도

---

1) Charles R. Frank. Jr. et al., 전게서, p.61.

1967년에는 60.4%로 올라갔으나 그 이후에는 다시 떨어짐으로써 산업보호
는 60년대 후반에 오면서 강화되었다. 이와 같이 정부는 국제수지압력과 수
입대체정책의 추진으로 수입규제는 계속할 수밖에 없었고 이로 인하여 개방
화정책의 시도는 있었으나 오래 지속될 수 없었다.

## 3. 70년대의 개방화후퇴

1960년대 후반기에 시작한 중화학공업육성정책은 1970년대 들어오면서
본격적으로 추진하였다. 이는 조세, 금융, 무역정책면에서 일대 변화를 가져
왔다. 정부는 무역정책을 통해 중화학공업을 보호하는 한편 조세 및 금융정
책에서는 이를 적극적으로 지원하는 방향으로 정책을 개편하였다.

1973년에 관세제도를 개편하여 중화학공업제품과 중간재에 대한 관세
율은 올리는 대신 섬유류 등 소비재에 대한 관세율은 인하하였다. 정부는 중
화학공업을 중심으로 한 이른바 중요사업을 지정하여 이들 산업용으로 국내
생산이 되지 않는 기계 등 자본재수입에 대해서는 관세를 면제하여 주는 반
면 이에 해당되지 않는 산업은 그것이 수출산업이라도 관세면제를 허용하지
않았다. 중요산업은 거의 전부가 수입대체산업이기 때문에 관세개편은 수입
대체산업에는 유리한 반면 수출산업에는 불리하게 작용하였다.

1976년에도 관세를 개편하여 관세구조를 단순화하고 관세율은 전반적
으로 인하하였으나 기계 등 자본재에 대한 관세는 더 인상함으로써 중화학
공업의 보호는 강화되었다. 이와 함께 수입수량규제도 더욱 강화하였는데
자동수입품목의 수는 1967년 이후 점점 감소한 반면 수입금지 및 제한품목
의 수는 늘어나는 추세를 보였다. 이로 인하여 수입자유화율은 1967년의
58.5%에서 1977년에는 52.7%로 떨어졌는 바 개방화정책은 1970년대 와서
후퇴하였다고 할 수 있다(〈그림 9-1〉).

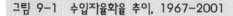

그림 9-1 수입자율화율 추이, 1967-2001 (단위: %)

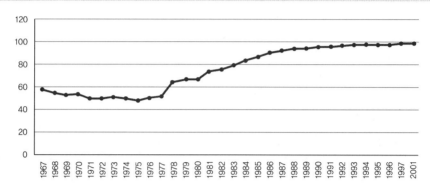

자료: 산업자원부(2003), p.22.

　　물론 70년대도 개방화 노력이 없었던 것은 아니다. 박대통령은 70년대 후반 물가급등 등 경제사정이 악화되자 78년 남덕우 부총리를 물러나게 하고 신현학씨를 부총리로 임명하는 개각을 단행하였다. 신부총리는 긴축적 재정금융정책, 중화학공업투자조정, 물가안정 및 부동산투기억제를 내용으로 하는 종합적인 안정화정책을 발표하였으며 그 일환으로 수입자유화도 추진하였다.

　　석유파동의 진정과 세계경제의 회복으로 인한 수출증대로 경상수지가 76년부터 개선되기 시작하여 77년에는 소폭이나마 흑자를 시현하게 되자 정부는 78년 3차에 걸쳐 수입자유화조치를 취하였다. 이로 인하여 수입자유화율은 78년부터 상승하기 시작하여 79년에는 67.6%에 달하였다. 그러나 79년 제2차 석유파동과 박대통령의 서거로 인한 정치적 혼란으로 수입자유화는 중단되고 안정화정책도 빛을 보지 못하게 되었다.

　　환율도 1970년대 초 몇 차례의 평가절하가 있었으나 74년 이후에는 높은 물가상승에도 불구하고 평가절하가 없었으며 이로 인하여 실질실효환율은 상당히 평가절상되는 결과를 가져왔다. 수출에는 불리함에도 불구하고 원화의 평가절하를 하지 않았던 것은 환율인상으로 인한 비용부담을 중화학공업에 주지 않기 위해서였다.

다른 한편 수출에 대한 지원은 부분적으로 축소하였다. 73년 수출기업에 대한 직접세 감면을 폐지하였고 74년에는 수출용 원자재수입에 대한 관세면제를 분할납부제로 전환하였으며, 75년에는 전력요금할인제를 폐지하고 수출용 원자재의 관세면제를 관세환급제로 전환하였다.

이와 같이 중화학공업육성정책으로 수입대체산업은 크게 보호를 받는 반면 수출산업에 대한 지원은 감축함으로써 70년대의 산업정책이 대내지향적 정책으로 선회하지 않았나 하는 비판도 없지 않다. 그러나 수출에 대한 지원 축소는 그 동안 수출에 대한 지원이 과다하였음을 고려할 때 이를 다소 조정한데 불과하였으며 수출지원정책의 핵심인 수출금융은 계속되었을 뿐 아니라 70년대 들어오면서 중장기 수출금융의 형태로 강화되는 등 정부의 수출중시정책은 계속되었다.

정부는 플랜트, 선박, 철도차량, 기계류 등 중화학공업제품의 수출을 지원하기 위하여 76년 수출입은행을 발족시켜 연불수출을 대폭 강화하였다. 1976년까지만 해도 총수출금융에서 중장기 수출금융이 차지하는 비중이 40% 미만이었으나 77년부터 급속히 증가하여 79년 이후에는 60%를 넘어서는 등 수출금융은 중장기수출금융으로 개편되었다.

이러한 점을 고려할 때 중화학공업정책은 대내지향적 개발전략으로의 개발전략상의 변화라고 할 수는 없다. 선진국의 노동집약적 상품에 대한 보호주의에 대처하고 산업구조의 고도화를 위해서 자본 및 기술집약적인 중화학공업의 육성이 필요했고 이들이 유치산업임을 고려할 때 보호는 불가피하였다. 따라서 개방화의 후퇴는 개발전략의 수정이라고 하기 보다는 중화학공업육성을 위한 정책조정으로 공업화정책의 한 과정으로 보아야 할 것이다.

## 4. 80년대의 점진적·제한적 개방화

1970년대의 중화학공업육성정책은 고도성장을 달성하고 산업구조를 자본 및 기술집약적산업 중심으로 개편하는 되는 일단 성공을 하였다. 그러나 이로 인한 후유증도 만만치 않았다. 무엇보다도 높은 인플레이션과 국제수지적자에 시달려야 했고 이는 79년 제2차 오일쇼크를 거치면서 더욱 악화되었다. 중화학공업에 대한 과도한 지원과 보호는 중복과잉투자를 초래함으로써 중화학공업의 경쟁력을 약화시켰을 뿐 아니라 자원의 효율적 활용이란 점에서도 적지 않은 문제점을 제기하였다.

이와 같은 부작용은 생산성의 저하로 잘 나타나고 있다. 〈표 9-2〉에서 보는 바와 같이 정부의 중화학공업 선언이 있었던 1973년 이전과 이후의 제조업 생산성 추이를 보면 73년 이후 생산성은 전반적으로 떨어졌음을 알 수 있다. 1967~73년 기간 중 총요소생산성은 연평균 8.5%가 증가하였으나 1973~79년에는 2.5%의 증가에 그쳤으며 노동생산성과 자본생산성도 1967~73년에 비하여 크게 떨어졌다.

표 9-2  제조업 생산성증가율, 1967-1979 (단위: %)

|  | 1967~1979 | 1967~1973 | 1973~1979 |
|---|---|---|---|
| 산출(A) | 23.6 | 28.0 | 19.4 |
| 노동생산성 | 12.0 | 16.2 | 7.9 |
| 자본생산성 | 1.9 | 4.5 | -0.5 |
| 총요소생산성(B) | 5.5 | 8.5 | 2.5 |
| B/A | 23.3 | 30.4 | 12.9 |

자료: 김적교 외(1984), p.50, pp.94-95.

특히 주목되는 것은 자본생산성이 연평균 0.5%나 하락하였다는 것인데 이는 주로 철강, 비철금속, 석유정제, 석유 및 석탄제품, 기계, 수송장비와 같은 중화학공업의 자본생산성이 떨어진데 기인하는데 이는 중복과잉투자로 인한 가동률 저하가 크게 영향을 미쳤다.

이와 같이 1973년 이후의 생산성 부진으로 1967~79년 기간에 있어서의 생산성 증가도 대체로 부진하였다. 총요소생산성은 연평균 5.5%의 증가에 그쳤고 노동생산성은 비교적 높은 12.0%의 증가를 보였으나 자본생산성은 1.9%란 미미한 증가만을 보였다. 이 기간에 산출은 23.6%란 높은 증가율을 보였으나 총요소생산성의 성장기여율은 23.3%에 그치고 있어 제조업 성장은 주로 요소투입에 의존하였다는 것을 알 수 있다.

이와 같이 생산성의 성장기여율이 낮고 이것이 주로 중화학공업의 생산성 부진에 연유한데는 중복과잉투자가 상당한 영향을 미친 것은 사실이나 정부의 지나친 보호로 인한 경쟁의 결여로 기업이 생산성 향상이나 기술개발을 할 유인이 없었던 것도 크게 작용하였다고 할 수 있다. 왜냐하면 기업은 국내에서 독과점시장을 가진데다가 인플레이션이 진행되는 상황이기 때문에 구태여 생산성 향상이나 기술개발을 할 필요성을 느끼지 못하였기 때문이다.

이러한 문제를 해결하기 위해서 정부는 무엇보다도 대외개방을 통해 경쟁을 촉진시키는 것이 가장 시급하다고 보았던 것이며 이와 아울러 정부의 지원도 직접적인 지원보다는 기업의 인력이나 기술개발을 도와주는 간접적인 지원이 바람직하다는 인식을 하게 되었다. 다시 말하면 개발전략을 정부의 직접적인 개입보다는 시장의 기능을 활용하는 간접적인 개입방향으로의 수정이 필요하다는 판단을 하게 되었다. 이러한 취지에서 1981년에 집권한 전두환 정부는 여러 부문에 걸쳐 개방화정책을 추진하였다.

우선 수입을 자유화하여 경쟁을 촉진토록 하였다. 1983년에 수입자유화 5개년계획(1983~88)을 세워 수입 자유화율을 1988년까지 95%로 올리기로 하였다. 수입자유화를 하되 자유화될 품목을 예시하여 점진적으로 추진하도록 하였다. 그 당시 산업계로부터 수입자유화에 대하여 상당한 저항이 있었으며 우리의 기술수준으로는 당장 외국기업과 경쟁하기가 어렵기 때문에 상당한 유예기간이 필요하다는 주장이 제기되었던 것이다.

　　이러한 점을 감안하여 정부는 자유화될 품목을 사전에 예시하여 기업들로 하여금 이에 대비토록 하였다. 예시품목의 선정도 산업의 경쟁력 수준을 고려하여 경쟁력이 있는 품목이나 보호의 실효가 없는 품목 및 독과점 품목을 우선적으로 개방하고 경쟁력이 약한 중소기업제품에 대해서는 개방을 늦추도록 하였다. 이에 따라 수입자유화율은 1983년의 80.46%에서 1989년에는 95.5%로 크게 올라갔으며 관세제도도 개편하여 산업의 보호를 줄이도록 하였는데 평균관세율은 1983년의 23.7%에서 1989년에는 12.7%로 떨어졌다 (〈표 9-3〉).

　　수입자유화는 물론 정부의 자율적인 판단에 의하여 시행되었지만 외부로부터의 개방 압력이 상당한 영향을 미쳤다. 1986년부터 국제수지가 흑자로 돌아서면서 미국을 중심으로 한 선진국의 개방 압력이 강화됨에 따라 1988년 정부는 1993년까지 관세율을 OECD 국가 수준으로 낮추고 수입선다변화품목을 제외한 공산품은 거의 100% 수입자유화하기로 하였다.

　　이와 함께 수입자유화로 인한 충격을 완화하기 위한 수입감시제도도 1989년에 폐지하고 자유화된 품목도 제한하도록 한 17개의 각종 특별법도 1987년과 1988년 사이에 폐지하였다. 수입선다변화제도에 묶인 품목수도 80년대 들어오면서 늘어나 1984년에는 590개 품목에 달하였으나 국내제품의 경쟁력이 향상됨에 따라 품목수를 점점 줄이기로 하였다. 이러한 자유화의 노력으로 평균관세율과 수입자유화율은 1993년에 각각 8.9%와 98.1%에 달하였다(〈표 9-3〉).

**표 9-3　우리나라의 평균관세율,[1] 1983-2007**　　　　　　　　　　　　　(단위: %)

|  | 1983 | 1988 | 1989 | 1990~1991 | 1992 | 1993 | 1994~1998 | 1999~2006 | 2007이후 |
|---|---|---|---|---|---|---|---|---|---|
| 전체 | 23.7 | 18.1 | 12.7 | 11.4 | 10.1 | 8.9 | 7.9 | 8.6 | 8.5 |
| 공산품 | 22.6 | 16.9 | 11.2 | 9.7 | 8.4 | 7.1 | 6.2 | 6.3 | 6.9 |
| 농산물 | 31.4 | 25.2 | 20.6 | 19.9 | 18.5 | 17.8 | 16.9 | 18.6 | 16.9 |

주: 1) Σ(세목×세율)/전체세목수.
자료: 기획재정부.

이 밖에 외국인 직접투자도 적극 유치하기로 하였다. 1970년대까지 정부는 수출의 의무화, 투자비율, 로얄티(royalty) 지불조건 등을 통해 외국인 투자를 매우 제한적으로 허용하여 왔다. 그러나 80년대 들어오면서 외채문제가 부각되면서 정부는 국제수지방어를 위해서도 차관보다는 직접투자가 유리하다는 판단하에 1984년 외국인 투자를 포지티브 시스템에서 네거티브 시스템으로 바꾸어 외국인 투자를 대폭 자유화하였다. 이러한 노력으로 외국인 투자는 1980년대 들어와서 크게 증가하였다(〈표 9−4〉). 그러나 외국인 투자 자유화도 주로 제조업에 집중되었으며 서비스와 농·어업, 광업에 대해서는 매우 제한적으로 이루어져 1993년 외국인 투자 자유화율은 84.6%에 그쳤다.2)

기술도입도 1984년부터 자유화하여 승인제를 신고제로 바꾸었다. 외국기술을 도입하고자 하는 기업은 관계기관에 기술도입신고를 한 후 20일 내 정부로부터 의의가 없으면 기술도입은 자동적으로 허용되었다. 환율도 1980년에 20%를 평가절하를 함과 동시에 교역상대국의 물가상승률을 감안한 통화바스켓제도로 이행함으로써 현실화를 시켰다. 이와 같이 1980년대는 국민경제에 주는 충격과 산업의 경쟁력을 고려하여 점진적이며 제한적으로 이루어졌다.

## 5. 90년대의 전면적 개방

1990년대 들어와 UR협상타결이 가시화되면서 세계경제는 국경 없는 단일시장경제체제로 급격하게 변화하고 있었다. 이러한 대외환경 변화에 적극적으로 대응하기 위하여 1993년에 집권한 김영삼 정부는 세계화(globalization)를 국정의 최고지표로 설정하여 개방화정책을 보다 적극적으로 추진하였다. 이는 대외환경 변화에 적극적으로 대응하기 위한 것이기도 하지만 기본적으로

2) 한국경제60년사−대외경제, p.127.

는 개발전략을 정부주도에서 시장주도로 전환하는데 따른 정책변화의 일환으로 보아야 할 것이다.

이를 위하여 김영삼 정부는 상품시장은 물론 서비스시장과 자본시장도 개방하는 본격적인 개방체제로 이행하였으며 1995년의 WTO 출범, 1996년의 OECD 가입, 1997년의 외환위기를 거치면서 완전한 개방체제로 들어가게 되었다.

먼저 상품시장부터 대외개방을 촉진하였다. 앞에서 지적한 바와 같이 정부는 1988년부터 제2차 수입자유화계획에 따라 관세 및 비관세장벽을 계속 완화하여 왔으며 UR 협상을 거치면서 관세율과 수입수량규제는 크게 완화되었다. 평균관세율은 1988년의 18.1%에서 1997년에 7.9%%로 떨어졌는데 공산품과 농산물은 각각 16.9%와 25.2%에서 6.2%와 16.6%로 떨어졌다(〈표 9-3〉).

수입수량규제도 90년대 들어오면서 계속 완화하였는데 수입제한품목은 1994년의 150개 품목에 달하였으나 점점 줄어서 1997년 7월에는 8개 품목만 남았으며 이것도 2001년에는 모두 자유화되었다. 이는 수입선다변화계획이 1999년에 폐지된데다가 쌀 관련품목을 제외하고는 농축산품목을 포함하여 모두가 자유화되었기 때문이다. 쌀은 2004년 재협상결과 2005년부터 2014년까지 10년 동안 다시 관세화를 유예하되 대신 최소시장접근(MMA)방법을 수용하여 매년 일정량을 수입하기로 하였다.

서비스시장은 우루과이라운드협상을 거치면서 본격적인 개방이 시작되었다. 김영삼 정부는 세계화정책의 일환으로 1993년 6월 외국인투자개방5개년계획을 세워 서비스산업에 대한 외국인 직접투자를 적극 유치하기 시작하였다. 1996년 OECD 가입과 함께 개방폭이 확대되었고 1997년 IMF 관리체제로 들어가면서 전면적인 개방이 이루어졌다.

이에 따라 외국인 직접투자 제한업종은 1995년 말 195개에서 1997년 말에는 52개로 줄었고 2009년 4월 현재 29개(완전제한 3, 부분제한 26)로 크게 줄었다. 외국인 직접투자가 완전 제한된 업종은 라디오와 TV방송 및 원자력발전뿐인데 원자력발전은 서비스업으로 보기 어렵기 때문에 순수한 서비스업만 보면 28개가 된다. 그 외의 업종은 국내에 미치는 영향이 매우 민감한 특성상 직접투자한도를 설정하고 있지만 실질적인 개방은 이루어진 상태다.

이와 같은 직접투자개방으로 서비스산업에 대한 외국인 직접투자는 급격히 증가하였다. 〈표 9-4〉에서 보는 바와 같이 1990년대까지만 해도 제조업투자가 대종을 이루었으나 2000년 이후에는 서비스산업에 대한 외국인 투자가 집중적으로 이루어졌다. 이리하여 1962~2008년까지의 전체 외국인 직접투자의 반 이상인 55.5%가 서비스산업에 이루어졌으며 서비스업종 중에는 금융보험업과 도소매업에 대한 투자가 가장 큰 비중을 차지하고 있다.

**표 9-4  산업별 FDI 유치실적, 1962-2008**  (단위: 백만 달러)

|  | 1970 | 1980 | 1990 | 2000 | 2008 | 1962~2008 |
|---|---|---|---|---|---|---|
| 농림어업 | 1 | − | − | 2 | 0 | 98(0.1) |
| 광업 | 0 | − | 1 | 2 | 0 | 328(0.2) |
| 제조업 | 62 | 101 | 520 | 6,877 | 3,002 | 59,475(39.9) |
| 섬유, 직물, 의류 | 5 | − | 19 | 96 | 86 | 1,218 |
| 화공 | 28 | 41 | 109 | 778 | 572 | 10,932 |
| 전기전자 | 9 | 35 | 84 | 2,575 | 1,051 | 19,869 |
| 서비스업 | 7 | 37 | 281 | 8,129 | 8,387 | 82,687(55.5) |
| 도소매 | 1 | 12 | 100 | 2,033 | 938 | 19,274 |
| 금융보험 | 0 | 12 | 125 | 1,925 | 4,608 | 28,481 |
| 전기가스 | − | − | − | 207 | 148 | 3,409(2.3) |
| 건설 | 6 | 6 | 2 | 48 | 168 | 3,017(2.0) |
| 합계 | 76 | 143 | 803 | 15,265 | 11,705 | 149.013(100.0) |

주: ( )안은 구성비(%)임.
자료: 한국경제60년사-대외경제(2010), p.143.

자본시장 개방도 1990년의 시장평균환율제도의 도입, 1992년의 외국인의 국내 상장주식의 직접 취득허용 등의 부분적인 자유화가 있었으나 1996

년 OECD 가입과 1997년 외환위기를 겪으면서 급속도로 진행되었다. 1997년 12월에 환율제도가 일일변동제한폭을 폐지하여 자유변동환율제로 이행하였고 상장채권에 대한 외국인 투자를 허용하였으며 1998년 5월에는 상장주식 및 단기금융상품에 대한 외국인 투자도 자유화되었다. 1999년 4월 자본거래에 대한 규제를 원칙자유·예외규제체계(negative system)로 개편함으로써 금융시장 개방은 급속도로 진전되어 선진국에 못지않은 수준으로 발전하였다.

1998년에는 제1단계 외환자유화계획이 실시되면서 여행경비한도폐지 등 경상지급에 대한 규제를 완전히 자유화하고 자본거래도 원칙자유·예외규제로 바꾸었다. 2002년에는 제2단계 외환자유화계획을 발표하여 제1단계 자유화조치에서 유보되었던 해외이주비 등 개인의 대외지급한도 등을 폐지하였다. 또한 2002년 4월에는 우리나라를 동아세아 금융중심지(financial hub)로 육성하기 위하여 2011년까지의 3단계의 외환시장 중장기 발전방향을 수립·추진하고 있다.[3]

1990년대의 또 하나의 중요한 세계경제환경 변화는 UR협상의 후속조치로 등장한 DDA(Doha Development Agenda)협상이 지연되면서 양자간 협상인 자유무역협정(FTA)이 세계무역질서의 대세로 등장하였다는 점이다. 이러한 환경변화에 적극적으로 대처하기 위하여 정부는 1999년 12월에 칠레와 첫 FTA협상을 재개하여 2002년 10월에 타결(2004년 4월에 발효)하였다.

이후 정부는 거대 경제권을 중심으로 FTA를 적극 추진하여 2010년 1월 현재 7개의 FTA가 체결되었고 5개가 발효되었다. 대표적인 것으로는 한·ASEAN FTA와 한·인도 FTA는 발효되었고 한·미 FTA는 2007년 4월에 타결되어 2012년 3월에 발효되었고 한·EU FTA는 2009년에 가서명되어 2011년 7월에 발효되었다. 이러한 FTA를 체결하면서 농업과 서비스의 추가개방이 이루어짐으로써 명실 공히 완전개방체제로 진입하게 되었다.

---

3) 윤덕룡 외(2008), pp.38-39 참조.

이러한 개방화와 자유화조치는 제조업의 경쟁력을 강화시키는데 적지 않은 기여를 하였다. 앞에서 지적한 바와 같이 1970년대의 중화학공업육성 정책은 높은 성장에도 불구하고 중복·과잉투자로 인한 비효율로 경쟁력은 약화되었고 생산성의 저하로 나타났었다. 이러한 현상은 80년대부터 상당히 개선되는 움직임을 보이고 있다. 〈표 9-5〉에서 보는 바와 같이 제조업의 총요소생산성은 1985~2001년 기간에 연평균 4.3%의 증가율을 보이고 있는 데 이는 70년대의 2.5%에 비하면 상당히 높은 편이다.

**표 9-5  제조업의 성장률, 수출비율 및 생산성증가율, 1985-2001**  (단위: %)

| 부문 | 성장률 | 수출비율[1] | 총요소생산성 |
|---|---|---|---|
| 음식료품 | 5.7 | 5.2 | 1.0 |
| 섬유 및 의복 | 0.0 | 49.2 | 1.1 |
| 지제품 및 인쇄출판 | 6.2 | 10.0 | 1.5 |
| 화학제품 | 10.6 | 22.5 | 1.9 |
| 석유석탄제품 | 9.0 | 22.7 | 4.3 |
| 비금속광물제품 | 6.6 | 6.1 | 3.6 |
| 일차금속제품 | 9.7 | 17.6 | 3.0 |
| 금속제품 | 6.9 | 14.7 | 1.1 |
| 일반기계 | 13.0 | 22.7 | 4.8 |
| 반도체 | 28.9 | 82.3 | 9.3 |
| 전자부분품 | 21.1 | 28.1 | 9.8 |
| IT기기 | 20.0 | 46.1 | 14.0 |
| 가전기기 | 12.0 | 33.8 | 6.9 |
| 수송기계-자동차 | 14.6 | 28.6 | 3.0 |
| 수송기계-자동차 제외 | 10.6 | 89.5 | 5.6 |
| 정밀기계 | 7.2 | 53.8 | 1.5 |
| 기타제조업 | 4.3 | 23.0 | 3.3 |
| 제조업 전체 | 10.6 | 29.8 | 4.3 |

주: 1) 2000년 기준.
자료: 한국의 산업경쟁력 종합연구-통계자료(2003), p.68, p.102, p.103.

　　또한 1970년대까지만 해도 우리나라의 주력수출산업이던 노동집약적인 경공업은 생산성의 부진으로 1980년대부터 경쟁력을 상실하는 반면 중화학공업이 주력수출산업으로 등장하였는데 이는 총요소생산성의 움직임에서도 잘 나타나고 있다. 1985~2001년 기간에 경공업은 전반적으로 생산성의 증가가 저조하고 성장률도 부진한 반면 기계, 전기전자 및 수송기계 등의 중공업은 높은 생산성 증가를 보이고 있고 수출률과 성장률도 매우 높았다.

## 제 2 절　개방화과정

### 1. 개방화의 순서

　　위에서 우리는 개방화정책을 시대별로 구분하여 설명하였는데 여기서는 개방화과정을 주요 시장별로 나누어 좀 더 구체적으로 보기로 한다. 대외개방을 하는 목적이 자원배분의 효율성을 높여 경제성장을 촉진시키는데 있기 때문에 어떤 부문을 먼저 개방하고 또 어떤 부문을 후에 개방하느냐의 결정은 개방화의 성공에 크게 영향을 미칠 수 있다.

　　개방화 또는 자유화의 순서는 여러 가지 측면에서 볼 수 있다. 대외부문과 대내부문간의 순서, 금융부문과 실물부문간의 순서, 실물부문 내에서의 순서 등의 여러 가지 측면에서 볼 수 있는데 어떤 부문이 먼저 자유화된다는 절대적인 기준은 없으며 그 나라의 경제상황에 따라 다룰 수 있다.

　　우리나라처럼 국제수지의 불균형이 심한 나라에서 대외지향적 개발전략을 추구하는 경우에는 일반적으로 실물부문이 금융부문보다 앞서고 실물부문에서도 경쟁력이 있는 산업의 개방이 선행되는 것이 원칙이라 하겠다. 왜냐하면 실물부문을 개방하여 자원이 비교우위가 있는 산업으로 흘러가도록 해서 국제수지를 안정시키는 것이 중요하기 때문이다.

우리나라도 대체로 이러한 원칙하에서 개방화가 이루어졌는데 실물부문이 금융부문보다 선행되었으며 실물부문에서도 농업보다는 제조업이 앞서고 서비스업보다는 농업이 앞서는 순서로 진행되었다. 물론 농업부문의 개방은 외부로부터의 개방 압력이 상당한 영향력을 미쳤으나 전체적으로 볼 때 산업의 경쟁력이 개방화를 결정하는 중요한 요인으로 작용하였다고 할 수 있다.

## 2. 상품시장

상품시장의 개방은 1960년대 들어와서 시작되었으나 국제수지의 불균형 때문에 적지 않은 진통을 겪으면서 단계적으로 진행되었다. 1960년대 초만 하더라도 심각한 외환위기를 겪으면서 정부는 수입을 강력히 규제하는 한편 수출촉진을 위한 종합적인 시책을 시행하였다. 이 결과로 1964년부터 경상수지가 개선되자 1965년부터 정부는 제한적이지만 수입을 자유화하기 시작하였고 1967년 4월에는 GATT에 가입하였다.

GATT 가입으로 수입규제를 포지티브 제도에서 네거티브 제도로 전환하고 수출산업에 대한 지원방식도 직접지원에서 간접지원으로 바꾸는 무역자유화조치를 취하였다. 이러한 제도변화로 수입자유화율은 크게 상승하였으며 수출장려보조금제도와 수출입링크제와 같은 수출에 대한 직접지원은 폐지되었다.

정부는 개방화로 인한 수입수요 급증에 대처하기 위하여 67년 11월 신관세법의 제정을 통하여 부당염매방지관세(不當廉賣防止關稅), 긴급관세, 상계관세 등의 보완대책을 실시하였다. 그러나 67년 하반기부터 수입이 급증하자 수입보증금 적립률을 인상하고 불요불급품목과 단기연불수입을 규제하는 등 수입규제를 다시 강화하기 시작하였으며 이로 인하여 수입자유화는 그 이상 진전을 보지 못하였고 수입자유화율도 떨어졌다. 수입급증이 수입자유화에 기인한다고 보기는 어려우나 수입자유화는 수입증대에 적지 않은 영향

을 미쳤는데 68년도 수입총액의 20% 정도가 수입자유화에 기인한다고 추정
되었다.[4]

이와 같이 60년대의 수입자유화는 2~3년의 단기에 끝났는데 이는 당시
의 국제수지상황이 매우 어려웠기 때문이다. 경상수지적자가 67년에는 GNP
대비 4.6%, 68년에는 8.5%에 달하는 등 위험수준에 있었기 때문에 GATT 가
입 후 1년도 되지 못하여 수입규제를 다시 강화하기 시작하였다. 따라서
GATT 가입으로 형식적으로는 자유화가 되었으나 실질적인 자유화의 진전은
없었다 해도 과언은 아니다.

GATT 가입에 따른 후속대책으로 1967년 11월에 관세제도를 개혁하여
수입자유화에 대비하는 한편 국내산업을 보호하고 수출을 촉진하도록 하였
다. 일부품목의 세율을 종전보다 인상하는 한편 최고세율은 250%에서 150%
로 낮추었으나 관세율 수준은 전반적으로 종전과 같은 높은 수준으로 유지
되었다. 관세구조도 원자재보다는 중간재가 높고 중간재보다는 최종재의 관
세율이 높은 기본구조에 변함이 없었다. 수출용 원자재와 자본재수입에 대
한 관세는 종전처럼 면제되었고 주요 산업과 외국인 기업의 자본재수입에
대해서도 관세는 면제되었다.

1970년대 들어와 중화학공업육성이 본격화되면서 자유화는 더욱 후퇴
하였다. 중화학공업에 대한 비관세장벽을 강화하고 관세율도 인상하였기 때
문이다. 1973년에 관세를 개편하여 중화학공업제품 및 중간재와 사치성소비
재에 대해서는 관세율을 높이는 반면 과거에 높은 관세율이 적용되었던 섬
유제품과 같은 경쟁력이 있는 산업에 대한 관세율은 인하되었다. 이러한 관
세개편으로 평균관세율은 종전의 38.8%에서 31.1%까지 낮아졌다. 그러나 국
제수지적자가 계속됨에 따라 불요불급의 수입을 억제하기 위하여 탄력관세
의 조정폭을 종전의 기본세율의 50%에서 100%까지 확대하는 등 국제수지
의 불안정에 대비토록 하였다.

---

4) Charles R. Frank Jr., 전게서, p.58.

수입수량규제도 더욱 확대되었다. 중화학공업의 육성으로 자본재와 중간재의 국내생산이 증대되었으나 이들은 대부분이 유치산업으로 경쟁력을 갖지 못하였기 때문에 비관세장벽을 통해 보호를 하지 않을 수 없었다. 예컨대 1972년 울산의 석유화학공장이 가동되면서 정부는 자동승인품목이었던 10개의 석유화학제품을 수입제한품목으로 돌렸으며 이러한 조치는 70년대 중반으로 들어가면서 중화학공업 전반으로 확대되었다.

기계공업의 경우 금액기준으로 수입제한된 품목의 비중이 67년의 46%에서 78년에는 79%로 올라갔고 화학공업에서는 23%에서 60%로 올라갔으며 철강공업에서는 35.4%에서 91.2%로 증가하였다. 반면 경쟁력이 있는 섬유제품의 경우는 수입규제를 완화하였는데 수입제한을 받는 품목의 비중이 67년의 88.0%에서 78년에는 66.4%로 크게 줄었다.[5)]

이와 같이 수입제한품목은 증가한 반면 자동승인품목의 수는 감소하여 수입자유화율은 1967년부터 1977년까지 연도별 차이는 있으나 대체로 떨어지는 경향을 보였다(〈그림 9-1〉).

70년대도 수입자유화의 노력이 없었던 것은 아니다. 70년대 후반 세계경제의 회복에 따른 수출증대와 중동의 건설경기로 경상수지가 76년부터 크게 개선되어 77년에는 흑자를 시현하게 되었다. 이에 따라 정부는 1978년 3차(5월, 7월, 9월)에 걸쳐 수입자유화조치를 취하였는데 자유화의 주된 목적은 물가안정에 있었다. 78년 신현학씨가 경제총수로 취임하면서 강력한 안정화정책을 추진하기 시작하였고 수입자유화도 이러한 정책테두리 내에서 시행되었기 때문이다.

자유화 대상품목은 물가안정에 기여할 수 있는 품목, 독과점 품목, 기초소재 및 원자재, 국제경쟁력이 있는 품목 등이며 자유화 유보품목으로는 중화학공업제품으로 개발단계에 있는 품목, 중소기업제품으로 경쟁력이 약한 품목, 고급사치품, 특별법상 제한품목 등이다.[6)] 이와 같은 자유화의 노력으

---

5) Wontack Hong(1991), p.262, table 7.3 참조.
6) 산업자원부(2003), pp.51-58 참조.

로 수입자유화율은 78년부터 올라갔으나 79년의 제2차 석유파동과 박대통령의 서거로 1981년 새로운 정부가 들어서기 전까지 그 이상의 큰 진전은 없었다.

1980년대 들어와서 수입자유화는 본격적으로 추진되었다. 전두환 정부는 70년대 말 중단되었던 수입자유화를 적극적으로 추진하였는데 추진배경에는 상당한 차이가 있다. 70년대 후반의 수입자유화정책은 이미 지적한 바와 같이 주된 목적이 물가안정, 즉 경제안정에 있었다. 물론 그 당시에도 산업의 경쟁력 향상을 위해서도 개방화가 필요하다는 인식이 제기되었으며 그러한 점이 전혀 고려되지 않은 것은 아니나 물가안정이 워낙 시급하였기 때문에 개방화의 초점은 물가안정과 관련된 품목에 주어졌으며 중장기적이고 근본적인 문제를 고려할 수 있는 상황이 되지 못하였다.

80년대의 수입자유화정책의 특징은 중장기적인 개발전략의 일환으로 추진되었다는데 있다. 70년대까지의 정부주도 개발전략으로 고도성장은 이룩하였으나 정부의 지원과 보호로 산업의 경쟁력이 취약하였으며 특히 중화학공업에서 이러한 현상은 심하였다. 따라서 물가안정도 중요하지만 장기적으로는 대외개방을 통해 경쟁력을 제고시키지 않고는 지속적인 수출증대와 성장이 불가능하다는 판단을 하게 되었으며 이러한 취지에 맞게 수입자유화도 예시제란 중장기계획을 세워 추진하게 되었다.

80년대의 수입자유화정책은 자유화예시제를 실시한 84년 이전과 이후, 즉 1981~83년의 전기와 1984~88년의 후기로 나누어 볼 수 있다. 전기에 있어서의 자유화의 기준을 보면 70년대 후반기의 자유화 기준과는 상당히 다른 점을 볼 수 있다. 예컨대 국제경쟁력 제고를 자극할 필요가 있는 품목, 국산개발의 경제적 타당성이 없고 완제품 품질향상을 위하여 수입이 불가피한 기계류의 부품, 관세보호로 경쟁이 가능한 내구소비재, 상당기간 보호에도 불구하고 경쟁력 확보가 어려운 비교열위품목 등 경쟁력이 없는 품목은 과감히 개방하고 그렇지 않은 품목, 예컨대 시장지배력이 강한 독과점품목도 대외에 노출시켜 경쟁력 제고를 유도하고자 하고 있다.

또한 수량규제보다는 관세를 통한 간접적 규제를 하고자 하는 것도 종전의 자유화원칙과는 상당히 다른 점이다. 신규제한품목은 원칙적으로 허용하지 않고 있어 정부의 강한 자유화 의지를 알 수 있다. 이러한 적극적인 자유화조치로 수입자유화율은 1980년의 68.6%에서 1983년에는 80.4%로 상승하였다.[7]

후기의 자유화계획은 연도별로 자유화품목을 예시하여 단계적으로 추진하였는데 이는 기업에게 사전준비기간을 주어 수입자유화로 인한 충격을 완화하고 있다. 상공부는 1983년 초부터 품목별 국제경쟁력의 평가분석, 국내수급상황, 외국의 수입개방요구 등을 검토한 후 1984년 2월에 1984~86년의 수입자유화대상품목을 발표하고 5월에는 1984~88년까지의 수입자유화율과 수입자유화품목을 발표하였는데 기본방향은 다음과 같다.[8]

- 경쟁력 보유품목, 수입제한에 의한 산업보호효과가 적은 품목, 관련제품의 경쟁력 향상에 저해가 되는 품목은 우선적으로 자유화한다.
- 원자재 및 에너지다소비산업 등 구조불황산업과 독과점품목에 대하여는 가급적 조기에 자유화를 하되 국내산업에 잠정적인 대비기간을 부여하여 사업의 충격을 최소화한다.
- 중점적 육성이 필요한 유망전략산업에 대하여는 한시적인 경쟁력 강화기간을 부여한다.
- 농가소득관련 주요 농수산물에 대하여는 근본적인 대책수립때까지 예시유보한다.

이러한 기본방향하에 1988년까지 자유화율을 95.2%까지 올리는 것을 목표로 하였는데 1988년 7월 1일 수입자유화율이 95.4%에 달함으로써 목표는 달성되었다. 개방되지 않은 품목수는 총 7,915품목 중 357개에 불과한데

---

7) 산업자원부, 전게서, pp.84-126 참조.
8) 산업자원부, 전게서, p.176.

이것도 대부분이 농수산물이기 때문에 공산품은 100% 자유화가 되었다 해도 과언은 아니다.

주요 산업별 수입자유화율 추이를 보면 대체로 기본방향에 따라 개방화가 이루어졌음을 알 수 있다. 경쟁력이 강한 의복제조업, 신발제조업, 가죽제품 등이 빨리 개방되었으며 담배, 나무 및 콜크제품, 인쇄출판, 비금속광물제품과 같은 수입제한을 해도 보호효과가 적은 산업도 개방이 빨리 이루어졌다.

이와 반대로 중점적 육성이 필요한 유망전략산업인 대부분의 중화학공업, 예컨대 운수장비제조업, 기계 및 조립금속, 전기 및 전자기기, 철강산업 등의 개방은 천천히 이루어졌다. 음식료 및 담배제조업, 음료품제조업과 같은 내수산업은 보호차원에서 개방이 지연되었으며 섬유제조업, 각종화학제품, 도자기, 유리제품은 중소기업제품이 많기 때문에 개방화로 인한 산업의 충격을 감안하여 개방이 서서히 진행되었다고 할 수 있다.[9]

이와 같은 수량규제 완화와 함께 관세도 점진적으로 인하하였다. 1983년 12월에 관세개혁을 단행하였는데 주요 내용을 보면 다음과 같다.

첫째, 기초원료의 관세율을 인하하여 산업의 경쟁력을 제고하며, 둘째, 경쟁력이 확보된 품목, 독과점품목 또는 전방사업에의 투입비중이 큰 품목은 세율을 종래의 30~40%에서 20%로 인하하고 중소기업제품이나 신규개발품목 등 경쟁력이 약한 품목 등은 연차적으로 인하하며, 셋째, 소비재에 대한 고율관세도 인하하여 내수위주의 산업보호를 지양하며, 넷째, 농산물에 대해서도 원칙적으로 관세율을 인하하되 특별농가소득 농산물에 대해서는 관세율을 유지 또는 인상하여 농가소득을 보장하기로 한다. 이와 같은 관세율 조정으로 평균관세율은 1983년의 23.7%에서 1988년에는 18.1%로 인하하도록 하였다.

1990년대 들어오면서 개발전략이 시장주도개발로 전환됨에 따라 무역

---

9) 한홍열(1993), p.45 참조.

자유화가 급진전되었다. 앞에서 지적한 바와 같이 정부는 1988년부터 제2차 수입자유화계획에 따라 관세 및 비관세장벽을 계속 완화하여 왔는데 UR협상과 외환위기를 거치면서 자유화는 급진전되었다. 평균관세율은 1988년 이후 지속적으로 떨어져 2007년에는 8.5%로 떨어졌으며 수입제한품목도 점점 줄어서 2001년에는 모두 자유화가 되어 수입자유화율은 100%에 달하였다 (〈그림 9-1〉).

### 3. 서비스시장

1980년대 들어오면서 세계무역에서 서비스교역이 차지하는 비중이 점점 증가되자 선진국을 중심으로 그 중요성이 부각되면서 UR협상의 주요 의제로 채택되어 다자간 협상이 진행되었고 그 결과 서비스무역에 관한 일반협정(GATS)이 제정되었다. 이와 같이 서비스산업교역에 대한 다자간 규범이 제정된 배경에는 서비스산업의 경쟁력이 강한 미국의 입김이 상당한 영향을 미쳤다.

우리나라의 서비스산업은 GDP에서 차지하는 비중이 막중함에도 불구하고 그 중요성을 인식하지 못하여 정부의 지원정책은 거의 전무하였고 이로 인하여 낙후되었다. 생산성도 낮아 경쟁력은 매우 취약하여 서비스무역수지는 지속적인 적자를 시현하였다. 이로 인하여 서비스시장 개방은 1980년대까지 해외여행 및 유학의 자유화, 도소매업에 대한 투자제한 완화 등 일부에 그치는 매우 제한적이었다. 그러나 1980년대 중반 이후 우리나라의 국제수지가 호전되면서 미국의 통상 압력이 영화, 통신, 유통, 금융 등 보다 광범위한 분야의 시장개방에까지 확대되기 시작하였고 이것이 UR협상으로 이어지면서 서비스시장 개방은 본격적으로 이루어졌다.

물론 우리나라의 서비스시장 개방은 대외개방 압력이 없었다 해도 경쟁력 제고를 위해서는 개방이 필요하였으나 서비스산업은 그 범위가 매우 넓고 민감한 분야가 많기 때문에 협상에는 신중을 기할 수밖에 없었다. 이리하

여 우리나라는 UR협상에서 총 155개 서비스부문 중 78개 업종에 대해서만
양허를 하였는데 이는 선진국에 비해 상대적으로 낮은 수준이나 개도국보다
는 높은 것으로 평가되고 있다(〈표 9-6〉). 개방에는 완전개방, 부분개방,
개방안함으로 구성되는데 우리나라가 개방을 하지 않은 분야는 의학서비
스, 영화, 라디오, TV서비스, 보건의료서비스, 초등 및 중등교육, 뉴스제공,
도서관, 스포츠 여가서비스 등이며, 자연인의 이동은 전 분야에 제한을 두
었다.[10]

**표 9-6  우루과이라운드 양허표상 서비스분야 주요국별 개방수준[1]**

| 한국 | 미국 | EU | 일본 | 태국 | 싱가포르 | 멕시코 | 중국 |
|------|------|------|------|------|----------|--------|------|
| 0.442 | 0.578 | 0.513 | 0.555 | 0.234 | 0.347 | 0.269 | 0.269 |

주: 1) 11개 서비스업종의 개방수준을 단순평균한 것임.
자료: 한국경제60년사-대외개방(2010), p.285.

1997년 외환위기를 거치면서 서비스시장의 개방은 더욱 확대되었다.
1999년에 외항화물운송업과 카지노업이 개방되었고 2000년에는 고기도매업
과 뉴스제공업에 대한 외국인 투자가 허용되었다. 2009년 4월 현재 서비스
산업 중 라디오와 텔레비전의 2개 업종만이 외국인 투자금지분야이며 신문,
잡지 등 26개 업종은 부분적으로만 허용되었다.

서비스시장은 2007년 미국과의 FTA협상이 체결되면서 통신, 방송, 법
률, 회계분야에서 개방을 확대하기로 하였는데 통신서비스의 경우 기간통신
사업자에 대한 외국인 직접투자는 제한하되 간접투자는 100% 지분을 허용
하고, 방송서비스의 경우도 보도, 종합편성, 홈쇼핑을 제외한 간접투자는
100%까지 허용하였다. 미국 변호사와 회계사 자격소지자는 협정발효 후 5년
간의 이행기간을 거쳐 법률자문서비스를 할 수 있도록 하였으며 전문직자격
소지자는 상호간 인정을 하기로 합의하므로 우리나라 전문인력의 대미진출

---

10) 한국경제60년사-대외개방(2010), pp.284-285 참조.

이 가능해진 점은 큰 성과라 하겠다.

　서비스시장 개방으로 외국인 직접투자는 급증하였다. 우리나라는 1980년대 중반부터 외국인 투자를 장려하여 왔는데 1990년대 들어오면서 이를 더욱 강화하였다. 1991년부터는 외국인 투자에 신고제를 도입하였으며 1992년에는 원칙신고, 예외인가제로 바꾸었고 신고처리기간도 20일 내지 30일에서 3시간 이내로 단축시켰다.

　1996년 OECD 가입과 1997년 외환위기 이후 전면적인 자유화가 이루어졌다. 1998년에 외국인투자촉진법을 제정하여 조세감면, 보조금지급, 외국인 투자지역의 지정 등 각종 인센티브를 부여하였다.11) 이리하여 외국인 투자도 외환위기 이후 급증하였으며 외국인 투자 자유화율도 1993년의 84.6%에서 1998년에는 98.2%로 올라갔고 2008년에는 99.7%에 달하였다(〈표 9-7〉).

**표 9-7　외국인 투자자유화율 추이**

|  | 1998. 1 | 1999. 12 | 2000. 1 | 2001. 3 | 2008. 2 |
|---|---|---|---|---|---|
| 외국인 투자가능업종 | 1,148 | 1,148 | 1,148 | 1,058 | 1,083 |
| 완전제한업종 | 21 | 7 | 4 | 4 | 3 |
| 자유화율(%) | 98.2 | 99.4 | 99.7 | 99.6 | 99.7 |

자료: 지식경제부.

## 4. 자본시장

　우리나라의 자본시장 개방은 1980년대 초부터 단계적으로 추진하기 시작하여 1990년대 들어와 본격화되었다. 1981년 외국인전용수익증권 발행을 시작으로 1984년의 코리아펀드 설정, 1985년의 삼성전자의 해외전환사채 발행 등 부분적인 자본유입의 자유화가 있었으며 80년대 후반에는 경상수지 흑자가 진행되면서 해외여행경비지급과 해외직접투자 등에 대한 규제를 완

11) 한국경제60년사-대외개방(2010), pp.130-135 참조.

화하였으며, 1988년에는 경상거래를 완전히 자유화하고 IMF 8조국으로 이행하였다.

1990년대에 들어와 원화강세와 세계경제의 둔화로 경상수지가 적자로 반전되자 다시 자본유출을 규제하는 한편 장기자본유입을 자유화하는 조치를 취하였다. 1992년에 처음으로 주식시장을 개방하여 외국인들이 일정 한도 내에서 국내 상장주식에 직접투자할 수 있도록 허용하였다. 이러한 부분적인 자유화에도 불구하고 자본시장 개방은 90년대 초까지는 매우 미진하였다. 예컨대 1992년의 경우 자본계정자유화에 관한 OECD 규약에 있는 항목 중 89%가 규제되고 있었는데 이는 OECD 국가의 평균비율인 17%보다 훨씬 높은 수준이다.12)

그러나 김영삼 정부가 들어와 OECD 가입이 구체화되면서 자본시장 개방은 본격화되었다. 정부는 1993년 6월 OECD 가입을 위한 전략으로 제3단계 금융자율화 및 시장개방계획을 발표하였으며 이는 1994년 12월의 외환제도개혁계획과 1995년 12월의 수정계획으로 대체되면서 자유화의 폭은 확대되었다. 정부는 개인 및 기업의 자본유출입에 대해서는 상당한 제한을 두는 반면 은행 및 비은행금융기관에 대한 규제를 대폭 완화하였다. 1993년에 장기외화차입에 대해서는 규제를 하는 한편 외화대출용도에 대한 규제를 완화하고 금융기관의 해외단기차입을 자유화하였다. 이로 인하여 1994년 경기가 상승하면서 금융기관의 단기외화차입이 급증하였고 외화자산과 부채사이의 만기 불일치가 발생하면서 외환위기의 빌미를 제공하였다.

이와 같이 외환위기 이전의 자본시장 자유화계획은 많은 부분에서 원칙허가·예외자유화를 유지하는 소극적인 성격을 벗어나지 못하였으나 1997년 IMF 관리체제로 들어가면서 대외개방은 빠르게 진행되었다. 1997년 12월에는 환율의 일일변동제한폭을 폐지하여 자유변동환율제도로 이행하였으며 1998년 4월에는 외국인의 채권 및 주식투자가 완전 자유화되었으며 6월에는 외

---

12) 한국경제60년사―경제일반(2010), p.49.

국인의 부동산 소유에 대한 규제를 철폐하였고 외국금융기관의 국내 금융기관에 대한 적대적 M&A도 허용하는 등의 자유화가 이루어졌다.

1998년에는 제1단계 외환자유화계획(1988~2001)이 실시되면서 여행경비 한도폐지 등 경상지급에 대한 규제를 완전히 자유화하고 자본거래도 원칙자유·예외규제로 바꾸었다. 2002년에는 제2단계 외환자유화계획을 발표하여 제1단계 자유화조치에서 유보되었던 해외이주비 등 개인의 대외지급한도 등을 폐지하였다. 또한 2002년 4월에는 우리나라를 동아세아 금융중심지로 육성하기 위하여 2011년까지의 3단계의 외환시장 중장기 발전방향을 수립·추진하였다.[13]

이러한 자본자유화의 추진으로 2006년 현재 외환자유화 정도는 OECD 자본이동 자유화규약을 기준으로 할 때 85.1%로서 97년의 65.0%에 비하면 크게 개선되었는데 이는 OECD 30개 회원국 중 중상위권 수준에 해당한다 (〈표 9-8〉). 주요 잔존항목으로는 외국인 투자지분 제한, 보험사의 해외자산 운용한도(총자산의 30%) 제한, 투자목적용 해외부동산 취득 및 지급수단의 수출입제한 등이 있다.[14]

**표 9-8 우리나라 금융시장의 자유화 정도 평가[1)]** (단위: %)

| 한국 | | OECD[2)] | 개도국[3)] | 미국 | 일본 | 독일 | 영국 |
|---|---|---|---|---|---|---|---|
| 1997 | 2006 | | | | | | |
| 65.0 | 85.1 | 89.3 | 84.2 | 95.0 | 86.1 | 89.1 | 86.1 |

주: 1) OECD의 자본이동 자유화 코드에 따른 on/off 방식으로 산출되었음.
　　2) 한국 제외.
　　3) 터키, 멕시코, 체코, 헝가리, 폴란드, 슬로바키아.
자료: 윤덕룡 외(2008), p.60.

---

13) 윤덕룡 외, 전게서, pp.38-39 참조.
14) 윤덕룡 외, 전게서, p.46.

## 5. 개방화정책의 특징과 평가

우리나라의 개방화정책은 지난 반세기 동안 적지 않은 시련이 있었으나 성공적으로 추진되었다고 할 수 있다. 1960년대 시작한 수입자유화정책은 국제수지문제로 오래 지탱을 하지 못하였고 70년대는 중화학공업육성정책으로 자유화는 후퇴할 수밖에 없었다. 70년대 후반에 수입자유화의 노력이 있었지만 역시 국제수지문제로 지속이 불가능하였다.

그러나 80년대 들어오면서 개발전략이 시장기능을 중시하는 방향으로 전환됨에 따라 시장개방이 자원의 효율적 활용을 위해서도 필요하다는 인식을 하게 되면서 개방화는 적극적으로 추진되었다. 수입자유화 예시제를 통하여 자유화로 인한 충격을 줄이도록 하는 한편 경쟁력이 있는 산업부터 단계적으로 실시하였다. 거시경제의 안정을 통해 개방화정책을 뒷받침하여 주었으며 안정화정책이 성공을 하면서 국제수지도 안정되는 선순환과정이 이어졌다.

90년대 와서는 세계화의 급진전에 따라 시장개방은 더욱 확대되었고 WTO 출현과 OECD 가입 및 외환위기를 겪으면서 농업, 서비스 및 자본시장의 개방을 포함하는 전면적인 개방체제로 진입하게 되었다. 이 과정에서 IMF의 관리를 받는 시기도 있었으나 전체적으로 보아 우리나라의 개방화정책은 수출주도형 공업화정책을 성공적으로 수행하는데 결정적인 역할을 하였다고 평가할 수 있다. 개방화정책의 중요한 특징으로는 다음과 같은 것을 지적할 수 있다.

첫째, 우리나라의 개방화정책은 개발전략과 비교적 잘 조화를 이루면서 진행되었다고 할 수 있다. 60년대의 수출드라이브 시기에는 수입자유화에는 실패했지만 적극적인 수출자유화정책을 통해 수출주도형 공업화과정의 기반을 조성하였으며 70년대는 중화학공업육성을 위해서 자유화는 유보되었다. 80년대는 무역과 기술도입 및 외국투자를 제한적이지만 자유화함으로써 시장지향적 개발전략을 적극 지원하였으며 90년대는 농업, 서비스 및 자본시장을 전면 개방함으로써 세계화 추세에 대처하였다.

물론 이 과정에서 성급한 자본시장 개방으로 외환위기를 당하였으나 과감한 개방화와 구조조정을 통하여 이를 조기에 극복할 수 있었다.

둘째, 우리나라의 시장개방은 국제수지문제로 점진적이며 단계적으로 추진함으로써 자유화에서 오는 충격을 최소화하도록 하였다. 70년대까지는 국제수지문제로 수입자유화는 매우 소극적으로 추진되었으며, 80년대에 와서도 수입자유화 예시제를 통하여 경쟁력이 있는 산업이나 경쟁이 필요한 산업은 먼저 개방을 하고 보호가 필요한 산업은 자유화를 늦게 하는 한편 기업의 기술개발을 지원함으로써 자유화에 대비토록 하였다.

셋째, 우리나라의 개방화는 무역자유화가 앞서고 서비스와 자본시장이 그 뒤를 이었다.

실물부문 내에서는 농업보다는 제조업이 앞서고 서비스업보다는 농업이 선행되는 순서로 진행되었다. 농업부문의 개방은 외부로부터의 개방 압력이 상당한 영향력을 미쳤으나 전체적으로 볼 때 산업의 경쟁력이 개방화를 결정하는 중요한 요인으로 작용하였다. 실물부문이 금융부문보다 개방이 선행된 것은 금융부문의 개방이 선행될 경우에는 심한 자본의 유출·입으로 환율과 국제수지의 안정을 기하기 어렵기 때문이었다.

넷째, 우리나라의 개방화정책이 성공할 수 있었던 중요한 요인 중의 하나로 80년대의 안정화정책을 들지 않을 수 없다. 60년대와 70년대의 수입자유화정책이 실패한데는 물가와 국제수지불안에 기인하였는데 80년대는 물가안정이 국제수지안정으로 이어짐으로써 개방화정책이 무리 없이 진행될 수 있는 토대를 마련하였다.

이상에서 지적한 요인으로 개방화정책은 성공적으로 수행되었으며 이를 통하여 수출이 경제성장의 견인차 역할을 하였다. 〈표 9-9〉에서 보는 바와 같이 우리나라의 수출은 1965~2006년 사이에 연평균 11.7%의 실질성장을 함으로써 경제성장을 주도하였는데 이 기간에 GDP는 연평균 7.3%나 성장하였다. 특히 주목되는 것은 과거 40년 동안 수출증가율이 개방화정책을 추

진하여 온 다른 어떤 개도국보다도 높았으며 GDP성장률도 싱가포르를 제외
하고는 가장 높았다.

**표 9-9  주요 동남아국가의 수출 및 경제성장률, 1965~2006**  (단위: %)

| | 실질 연평균 성장률(%) | |
| | GDP | 수출(상품+서비스) |
| | 1965~2006 | 1965~2006 |
| (대외지향적 국가) | | |
| 싱가포르 | 8.0 | 10.0 |
| 홍콩 | 6.4 | 9.3 |
| 한국 | 7.3 | 11.7 |
| 태국 | 6.5 | 10.5 |
| 말레이시아 | 6.5 | 9.2 |
| (대내지향적 국가) | | |
| 아르헨티나 | 2.4 | 5.9 |
| 멕시코 | 4.0 | 7.7 |
| 페루 | 2.9 | 4.3 |
| 파키스탄 | 5.3 | 6.6 |
| 인도 | 5.0 | 10.1 |

자료: 한국경제60년사-대외개방(2010), p.28.

# 인적자본형성과 기술개발

# 인적자본형성과 기술개발

## 제1절  교육과 인적자원개발

　　우리나라가 성공적인 경제발전을 할 수 있었던 것은 교육을 통한 인적
자원개발이 잘 이루어졌기 때문에 가능하였다고 하는 것이 일반적 평가다.
교육은 사람에게 지식과 기술을 습득케 하고 적응력을 키워줌으로써 지적이
며 생산적인 사람을 양성한다. 다시 말하면 교육은 노동력의 질적 향상을 통
해 생산성을 증진시키고 기술혁신을 촉진시킴으로써 경제발전에 기여한다는
것이다. 이러한 의미에서 교육을 받은 노동력은 기계나 건물과 같은 물적자
본(physical capital)에 비유되는 인적자본(human capital)이라고 하며 교육이
경제발전에서 중시되는 이유도 여기에 있다.

　　인적자본형성의 관점에서 본 교육은 취학률, 교육에 대한 투자, 교원
1인당 학생수, 국민의 학력연수 등의 지표로 파악되는 것이 일반적이다. 따
라서 여기서는 우리나라의 공업화과정에서 인적자원개발이 어떻게 이루어져
왔고 경제발전에 어떤 영향을 미쳤는가를 교육단계별로 검토하기로 한다.

### 1. 초등교육의 빠른 보편화

　　우리나라는 일찍부터 초등교육의 보편화를 적극 추진하였다. 해방 이후
정부는 초등교육에 투자우선순위를 두었다. 1954년부터 의무교육완성6개년

계획을 추진한 결과 초등학교 취학률은 급속히 증가하였다. 1954년의 82.5%
에서 1959년에는 96.4%에 달하였으며, 1965년에는 100.7%로 완전 취학상태
에 이르렀다.[1]

이와 같은 초등학교 취학률의 상승은 국제적으로 유례를 찾기 어려울
정도로 높다. 우리나라의 취학률 수치는 산출방식이나 자료의 발행연도에
따라 다소 다르게 나타나고 있어 국제적 비교에는 문제가 있으나 유네스코
에서 발행한 자료에 의해서도 1965년의 우리나라 초등교육 취학률은 92%에
달하였는데 이는 〈표 10-1〉에서 보는 바와 같이 개발도상국과는 비교도 되지

**표 10-1  학교급별 국가군별 취학률 추이**  (단위: %)

| 국가/연도 | | 1960 | 1965 | 1970 | 1975 | 1980 | 1985 | 1990 |
|---|---|---|---|---|---|---|---|---|
| 한국 | 초등 | (94) | 92 | 96 | 99 | 100 | 94 | 100 |
| | 중등 | (27) | 31 | 39 | 52 | 89 | 84 | 84 |
| | 고등 | (4.6) | (6.2) | (8.0) | (10.3) | (15.8) | (34.2) | (39.7) |
| 아시아<br>(아랍국 제외) | 초등 | 52.5 | 60.3 | 60.6 | 68.3 | 70.5 | 77.2 | 80.5 |
| | 중등 | 41.0 | 31.9 | 37.6 | 43.9 | 41.8 | 42.1 | 44.9 |
| | 고등 | 8.7 | 5.7 | 11.1 | 14.2 | 15.8 | 13.7 | 12.9 |
| 북미 | 초등 | 100.0 | 99.4 | 100.0 | 100.0 | 100.0 | 100.0 | 100.0 |
| | 중등 | 94.5 | 94.9 | 89.8 | 100.0 | 100.0 | 100.0 | 94.4 |
| | 고등 | 30.4 | 40.1 | 48.2 | 48.9 | 48.5 | 53.1 | 66.8 |
| 유럽 | 초등 | 86.8 | 92.3 | 89.2 | 89.7 | 90.3 | 89.3 | 88.9 |
| | 중등 | 60.1 | 67.8 | 70.1 | 74.8 | 76.5 | 80.1 | 81.6 |
| | 고등 | 12.9 | 17.6 | 22.9 | 25.3 | 25.8 | 27.8 | 33.9 |
| 선진국<br>(developed<br>countries) | 초등 | 91.1 | 91.5 | 92.4 | 92.6 | 92.2 | 91.2 | 91.6 |
| | 중등 | 69.3 | 79.1 | 76.1 | 80.7 | 81.0 | 85.6 | 85.8 |
| | 고등 | 15.1 | 24.5 | 27.2 | 30.0 | 30.8 | 32.8 | 39.5 |

주: 취학률=해당 연령 학생수/해당 연령 인구.
  (  )=총취학 학생수/해당 연령 인구.
자료: 김영화 외(1997), p.155.

---

1) 김영화 외(1997), p.154.

않을 뿐 아니라 북미와 유럽 등 선진국가(developed countries)의 취학률과 거의 같은 수준이다.[2]

급속한 초등교육의 팽창은 미국의 영향을 많이 받았다. 미 군정(美 軍政)은 한국에서 민주주의 사회를 실현하기 위해서는 교육이 가장 중요하다고 보고 1946년부터 초등교육의 의무교육을 실시코자 시설의 증설과 재원을 확보하는 등의 많은 노력을 기울였다. 1948년까지 100만명 이상의 성인을 문자해독과 기초교육을 위한 공민(公民)학교에 취학시키는 등 문맹퇴치에도 적극 참여하였다. 정부수립 후에는 교실건축, 중등 및 실업교육시설지원, 고등교육과 교사훈련을 위하여 1억 달러의 원조를 하였다. 미국의 원조가 고등교육을 지나치게 강조하였다는 비판이 없지 않으나 우리나라의 초등 및 중등교육부문의 교육기회를 확대시키는데 결정적인 역할을 한 것으로 평가되고 있다.[3]

의무교육제도는 정부가 1954년부터 의무교육6개년계획(1954~1959)을 세워 본격적으로 추진되었다. 60년대 와서도 몇 차례 의무교육시설확충5개년계획을 수립·추진함으로써 초등교육의 빠른 보편화가 이루어졌고 교육여건도 현저히 개선되었다. 이에 따라 교육예산도 크게 늘어났다. 정부예산 대비 교육예산은 한국전쟁으로 잠시 주춤하다가 50년대 후반부터 급격히 늘어나 1960년대는 정부예산의 17%에 달하였다(〈그림 10-1〉). 교육예산의 거의 80%가 의무교육에 지출됨으로써 초등교육은 빠르게 진행되었다.

초등교육의 빠른 보편화는 1960년대의 노동집약적 공업화에 필요한 양질의 저렴한 노동력을 공급하여 줌으로써 경제발전에 크게 기여하였으며, 특히 남녀가 비교적 균등한 교육기회를 받을 수 있게 됨으로써 여성의 취업

---

2) 우리나라의 취학률은 총취학학생수를 해당 적령인구(6~11세)로 나눈 값으로 계산하기 때문에 100% 이상이 될 수 있다. 이러한 개념의 취학률은 해당 연령 학생수를 해당 연령 인구로 나눈 취학률보다 일반적으로 높게 나타나는데 국제기관에서는 취학률을 후자의 개념으로 사용하는 것이 일반적이다. 이러한 관계로 우리나라 정부가 발표하는 취학률은 유네스코가 발표하는 취학률보다 높게 나타난다.

3) 김영봉 외(1980), pp.110-111.

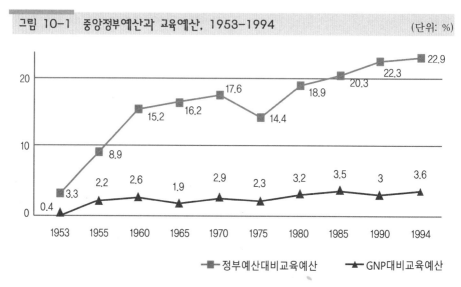

그림 10-1 중앙정부예산과 교육예산, 1953-1994                     (단위: %)

자료: 1953, 1955년은 통계청(1997), p.469; 1960~1994년은 한국의 교육지표(1994), p.304.

기회를 확대하는데도 크게 기여하였다.

예컨대 1965년 우리나라 여성의 초등교육 취학률은 97%에 달하였는데 이는 99.5%에 달하였던 북미지역을 제외하고는 가장 높았다. 유럽의 경우도 92.2%에 그쳤으며 남미는 64.7%, 아시아는 41.9%에 불과하였다.[4] 1965년 초등학교 졸업학생의 중학교 진학률이 45%에 불과하였음을 고려할 때 초등학교 여자 졸업생 가운데 상당수가 노동집약적인 경공업분야에 취업하였을 것으로 보이며, 특히 이들은 섬유, 신발, 가발, 합판 등 60년대의 주요 수출산업에서 노동력의 주역으로 활동함으로써 수출증대에도 크게 기여하였다.

## 2. 중등교육의 확대

초등교육의 의무화가 정착됨에 따라 60년대 들어오면서 정부는 중등교

---

4) 김영화 외, 전게서, p.174.

육의 교육기회를 확대하는데 노력을 기울였다. 초등학교의 경우 60년대 초 거의 완전 취학을 이루었으나 중학교의 경우 취학률은 1960년에 33.3%에 불과하였으며 고등학교는 19.9%에 지나지 않았다. 초등교육 의무화가 정착 되면서 60년대 들어와서 중학교 진학희망자가 급증하기 시작하였고 이로 인 해 입시과열현상이 일어나자 정부는 무시험진학제도(1968)를 도입하는 등 중 학교의 교육기회를 확대하는데 주력하였으며 이 결과 취학률은 1970년에는 50.9%로 크게 올라갔다.[5)]

고등학교 취학률도 상당히 개선되었으나 70년에도 27.9%에 그치고 있 어 60년대는 큰 폭의 증가는 없었다. 고등학교 취학률은 1974년부터 시작된 고등학교 평준화정책이 시행되면서 크게 올라갔기 때문에 60년대 교육정책 은 중학교의 교육기회를 확대하는데 주력하였다고 할 수 있다. 1960년대 중 학교의 취학률은 크게 올라갔으나 고등학교 취학률 상승의 부진으로 인해 중학교와 고등학교를 합한 중등교육의 취학률은 초등학교 취학률에 비하면 매우 낮았다. 〈표 10-1〉에서 보는 바와 같이 1965년의 중등교육 취학률은 31%로서 초등교육 취학률 92%의 1/3 수준에 불과하며 1970년에는 39%로 올라갔으나 초등교육 취학률 96%에 비하면 턱없이 낮았다. 중등교육 취학률 이 낮다는 것은 초등학교나 중학교를 졸업한 학생의 상당수가 노동시장에 뛰어들었다는 것이며, 이들은 저임금하의 노동력 공급원으로 이른바 루이스 적인 자본축적과정을 가능케 함으로써 60년대의 수출증대와 고도성장을 견 인하였다고 할 수 있다.

1960년대 교육정책의 또 하나의 특징은 실업교육을 지속적으로 강조하 였다는 점이다. 경제개발5개년계획의 추진에 따라 기능인력 양성의 필요성 이 부각되면서 정부는 1963년에 실업고등학교 증설, 기업체에 실업기술연수 원의 설치·운영, 실업계학교의 5년제 실업고등전문학교로의 개편, 실업계 교원의 자질향상을 위한 재교육실시, 산업교육진흥법의 제정 등을 내용으로 하는 실업교육진흥책을 발표하였다. 이러한 계획에 힘입어 실업교육은 활기

---

5) 김영화 외, 전게서, p.185.

를 띠어 양적으로 크게 성장하였다. 일반계 고등학교 학생에 대한 실업계 고등학교의 학생수의 비율도 1965년의 40.4%에서 1970년에는 46.6%로 올라갔다(〈그림 10-2〉).

70년대에 와서도 정부의 중화학공업육성정책에 따라 기능인력 확보를 위한 실업교육은 계속 강화되었다. 1973년에는 산업교육진흥법을 개정하여 실업계 학생의 현장실습을 의무화하였으며 1974년부터 공업계 고등학교의 특성화를 추진하였다. 공업고등학교를 기계공고, 특성화공고, 시범공고, 일반공고의 네 유형으로 세분화하였다. 공고의 특성화는 기계, 전자, 화공 등 입지조건과 학교의 특성에 따라 중점분야 중심으로 육성하였으며 실습과 실습위주로 운영되었다. 또한 실업계 고등학교 졸업자의 동일계 대학진학을 우대하는 등 실업계 고교 교육을 크게 장려하였다.

이러한 실업계 고교의 육성정책으로 실업계 고등학교가 10년간 124개교가 늘어나 25.8%의 증가율을 보였으며 학생수도 연평균 10.5%나 크게 늘어남으로써 공업화의 진전에 따라 급속히 증가하는 기능인력 수요를 충당하는 데 크게 기여하였다.[6] 그러나 80년대 들어오면서 정부의 정책이 기능인력 양성보다는 고급기술인력 양성에 중점을 두게 됨에 따라 실업교육은 침체되었다. 공고의 특성화정책과 동일계 대학진학의 우대조치가 폐지되고 정부의 실업계 고등학교에 대한 지원이 크게 감축되고 대학진학에 대한 수요가 늘어나면서 실업계 고교의 선호도가 크게 줄었기 때문이다.

실업계 고교의 위축으로 80년대 말부터 기능인력 부족현상이 일어나자 정부가 다시 실업계 고교 육성을 강화하는 정책을 실시하였으나 실업계 고교의 침체현상을 막을 수는 없었다. 이에 따라 실업계 고등학교의 학생수도 90년대 중반부터 감소하기 시작하여 일반계 고등학교 학생수에 대한 실업계 고등학교 학생수의 비율도 1995년의 42.2%에서 2005년에는 28.5%로 크게 떨어졌다(〈그림 10-2〉).

---

6) 김영화 외, 전게서, p.196.

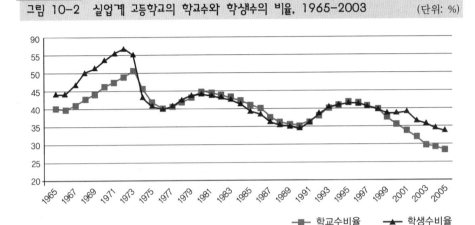

**그림 10-2  실업계 고등학고의 학고수와 학생수의 비율, 1965-2003**        (단위: %)

자료: 강성국 외(2005), p.182

## 3. 고등교육의 팽창

1960년대와 70년대까지 정부는 주로 초등교육과 중등교육의 진흥에 노력을 경주하였다. 1950년대까지 정부의 자유방임적 고등교육 정원정책에 따라 고등교육이 팽창하기는 하였으나 절대취학가능인구의 부족으로 규모는 크지 않았다. 1960년대 들어오면서 군사정부는 강력한 정원 통제정책을 쓰기 시작하였으며 이로 인하여 고등교육의 팽창은 억제되었다. 60년대 정부가 강력한 정원억제정책을 쓴 데는 양적 팽창으로 대학졸업자가 크게 늘어났으나 이를 수용할 수 있는 경제적 기반이 없어 고등실업자를 양산하는 등의 문제가 있었기 때문이다.

1970년대에는 중화학공업육성을 위하여 이공계를 중심으로 부분적인 확대가 있었으며, 실업고등전문학교, 전문학교, 초급대학 등으로 다원화되었던 실업교육기관을 전문대학으로 일원하여 중견기술인력을 양성토록 하는 등의 부분적인 확대는 있었으나 고등교육의 팽창억제기조는 대체로 지속되었다고 할 수 있다. 따라서 1970년대까지는 우리나라 고등교육 취학률은 개발도상국의 평균취학률과 비슷한 수준을 유지하는데 그쳤다(〈표 10 – 1〉).

80년대 들어오면서 졸업정원제와 입학인원의 확대 등 대학의 자유화가 이루어지므로 고등교육은 급격하게 팽창되었다. 졸업정원제는 졸업정원의 30%(전문대학은 15%)를 가산하여 신입생을 모집하데 졸업시에만 정원을 맞추는 제도로서 재수생을 대학으로 흡수하여 과열과외와 입시경쟁을 완화하기 위하여 실시되었다.

졸업정원제실시로 졸업정원의 30%가 더 입학함으로써 학생수가 크게 늘어난 데다 단과대학의 종합대학화, 신규대학의 설립 권장, 전문대학의 4년제 대학으로의 승격, 서울소재 대학의 학생증원 등의 조치를 취함으로써 대학교육 기회는 크게 확대되었다. 고등교육의 취학률도 크게 상승하여 1980년의 15.8%에서 1990년에는 39.7%로 올라가 선진국 수준(39.5%)에 달하였다. 고등학교 졸업생의 대학진학률도 80년의 27.2%에서 90년에는 33.2%로 올라갔다.

90년대 들어와서도 고등교육은 계속 팽창되었다. 김영삼 정부는 대학의 자율화를 대폭 강화하였다. 입학정원을 자율화하고 대학설립준칙주의를 도입하므로 대학과 전문대학의 수가 크게 늘어나 대학교육의 양적 성장은 계속되었다. 중화학공업의 발달로 고급 및 중견기술인력에 대한 수요가 늘어남을 감안하여 정부는 인문사회계열의 증원은 되도록 억제하는 한편 전자, 기계 등 첨단산업분야의 대학정원을 늘리고 공업계열의 전문대학을 대폭 확충하는데 역점을 두었다. 이에 따라 고등교육의 취학률과 진학률은 급격하게 상승하였다.

김대중 정부에 와서는 대학교육의 질적 향상을 위하여 BK(Brain Korea)21 사업을 통해 대학원교육과 산학협동의 강화 등 대학의 경쟁력 강화를 위한 노력이 있었으며 노무현 정부에서 와서는 학생정원감축 등 대학구조개혁을 위한 노력이 있었으나 고등교육의 성장은 계속되었다.

대학의 학생수는 2000년의 166만명에서 2008년에는 194만으로 17%

가 증가하였다.[7] 이는 고등학생의 대학진학률이 매우 높기 때문인데 2010년
우리나라 고등학교 학생의 대학진학률은 82%로 유럽의 40%대, 미국의 60~
70%대, 일본의 50%대에 비하면 매우 높은 편이다.[8]

이상에서 지적한 바와 같이 고등교육정책도 대체로 우리나라의 산업발
전에 따른 기술인력 수요를 고려하면서 전개되었다고 할 수 있다. 60년대는
고급기술인력의 수요가 없었기 때문에 억제정책을 썼으며 70년대는 중화학
공업육성을 위하여 이공계를 중심으로 부분적인 확대가 있었다. 80년대는
경제정책이 시장경제원칙을 중시하는 방향으로 전환됨에 따라 교육정책도
대폭 자유화조치를 단행하였다. 이로 인하여 전반적인 고등교육의 급격한
팽창이 있었으며, 90년대에도 대학정원에 대한 통제가 완화되고 고급기술
인력에 대한 수요가 증대되면서 고등교육은 계속 팽창되었고 학생수도 크게
늘어났다.

이와 같이 지난 반세기 동안 우리나라의 고등교육은 양적으로는 크게
성장하였으나 교육여건은 개선되지 못하였다. 예컨대 교원 1인당 학생수는

그림 10-3  일반대학과 전문대학의 교원 1인당 학생수          (단위: 명)

주: 교원은 전임교원 이상(시간강사수와 조교수는 제외).
자료: 강성국 외(2005), pp.198-199.

7) 한국경제60년사-사회복지·보건(2010), p.473.
8) 조선일보, 2011년 5월 24일.

전문대학의 경우 80년대 이후 급격히 증가하고 있으며 일반대학의 경우도 최근까지 개선되지 않고 있다(〈그림 10-3〉). 또한 고등교육의 급격한 양적 팽창은 후술하는 바와 같이 이에 상응하는 질적 개선을 수반하지 못함으로 써 교육의 거품현상을 가져왔고 특히 외환위기 이후 경제성장이 둔화되면서 고학력자의 취업난을 심화시키는 등의 부작용을 가져왔다.

## 제 2 절　인적자본형성과 경제성장

이상에서 우리는 교육을 인적자원개발이라는 측면에서 교육단계별로 정책의 전개과정과 그 결과를 개괄적으로 살펴보았으며 우리나라의 교육정책이 대체로 경제발전단계에 상응하는 필요인력을 공급하려고 하였음을 지적하였다. 이와 같은 교육정책으로 우리 국민의 교육수준은 크게 향상되었다. 국민의 평균교육연수는 1970년의 5.74년에서 1995년에는 10.25년으로 25년 사이에 약 1.8배가 증가하였다(〈표 10-2〉). 이는 1970년에 우리 국민의 대다수가 초등학교 교육을 받았고 1995년에는 전국민이 중학교 졸업 이상의 교육을 이수하였음을 의미한다.

**표 10-2　국민의 평균교육연수[1]**　　　　　　　　　　　　　　　　　　(단위: 년)

| 1970 | 1975 | 1980 | 1985 | 1990 | 1995 |
|------|------|------|------|------|------|
| 5.74 | 6.62 | 7.61 | 8.58 | 9.54 | 10.25 |

주: 1) 국민의 총교육연수를 학생인구를 제외한 만 6세 이상의 인구로 나눈 값.
자료: 한국의 교육지표(1997), p.7, 한국교육개발원.

1960년만해도 14세 이상 인구의 43.7%가 교육을 전혀 받지 못하였고 36%만이 초등교육을 이수하였다.[9] 이를 고려할 때 지난 35년 동안 우리 국민의 교육수준이 엄청나게 향상되었음을 알 수 있다. OECD 자료에 의하면

---

9) 김영봉 외(1980), p.121.

1995년 현재 우리 국민의 학력구성비는 OECD 평균과 거의 같은 수준으로 높으며, 특히 주목되는 것은 대학(교) 졸업자의 비중이 18%로서 미국을 제외하고는 가장 높다(〈표 10-3〉).[10] 이는 대학교육의 과잉현상을 반영하는 것으로서 그의 경제적 효율성에 많은 문제점을 제기하고 있다. 교육투자의 수익률을 조사한 연구에 의하면 대학교육투자의 사회적 수익률이 중학교나 고등학교의 투자수익률보다 낮은 것으로 평가되고 있다.[11]

**표 10-3  주요국 국민의 학력구성비, 1995**                            (단위: %)

|       | 유치원, 초·중학교 | 고등학교 | 전문대학 | 대학교 |
|-------|------------------|----------|----------|--------|
| 한국  | 40.0             | 42.0     | –        | 18.0   |
| 프랑스 | 32.0            | 50.0     | 8.0      | 11.0   |
| 미국  | 14.0             | 53.0     | 8.0      | 25.0   |
| 영국  | 24.0             | 54.0     | 9.0      | 12.0   |
| 독일  | 16.0             | 61.0     | 10.0     | 13.0   |
| OECD  | 40.0             | 40.0     | 9.0      | 13.0   |

자료: 한국의 교육지표(1997), p.5, 한국교육개발원.

이러한 교육수준의 향상은 많은 교육투자를 수반하였다. 정부의 교육예산은 50년대 후반부터 지속적으로 증가하였는데 1994년에는 정부예산의 22.9%, GNP의 3.6%에 달하였다. 정부의 교육비지출과 학생의 입학금, 수업료, 기성회비 등을 포함한 공교육비도 꾸준히 증가하였는데 1966년의 GNP대비 4.4%에서 1994년에는 5.5%로 올라갔다. 공교육비외 사교육비[12]도 꾸준히 증가하여 1994년에는 GNP대비 5.8%에 달하였다. 놀라운 것은 사교육

---

10) 〈표 10-3〉의 학력구성비는 25세부터 64세까지의 성인인구 중 최종학력 졸업자의 비중이다. 우리나라의 전문대학 졸업자의 비중이 나타나지 않는 것은 전문대학의 4년제 대학으로의 승격과 많은 전문대학 졸업자의 4년제 대학으로의 편입학으로 인하여 최종학력에는 전문대학 졸업자가 많지 않기 때문인 것으로 보인다.

11) 김영봉 외, 상게서, p.184 참조.

12) 교재비, 학용품비, 단체활동비, 사회봉사비, 의료비, 교통비, 과외비, 학원비, 하숙비, 급식비, 잡비 등 학생의 교육을 위하여 직접적으로 지출하는 비용이다.

비의 규모가 공교육비 규모를 능가하였다는 것이다.

이리하여 사교육비를 포함한 총교육비의 대GNP비율은 1966년의 8.8%
에서 1994년에는 11.3% 상승하였다(〈표 10-4〉). 외국의 사교육비 지출에 대
한 자료가 없기 때문에 외국과의 비교는 불가능하나 우리나라의 총교육비
지출은 세계 최고수준인 것으로 평가되고 있다. 특히 과다한 사교육비 지
출은 가계에 많은 부담을 가져오는 등 부작용이 적지 않다. OECD 추계
에 의하면 우리나라의 GDP대비 공교육비는 1994년 현재 미국보다는 조
금 낮지만 일본보다는 높은 6.2%로 OECD 평균인 5.6%보다도 높다(〈표
10-5〉).13)

**표 10-4  GNP대비 교육비 추이, 1966-1994**                                        (단위: %)

|        | 1966 | 1972 | 1975 | 1982 | 1985 | 1990 | 1994 |
|--------|------|------|------|------|------|------|------|
| 총교육비 | 8.8  | 9.7  | 7.7  | 10.7 | 11.8 | 10.2 | 11.3 |
| 공교육비 | 4.4  | 6.0  | 4.5  | 6.6  | 5.9  | 4.9  | 5.5  |
| 사교육비 | 4.4  | 3.7  | 3.2  | 4.1  | 5.9  | 5.3  | 5.8  |

자료: 1966~75년은 김영봉(1982), p.33; 1982~94년은 김영화 외(1997), p.296.

**표 10-5  주요국의 GDP대비 공교육비, 1994**                                       (단위: %)

| 구분   | 총계 | 초·중등교육비 | 고등교육비 |
|--------|------|--------------|------------|
| 한국   | 6.2  | 3.9          | 1.8        |
| 일본   | 4.9  | 3.1          | 1.1        |
| 미국   | 6.6  | 3.9          | 2.4        |
| 프랑스 | 6.2  | 3.8          | 1.1        |
| OECD   | 5.6  | 3.7          | 1.3        |

자료: OECD, Education at a Glance. 1997; 한국의 교육지표, 교육개발원(1997), p.58에서
재인용.

---

13) 한국의 공교육비 6.2%는 〈표 10-4〉의 5.5%보다는 높은데 이는 교육비 추계의 차이에
기인한 것으로 보인다.

교육수준의 향상은 학력별 고용구조에도 많은 변화를 가져왔다. 〈표 10−6〉
에서 보는 바와 같이 1960년에만 해도 취업자의 85.7%가 중졸이하이며 대
졸이상은 1.2%에 불과하여 교육수준은 매우 낮았다. 그러나 정부의 적극적
인 의무교육정책과 중등교육강화책으로 중졸이하의 비중이 급속히 감소하는
한편 고졸의 비중이 크게 늘어나고 대졸자의 비중도 조금씩 증가하는 등 노
동력의 학력구조는 70년대까지 지속적인 질적 개선을 이루었다.

**표 10−6  교육수준별 취업자구성비**                                    (단위: %)

|      | 초졸 이하 | 중졸 | 고졸 | 초·대졸 이상 |
|------|------|------|------|------|
| 1960 | 83.98 | 7.36 | 6.26 | 2.41 |
| 1966 | 74.85 | 8.46 | 12.54 | 4.14 |
| 1970 | 67.43 | 14.93 | 11.51 | 6.13 |
| 1975 | 62.06 | 18.50 | 12.90 | 6.53 |
| 1980 | 51.34 | 20.17 | 21.82 | 6.68 |
| 1985 | 37.75 | 21.14 | 30.86 | 10.26 |
| 1990 | 29.10 | 19.63 | 37.68 | 13.69 |
| 1995 | 21.40 | 16.32 | 43.22 | 19.06 |
| 2000 | 18.02 | 14.76 | 43.21 | 24.01 |

자료: 김동석 외(2002), p.36.

80년대에 와서는 고도성장의 지속과 산업구조의 고도화로 고급기술인력
에 대한 수요가 늘면서 중졸이하 취업자의 비중이 크게 떨어진 반면 대졸자
의 비중은 크게 상승했다. 대졸자의 비중은 1980년의 6.7%에서 1990년에는
13.7%로 올라갔으며 2000년에는 24%에 달하였는데 이는 OECD 국가의 평
균치인 25.6%와 거의 같은 수준이다.[14] 고졸자의 비중은 약간 상승하고 있
는데 이들은 기능인력으로서 산업구조가 고도화되어도 이들에 대한 수요는
증가하기 때문이다.

14) 장수명 외(2004), p.64.

　　이상에서 본 바와 같이 우리나라 노동력의 학력수준은 지난 반세기 동안 크게 상승함으로써 인적자본의 지속적인 축적을 가져왔다. 인적자본15)은 〈표 10-7〉에서 보는 바와 같이 지난 40년 동안 대체로 연평균 1.2% 내외로 증가함으로써 경제성장에 적지 않은 기여를 하였다. 1960~1974년 사이에 인적자본은 연평균 1.18%가 증가함으로써 같은 기간 연평균 경제성장률 9.07%에 대한 기여도는 0.71%에 달하였다. 다시 말하면 경제성장의 7.8%가 교육에 의하여 이루어졌다는 것이다.

**표 10-7　경제성장요인과 인적자본** (단위: %)

| | GDP증가율 | 취업자증가율 | 인적자본<br>증가율 | 물적자본<br>증가율 | 총요소생산성<br>증가율 |
|---|---|---|---|---|---|
| 1960-1974 | 9.07 | 3.55(2.13) | 1.18(0.71) | 7.19(2.88) | 3.35 |
| 1981-1990 | 8.29 | 2.79(1.82) | 1.16(0.76) | 10.11(3.61) | 2.10 |
| 1991-2000 | 5.97 | 1.52(1.00) | 1.33(0.87) | 9.37(3.24) | 0.86 |
| 1981-2000 | 7.13 | 2.16(1.41) | 1.24(0.81) | 9.91(3.43) | 1.48 |

주: (　) 안은 경제성장에 대한 기여도.
자료: 1960~74년은 김영봉 외(1980), p.134; 1981~2000년은 한진희 외(2003), p.10.

　　교육의 경제성장에 대한 기여율은 점점 높아져서 1981~90년 사이에는 9.2%에 달하였으며, 1991~2000년에는 14.6%에 달하였다. 이와 같이 교육의 경제성장에 대한 기여율이 60~70년대보다는 80년대가 높고 80년대보다는 90년대가 높았는데 이는 취업자의 학력구조가 초등교육 → 중등교육 → 고등교육중심으로 향상된데 기인한 것으로 보인다.

---

15) 인적자본은 각년도 취업자의 성별, 연령별 구성비율을 각 그룹별 취업자 1인당 상대임금으로 가중 평균한 값이다.

# 인력 및 기술개발정책

## 1. 기술진흥5개년계획과 인력개발

위에서는 교육이 경제발전과 성장에 얼마나 기여하였는지를 인적자본 축적이란 측면에서 개괄적으로 고찰하였다. 물론 교육수준이 올라가면 과학기술수준도 올라간다고 할 수 있으나 일반적인 교육정책만으로 과학기술의 발전을 논할 수는 없다. 따라서 여기서는 정부가 과학기술발전을 위하여 인력 및 기술개발정책을 어떻게 추진하였는가를 좀 더 구체적으로 살펴보기로 한다.

정부는 제1차 5개년계획이 추진되었던 60년대 초부터 경제개발에 있어 과학기술의 중요성을 인식하여 기술개발계획을 세워 적극적으로 추진하였다. 그 당시 우리나라의 1인당 소득수준이나 교육수준으로 볼 때 기술개발계획을 세우고 추진하였다는 것은 매우 놀라운 일이라 하지 않을 수 없다. 당시 경제개발계획을 담당한 전문가도 그 필요성을 인식을 하지 못하였던 기술개발계획을 작성·추진한데는 박대통령의 기술개발에 대한 관심이 크게 작용한 것으로 보인다. 60년대 초 경제기획원의 기술관리국장으로 우리나라 기술개발계획을 진두지휘하였고 1967년 과학기술처 탄생의 산파역을 하였던 전상근 씨는 그의 회고록에서 다음과 같이 기술하고 있다.

··· "지금으로부터 1962년도 경제기획원 업무보고를 말씀드리겠습니다. ··· 박정희 의장 앞에 나온 그(안종직 종합기획국장)는 ··· 앞으로 5년간의 경제성장목표부터 시작하여 투자계획과 내·외자 동원계획까지 차분히 설명해 나갔다. ··· 박정희 의장은 한참 뒤 입을 열었다. "그런데 기술분야에는 별로 어려운 문제가 없는 것인지 모르겠습니다. 지금 우리가 새로운 공장을 건설하는 마당에 우리가 현재 갖고 있는 기술수준과 기술자만으로 그것이 가능한지 그렇지 않다면 그것에 대한 어떤 대책이 서 있

는지요? 이 점 설명해 주시기 바랍니다." … 이것은 그 자리에 참석했던 사람들에게는 참으로 뜻밖의 질문이었다. … 그 자리에 참석했던 전문가들 중에서 이 같은 최고 통치자의 질문에 대답할 사람은 아무도 없었다. 회의장에는 또 다시 무거운 침묵이 흘렀다. 이때 자리에서 불쑥 일어난 사람이 있었다. 송정범 차관이었다. "각하, 기술수급계획에 대해서는 계획을 별도로 수립하여 보고 드리겠습니다." 박의장은 머리를 끄덕였다."16) …

　이것이 계기가 되어 경제기획원에서는 제1차 경제개발5개년계획의 보완계획으로 제1차 기술진흥5개년계획이 작성되었으며 그 뒤 2차, 3차 계획의 작성으로 이어졌다. 제1차 기술진흥계획에서는 과학기술계 인력개발의 중요성과 양성계획수립, 해외과학두뇌의 유치, 선진기술의 과감한 도입, 과학기술분야에 대한 자원배분상의 우선순위부여, 독립과학기술 전담행정기구의 필요성 등을 주요 내용으로 하고 있다.17)

　여기서 주목되는 것은 인력개발을 기술진흥계획의 핵심사업으로 하고 과학기술 전담행정기구의 필요성이 강조되었다는 점이다. 1967년에 과학기술처가 독립행정부처로 설립되고 과학기술에 대한 대통령의 관심이 커지면서 과학기술정책은 탄력을 받게 되었다. 이와 관련하여 중요한 것은 과학기술정책이 공업화정책을 보완하고 지원하는 방향으로 전개됨으로써 우리나라의 공업화정책을 성공적으로 수행하는데 결정적인 역할을 하였다.

　여기에는 몇 가지 요인이 작용하였는데 첫째는 최고 통치자가 기술개발의 중요성을 일찍 인식, 이를 적극 지원하였으며, 둘째, 과학기술처는 경제기획원 기술관리국의 발전적 해체로 이루어진 관계로 두 부처간의 협력이 비교적 잘 이루어졌고, 셋째, 과학기술처가 인력개발계획을 관장함으로써 효율적인 인력개발계획을 추진할 수 있었기 때문이다.

　우리나라의 과학기술정책은 공업화정책과 잘 조화를 이루어가면서 진행

---

16) 전상근(2010), pp.24-25.
17) 전상근, 전게서, pp.36-38 참조.

되었는데 큰 줄거리를 시대별로 구분하면 60년대는 기능인력 양성에 중점을 두어 노동집약적인 경공업수출을 지원하였고, 70년대는 다양한 전문출연연구소의 설립과 기술인력 양성으로 중화학공업의 육성을 지원하였으며, 80년대는 민간의 연구개발투자를 적극 지원함으로써 기업의 경쟁력 향상을 기하였고, 90년대는 기업의 기술개발능력 향상과 전략적 기술개발전략의 추진으로 제한적이지만 첨단기술제품의 생산에 성공함으로써 기술혁신체계가 모방에서 창조로 전환하기 시작하였다.

따라서 이 장에서는 과학기술정책이 공업화 단계에 따라 어떻게 전개되어 왔는가를 좀 더 구체적으로 살펴보고 공업화과정에 어떤 도움을 주었는지를 시대별로 구분하여 검토하기로 한다.

## 2. 60년대의 기능인력 양성

1960년대의 공업화정책은 풍부한 노동력을 이용한 경공업제품의 수출에 중점을 두었다. 노동집약적인 산업의 성공적인 개발을 위해서는 기능인력의 원활한 공급이 무엇보다 중요하였기에 60년대의 과학기술정책은 기능인력 양성에 초점을 맞추었다.

정부는 열악한 과학기술환경을 고려할 때 최상의 과학기술정책은 우리나라의 유일한 자원인 인력을 개발하여 공업화정책을 지원하는데 있다고 보았다. 1962년 제1차 기술진흥5개년계획의 일환으로 인력개발5개년계획(1962~66)을 수립하여 기능인력을 중심으로 한 인력양성을 적극적으로 추진하였다. 그 당시 우리나라의 과학기술계 인력자원은 30만명 정도로 추정되었는데 이는 전체 고용인구의 3.7%에 불과하였다. 이와 같이 과학기술 인적자원의 양도 적었지만 그 질도 매우 빈약하여 공업화를 추진하는데 큰 걸림돌로 작용하였다.

1인당 국민소득이 100달러도 되지 못한 가난한 나라일 뿐 아니라 노동력이 넘치는 인구과밀국가에서 기술인력 양성을 위한 인력개발계획을 구상하였다는 것은 매우 이례적이고 놀라운 일이라 하지 않을 수 없다. 그 당시 경제기획원에서 인력개발계획을 진두지휘한 분은 미국에서 수학한 엔진이어 출신으로 누구보다 기술과 인력의 중요성을 인식하였다고 할 수 있으며, 이러한 그의 배경이 인력개발계획을 과학기술정책의 핵심과제로 인식하고 이를 적극적으로 추진하는데 큰 영향을 미치지 않았나 생각된다.

제1차 인력개발계획은 몇 가지 측면에서 중요한 내용을 담고 있는데 그 주요 내용은 다음과 같다.[18]

첫째, 과학기술인력을 기술자, 기술공, 기능공으로 분류하여 5년간의 기술인력수급계획을 수립하였으며 이를 위하여 기술계 인력을 분야별, 업종별, 직종별로 나누어 실태를 조사하는 기술계 인적자원조사사업을 실시하였다. 이 조사결과에 의하면 1961년 현재 기술자, 기술공 및 기능공을 합한 우리나라의 총과학기술계 인력은 299,414명으로 그 중 기능공 93.4%, 기술공 3.7%, 기술자 2.9%로 구성되어 있었다.

여기서 기술자(engineer)란 이공계 대학 졸업자와 정부기관에서 공인하는 동등 이상의 자격을 가진 자이며, 기술공이란 실업계 초급대학 졸업자 및 고등학교 졸업자로서 3년 이상 해당 전문분야에 종사하는 자와 정부기관에서 공인하는 동등 이상의 자격을 가진 자이며, 기능공은 기술직종에서 3년 이상의 경험을 가진 숙련공, 1년 이상 3년 미만의 반숙련공 및 1년 미만의 견습공을 총칭한다.

이 조사에서 나타난 바와 같이 우리나라의 기술계 인력의 90% 이상이 기능공으로 구성되고 있어 기술인력 구조가 얼마나 취약한가를 알 수 있다. 이 사업은 1961년에 처음 실시하였으며 그 이후 2년마다 정기적으로 시행하여 인력계획의 기초자료로 사용하였다. 그 당시의 여러 가지 어려운 여건하에서 이러한 조사를 하였다는 것 자체가 매우 획기적이라 하겠다.

둘째, 이공계 대학의 정원과 과의 증설 등 정원조정문제는 문교부로 하여금 경제기획원의 인력계획에 따라 결정하도록 하게 함으로써 경제발전에

---

18) 전상근, 전게서, pp.169-174 참조.

따라 사회가 요구하는 전문인력을 원활히 공급하도록 하였다. 이는 그 전까지 우리나라 교육이 사회가 요구하는 인력의 양성과는 무관하게 이루어짐으로써 인력수급의 불균형이 발생하는 등 자원의 낭비가 심하였는데 이를 방지하고자 하는데 있었다.

셋째, 기술공이 수요에 비하여 공급이 절대적으로 부족한 점을 고려하여 기술공의 공급 확충에 초점을 두었다. 이를 위하여 공업고등학교를 대폭 확충하고 시설과 교육내용을 개선하며, 공업고등학교에 정규교육을 받지 못한 기능공을 기술공으로 양성하는 기술공 양성과정을 두도록 하였다.

각 직장에 사내훈련을 통해 기술공을 양성하도록 하였으며 이를 위해 직업훈련법을 제정하기로 하였다. 이와 같이 60년대 기술인력정책의 핵심은 기능인력의 양성에 있었다. 여기서 기능인력이란 기능공과 기술공을 총칭하는 것으로서 인력개발중심의 기술개발계획은 제2차 기술진흥5개년계획(1967~71)에서도 계속되었다.

이러한 인력정책의 방향에 따라 1967년도에 직업훈련법이 제정되었는데 이 법의 근본취지는 정규학교교육으로는 급격히 늘어나는 기능인력 수요를 충족시킬 수 없기 때문에 사내훈련과 비정규교육을 통하여 기능인력을 획기적으로 양성하고자 하는데 있었다. 이 법의 제정으로 기능인력의 대폭적인 양성과 함께 일정 수준의 기능을 습득케 함으로써 청소년의 능력개발을 통한 고용창출은 물론 제품의 품질향상과 생산성 증가에도 기여할 수 있게 되었다.

이를 위하여 정부는 일정 규모 이상의 기업에 대해서는 사내훈련을 의무화하고 세제상의 유인을 제공하였으며 공공직업훈련기관을 설립하는 등 직업훈련기관을 대폭 확충하였다. 이러한 노력으로 기능인력의 양성은 60년대 후반부터 크게 증가하였다.

〈표 10-8〉에서 보는 바와 같이 제2차 5개년계획기간(1967~71) 중에 직업훈련을 받은 기능인력은 공업고등학교 졸업생을 포함하여 170,612명에 달하였는데 그 중 사내훈련을 포함한 직업훈련기관에서 훈련을 받은 수가

98,863명으로 거의 60%에 달하고 있어 정규학교가 아닌 직업훈련기관이 기능인력 양성에 얼마나 큰 역할을 하였는가를 알 수 있다.

### 표 10-8 훈련기관별 기능인력 양성실적 (단위: 명)

| | 1967~1971 | 1972~1976 | 1977~1981 |
|---|---|---|---|
| 직업훈련기관 | 98,863 | 312,736 | 495,739 |
| 공공 | 36,317 | 81,294 | 120,117 |
| 사내 | 48,225 | 177,350 | 337,388 |
| 인정 | 14,321 | 54,092 | 38,234 |
| 실업고등학교 | 71,749 | 134,718 | 257,152 |
| 합계 | 170,612 | 447,454 | 752,891 |

자료: Jae Won Kim(1986), p.44.

이와 관련하여 특기할만한 것은 정부가 고급과학기술두뇌를 유치하기 시작하였다는 것이다. 기능인력의 양성도 중요하지만 기술개발을 위해서는 연구개발을 수행할 수 있는 고급과학기술인력이 필요하였으나 국내의 열악한 인적자원으로 인해 해외에 있는 한국인 과학자의 유치가 불가피하게 되었다. 이리하여 1966년 KIST 설립을 계기로 해외고급두뇌를 적극 유치하기로 하여 1968~69년에 29명이 유치되었으며 70년대 들어와서 그 수가 크게 증가하였다.

이와 아울러 외국의 기술원조가 우리나라의 인력개발에 적지 않은 공헌을 하였음을 지적하지 않을 수 없다. 우리나라는 한국전쟁 이후 UN과 미국으로부터 기술원조를 받아왔는데 1951~1971년에 180백만 달러 상당의 기술원조를 받았다. 1951~61년 사이에 50백만 달러, 1962~71년에는 130백만 달러에 달하였다. 기술원조는 주로 외국전문가의 초청이나 우리나라 기술자의 해외파견훈련을 위하여 쓰여졌는데 1962~71년에 1,547명의 전문가의 초청과 7,189명의 기술자의 해외파견훈련이 있었다.[19)

---

19) 김영우 외(1997), p.104.

1951~61년 기간에 받은 기술원조의 형태별 자료가 없어 전문가 초청과 파견훈련의 숫자는 알 수 없으나 원조규모에 비추어 보아 그 수가 상당히 클 것으로 보인다. 물론 이들이 모두 과학기술분야의 사람들은 아니나 대부분이 과학기술계 전문가나 기술계인력으로서 각 분야에 걸쳐 기술자문과 기술지도 등을 통해 선진기술의 이전에 적지 않은 공헌을 하였다고 볼 수 있다.

특히 해외파견훈련을 받은 사람들은 대부분이 각 분야의 중견급 실무자들로서 이들의 해외연수는 개발초기의 빈약한 수준에 있는 우리나라 기술인력의 자질향상은 물론 선진기술을 배우고 이를 국내산업에 이전시키는데 큰 역할을 하였다.

이와 같이 60년대의 기술이전은 대부분 비공식적인 형태로 이루어졌다고 할 수 있다. 60년대에도 외국인 직접투자와 기술도입을 위한 노력이 없었던 것은 아니다. 정부는 60년대 초에 외자도입법을 제정하여 외국인의 직접투자를 유인코자하였으나 별효과를 거두지 못하였다. 65년 일본과의 국교정상화가 이루어진 이후 외국인 직접투자가 다소 증가하였으나 규모가 크지 않았고 기술도입도 정부가 국제수지상의 부담 때문에 여러 가지 부대조건을 달게 되어 큰 성과를 거두지 못하였다.

이에 따라 정부는 외국차관을 도입하여 필요한 자본재를 조달하고자 하였다. 1962~71년 동안 외국인 직접투자와 기술도입은 각각 223.0백만 달러와 17.1백만 달러에 불과한 매우 저조한 반면 자본재수입은 같은 기간에 2,857백만 달러에 달하였다. 이와 같이 60년대의 기술이전은 주로 자본재수입을 통하여 이루어졌음을 알 수 있다.[20]

이상에서 본 바와 같이 60년대의 과학기술정책은 인력개발, 그 중에서도 기능인력 개발에 역점을 둠으로써 경공업 중심의 수출산업이 필요로 하는 인력을 원활히 공급하는데 주력하였으며 이를 통해 수출산업의 경쟁력 향상에 크게 기여하였다. 다른 한편 KIST의 설립과 고급과학기술두뇌의 유

---

20) 졸고(1994), p.345.

치를 통해 자체기술개발 기반을 조성하기 시작하였다. 기술개발의 중요성이 부각되면서 정부의 연구개발투자가 크게 증가함으로써 GNP대비 연구개발투자의 비율은 1963년의 0.24%에서 1971년에는 0.31%로 올라갔다(〈표 10 - 10〉).

## 3. 70년대의 자체기술개발 기반구축

70년대 들어와 중화학공업육성을 본격적으로 추진하면서 정부는 자체기술개발능력을 배양하는 정책을 추진하기 시작하였다. 중화학공업은 기술집약적인 산업으로서 기술인력의 양성은 물론 연구개발활동을 할 수 있는 여건을 제공하는 것이 매우 중요하기 때문이다. 정부는 기술인력 양성을 위해 이공계 대학의 학생정원을 직종별 수급계획에 따라 기계·전자·화공분야를 중심으로 조정·확충하고 기능별, 지역별로 특성화된 대학을 육성함으로써 전문기술인력의 원활한 공급을 기하도록 하였다.

이리하여 이공계 대학의 학생수는 70년의 146,414명에서 80년에는 402,979명으로 거의 세 배가 늘어났고 전체 학생수 대비 이공계 학생수의 비율도 70년의 25%에서 79년에는 35%로 증가함으로써 이공계 분야가 대폭 확충되었다.[21] 이러한 양적 성장에도 불구하고 우리나라의 이공계 대학은 실험실습기자재의 부족, 우수교원확보의 어려움 등으로 양질의 고급인력을 양성하기는 어려웠다. 이러한 점을 감안하여 정부는 1971년에 특수 이공계 대학원인 한국과학원(KAIS)을 설립하여 고급과학기술인력을 양성하도록 하였다.

70년대에 들어오면서 해외에 있는 우리나라의 고급두뇌도 적극 유치하였는데 1968~80년 사이에 단기유치를 포함하여 모두 553명이 유치되었다. 이들은 대부분 정부출연연구기관에서 연구활동을 하였는데 선진국 첨단기술의 국내이전과 활용을 촉진하고 우리나라의 연구개발능력을 향상시키는데 결정적 역할을 하였다.

---

21) 김영우 외, 전게서, pp.139-140.

해외두뇌유치는 80년대도 계속되어 1968~90년 사이 연구유치 1,051명, 단기유치 1,127명 합계 2,178명에 달하였다(〈표 10-9〉). 특히 80년대 와서는 민간기업도 직접 많은 해외과학기술두뇌를 유치하여 첨단기술개발에 활용하기 시작하였다.

**표 10-9  재외한국인 과학기술자 유치실적**  (단위: 명)

|  | 영구유치 | | | 단기유치 | | |
|---|---|---|---|---|---|---|
|  | 1968~1980 | 1981~1990 | 계 | 1968~1980 | 1981~1994 | 계 |
| 대학 | 139 | 355 | 494 | 21 | 203 | 224 |
| 연구소 | 130 | 387 | 517 | 182 | 360 | 542 |
| 산업계·기타 | 7 | 33 | 40 | 74 | 287 | 361 |

주: 과학기술처가 주도하여 유치한 인력의 합계임.
자료: 과학기술부(2008), p.78.

중화학공업육성을 위해서는 이공계 교육을 강화하여 전문기술인력을 양성하는 것도 중요하지만 연구개발활동이 이를 뒷받침하지 않으면 실효를 기하기 어렵다. 이 때문에 정부는 1966년에 한국과학기술연구소(KIST)를 설립한 바 있으나 KIST만으로는 늘어나는 연구개발 수요를 충족할 수 없어 1970년대에 들어와서 기계, 금속, 화학, 전자, 전기, 통신, 선박, 해양개발, 자원개발, 표준, 핵개발 등 전문분야별로 독립적인 정부출연기관들을 잇따라 설립하였으며 1980년에는 무려 19개 기관에 달하였다.

당시의 우리나라 대학이나 민간기업은 연구개발을 수행할 여건이나 능력을 갖고 있지 못하였기 때문에 이들 출연연구소는 산업계의 수탁연구를 통해 기업이 필요로 하는 기술의 선정과 도입기술의 소화·개량을 지원하여 주었다. 이와 같이 70년대는 정부가 출연하여 세운 연구기관이 우리나라의 연구개발활동을 주도하였으며 연구개발비도 이들에 집중되었다.

70년대에 와서도 공업화의 진전에 따른 기능인력 수요가 급증함에 따라 직업훈련은 더욱 강화되었다. 1974년에 직업훈련특별법을 제정하여 500인

이상의 기업에 대해 근로인력의 15%를 사내직업훈련을 받도록 하였으며 1976년에는 이를 300인 이상의 기업에게도 확대시켰다. 이를 이행하지 않는 기업에 대해서는 훈련부담금을 지불케 함으로써 사내직업훈련은 크게 활성화되었다. 이에 따라 기능인력 양성은 표에서 보는 바와 같이 70년대 와서 급증하였다.

　　기능인력을 양성함에 있어서도 중화학공업이 필요로 하는 인력의 양성에 중점을 두었다. 공업계 고등학교를 특성화하여 산업수요에 맞는 기능인력을 양성토록 하였으며, 종전의 5년제 실업고등전문학교를 폐지하는 대신 2년제 전문대학을 공업계 중심으로 개편하여 중화학공업건설에 필요한 현장기술인력을 양성토록 하였다.

　　1975년에는 국가기술자격법을 시행하여 기술계 각급 학교 졸업자와 직업훈련 수료자는 의무적으로 기술자격 검정시험을 받게 하고 자격취득자에게 취업우선권을 부여하도록 하였다. 이 법의 시행으로 각 부처에 분산되었던 기술자격 면허제도를 통합함으로써 체계적인 기준에 의하여 기능 및 기술인력의 양성이 가능하게 되었다. 국가기술자격법의 제정은 기술교육의 개선과 기술인력의 자질향상은 물론 기술계 인력의 사회적 지위를 향상하는데 결정적인 역할을 하였다고 할 수 있다.[22]

　　이와 같이 70년대의 과학기술정책은 중화학공업육성을 지원하기 위하여 전문기술인력을 양성하는 한편 자체연구개발능력을 축적하기 위하여 전문출연연구소를 설립하고 고급과학기술인력을 해외에서 유치하는 등 자체기술개발의 기반을 구축하는데 중점을 두었다.

　　다른 한편 정부는 민간기업의 기술개발 중요성을 인식하여 1972년에 기술개발촉진법을 제정하여 기술개발준비금제도를 도입하는 등의 조치를 취하였다. 이로 인하여 민간부문의 연구개발투자가 증가하였으나 그 규모가 크지 않아 전체적으로 볼 때 기업의 기술개발활동은 활발하지 못하였다. 고도성장으로 공급부족이 만연된 데다 인플레이션의 지속으로 쉽게 돈을 벌 수

---

22) 국가기술자격법 제정배경과 내용에 대해서는 권원기(2014), pp.85-92 참조.

있었기 때문에 연구개발의 중요성을 인식하지 못하였으며 자체기술개발보다는 기술과 외자를 도입하여 생산을 하는 훨씬 쉬운 방법을 택하게 되었다. 따라서 70년대의 연구개발투자도 정부가 주도하게 되었다.

연구개발투자는 GNP대비 1971년의 0.31%에서 1980년에는 0.56으로 올라갔으나 총연구개발투자의 51.6%를 정부가 부담한 반면 민간은 48.4%만 부담하였다. 기업들은 대내외 경제환경이 기술개발에는 우호적이지 않은데다 자체연구개발능력의 부족으로 기술개발보다는 외자와 기술도입에 치중하였으며 이로 인하여 기술도입과 외국인 투자는 크게 늘어났다.

## 4. 80년대의 기술드라이브정책

1980년대에 들어오면서 중요한 정책의 변화는 대외개방과 함께 기술드라이브정책을 들 수 있다. 1970년대 6대 전략산업을 중심으로 중화학공업을 의욕적으로 육성하여 왔으나 이에 필요한 기술은 주로 선진국에서 도입한 기술에 의존하였다. 또한 60년대의 수출드라이브정책도 수출을 급증시키는 데는 성공하였으나 외국의 원자재와 중간재수입에 의존하는 조립산업의 발달을 가져옴으로써 국제수지의 만성적 적자란 구조적 취약성을 노출하게 되었다. 이러한 문제의 근본적 해결을 위해서는 무엇보다도 우리 자체의 기술력을 향상시키는 방법 이외에는 다른 대안이 없다는 인식이 확산되었다.

특히 1983년 수입자유화조치가 취해지면서 수입개방에 대한 기업들의 우려의 목소리가 매우 컸다. 당시의 기술수준으로는 외국기업과 경쟁을 하기가 어려웠기 때문이다. 이러한 우려의 목소리를 불식시키기 위해서도 기업의 기술혁신을 위한 지원이 필요하였던 것이다. 정부의 지원도 필요하지만 기업 스스로의 기술개발을 위한 노력도 중요하기 때문에 정부는 대기업에 대해서는 1기업 1연구소의 설치를 강력히 권장하였다.

이와 같이 기술혁신의 중요성이 부각됨에 따라 정부는 기존의 수출입국 대신에 기술입국을 새로운 국정지표로 설정하여 기술드라이브정책을 강력히 추진하였다. 정부는 기술드라이브정책을 효과적으로 추진하기 위해서는 민간의 기술개발활동을 활성화하는 것이 시급하다고 판단하였다. 왜냐하면 민간의 기술개발이 활성화되지 않고서는 산업기술이 발달할 수 없고 산업기술의 발달 없이는 산업의 국제경쟁력이 향상될 수 없기 때문이다. 이리하여 정부는 조세, 금융 및 정부구매제도 등을 통해 민간의 연구활동과 기술개발을 적극적으로 지원하기 시작하였다.

1981년 세제개혁에서는 조세감면의 폭을 줄이는 것이 일반적이었으나 기술개발의 경우에는 감면폭을 확대하는 등 기술개발에 대한 세제상의 지원은 오히려 확대되었다. 1981년에 기술 및 인력개발에 대한 투자세액공제제도가 신설되었고, 기업의 신설연구소용 부동산에 대한 지방세의 면제, 기술개발선도물품에 대한 특별소비세 잠정세율의 적용, 외국인 기술자에 대한 소득세의 면제 등이 이루어졌다. 1982년에는 민간연구소에 대한 기술개발지원을 더욱 강화하기 위하여 연구개발용품에 대한 관세 감면, 연구용 경품에 대한 특별소비세 면제 등의 조치가 있었다.

기술개발에 대한 세제상의 지원은 그 이후 더욱 보완·발전되었다. 기술개발준비금제도의 사용범위가 확대되었고 기술 및 인력개발에 대한 세액공제대상범위의 확대, 연구개발용품에 대한 관세경감대상의 확대, 연구시험용 시설투자에 대한 세액공제대상범위의 현실화 등이 이루어졌다.

1986년의 세제개혁에서는 기술개발준비금 적립한도를 크게 확대하였으며 기술 및 인력개발비의 증가투자분에 대한 세액공제 및 이월공제허용제도를 도입하였다. 1988년에는 기술개발준비금과 기술 및 인력개발세액공제를 조세지원 종합한도 적용대상에서 제외토록 하였고 연구시험용 시설투자와 신기술기업화투자의 경우 세액공제나 특별상각 중 택일하도록 하였다.

기술개발에 대한 금융지원도 강화되었다. 1970년대 후반부터 산업은행과 중소기업은행이 기술개발자금을 지원하였고 1980년대 초에는 정부가 재정자금으로 기계, 전자, 섬유 등에 대한 기술개발자금을 지원하였으며 이는 1986년에 공업발전기금으로 흡수되었다. 또한 정부는 벤처캐피탈회사의 설

립도 촉진하였는데 1981년에는 한국기술개발, 1983년에는 한국개발투자, 1984
년에는 한국기술금융이 각각 설립되었다.[23]

이와 같이 기업의 기술개발을 위해 과감한 세제 및 금융상의 유인을 제
공함으로써 산업기술은 민간이 담당하도록 하는 한편 기업이 하기 어려운
핵심전략기술이나 공공성이 강한 기술개발은 정부가 주도하도록 하였다.

정부가 주도하는 대표적인 연구개발사업이 1982년에 출범한 과학기술
처의 특정연구개발사업이다. 이 사업은 정부가 소요자금의 전액을 부담하는
정부주도사업과 시장경제원리에 맡기기에는 적합하지 못한 대형 핵심산업기
술로 소요자금을 정부와 기업이 공동으로 부담하는 정부·민간 공동사업으
로 나누어진다. 특정연구개발사업을 위하여 1982~1991년 동안 총 9,642억
원(정부 5,730억원, 민간 3,912억원)이 투입되었는데 주로 반도체, 컴퓨터 등의
산업 및 공공기술과 기계기술, 정밀화학, 에너지, 자원기술 등에 주로 지원
되었다.[24]

특정연구개발사업과 함께 정부가 주도한 중요한 국책연구개발사업으로
는 상공부가 추진한 공업기반기술사업을 들 수 있다. 공업기반기술사업은
앞에서 이미 상술한 바와 같이 80년대 들어오면서 산업정책이 기능적 지원
으로 전환되면서 추진된 기술개발사업으로 산업계가 시급히 필요로 하는 공
통애로기술과 유망 중소기업 기술지원 등을 대상으로 하였으며, 이 밖에도
80년대는 상공부의 대체에너지 개발사업, 부품소재 국산화사업 등의 국책연
구개발사업이 추진되었다.

국책연구개발사업은 과학기술처가 추진한 일부 사업을 제외하고는 거의
모든 사업이 맷칭펀드(matching fund) 형태로 민간의 참여가 이루어지게 함
으로써 민간이 감당하기 어려운 첨단기술개발을 촉진하였다는 점에서 큰 의
의가 있다. 특히 대기업의 연구개발활동을 활성화함으로써 연구개발체제를
정부주도에서 민간주도로 이행하는 촉매작용을 하였다고 할 수 있다.

---

23) 기술개발지원에 대한 자세한 내용에 대해서는 과학기술부, 전게서, pp.109-111 참조.
24) 과학기술부, 전게서, pp.102-103 참조.

이와 같은 정부의 적극적인 지원정책으로 기업의 연구개발활동이 크게 활성화되었고 이로 인하여 기업의 부설연구소는 폭발적으로 증가하였다. 1980년에 53개에 불과하였던 기업부설연구소가 1990년에는 966개로 늘어났고 산업체의 매출액 대비 연구개발비도 80년의 0.5%에서 90년에는 1.7%로 올라감으로써 민간의 연구투자 부담비율도 48.4%에서 72.4%로 급상승하게 되었다. 이러한 민간부문의 활발한 연구개발투자로 GNP대비 연구개발투자의 비율도 1980년의 0.56%에서 1990년에는 1.72%로 크게 상승하였다(〈표 10 − 10〉).

**표 10-10  주요 과학기술지표, 1963-2007**

|  | 1963 | 1971 | 1975 | 1980 | 1990 | 2000 | 2007 |
|---|---|---|---|---|---|---|---|
| 연구개발투자/GNP(%) | 0.24 | 0.31 | 0.42 | 0.56 | 1.72 | 2.39 | 3.47 |
| 연구개발투자 민간부담률(%) | − | − | 35.2 | 48.4 | 84.1 | 72.4 | 73.7 |
| 산업체연구개발투자/매출액(%) | − | − | 0.3 | 0.5 | 1.7 | 2.0 | 2.4 |
| 기업부설연구소(개) | − | − | − | 53 | 966 | 7,110 | 14,975 |

자료: 한국경제60년사−산업(2010), p.526, p.540, pp.553-554.

1980년대에 들어와 자체기술개발의 중요성이 부각되면서 인력정책도 창의적인 고급과학기술인력의 양성과 확보에 중점을 두었다. 한국과학원을 개편한 한국과학기술원(KAIST)의 석·박사과정을 크게 확대하는 한편 과학영재를 조기 발견하기 위하여 4개의 과학고등학교를 설립하였다.

1985년에는 과학영재를 위한 특수대학과정으로 과학기술대학을 설립함으로써 과학고등학교 → 과학기술대학 → 과학기술원으로 이어지는 정예 인재양성체제를 구축하였으며 해외두뇌유치도 전술한 바와 같이 80년대 들어와서 더욱 확대되었다.

이공계 대학과 전문대학의 정원규모도 꾸준히 확충하였으며 특히 컴퓨터, 반도체, 통신, 생명공학, 재료공학분야의 학과 증설이 두드러졌으며, 대학도 대학원 중심체제로 유도함으로써 이공계 대학의 양과 질을 신장되도록 하였다.

이리하여 이공계의 국내 석·박사의 배출도 크게 늘어나 1983년의 3,505
명과 293명에서 1990년에는 5,932명과 886명에 달하였다.[25] 또한 정부는
1981년부터 우리에게 필요한 첨단과학지식과 선진기술습득을 위하여 학위
연수과정, 박사 후 연수과정 및 기술연수과정 등 여러 유형의 연수사업을 추
진하였는데 1982~92년 사이에 박사 후 해외연수를 받은 사람만 해도 1,542
명에 달하였다.

기능인력 양성도 고급기능인력을 양성하는데 주력하였다. 정부는 1982
년부터 창원의 기능대학을 통하여 기능계의 최고봉인 기능장을 양성하는 등
고급기능인력 양성을 통해 품질개선과 생산성 향상을 기하도록 하였다. 또
한 사내기술대학(원)을 설립토록 하여 기업이 필요로 하는 기술인력을 기업
자체가 양성토록 하였다. 1981년 삼성전자의 삼성전자기술대학원을 필두로
하여 확산되기 시작한 사내기술대학은 그 이후 설립이 급증하여 1992년 현
재 전문대과정 11개소, 대학과정 7개소, 대학원과정 10개소 등 28개 대학
(원)이 설립·운영되고 있다.

이와 같이 80년대는 기술입국이 국가의 최고정책목표로 설정되면서 자
체기술개발능력의 향상을 위하여 고급과학기술인력을 양성하는 한편 민간의
연구개발활동을 적극 지원함으로써 연구개발체제도 1970년대의 정부출연연
구소 중심에서 민간주도로 이행되는 전환기였다고 할 수 있다.

## 5. 90년대의 민간주도 기술혁신체제구축

90년대 들어와 세계화의 진전으로 우리 경제가 전면적인 개방체제로 이
행하게 됨에 따라 전산업에 걸쳐 경쟁력 확보가 시급히 요청되었다. 우리의
기술개발이 지금까지 외국기술을 도입·소화·개량하는 수준에 머물고 있어
현재의 기술력으로는 중장기적으로 대외경쟁력을 유지하기가 어렵기 때문이

---

25) 김영우 외, 전게서, p.247.

었다.

이를 위해서는 첨단기술제품을 개발하는 한편 원천기술 확보의 필요성이 제기되면서 기술개발체제에도 큰 변화를 가져왔다. 다시 말하면 우리나라의 기술개발전략도 기존의 모방형·추격형 단계에서 새로운 기술을 창조하는 탈추격형 단계로 전환할 필요성이 제기되었다.[26]

이에 따라 정부의 연구개발사업도 원천기술, 첨단산업기술, 정보통신기술과 같은 전략기술분야를 집중적으로 개발하기로 하였다. 이는 한정된 자원을 가지고 선진국의 기술보호주의에 대항하기 위해서는 국가가 필요로 하는 전략기술분야를 집중적으로 개발하는 것이 필요하였기 때문이다. 특히 국가연구개발사업이 목표지향적이고 대형화되면서 부처간의 영역싸움이 제기되는 등 국가연구개발사업을 하나의 부처(과학기술처)가 관장하기가 어렵게 되었다.

이러한 이유에서 1990년대 들어와서는 국가연구개발사업을 각 부처의 영역에 맞게 추진하는 분산형 연구개발체제를 택하게 되었다. 예컨대 과기처는 특정연구개발사업을 관할하는 한편 공업기반기술개발사업과 정보통신연구개발사업은 각각 산업자원부와 정보통신부에 이관 추진하게 되었다.

과기처의 특정연구개발사업은 원천·핵심 첨단기술과 복합기술, 기초연구 등을 담당하게 되어 산업기술개발 관련과제는 공업기반기술개발사업으로 이관하게 되었다. 이에 따라 산업자원부는 대외경쟁력 강화를 위한 첨단산업기술개발, 중소기업 현장애로기술, 품질향상기술 등 현장산업기술 관련 연구개발사업을 추진하게 되었으며 정보통신부는 IT산업의 연구개발사업을 중점적으로 다르게 되었다.

다시 말하면 과기처는 공급중심의 연구개발을, 산업관련부처는 수요중심의 연구개발을 담당하는 분업체계가 구축되었다. 또한 원천기술 확보를 위해서는 기초연구의 강화와 고급인력의 양성이 무엇보다 중요하다는 인식이 확산되면서 대학의 연구개발활동을 적극적으로 지원하기 시작하였다.

---

26) 과학기술부, 전게서, p.120.

90년대 추진한 대표적인 국가연구개발사업으로는 91년에 시작한 선도기술개발사업(일명 G7 프로젝트)을 들 수 있다. 이 사업은 특정분야의 과학기술을 제품기술개발과 원천기술개발로 나누어 전자는 2000년대 주력산업이 될 고선명 TV개발, 차세대자동차기술개발 등 4개 첨단제품개발을 목적으로 하고 있으며, 후자는 차세대반도체기반기술, 신에너지기술개발, 환경공학기술개발, 차세대원자로기술개발 등 7개의 원천기술개발을 목적으로 하고 있다. 이 사업은 관민합동에 의한 범부처적으로 추진된 사업으로 우리나라의 과학기술을 2001년까지 선진 7개국 수준까지 끌어올리는 것을 목표로 하였다.[27]

상공부의 공업기반기술사업도 종전의 현장애로기술 해결중심에서 전략적인 산업기술을 개발하는 방향으로 개편되면서 중기거점기술개발사업, 항공우주개발사업 등 중·대형 기술개발사업이 추진되었다.

국가연구개발사업이 범부처적으로 확산됨에 따라 1993년에는 체신부의 정보통신연구개발사업이 본격화되고 환경부의 환경기술개발이 시작되었으며, 1994년에는 건설기술개발사업, 농림수산부의 농림수산기술개발사업이 추진되었고 1995년과 1996년에는 보건의료기술개발사업과 해양과학기술개발사업이 시작되었다.[28]

민간기업의 기술개발에 대한 지원도 강화되었다. 조세 및 금융상의 지원은 계속 보강하는 한편 기술인력과 연구소의 육성 등 기술개발기반을 구축하는데 많은 노력을 기울였다. 기술 및 인력개발에 대한 세액공제를 종전의 25%에서 50%로 크게 확대하고 연구시험용 시설투자에 대해서는 세액공제 또는 특별상각을 택일토록 하는 등의 조치를 취하였으며, 기술개발금융도 한국기술개발주식회사(KTDC)를 한국종합기술금융주식회사(KTB)로 확대·개편하여 기술개발에 대한 금융지원을 강화하였다.

특히 기업부설연구소의 전담요원 자격과 부설연구소의 설립에 관한 규

---

27) 보다 자세한 내용에 대해서는 김영우 외, 전게서, pp.393-396 참조.
28) 과학기술부, 전게서, pp.123-124 참조.

제를 완화하고 산업기술연구조합을 적극 육성함과 아울러 중소기업에 대한 병역특례업체 선정요건을 완화하는 등 민간의 기술개발노력을 적극 지원하였다. 97년 외환위기 이후 기술개발만이 기업 생존의 유일한 수단이라는 인식이 확산되면서 부설연구소가 급증하여 1990년의 966개서 2000년에는 7,110개, 2007년에는 14,975개에 달하였다. 특히 중소기업연구소의 설립이 크게 증가하였는데 2006년 말 현재 기업부설연구소 중 중소ㆍ벤처기업의 비중은 93%에 달하였다.[29]

정부는 양질의 과학기술인력 확보를 위하여 이공계분야의 첨단과학을 중심으로 매년 입학정원을 증원하였으며, 94년에는 한국과학기술원(KAIST)에 기술혁신센터(Technology Incubation Center)를 설립하여 산ㆍ학ㆍ연 연구결과의 상업화를 지원하였으며, 95년에는 광주에 과학기술원을 개원하여 첨단과학 산업을 주도할 고급과학기술인력을 양성토록 하였다.

대학의 연구능력 강화를 위해서도 많은 노력을 기울였다. 대학원의 정원을 확대하고 우수연구센터(SRC/ERC)사업 등을 추진하였다. 1990년에 시작된 우수연구센터 육성사업은 국내에 흩어져 있는 우수연구인력을 특정분야별로 9년에 걸쳐 집중 지원함으로써 세계적 수준의 과학자 육성을 목적으로 추진되었다. 이 사업은 과학연구센터(science research center: SRC)와 공학연구센터(engineering research center: ERC)로 나누어지는데 1990년부터 2006년까지 총 113개 센터에 대해 6,885억원을 지원하였는데 대학의 기초연구능력을 제고하는데 크게 기여한 것으로 평가되고 있다.

또한 대학의 연구역량을 보다 강화하고 질을 개선할 필요성이 제기되면서 1998년에 두뇌한국 21사업(BK21)이 시작되었다. 이 사업은 대학의 교육ㆍ연구환경을 개선하여 세계수준의 대학원을 집중 육성하고 우수연구개발 인력을 양성하는데 목적을 두었다.

이와 같이 90년대 들어오면서 정부는 첨단기술제품의 개발과 원천기술의 확보를 위한 노력을 다각도로 추진하였다. 이에 따라 연구개발투자가 크

---

[29] 한국경제60년사-산업(2010), pp.561-562 참조.

게 증가하였고 여러 부문에 걸쳐 상당한 성과를 거두었다. GNP대비 연구개
발투자는 1990년의 1.72%에서 2000년에는 2.39%로 증가하였고 2007년에는
3.47%로 증가하였다. 기업의 매출액 대비 연구개발투자비율도 1990년의 1.7%
에서 2000년에는 2.0%, 2007년에는 2.4%로 증가하고 기업부설연구소가 폭
발적으로 증가함으로써 민간의 기술개발활동이 크게 활성화되었다(〈표 10-8〉).

  첨단기술제품분야에서도 큰 성과를 거두었다. 1994년 고선명 디지털TV
의 개발, 1993년 64M DRAM 시제품의 개발, 1994년 256M DRAM 시제품을
개발함으로써 메모리부문에서 세계 정상의 기술을 보유하게 되었다. 또 세
계 최초로 초대형 TFT-LCD를 개발함으로써 디스플레이분야에서 세계를 선
도할 수 있는 기반을 구축하게 되었다. 정보통신분야에서는 1996년 세계 처
음으로 CDMA 이동통신시스템의 상업화에 성공함으로써 이동통신분야에서
선진국으로 도약하는 개가를 올렸다.

  이 과정에서 민간기업들은 그 동안 축적된 생산기술과 제품개발능력을
토대로 하여 괄목할만한 성과를 거두었으며 몇몇 대기업들은 글로벌 기업으
로 도약할 수 있는 계기를 마련하였다. 이와 같이 90년대는 민간기업의 연
구개발활동이 크게 활성화되고 기술개발능력이 향상됨으로써 민간주도의 기
술혁신체제가 구축되기 시작한 시기라고 할 수 있다.


## 6. 평    가

  위에서 설명한 바와 같이 우리나라의 과학기술은 지난 반세기 동안 괄
목할만한 성과를 이룩하였으며 일부 첨단기술분야에서는 선진국과 경쟁을
하는 수준까지 발전하였다. 이와 같은 놀라운 과학기술의 발전은 우리나라
의 성공적인 공업화를 성취하는데 결정적인 역할을 하였다. 이는 정부의 인
력 및 기술개발정책이 공업화정책을 잘 뒷받침하여 주었기 때문에 가능하였
는데 과학기술정책이 성공적으로 수행되었다는 것을 의미한다고 할 수 있
다. 과학기술정책이 성공적으로 추진될 수 있게 한 중요한 요인으로는 다음

과 같은 것을 지적할 수 있다.

첫째, 과학기술행정을 전담하는 과학기술처가 일찍이 설립됨으로써 공업화과정을 효과적으로 지원할 수 있었다. 과학기술처가 설립된 1967년만 해도 우리나라의 1인당 국민소득은 142달러로서 세계에서도 최빈국에 속하였다. 이런 가난한 나라가 과학기술 전담행정기구를 중앙정부의 한 부처로 만들었다는 것도 그 유례를 찾아보기 어려운데다가 최고 통치자의 절대적인 지원을 받음으로써 과감하고 미래지향적인 과학기술정책을 실시할 수 있었다.

60년대 경제개발의 초기부터 경제발전에 있어 인력개발의 중요성을 인식하여 기능인력을 양성하고 장기인력수급계획을 수립하는 등 기술개발의 토대를 구축하기 시작하였다. 70년대의 여러 전문출연연구기관의 설립도 그 당시의 기술수요를 봐서는 그렇게 시급한 것은 아니었으나 이들의 설립을 통해 해외두뇌를 유치하고 연구인프라를 구축함으로써 도입기술의 소화·흡수를 지원하였으며, 이것이 토대가 되어 80년대와 90년대에 와서 첨단기술에 도전할 수 있었다.

80년대에 와서는 민간기업의 기술개발을 적극 지원하였는데 사실 80년대 초까지만 해도 우리나라 기업은 필요한 기술은 외국에서 수입하였고 정부가 산업을 보호하여 주었기 때문에 기술개발의 필요성을 심각하게 느끼지 못하였다. 그러함에도 불구하고 정부(과학기술처)가 다양한 세제금융상의 유인책을 제공하였던 것이며 이것이 계기가 되어 기업의 연구개발활동은 80년대와 90년대에 와서 크게 활성화되었고 산업의 경쟁력을 제고시키는데 결정적인 역할을 하였다.

둘째, 인력 및 기술개발정책이 공업화정책을 잘 보완하는 방향으로 전계되었다는 것을 지적할 수 있다. 이를 시대별로 구분하여 보면 수출드라이브정책이 추진되었던 60년대는 과학기술정책이 기능인력 양성에 중점을 두어 노동집약적인 경공업제품이 필요로 하는 인력을 공급하여 주었으며, 70년대는 전문출연연구소의 설립과 기술인력 양성으로 중화학공업의 육성을 지원하였고, 80년대는 민간의 인력 및 기술개발투자를 지원함으로써 기업의 경쟁력 향상에 크게 기하였다. 90년대는 연구개발사업의 전략적 추진과 민간기업의 연구개발활동을 적극 지원함으로써 반도체, 자동차, 디스플레이, 휴대폰 등 주력수출산업을 세계적 수준으로 발전시킬 수 있었다.

이러한 정책을 추지함에 있어 적어도 1980년대까지는 과학기술처가 주도적 역할을 하였다. 일부에서는 과학기술정책도 산업정책을 담당하는 부처인 당시의 상공부가 맡았다면 공업화정책을 더 효과적으로 뒷받침하였을 것이라는 주장이 없지 않다. 그러나 이러한 주장은 논리적이기는 하나 현실성이 없다. 상공행정의 주 업무는 수출지원과 산업육성에 있었기 때문에 중장기적인 과학기술정책을 담당하기에는 부적합하며 더 중요한 것은 과학기술행정이 상공부의 주된 업무가 될 수 없기 때문에 과감하고 미래지향적인 과학기술정책을 추진하기가 어렵다는 것이다. 이러한 의미에서 이명박 정부가 들어오면서 과학기술처를 해체하여 그 기능을 교육부와 지식경제부에 분산시킨 것은 잘못된 판단이라 할 수 있다.

셋째, 우리나라의 기술개발은 외국기술도입 → 소화·흡수 및 개량 → 자체개발의 단계적 전략을 택함으로써 무리 없이 진행될 수 있었다. 이 과정에서 정부는 인력개발과 연구인프라의 구축 및 유인체계를 통해 이를 잘 뒷받침하여 줌으로써 효과적으로 추진될 수 있었다. 다시 말하면 기술혁신전략이 우리 경제의 발전단계와 실정에 맞게 추진되었다는 것이다.

60년대의 경제개발 초기에는 외국으로부터 자본재와 기술을 도입하여 공장을 건설하고 가동하면서 생산과 운영에 관한 기술을 배우고 축적해 나갔다. 특히 수출촉진정책으로 외국수입업자와 기술자와의 접촉이 빈번해지면서 다양한 기술정보에 접하게 되었고 이것이 생산과정을 통해 생산성 향상과 기술습득으로 이어졌으며 정부의 기능인력 양성은 이러한 기술습득과정을 용이하게 하였다.

중화학공업의 육성이 본격화된 70년대에 들어와서는 기술을 도입하는 한편 자본재에 체화된 기술을 역 엔지니어링(reverse engineering)을 통해 소화·흡수하기 시작하였다. 이 과정에서 정부는 출연연구소를 통해 산업이 필

요한 기술의 도입과 소화·흡수과정을 도와주었으며, 이공계 기술인력의 양
성을 통해 중화학공업에 필요한 과학기술인력의 공급능력을 크게 확충하
였다.

80년대에 들어와서는 그 동안 축적된 생산기술을 바탕으로 도입기술의
개량과 함께 국내 기술개발이 촉진되었다. 특히 민간에 대한 정부의 과감한
지원으로 기업의 기술개발활동이 활성화되면서 도입기술의 개량과 자체개발
능력이 크게 향상되었다. 예컨대 삼성은 1983년과 1984년에 64K DRAM과
256K DRAM을 잇달아 개발하였으며 1988년에는 정부와 기업이 공동으로
4M DRAM의 개발에 성공함으로써 선진국과의 기술격차를 크게 줄였다. 또
한 정부는 전자통신기술연구소(ETRI)를 통해 전전자교환기 개발에 착수하여
1986년에 TDX-1의 상용화에 성공함으로써 미국, 일본, 프랑스에 이어 세계
10번째의 전전자교환기를 자체개발하는데 성공하였다.[30]

90년대에 들어오면서 기업의 부설연구소가 급증하고 연구개발활동이 활
성화되면서 기업의 자체기술개발능력이 크게 신장되었다. 비록 원천기술은
해외에 의존하고 있지만 이를 효과적으로 응용하여 제한된 분야지만 세계
첨단의 제품을 개발하는 등 자체기술개발단계로 진입하게 되었다. 앞에서
지적한 바와 같이 메모리 반도체, 디지털 TV, TFT-LCD, CDMA 이동통신 등
일부 분야에서는 선진국과 필적하는 수준에 도달하였다.

이상에서 지적한 바와 같이 우리나라는 선진국의 기술을 따라잡는 추격
전략에는 어느 정도 성공하였다고 할 수 있다. 그러나 핵심원천기술은 선진
국에 의존하는 등 자체개발능력은 아직도 매우 취약한 상태에 있다. 한국과
학기술기획평가원의 조사에 의하면 2005년 21개의 핵심기술에 대한 우리나
라의 기술수준은 선진국을 100%로 했을 때 64.7%에 불과하며 평균 8.1년의
기술격차를 보이고 있는 것으로 나타났다.[31]

우리나라는 지금까지 원천기술의 도입, 해외과학기술자의 유치, 생산기

---

30) 한국경제60년사-산업(2010), pp.540-541.
31) 상게서, p.576.

술의 발전 등을 통해 반도체, 휴대폰, 자동차, 디스플레이, 철강, 조선 등에서 세계 일류상품을 만들었으나 모방형 기술개발의 한계성, 원천기술개발능력 부족, 창조적 과학기술인력 부족, 성숙기술의 후발국의 추격 등으로 성장의 한계에 직면하고 있다. 이를 해결하기 위해 2000년대 들어오면서 정부는 기초·원천연구에 대한 투자를 확대하고 지능형 로봇, 미래형 자동차, 차세대 반도체, 디지털 TV 및 방송, 차세대 이동통신, 차세대 전지, 바이오 신약 등 10개 사업을 차세대 성장동력사업으로 선정하여 추진하여 왔으며 적지 않은 성과를 거두었다.

그러나 연구개발투자에 비해 성과는 만족스럽지 못하다. GDP대비 연구개발투자는 세계 최고수준이나 2010년 기준 연구자당 논문수와 피인용 논문 횟수는 선진국에 비하여 매우 낮다. 우리나라의 특허등록건수는 OECD 평균보다 양호하나 이는 우리나라 R&D시스템이 기초연구보다 응용연구와 개발에 치중하고 있기 때문이다. 기술무역도 규모가 작고 적자를 벗어나지 못하고 있다. 이와 같이 우리나라의 연구개발투자는 그 규모에 비해 효율성이 낮고 선진국과의 기술격차는 좀처럼 좁혀지지 않고 있다.

# 사회개발과 소득분배

# 사회개발과 소득분배

## 제1절  사회정책의 전개과정

우리나라는 지속적인 고도성장의 덕택으로 주거, 보건, 의료, 복지 등의 사회개발에도 괄목할만한 진전을 보았다. 우리나라의 개발전략은 기본적으로 공업화를 통한 성장제일주의를 추구하였기 때문에 경제개발 초기에는 사회정책이 상대적으로 우선순위가 떨어질 수밖에 없었고 이로 인하여 적어도 1970년대까지는 소극적으로 추진되었다.

사회정책이 소극적으로 추진되었다 해서 정부가 복지문제를 소홀히 취급하였던 것은 아니며 나름대로 경제상황에 맞게 단계적으로 추진되었다. 성장제일주의가 지배하였던 박정희 정부시대에는 여러 개의 사회복지 관련법, 예컨대 공무원연금법(1960), 생활보호법(1961), 산재보험법(1963), 사학연금법(1975), 의료보험법(1977) 등을 제정함으로써 사회보장제도의 기반을 조성하는데 주력하였다.

사회개발에 정부가 보다 적극적인 관심을 갖게 된 것은 80년대에 들어오면서 시작되었다. 4차에 걸친 5개년계획의 성공적인 추진으로 인한 소득증대로 사회개발에 대한 필요성이 인식되면서 개발전략은 변화를 하게 되었다. 제5공화국 정부는 5개년계획의 명칭도 경제개발5개년계획에서 경제사회발전5개년계획으로 변경하는 등 경제 및 사회정책분야에 일대 전환을 시도

하였으며, 특히 사회개발에 있어 재정의 기능을 확대함으로써 종전의 사회
정책과는 다른 면모를 보이기 시작하였다.

지역의료보험(1982) 및 국민연금(1988)의 도입과 의료보험의 전국민확대
(1989)를 통해 사회보험을 확충하는 한편 사회복지사업기금법(1980), 장애자
복지법(1981), 최저임금법(1986)을 도입하는 등 취약계층과 근로자의 복지사
업을 강화하도록 하였다. 90년대에 와서는 근로자에 대해 일정기간 동안 소
득보장을 하는 고용보험(1995)을 도입함으로써 사회보장과 관련되는 주요제
도를 모두 도입하게 되었다.

사회복지정책은 97년 외환위기를 겪으면서 큰 변화를 하게 되었고 재정
의 기능이 대폭 확대하는 방향으로 전개되었다. 외환위기 이전까지는 주로
사회보험의 확충에 주력하였으나 외환위기로 실업과 빈곤문제가 사회적 문
제로 대두되면서 재정의 사회정책적 역할이 강조되었기 때문이다. 이리하여
국민기초생활보장제도(2000), 긴급복지지원제도(2006), 기초노령연금(2008) 등
의 도입으로 공적부조제도가 크게 강화되었다.

이상에서 지적한 바와 같이 사회정책은 지난 반세기 동안 경제사회환경
의 변화에 따라 진화하여 왔는데 대체로 다음 3단계로 구분할 수 있다.

- 60년대와 70년대의 기반조성기
- 80년대와 90년대의 정착기
- 외환위기 이후의 확장기

## 1. 60년대와 70년대의 기반조성기

1961년 빈곤으로 부터의 해방을 혁명공약으로 내세워 집권한 박정희 정
부는 공업화를 통한 성장제일주의를 추구하여 빈곤문제를 해결하고자 하였
다. 성장은 고용과 소득을 창출함으로써 분배도 개선할 수 있기 때문에 성장
제일주의는 그 당시의 상황으로 볼 때 최선의 분배정책이었고 그런 의미에

서 성장제일주의는 분배개선에 큰 기여를 하였다.

그러나 성장이 모든 분배문제를 해결할 수 없고 또 분배를 시장에만 맡길 수도 없다. 국가는 질병, 산업재해, 실업, 노령 등의 사회적 위험으로부터 국민을 보호해줄 의무가 있다. 이와 같은 각종 생활상의 위험으로부터 국민을 보호해주는 사회보장정책은 국가의 기본책무로서 제3공화국도 국민의 생존권(제30조 제1항)과 복지국가의무(제2항)를 개정헌법에 명시함으로써 복지국가건설을 중요한 국정목표로 삼았다. 이는 장기적 목표로서 선언적인 의미를 가진다고 할 수 있으나 이의 실현을 위한 노력이 없었던 것은 아니다.

정부는 60년대 초부터 여러 개의 사회복지관련 제도의 입법화를 추진하였다. 1961년에는 빈곤가구에 대한 공공부조를 목적으로 하는 생활보호법과 보호자로부터 유기된 아동의 양육을 보장하기 위한 아동복리법이 제정되었으며 1960년에는 공무원연금제도가 도입되었고 1963년에는 군인연금제도, 1964년에는 산재보험이 도입됨으로써 공적연금제도의 틀을 갖추기 시작하였다. 1963년에는 의료보험법이 제정되었으나 강제가입규정을 두지 않음으로써 실효를 거두지는 못하였다.

이와 같이 60년대는 공무원연금, 군인연금, 산재보험과 같은 사회보험이 도입되었다는데 큰 의의가 있다고 하겠다. 생활보호법이나 아동복리법과 같은 공적부조나 복지서비스를 위한 법적조치는 있었으나 국가재정의 제한과 우선순위에서 경제개발에 밀리게 됨으로써 실질적인 지출은 많지 않았다. 복지지출은 이재민, 극빈자, 영세민 등에 대한 구호사업과 고아시설, 모자원, 양로원 등 제한된 특수시설에 대한 운영보조비, 양곡지급 및 지도감독 등이 그 주요 내용을 이루었다.[1]

1970년대 들어오면서 정부는 그 동안의 경제적 성과를 바탕으로 사회적 취약계층을 보호하는 한편 이들의 건강하고 안정된 생활영위를 위하여 사회복지사업을 추진하기 시작하였다. 1970년에 사회복지사업법을 제정하였으며, 1973년에는 국민의 노령·폐질 또는 사망 등에 대비하여 국민생활안정과

---

[1] 최광·권순원(1995), p.574.

복지증진에 기여하기 위하여 국민복지연금법을 제정하였다.

국민복지연금제도는 두 차례에 걸친 석유파동으로 인한 경제여건의 악
화로 실시가 되지 못하였다. 1975년에는 사립학교교직원연금(사학연금)이 도
입되어 공적연금제도에 편입하게 되었다. 1976년에는 의료보험법을 전면 개
정하여 500인 이상 사업장의 근로자들은 1977년부터 의료보험에 강제로 가
입하도록 하였으며, 1979년에는 가입범위를 300인 이상의 사업장으로 확대
시켰다.

이와 같이 60년대와 70년대는 공무원연금, 군인연금, 산재보험, 의료보
험과 같은 사회보험의 기반구축에 주력하였으며 공공부조나 사회복지서비스
와 같은 재정부담이 많은 복지지출은 매우 제한적으로 이루어졌다. 이에 따
라 정부의 사회복지비지출은 매우 빈약하여 1970년대는 GDP의 1%대 수준
을 넘지 못하였다(〈표 11−1〉).

**표 11−1 일반정부 목적별 지출(GDP대비)** (단위: %)

| 지출분류 | 1970 | 1980 | 1990 | 2000 | 2010 | 2013 |
|---|---|---|---|---|---|---|
| 경제지출 | 4.3 | 4.6 | 4.5 | 6.1 | 6.9 | 6.3 |
| 복지지출 | 1.3 | 2.1 | 3.2 | 4.7 | 8.8 | 9.7 |
| 교육지출 | 4.0 | 3.7 | 3.7 | 4.0 | 4.9 | 5.2 |
| 국방지출 | 4.9 | 5.8 | 3.8 | 2.6 | 2.4 | 2.5 |
| 기타지출 | 4.1 | 4.8 | 4.3 | 5.3 | 8.0 | 8.1 |
| 계 | 18.5 | 21.0 | 19.5 | 22.7 | 31.0 | 31.8 |

자료: 고영선(2008), p.305. 2010년, 2013년은 한국은행 경제통계시스템.

## 2. 80년대와 90년대의 정착기

1980년대 들어오면서 경제개발로 인한 소득증대로 사회개발에 대한 국
민의 욕구가 커지면서 개발전략도 경제개발과 함께 사회개발도 균형적으로
추진되어야 한다는 인식이 확산되기 시작하였다. 이리하여 정부는 1980년

10월에 헌법을 개정하여 국민의 알 권리와 의무에 행복추구권, 적정임금청구권, 사회복지권, 환경권 등을 추가하였고 경제조항에서도 약자를 보호하기 위한 여러 규정을 두었다.[2]

　이에 따라 제5차 5개년계획의 이름도 이미 지적한 바와 같이 경제사회발전5개년계획으로 바꾸고 안정적 성장을 통한 소득증대와 분배개선, 교육·주택·의료 등 국민기본수요의 충족을 주요 국정지표로 설정하였다. 이와 같이 정부가 사회개발의 필요성을 강조하게 된 것은 70년대의 고도성장과정을 거치면서 인플레이션으로 인한 소득분배의 악화, 계층간의 위화감 형성, 주택·의료 등 기본수요증대로 균형있는 사회개발의 발전 없이는 지속적인 성장이 불가능하다고 판단하였기 때문이다.

　이리하여 정부는 도시영세민, 장애자, 노령자, 저임금자 등 그 동안 성장의 혜택에서 소외되었던 저소득층의 생활향상을 위한 복지시책을 적극적으로 추진하였다. 80년대 초에 도입된 중요 제도로서는 사회복지사업의 효과적 추진을 위한 사회복지사업기금법(1980), 노인복지법(1981)과 심신장애자복지법(1981)을 들 수 있다. 노인복지법은 노인복지사업의 법적 기초를 마련함으로써 노인의 복지증대에 크게 기여하였다. 82년에는 65세 이상의 노인을 위해 철도·지하철·고궁·목욕·이발 등 8개 업종을 대상으로 경로우대제를 실시하였으며, 83년에는 무료노인건강진단제도를 실시하는 등 노인복지사업은 80년대 와서 크게 확대되었다.

　장애인을 위한 복지서비스도 확대되었다. 1985~87년에 장애인복지시설현대화사업이 추진되었고 86년에는 장애인복지종합대책이 수립되었다. 이 밖에도 아동복리법과 생활보호법을 개정하여 지원범위를 확대하고 내실화를 기하도록 하였다. 의료보험제도도 적용범위가 확대되어 1981년에는 농촌지역을 대상으로 지역의료보험 시범사업이 실시되었으며 직장의료보험의 적용범위도 100인 이상 사업장으로 확대되고 82년에는 16인 이상 사업장, 88년에는 5인 이상의 사업장으로 확대되었다.

---

2) 최광·권순원, 상게서, p.577.

보다 적극적인 사회정책은 제6공화국부터 전개되었다고 할 수 있다. 정치적, 사회적 민주화로 사회개발에 대한 다양한 국민의 욕구가 분출되었기 때문이다. 제6공화국에서 도입된 획기적인 복지제도로는 전국민의료보험, 국민연금 및 최저임금제의 실시를 들 수 있다. 의료보험제도는 1977년 도입된 이후 점진적으로 확대되어 왔는데 88년에는 직장의료보험의 적용범위를 확대하는 한편 지역의료보험도 모든 농촌지역으로 확대되고 89년에는 도시지역으로 확대됨으로써 전국민의 의료보험시대가 열리게 되었다.

의료보험제도가 1977년 처음 도입된 이후 17년이란 짧은 기간에 전국민을 포괄하게 된 것은 세계에서도 보기 드문 일이다. 사회보험으로서 의료보험을 처음 도입한 독일에서는 1854년에 시작하여 127년이 지나서야 전국민의료보험을 달성할 수 있었으며 일본에서도 전국민의료보험을 달성하는 데는 36년이 걸렸다.[3]

사회적 형평증진과 저임금문제를 해소하기 위하여 최저임금제도도 도입하였다. 최저임금제도는 기업의 인건비 부담증가에 따른 경쟁력 약화 우려로 그 동안 미루어왔으나 그 필요성이 꾸준히 제기되어 오다가 1986년에 최저임금법이 제정되었으며, 88년부터 10인 이상의 제조업 사업장에 시행되기 시작하여 1990년에는 10인 이상의 모든 산업 사업장으로 확대되었고 2000년에는 모든 사업장으로 확대되었다.

국민연금제도는 1973년 국민복지연금법이 제정되었으나 국민부담을 고려하여 시행을 미루어왔다. 그러나 국민의 평균수명이 길어지고 핵가족화로 노후생활대책을 위한 국민의 생활보장필요성이 제기되고 소득증대로 부담능력이 향상된 점을 고려하여 88년에 국민복지연금법을 국민연금법으로 개정·실시하였다. 국민연금의 가입적용범위는 처음에는 10인 이상의 사업장에 한하였으나 1992년에는 5인 이상 사업장으로 확대되었으며, 1995년에는 농어촌지역의 농어민과 자영업자가 포함되었다. 1999년에는 도시지역의 자영업자도 가입대상이 됨으로써 공무원연금, 군인연금, 사학연금 대상자를 제외한

---

3) 한국경제60년사-총괄편, p.318.

전국민에 국민연금이 적용되었다.

주택을 사회복지차원에서 접근한 것은 전두환 정부에서부터 시작되었다. 전두환 정부는 집권초기에 주택 500만호 건설계획(1981~91)을 세워 주택부족문제를 해소하고자 하였으나 안정우선의 경제정책으로 원활한 주택공급을 실현하지 못하였다. 이로 인하여 80년대 후반 경기가 회복되면서 주택수급의 불균형이 심화되고 주택가격이 폭등하면서 주택문제해결은 정부의 중요한 현안과제로 대두되었다.

이에 노태우 정부는 주택공급을 확대하는 것이 문제를 근본적으로 해결할 수 있다고 판단하여 1988년 5월에 "주택 200만호 건설계획(1988~92)"을 발표하였다. 이 사업은 1992년까지 추진되어 주택가격안정과 주택보급률을 올리는데 크게 기여하였다. 주택보급률은 1989년 70.9%에서 1993년에는 79.1%로 올라갔으며 이후에도 민간부문을 중심으로 주택공급이 지속되면서 주택보급률은 계속 올라가 2005년에는 105.9%에 달하였다.[4]

사회복지정책은 90년대 들어와서도 계속되었다. 1990년에는 「장애인고용촉진에 관한 법률」을 제정하여 공기업과 300인 이상의 민간기업에게 전체고용인원의 최소 2%를 장애인으로 고용하도록 하였다. 1991년에는 영유아보육법을 제정하여 보육시설을 확충하고 보육 및 육아 서비스를 개선하고저소득층에 보육지원을 제공하도록 하였다. 1995년에는 고용보험법을 제정함으로써 4대 사회보험(국민연금, 의료보험, 고용보험, 산재보험)을 모두 갖추게되었다. 고용보험은 구직자들에게 실업급여를 제공하는 한편 고용안정과 직업능력개발을 지원하는 사업으로 적용범위는 1995년 도입 당시에는 실업급여사업은 30인 이상의 사업장에, 고용안정·직업능력개발사업은 70인 이상사업장에 적용되었다.

---

4) 고영선(2008), p.312.

## 3. 외환위기 이후의 확장기

1997년 외환위기를 거치면서 실업과 빈곤문제가 심각한 사회적 문제로 부상하면서 김대중 정부는 사회안전망의 확충을 강화하기 시작하였다. 기업에 대한 임금보조금을 확대하고 실직자들에 직업훈련을 강화하는 한편 공공근로사업을 도입하여 일자리 창출에 재정을 적극 활용하였다. 고용보험의 적용범위를 확대하여 1998년 1월에는 10인 이상 기업으로 확대하고 10월에는 1인 이상의 사업장으로 확대하였다. 2000년에는 국민기초생활보장제도를 도입하여 정부가 모든 국민에게 최저생계비 수준의 소득을 보장해 주도록 하였다. 이는 근로능력의 유무에 관계없이 소득이 최저생계비 미만인 모든 가구에 대해 그 차액을 보장해주는 것으로서 빈곤가구의 자활의지를 상실케 한다는 평가를 받았다.

노무현 정부에서는 사회복지정책이 더욱 강화되었다. 2006년에는 생계곤란 등의 위기상황에 대하여 한시적인 지원을 하는 긴급복지지원제도를 도입하였으며, 2008년에는 고령이나 노인성 질병 등의 사유로 일상생활을 혼자 수행하기 어려운 노인 등을 지원하는 장기요양보험제도를 도입하였다. 같은 해에 저소득근로자의 세금부담을 줄이는 동시에 근로소득이 일정 정도 이하인 가구에 대해 현금급여를 지급하는 근로장려세제를 도입하였으며, 저소득 노인가구에 노령연금을 지급하는 기초노령연금제도를 도입하였다. 2008년에는 65세 이상 노인의 60%가 기초노령연금을 수급하였으며 2009년에는 수급비율이 70%로 확대되었다.[5] 또한 노무현 정부에서는 아동들에 대한 공평한 교육기회 제공, 출산장려, 여성의 경제활동장려를 위한 보육 및 육아를 위한 정부지원을 대폭 강화하였다.

이명박 정부에서는 근로장려세제(2008)가 시행 확대되었고 장애인연금제도(2010)가 도입되었다. 박근혜 정부에서는 기초노령연금법(2014)이 시행되고 국민기초생활보장법과 노인장기요양보험법 시행령을 개정하는 등 기존제

---

5) 한국경제60년사, 총괄편, p.323.

도의 확대를 통하여 정책의 체감도를 제고토록 하였다.

　이상에서 지적한 바와 같이 외환위기 이후 복지정책의 특징은 공적부조 (public assistance)가 강조되었다는 점이다. 공적부조는 사회보험과는 달리 수혜자의 기여금을 전제로 하지 않기 때문에 전적으로 재정부담으로 이루어진다는 점에서 사회보험과는 다르다. 공적부조는 생활능력이 없거나 기본생계가 어려운 절대빈곤층이나 취약층을 정부가 지원하는 제도로서 국민기초생활보장제도, 긴급복지지원제도, 근로장려세제, 기초노령연금이 이에 속한다. 외환위기 이전까지는 사회보험제도의 구축에 주력하였다는 점에서 우리나라의 사회보장제도는 2000년대에 들어와 성숙단계로 진일보하였다고 할 수 있다.

　이와 아울러 2000년대 들어와서 중요한 사회복지지출로는 저출산·고령화관련 지출의 급증을 들 수 있다. 2000년대 들어오면서 정부는 계속적으로 감소하고 있는 출산율에 대하여 주목하기 시작하였다. 출산율의 감소는 고령화를 촉진시켜 성장잠재력을 감소시키는 것은 물론 노인부양비를 증가시켜 정부에 막대한 재정적 부담을 주기 때문이다. 이리하여 노무현 정부는 2005년 5월 저출산고령사회기본법을 제정하고 2006년부터 저출산고령사회기본계획을 제정·시행하였다.

　계획의 목표는 2010년까지는 저출산·고령사회 대응기반을 구축하고 2011년부터 2020년까지는 출산율을 회복하여 고령사회에 적극적으로 대응한다는 것이다. 이를 위하여 관련부처에 의하여 다양한 사업이 추진되고 있으며 관련지출도 급증하였다. 2006년의 2조 1,444억원이었던 예산이 2014년에는 14조 8,928억원으로 약 7배가 증가하였는데 GDP대비로는 0.22%에서 1.01%로 증가하였다(〈표 11-2〉). 현재의 정부지원은 혼인한 부부에 대한 출산을 장려하는 방식으로 제공되고 있으나 이러한 소극적인 정책으로는 만혼과 출산을 기피하는 청년들의 혼인 및 출산욕구를 자극하는 데는 한계가 있기 때문에 보다 적극적인 장려정책이 필요하다 하겠다.

**표 11-2  저출산관련 정부예산 추이**                    (단위: 억원, %)

| | 2006 | 2007 | 2008 | 2009 | 2010 | 2011 | 2012 | 2013 | 2014 |
|---|---|---|---|---|---|---|---|---|---|
| 저출산 관련 정부예산 | 21,444 | 30,650 | 34,099 | 43,300 | 54,440 | 73,861 | 97,103 | 144,068 | 148,928 |
| 정부예산대비 비중 | 0.58 | 0.99 | 0.92 | 1.03 | 1.11 | 1.99 | 2.54 | 2.90 | 2.88 |
| GDP대비 비중 | 0.22 | 0.29 | 0.31 | 0.37 | 0.43 | 0.55 | 0.71 | 1.01 | 1.01 |

자료: 한국보건사회연구원.

이상에서 지적한 바와 같이 1980년대 이후 사회복지를 위한 재정의 기능이 확대됨으로써 사회복지지출은 급증하기 시작하였다. GDP대비 복지지출을 보면 1970년에는 1.3%에 불과하였으나 1980년에는 2.1%, 1990년에는 3.2%로 올라갔으며 2013년에는 9.7%까지 상승함으로써 다른 어떤 지출보다

**표 11-3  중앙정부 통합재정지출의 기능별 분류**                    (단위: %)

| 기능별 분류 | 1970 | 1980 | 1990 | 2000 | 2010 | 2013 |
|---|---|---|---|---|---|---|
| 일반공공행정 | 23.1 | 4.0 | 4.2 | 5.2 | 5.4 | 6.3 |
| 국방 | 22.7 | 30.6 | 20.0 | 11.4 | 11.1 | 10.9 |
| 공공질서 및 안전 | 0.0 | 4.6 | 4.3 | 4.6 | 4.9 | 5.1 |
| 교육 | 16.7 | 14.6 | 17.0 | 15.3 | 15.0 | 16.3 |
| 보건 | 1.3 | 1.0 | 1.7 | 0.7 | 1.2 | 1.0 |
| 사회보장 및 복지 | 4.9 | 5.7 | 8.1 | 15.3 | 22.4 | 24.6 |
| 주택건설 및 지역사회개발 | 0.3 | 2.5 | 10.1 | 5.3 | 4.9 | 4.3 |
| 오락 · 문화 · 종교 | 1.4 | 0.7 | 0.5 | 0.8 | 1.2 | 1.3 |
| 경제사업 | 27.4 | 26.0 | 20.4 | 25.2 | 19.0 | 16.5 |
| 기타 지출 | 2.2 | 10.4 | 13.7 | 16.2 | 15.0 | 13.7 |
| 계 | 100.0 | 100.0 | 100.0 | 100.0 | 100.0 | 100.0 |

자료: 고영선(2008), p.306. 2010년, 2013년은 기획재정부, 『한국통합재정수지』.

빨리 올라갔다(〈표 11-1〉). 이와 같은 복지지출의 급증으로 재정부담도 크게 늘어났다. 〈표 11-3〉에서 보는 바와 같이 1970년에만 해도 중앙정부지출의 4.9%에 불과하였던 사회복지지출이 1980년에는 5.7%, 1990년에는 8.1%로 증가하였고 2013년에는 무려 24.6%로 급증하였다. 2014년 우리나라의 사회복지지출은 GDP대비 10.4%로 OECD 평균인 21.6%보다 낮은 수준이나 앞으로 지속적으로 증가할 것으로 예상되어 재정부담은 가중될 것으로 보인다(〈표 11-4〉).

**표 11-4  OECD 주요 국가별 사회복지지출, 2014**  (단위: GDP대비 %)

| 국가 | 스웨덴 | 덴마크 | 프랑스 | 독일 | 영국 | 미국 | 일본 | 한국 | OECD 평균 |
|---|---|---|---|---|---|---|---|---|---|
| 지출 비중 | 28.1 | 30.1 | 31.9 | 25.8 | 21.7 | 19.2 | 22.1 | 10.4 | 21.6 |

자료: OECD Statistics.

## 제 2 절   소득분배와 분배정책

### 1. 소득분배 추이

분배문제는 우리나라 경제발전에 있어 가장 큰 논쟁의 대상이 되었고 현재도 핵심적인 정책과제로 제기되고 있다. 우리나라는 공업화를 통한 성장제일주의 전략을 추구함으로써 실업을 줄이고 소득증대를 통해 절대빈곤을 해결함으로써 소득분배를 개선하는 데는 크게 기여하였다. 물론 외환위기 이전에도 소득분배가 개선되었다가 악화되고 다시 개선되는 추이를 보이고 있는 등의 문제가 없지 않으나 전체적으로 볼 때 외환위기 이전까지 지표상으로 본 소득분배는 개선되는 추이를 보였다.

우선 절대빈곤율(절대빈곤인구/전인구)의 추이를 보면 1965년에는 전체

인구의 40.9%가 절대빈곤선 이하에 있었으나 1970년에는 23.4%로 떨어졌으며 1980년에는 9.8%, 1995년에는 5.6%까지 크게 줄었다(〈표 11-5〉). 이는 정부의 적극적인 성장정책으로 일자리가 늘어남으로써 실업률이 크게 떨어졌기 때문이다. 우리나라의 실업률은 1980년대 후반에는 3% 이하 수준으로 거의 완전고용상태에 있었기 때문에 경제력이 없는 극히 제한된 일부의 계층을 제외하고는 모든 사람이 최소한의 생활은 유지할 수 있었다.

표 11-5  절대빈곤율 추이 (단위: %)

| 1965 | 1970 | 1980 | 1984 | 1995 | 2000 | 2005 | 2010 | 2013 |
|------|------|------|------|------|------|------|------|------|
| 40.9 | 23.4 | 9.8 | 4.5 | 5.6 | 6.4 | 6.8 | 6.3 | 7.7 |

자료: 1965~1984년은 Sang Mok Suh & Ha Cheong Yeon(1986), p.21; 1995~2013년은 한국보건사회연구원.

소득분배가 외환위기 이전까지는 대체로 개선되었다는 것은 지니계수나 10분위 분배율과 같은 분배지표의 움직임을 보아도 알 수 있다. 〈표 11-6〉에서 보는 바와 같이 지니계수는 1970년까지는 떨어졌다가 70년대는 잠시 올라갔으나 80년대 와서는 다시 떨어지고 있다. 10분위 분배율(상위 20% 가구대비 하위 40% 가구소득비율)은 지니계수와 약간 다르게 움직이고 있으나 80년대가 70년대보다는 대체로 낮기 때문에 소득분배가 70년대는 악화되었다가 80년대 와서는 다시 개선되고 있음을 시사하고 있다.

표 11-6  소득분배 추이, 1965-1985

|           | 1965 | 1970 | 1976 | 1980 | 1985 |
|-----------|------|------|------|------|------|
| 10분위 분배율 | 0.4626 | 0.4716 | 0.3716 | 0.3538 | 0.4052 |
| 지니계수(1) | 0.3439 | 0.3322 | 0.3908 | 0.3891 | 0.3450 |
| 지니계수(2) | 0.37 | 0.35 | 0.40 | 0.39 | 0.41 |

주: 지니계수(1)은 주학중·경제기획원, 지니계수(2)는 김대모·안국신·권순원의 연구결과임.
자료: 최광·권순원(1995), p.610.

이와 같이 소득분배가 80년대부터 90년대 중반까지는 대체로 개선되고 있는 것을 빈곤층, 중산층, 상류층으로 나누어 보면 더욱 명백해진다. 〈표 11−7〉에서 보는 바와 같이 중산층은 90년대 중반까지 그 비중이 꾸준히 올라가는 반면 빈곤층과 상류층의 비중은 대체로 떨어지는 추세를 보이고 있다. 빈곤층의 비중은 1982년의 11.0%에서 1995년에는 8.3%로 떨어졌고 상류층의 비중도 22.3%에서 18.1%로 떨어졌다. 반면 중산층의 비중은 66.7%에서 73.5%로 올라갔다.

표 11−7  도시가구의 소득계층별 비율 및 지니계수 추이 (단위: %)

| 연도 | 빈곤층 | 중산층 | 상류층 | 지니계수 |
|------|--------|--------|--------|----------|
| 1982 | 11.0 | 66.7 | 22.3 | 0.316 |
| 1985 | 11.2 | 67.4 | 21.4 | 0.312 |
| 1990 | 7.8 | 73.7 | 18.5 | 0.252 |
| 1995 | 8.3 | 73.5 | 18.1 | 0.243 |
| 2000 | 10.4 | 69.7 | 19.9 | 0.280 |
| 2005 | 13.6 | 66.6 | 19.8 | 0.290 |
| 2010 | 14.9 | 68.9 | 20.2 | 0.295 |
| 2011 | 15.0 | 71.3 | 18.4 | 0.293 |

주: 2인 이상 도시근로자 시장소득 기준.
자료: 1985년까지의 소득계층비율과 지니계수는 유경준(2009), p.11; 1990년 이후의 소득계층비율은 원종학(2013), p.9; 1990년 이후의 지니계수는 성명재(2014), p.5.

60년대에 소득분배가 개선된 것은 노동집약적인 제조업의 높은 성장으로 일자리가 크게 확대되고 이로 인하여 하위계층의 소득이 크게 증가하였기 때문이다. 70년대에 들어와서는 정부의 강력한 중화학공업육성정책으로 인한 물가상승과 부동산가격의 급등으로 저소득층과 고소득층간의 소득격차가 크게 벌어지면서 소득분배는 악화되었다. 그러나 80년대 와서는 정부의 강력한 안정화정책으로 물가가 안정된 가운데 80년대 후반부터 최저임금제도의 도입과 노동운동의 활성화로 성별, 학력별 임금격차가 크게 감소하고 정부의 사회보장 및 복지관련 지출의 증대로 이전지출이 늘어나면서 소득분배는 다시 개선되기 시작하였다.

　우리나라의 소득분배가 90년대 중반까지 개선되거나 안정된 것은 위에서 지적한 요인 외에도 해방 후 토지개혁으로 지주계급이 몰락하고 한국전쟁으로 인한 막대한 물적자산의 파괴로 개발초기부터 특별한 부의 편제현상이 없었던 것도 적지 않은 영향을 미쳤다. 다시 말하면 거의 모든 사람이 가난하게 출발하였기 때문에 초기조건이 소득분배에는 유리하게 작용하였다. 또한 국민의 높은 교육열과 평등한 교육기회의 제공으로 모든 사람이 일할 수 있는 능력을 갖게 됨으로써 성장의 혜택을 비교적 고르게 누릴 수 있었다.

　우리나라가 고도성장을 하면서도 소득분배가 개선되고 불평등도가 비교적 낮았다는 것은 국제적으로도 평가를 받고 있는데 이는 다른 개도국과 비교해서도 알 수 있다. 〈표 11-8〉에서 보는 바와 같이 1988년의 우리나라 지니계수는 0.34로 일본이나 대만보다는 높으나 멕시코와 필리핀은 물론 미국보다도 낮다.

**표 11-8　소득분배의 국제비교**

|  | 미국 | 일본 | 대만 | 한국 | 멕시코 | 필리핀 |
|---|---|---|---|---|---|---|
| 연도 | 1986 | 1986 | 1987 | 1988 | 1978 | 1985 |
| 1인당GNP(미불화) | 17,529 | 16,156 | 5,043 | 4,040 | 1,290 | 597.7 |
| 지니계수 | 0.37 | 0.28 | 0.30 | 0.34 | 0.49 | 0.43 |

자료: 한국개발연구원.

　우리나라의 소득분배가 분배지표로 볼 때 90년대 중반까지 개선되었다는 주장에 대해 반론이 없는 것은 아니다. 소득분배를 추계하는 기본자료인 「도시가계연보」와 「농가경제조사」에 문제가 있다는 것이다. 이 두 개의 가계조사에는 표본의 크기가 너무 작을 뿐 아니라 최저소득계층과 최고소득계층이 표본에서 제외되었기 때문에 불평등도가 적게 나타날 가능성이 있다는 것이다.

　이러한 자료상의 문제 외에도 오랫동안의 인플레이션으로 부동산과 같은 실물자산에 투기가 성행되었고 이는 가진 계층에 유리하게 작용하였고 공업화에  따른 도시로의 이농현상도 소득의 불평등을 증가시켰을 것이라는 것이다.[6] 이러한 주장은 70년대는 어느 정도 적중한다고 할 수 있으나 소득분배의 전반적인 추이를 설명할 수는 없다.

자료상의 문제를 보완하기 위하여 한국개발연구원에서 독자적인 가계조사자료를 이용하여 지니계수를 추계한 바 있다. 이에 의하면 1988년의 지니계수는 0.40로 정부가 발표한 0.34보다 높은데 이는 정부 발표보다는 소득의 불평등도가 높다(〈표 11-6〉). 그러나 이러한 독자적인 자료조사에 의한 지니계수도 역사적 추이를 보면 70년대는 약간 올랐다가 80년대부터는 안정적인 움직임을 보이고 있어 정부의 공식적인 수치의 움직임과 큰 차이를 보이지 않고 있다. 따라서 우리나라의 소득분배는 90년대 중반까지는 개선되거나 안정적인 상태를 유지하였다고 할 수 있다.

위에서 지적한 바와 같이 1990년대 중반까지 비교적 안정적인 움직임을 보였던 소득분배는 1997년의 외환위기 이후 크게 악화되었다. 외환위기 이후 대량실업에 따른 빈곤층의 증가, 고금리정책에 따른 금융자산소유자와 그렇지 못한 계층간 소득격차의 심화 등으로 분배의 불평등도는 악화되었다. 〈그림 11-1〉에서 보는 바와 같이 지니계수와 5분위 분배율(하위 20%에 대한 상위 20% 소득계층의 소득비율) 및 상대빈곤율(중위소득 50% 미만의 계층이 전체가구에서 차지하는 비중)이 모두 외환위기 이후 급속히 상승하고 있다. 특히 주목되는 것은 상대빈곤율과 5분위 분배율이 지니계수보다 빠르게 올라가고 있어 계층간의 소득불평등도가 심화되고 있음을 알 수 있다. 다행히 2010년을 전후하여 모든 지표가 떨어지고 있어 분배개선의 조짐이 나타나고 있음은 고무적이라 하겠다.

---

6) 이정우(1992), p.737.

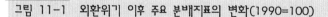

그림 11-1 외환위기 이후 주요 분배지표의 변화(1990=100)

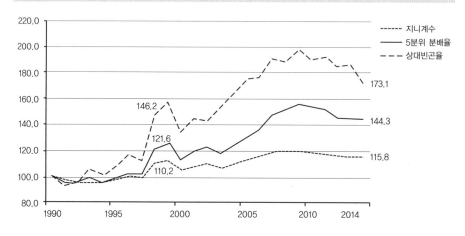

자료: 가계동향조사, 통계청.

국제적 비교를 해도 우리나라의 소득분배는 그렇게 나쁜 편은 아니다. 〈표 11-9〉에서 보는 바와 같이 2013년 현재 우리나라의 소득분배는 모든 지표에서 개도국에 비해서는 매우 양호한 편이나 OECD 국가의 평균보다도 양호하다고 할 수 없다. 지니계수로 보면 소득분배는 OECD 평균보다 좋으나 10분위 분배율이나 상대빈곤율로 보면 OECD 평균보다 나쁜데 이는 앞에서 지적한 바와 같이 계층간의 불평등도가 심화되었기 때문이다.

표 11-9 소득분배의 국제비교, 2013

| 국가 | 지니계수 | 10분위 분배율[1] | 상대빈곤율[2] |
|---|---|---|---|
| 호주 | 0.326 | 8.8 | 14.0 |
| 오스트리아 | 0.276 | 7.0 | 9.6 |
| 벨기에 | 0.268 | 5.9 | 10.2 |
| 칠레 | (0.503) | (26.5) | (17.8) |
| 프랑스 | 0.306 | 7.4 | 8.1 |
| 독일 | 0.289 | 6.6 | 8.4 |

| | | | |
|---|---|---|---|
| 그리스 | 0.340 | 12.3 | 15.1 |
| 헝가리 | 0.288 | 7.2 | 10.1 |
| 이탈리아 | 0.327 | 11.4 | 12.7 |
| 일본 | (0.336) | (10.7) | (16.0) |
| 한국 | 0.302 | 10.1 | 14.6 |
| 멕시코 | 0.482 | 30.5 | 21.4 |
| 노르웨이 | 0.253 | 6.2 | 8.1 |
| 폴란드 | 0.298 | 7.4 | 10.4 |
| 포르투갈 | 0.338 | 10.1 | 12.9 |
| 스페인 | 0.335 | 11.7 | 14.1 |
| 스웨덴 | 0.274 | 6.3 | 9.0 |
| 스위스 | 0.285 | 6.7 | 9.1 |
| 터키 | (0.412) | (15.2) | (19.2) |
| 영국 | 0.351 | 10.5 | 10.5 |
| 미국 | 0.401 | 18.8 | 17.6 |
| OECD평균 | 0.315 | 9.6 | 11.2 |

주: 1) 상위 10%의 평균소득을 하위 10%의 평균소득으로 나눈 값.
　　2) 중위소득의 50% 미만 계층이 전체 인구에서 차지하는 비율.
자료: OECD(2015), p.56. 괄호는 2011년 기준.

## 2. 체감분배와 지표분배

우리나라의 소득분배는 분배지표만 보면 1990년대 중반까지 비교적 양호하였고 최근에 와서도 나쁜 편은 아니다. 그럼에도 불구하고 우리가 피부로 느끼는 분배는 지표상의 분배보다 나쁘게 생각하고 있다. 왜냐하면 현실적으로 보고 느끼는 빈부격차는 더 심해졌다고 생각하기 때문이다. 다시 말하면 체감분배는 지표상의 분배와는 다르다는 것이다. 그러면 이러한 체감분배와 지표분배와의 괴리현상을 어떻게 설명할 수 있을까?

지니계수나 10분위 분배율과 같은 분배지표는 소득분배가 좋아졌다든가 나빠졌다든가 하는 전반적인 분배상태의 변화만을 이야기하는데 지나지 않는다. 따라서 이러한 분배지표로서는 내가 남보다 얼마나 잘 사는지 또는 못

사는지를 알 수 없기 때문에 분배의 실상을 설명하는 데는 한계가 있다. 소
득분배가 현실적으로 문제가 되고 느끼는 것은 상대적 빈곤개념이라기 보다
는 잘사는 계층과 못사는 계층간의 절대적인 소득격차가 더 중요하다는 것
이다.

　가령 하위계층의 소득상승률이 상위계층의 상승률보다 높다하더라도 소
득차이가 더 확대된다면 하위계층의 입장에서는 분배가 개선되었다고 보기
어렵다. 소득격차로 인해 생활수준의 차이는 점점 벌어질 것이기 때문이다.
따라서 피부로 느끼는 체감분배를 설명하기 위해서는 계층간 절대적인 소득
격차가 어떻게 변화하였는지를 파악하지 않고는 설명하기 어렵다. 따라서
여기서는 빈곤층과 비빈곤층간의 소득격차를 가지고 설명하기로 한다.

　1965~84년에 우리나라의 도시근로자가구를 빈곤층과 비빈곤층으로 나
누어 이들의 소득이 어떻게 변화하였는지를 보기로 한다. 여기서 빈곤층이
란 가구당 월최저생계비에 가까운 소득계층을 의미하며 비빈곤층이란 그렇
지 않은 계층을 지칭한다.7) 〈표 11-10〉에서 보는 바와 같이 1965~84년간
도시근로자 가구 중 빈곤층의 실질소득은 연 3.3%가 증가한 반면 비빈곤층
의 소득은 6.0%가 증가하였다. 빈곤층의 소득증가가 미미한데는 70년대에
빈곤층의 실질소득증가가 거의 없었기 때문이다. 60년대만 보면 빈곤층의
소득이 비빈곤층 소득보다 더 빨리 올라갔으며 80년대도 거의 비슷한 수준
의 증가율을 보였다. 이와 같은 계층간의 소득증가율을 보아도 60년대는 소
득분배가 개선되었고 70년대는 악화되었다가 80년대 와서는 안정되는 경향
을 보이고 있어 지니계수나 10분위 분배율과 대체로 비슷한 움직임을 보이
고 있음을 알 수 있다.

　그러나 여기서 중요한 것은 빈곤층과 비빈곤층간의 소득격차가 확대되
었다는 것이다. 왜냐하면 빈곤층의 소득이 많이 올라갔다 해도 격차가 커지
면 상대적 박탈감을 갖게 되어 계층간 갈등의 소지를 제공하기 때문이다. 빈

---

7) 〈표 11-10〉에서의 빈곤층개념은 〈표 11-12〉의 빈곤층과는 반드시 일치하지는 않음.
　빈곤층추계에 대해서는 졸고(1987), pp.28-30 참조.

**표 11-10  빈곤층과 비빈곤층 가구소득 추이, 1965-1984** (단위: 1970년 불변가격, 천원)

| | 1965 | 1970 | 1976 | 1980 | 1984 | 연평균 증가율(%) | | | | |
| | | | | | | 1965~1970 | 1970~1976 | 1976~1980 | 1980~1984 | 1965~1984 |
|---|---|---|---|---|---|---|---|---|---|---|
| 빈곤층의 가구당 월평균소득(A) | 9.1 | 15.1 | 15.3 | 14.3 | 16.9 | 10.8 | 0.3 | −1.8 | 4.3 | 3.3 |
| 비빈곤층의 가구당 월평균소득(B) | 22.8 | 34.1 | 44.3 | 55.2 | 68.5 | 8.4 | 4.5 | 5.7 | 5.5 | 6.0 |
| B−A | 13.7 | 19.0 | 29.0 | 41.0 | 51.6 | | | | | |
| B/A | 2.5 | 2.3 | 2.9 | 3.9 | 4.1 | | | | | |

자료: 졸고(1987), p.30.

곤층의 실질소득도 거의 배 가까이 증가하였으나 비빈곤층과의 소득격차는 지속적으로 확대되고 있어 경제성장의 과실이 빈곤층보다는 비빈곤층으로 더 많이 돌아갔다.

이처럼 경제성장의 혜택이 비빈곤층으로 더 많이 돌아가는 것은 경제발전의 초기에는 불가피한 현상이라고 할 수 있고 이는 다른 나라에서도 일반적으로 발견되는 현상이다.[8] 이는 비빈곤층에 속하는 사람들이 빈곤층에 속하는 사람들 보다 소득을 획득할 수 있는 기회가 많을 뿐 아니라 경제가 발전할수록 숙련공이나 전문직 등 고급인력에 대한 수요가 늘고 이들의 소득이 빨리 올라가기 때문이다. 또한 빈곤층과 비빈곤층간의 소득격차가 크기 때문에 빈곤층의 소득이 웬만히 빠르게 증가하지 않는 한 소득격차는 벌어지기 마련이다.

이는 성장과정에서 오는 불가피한 현상이라고도 할 수 있으나 계층간의 상대적 박탈감을 형성함으로써 국민의 의식구조에 적지 않은 영향을 주었다. 사람은 자기의 소득이 올라가도 다른 사람의 소득이 더 많이 올라가게

---

8) 1960년대 미국과 브라질의 경우를 보면 경제성장의 70~80%가 비빈곤층으로 돌아간 것으로 추계되고 있다. G. S. Fields(1977), p.574.

되면 상대적 박탈감을 느끼게 되나 처음에는 자기도 앞으로 잘 살겠지 하고 불평을 하지 않고 기다린다는 것이다. 허슈만(A. O. Hirschman)은 이러한 기다림을 턴넬효과(tunnel effect)[9]라고 하는데 기다리는데도 한계가 있기 때문에 소득과 생활상의 격차가 더 벌어지게 되면 불평을 하게 되고 나아가 기존질서나 체제에 부정적인 생각을 하게 된다는 것이다.

우리나라도 80년대 들어오면서 빈부격차가 심해지면서 그 동안 고도성장 과정에서 소외되었던 계층의 목소리가 높아지고 기존질서나 제도에 대해 비판적이며 부정적인 눈으로 보는 세력이 형성되기 시작하였다. 이러한 움직임은 80년대 있었던 과격한 학생운동이나 노동운동으로 나타났다. 다시 말하면 턴넬효과가 80년대 와서는 더 이상 작동을 하지 않게 되었다. 물론 이에는 정치적 요인이 있었지만 빈부간의 심한 소득격차도 큰 요인으로 작용하였고 이는 80년대 후반부터 사회정책을 적극적으로 추진하게 한 계기가 되었다.

가난한 계층과 그렇지 않은 계층간의 소득격차문제는 직종별 임금추이를 보아도 알 수 있다. 〈표 11-11〉에서 보는 바와 같이 계층별·직종별 명목임금추이를 보면 1976~85년 사이에 하위직종의 임금이 가장 빨리 상승하였

**표 11-11 계층별·직종별 월평균 명목임금 추이[1]** (단위: 천원, %)

| | 1976 | 1982 | 1985 | 월평균 증가율(%) | | |
| | | | | 1976~1982 | 1982~1985 | 1976~1985 |
|---|---|---|---|---|---|---|
| 상위계층(A) | 247 | 803 | 1,036 | 21.7 | 8.9 | 17.3 |
| 중위계층(B) | 148 | 436 | 534 | 19.7 | 7.0 | 15.3 |
| 하위계층(C) | 38 | 139 | 175 | 24.1 | 8.0 | 18.5 |
| A-B | 99 | 367 | 502 | | | |
| B-C | 110 | 297 | 359 | | | |
| A-C | 209 | 664 | 861 | | | |

주: 1) 각 직종의 노동자수를 가중치로 한 가중평균 총월급여액(보너스포함)임.
자료: 졸고(1987), p.35.

9) A. O. Hirschman(1973), pp.544-565 참조.

으며 상위계층, 즉 고급관리직과 고급전문직의 임금이 그 다음으로 빨리 올라갔고 중위계층의 임금상승률이 가장 낮았다.[10] 중요한 것은 하위계층의 임금이 가장 빨리 올라갔음에도 불구하고 계층간 임금격차는 크게 벌어졌다는 것이다.

빈곤층과 비빈곤층간의 소득격차의 확대는 외환위기 이후 확대되고 있어 소득의 양극화가 심화되고 있음을 알 수 있다. 1996과 2003년 사이에 비빈곤층과 빈곤층간의 소득격차는 3.6배에서 4.2배로 확대되고 있다(〈표 11-12〉). 이러한 계층간의 소득격차 확대는 종사상 지위별, 고용형태별 임금수준에서도 나타나고 있는데 상용직 대비 임시직의 임금은 2000년의 55.8%에서 2014년에는 48.7%로 떨어졌고 정규직 대비 비정규직 임금은 2005년의 62.7%에서 2014년에는 55.8%로 떨어졌다(〈표 11-13〉).

**표 11-12  빈곤층과 비빈곤층 가구소득의 추이, 1996-2003** (단위: 천원, %)

|  | 1996 | 2000 | 2003 | 연평균 증가율(%) | | |
|---|---|---|---|---|---|---|
|  |  |  |  | 1996~2000 | 2000~2003 | 1996~2003 |
| 빈곤층 평균균등소득[1](A) | 324 | 333 | 348 | 0.7 | 1.5 | 1.0 |
| 비빈곤층 평균균등소득(B) | 1,165 | 1,310 | 1,464 | 3.0 | 3.8 | 3.3 |
| B−A | 841 | 977 | 1,116 |  |  |  |
| B/A | 3.6 | 3.9 | 4.2 |  |  |  |

주: 1) 빈곤층 평균균등소득의 개념과 측정에 대해서는 여유진 외(2005), pp.123-128 참조.
자료: 여유진 외(2005), p.165.

---

10) 하위계층이란 광부, 부두노동자, 교통안내원, 청소부, 의복제조공, 제화공, 조립공 등과 같은 육체노동자 및 단순작업공과 같은 저소득층을 지칭하며, 상위계층이란 고급승무원, 의사, 회계사, 대학교수 및 고급관리직 등의 고소득층을 말하며, 중위계층에는 건축 및 공학기술자, 작가 및 언론인, 사무원 및 감독자와 같은 전문직과 관리직이 포함되었다. 이러한 분류는 다소 자의적이기는 하나 표본의 크기가 전직종근로자의 약 40%를 차지하고 있기 때문에 어느 정도의 대표성을 가진다고 할 수 있다. 졸고(1987), p.34.

**표 11-13 종사상 지위별 고용형태별 임금 추이**　　　　　　　(단위: 천원/월, %)

| | | 2000 | 2005 | 2010 | 2014 | 연평균 증가율(%) | | | |
|---|---|---|---|---|---|---|---|---|---|
| | | | | | | 2000~2005 | 2005~2010 | 2010~2014 | 2000~2014 |
| 종사상 지위별 | 상용직 | 1,527 | 2,117 | 2,500 | 2,748 | 6.8 | 3.4 | 2.4 | 4.3 |
| | 임시직 | 852 | 1,102 | 1,221 | 1,338 | 5.3 | 2.1 | 2.3 | 3.3 |
| 고용 형태별 | 정규직 | | 1,846 | 2,294 | 2,604 | | 4.4 | 3.2 | 3.9 |
| | 비정규직 | | 1,156 | 1,258 | 1,453 | | 1.7 | 3.7 | 2.6 |
| 상대 임금수준 | 임시직 (상용직 =100) | 55.8 | 52.1 | 48.8 | 48.7 | | | | |
| | 비정규직 (정규직 =100) | | 62.7 | 54.8 | 55.8 | | | | |

자료: 김복순(2015). p.17.

## 3. 분배정책

　　우리나라는 1960년대부터 경제개발을 본격적으로 추진한 이후 정부가 명시적으로 표방하지는 않았지만 선성장후분배의 기조하에서 정책을 운영하여 왔다. 그럼에도 불구하고 우리나라의 소득분배는 여러 가지 통계상의 문제가 있지만 외환위기 이전까지는 대체로 개선되는 경향을 보였으며, 특히 다른 개도국에 비해서는 분배상태가 매우 양호하다는 데는 국내외 학자를 막론하고 인식을 같이하고 있다. 이는 전후 독일이 라인강의 기적을 이룬 에르하르트(L. Erhard) 수상이 갈파한 바와 같이 성장이 최선의 분배정책이었다.[11] 성장은 지속적인 고용창출을 통해 실업과 빈곤문제를 해결할 수 있었으며 노동시장의 구조변화를 통해 소득분배에 긍정적인 영향을 미치기 때문이다.

　　이와 같이 성장과 분배가 선순환을 한데는 기본적으로 우리나라가 노동

---

11) 전후 독일 경제정책의 이념과 원칙에 대해서는 졸저(1999), pp.43-67 참조.

집약적인 경공업을 먼저 육성하고 그 다음에 중화학공업을 육성하는 단계적인 발전전략을 추구하였기에 가능하였다. 이 과정에서 중화학공업육성에 따른 부작용으로 소득분배에 악영향이 있었으나 80년대 와서 이의 후유증을 잘 극복함으로써 분배문제를 안정적으로 유지할 수 있었다. 따라서 정부의 「선성장후분배」전략은 결과적으로 성공적이었다고 할 수 있다.

　이러한 정부의 성장우선정책에 대해서 비판이 없는 것은 아니다. 고도성장은 하였으나 재벌중심의 경제력 집중화가 이루어졌고 빈부격차는 확대되었다는 것이다. 경제력의 집중화는 자본주의 경제발전의 한 과정으로서 다른 선진국에서도 관찰되는 일반적 현상이다. 다만 우리나라의 경제력 집중은 소수의 재벌중심으로 이루어졌고 이것이 정경유착으로 이어져 사회적 문제를 야기하였다는 문제는 있으나 외환위기를 거치면서 재벌의 폐해가 상당히 감소되었다는데 주목할 필요가 있다.

　소득불평등 문제도 다른 개도국에 비해서는 양호하며 외환위기 전까지는 비교적 안정적으로 유지되었으나 외환위기 이후 양극화로 소득불평등도가 심화된 것은 앞으로 해결해야 할 과제라 하겠다.

　이와 관련하여 지적되어야 할 것은 자본주의적 시장경제하에서의 분배문제는 경제발전을 해가면서 해결하는 방법밖에 없다는 것이다. 어느 나라를 막론하고 개발의 초기에는 빈곤퇴치가 가장 중요하기 때문에 일자리 창출이 최선의 성장정책이고 분배정책이다. 따라서 빈곤퇴치와 고용창출을 위해서는 성장우선전략을 취할 수밖에 없으며 이러한 전략은 1970년대까지 박정희 정부의 일관된 정책기조였다.

　다시 말하면 분배는 시장에 맡겼으며 정부가 정책적으로 특별히 배려를 하지 않았다는 것이다. 자본축적에 의한 지속적인 성장이 최대의 정책적 우선사항이었기 때문에 소득의 재분배정책은 관심밖에 있었다 해도 과언은 아니었다.

　조세정책은 투자촉진에 초점을 맞추었으며 세원은 주로 간접세에 의존하고 재산에 대한 과세는 낮아 조세의 소득재분배기능은 매우 약하였다. 정부지출도 경제개발을 지원하는데 집중됨으로써 사회복지를 위한 지출은 GNP 대비 1%를 넘지 못하였다. 공무원연금, 군인연금, 의료보험 등 사회보험제도의 도입이 있었으나 이도 저축동원의 한 수단으로 고려되었던 것이다.

분배문제에 대한 논의는 1980년대에 들어와서 시작되었다. 70년대 중화학공업 육성으로 인플레이션과 부동산투기로 빈부격차가 심화되면서 분배문제가 사회적 문제로 대두되었기 때문이다. 도시 빈민층이 생기고 저임금과 근로환경의 악화와 이로 인한 노사간의 갈등이 심화되면서 분배문제가 수면 위로 떠올랐다. 정부는 분배문제에 대하여 관심을 갖게 되었으며 제도개선에 적지 않은 노력을 하였으나 정부의 긴축적인 재정운용으로 복지지출은 크게 늘어나지 못하였다. 따라서 전두환 정부시대의 복지정책은 주로 그 전에 도입되었던 의료보험법, 산재보험법, 생활보호법 등을 개정하여 적용범위를 확대하는 등의 소극적인 성격을 벗어나지 못하였다.

그러다가 1987년 6·29 선언 이후 정치적, 사회적 민주화 운동이 확산되면서 정부는 사회적 형평증진을 위한 강력한 압력을 받게 되었다. 이리하여 노태우 정부부터 복지증진을 위한 정책이 적극적으로 실시되기 시작하였다. 최저임금제를 도입하여 노동자의 권익을 보호하는 한편 주택, 보건, 사회복지 등 사회개발에 대한 재정지출을 확대하였다. 토지공개념이 도입되고 종합토지세와 토지초과이득세가 신설되는 등 부동산투기억제를 위한 다각적인 노력이 경주되었다. 세제를 개편하여 자산소득에 대해서는 중과하고 근로소득자 및 중산층에 대한 조세부담을 경감하는 등 계층간 조세부담의 형평성을 제고하도록 하였다.

1992년 김영삼 정부가 들어와 금융실명제와 부동산실명제가 실시되면서 형평증진과 투명사회를 위한 노력은 계속되었다. 1993년 8월 정부는 잘못된 금융거래 관행을 시정하고 부의 공정한 배분을 위한 기초를 마련하고자 금융실명제를 실시하였다. 1995년에는 부동산실명제를 실시하여 부동산에 대한 투기를 억제하고 과세를 강화하여 조세의 형평성을 제고토록 하였으며, 금융소득종합과세를 실시하여 고소득자에 대한 조세부담을 증대토록 하였다.

　이와 같이 조세정책이 형평성을 중시하는 방향으로 개편됨에 따라 국세수입에서 간접세가 차지하는 비중이 감소하는 한편 직접세의 비중은 80년대부터 늘어나기 시작하였다. 예컨대 국세수입 중 직접세의 비중은 1980년의 20.4%에서 1985년에는 22.5%로 증가하였고 90년에는 31.1%로 크게 증가하였다. 반면 같은 기간에 간접세의 비중은 41.3% → 38.4% → 38.6%로 감소하는 추세를 보였으며 2007년에 와서는 50.4%대 33.9%로 완전 역전이 되었다.[12]

　이러한 조세정책 외에도 이미 지적한 바와 같이 80년대 후반부터 복지증진을 위한 정책은 강화되었다. 1988년에 국민연금이 도입되고 1989년에는 전 국민의료보험이 실시되었으며, 1995년에는 고용보험이 도입되었다. 생활보호제도와 장애인 및 아동 등의 취약계층에 대한 복지서비스도 확대되었다. 이에 따라 복지지출은 크게 증대되었다. 〈표 11-2〉에서 보는 바와 같이 사회보장 및 복지지출은 80년대 후반부터 크게 늘어나 1980년에는 중앙정부세출의 5.7%만을 차지하였으나 90년에는 8.1%, 2000년에는 15.3%로 증가하였다.

　1997년 외환위기를 겪으면서 재정의 재분배기능은 더욱 강화되었다. 김대중 정부는 공공근로사업의 도입, 고용보험의 적용범위확대, 국민기초생활보장제도를 도입하는 등 사회안전망을 확충하기 시작하였다. 이러한 복지정책은 앞에서 이미 지적한 바와 같이 노무현 정부를 거쳐 이명박 정부와 박근혜 정부에 이르기까지 확대·발전되어 왔다. 사회보장 및 복지지출이 중앙정부예산에서 차지하는 비중은 2000년의 15.3%에서 2013년에는 24.6%로 증가하여 재정의 소득재분배기능은 크게 확대되었다.

　조세정책도 서민층과 중산층을 지원하는 하는 한편 부동산과 상속·증여세를 개편하여 조세의 재분배기능을 더욱 강화는 방향으로 전개되었다. 서민층과 중산층의 조세부담 경감을 위하여 근로소득공제한도를 인상하고 보험료와 교육비 등에 대한 근로소득특별공제한도를 인상하였다. 또한 서민

---

12) 한국경제60년사-경제일반(2010), p.674, p.708.

및 중산층이 주로 사용하는 가전제품 등에 대한 특별소비세를 폐지하여 간접세부담을 줄이도록 하였다.

1999년에는 상속·증여세를 강화하여 세금 없는 부의 대물림을 방지하도록 하였다. 고액자산가에 대한 과세를 강화하기 위하여 최고세율 적용구간을 50억원 초과에서 30억원 초과로 확대하고 최고세율도 45%에서 50%로 상향 조정하였다. 2001년부터 금융소득종합과세를 재실시하여 고액금융소득자에 대한 과세를 강화하였으며, 2004년에는 종합부동산세를 도입하여 부동산 보유에 중과하도록 하였다. 이와 같이 간접세의 부담경감과 상속·증여세에 대한 과세 강화로 직접세의 비중은 크게 늘어나 앞에서 지적한 바와 같이 2007년에 와서는 직접세와 간접세의 비중이 역전되었다.

이와 같은 정책적 노력으로 우리나라의 소득분배는 최근에 와서 개선되는 움직임을 보이고 있다. 〈그림 11−1〉에서 보는 바와 같이 2009년부터 지니계수, 5분위 분배율 및 상대빈곤율이 전체적으로 다 떨어지고 분배가 개선되고 있음을 알 수 있다. 또 OECD 국가와 비교해도 지니계수는 OECD 평균보다는 양호하다. 그러나 계층간의 소득격차를 나타내는 10분위 분배율이나 상대빈곤율은 OECD 평균보다 좋지 못하기 때문에 양극화 해소를 위한 보다 적극적인 노력이 필요하다고 하겠다.

## 제 3 절  평   가

이상에서 지적한 바와 같이 우리나라의 사회정책은 발전단계에 따라 점진적으로 추진되었다. 1960년대와 70년대의 성장제일주의 시기에는 선성장후분배의 원칙이 지배됨에 따라 사회정책은 성장우호적인 각종 연금 등 제한된 범위의 사회보험제도 도입에 국한되었다.

80년대에 와서 분배가 사회적 문제로 제기되었으나 전반기까지는 사회정책이 비중있게 다루어지지 못하였다. 전두환 정부에서는 경제안정과 산업

합리화 등 중화학공업정책의 후유증을 치유하는데 주력하였기 때문에 복지
문제를 본격적으로 다룰 여건이 형성되지 못하였다. 따라서 분배문제는 기
본적으로 박정희 정부시대와 마찬가지로 시장에 맡겼으며 물가안정 등 소득
분배에 유리한 환경조성에 주력하였다고 할 수 있다.

그러나 87년 6·29 민주화 선언 이후 주택, 의료, 보건, 복지 등에 대한
국민적 욕구가 분출하면서 노태우 정부부터 적극전인 사회정책을 추진하기
시작하였으며 김영삼 정부로 이어지면서 사회개발을 위한 지출은 크게 확대
되었다. 특히 이 기간에는 최저임금제도의 도입 이외에 국민연금과 고용보
험이 도입됨으로써 4대사회보험은 다 갖추게 되었다. 또한 종합부동산세
도입, 상속·증여세 개편 등 조세정책을 통해 고소득자에 대한 세금을 중과
하고 저소득자에 대해서는 조세부담을 경감하는 조세의 재분배기능이 강조
되기 시작하였다. 이와 같이 사회복지지출이 확대되고 재정의 재분배기능
강화로 소득분배는 90년대 중반까지 안정적으로 유지될 수 있었고 성장의
지속으로 빈곤층은 계속 감소하는 추세를 보였다.

그러나 97년 외환위기 이후 실업과 빈곤이 급증하면서 소득분배는 급속
도로 악화되었다. 사회정책의 중심은 빈곤층과 사회적 약자를 위한 사회적
안전망을 확충하는데 주력하였으며, 재정의 부담이 큰 기초생활보장제도와
같은 공적부조를 강조하는 방향으로 전개되었다. 이로 인하여 사회복지지출
은 급증하고 조세부담률도 크게 증가하였다(〈표 11-14〉). 외환위기 이후 소
득분배가 악화된 데는 다음과 같은 요인이 작용한 것으로 보인다.

표 11-14  조세부담률과 국민부담률 국제비교, 2012                    (단위: %)

| | 한국 | 미국 | 일본 | 프랑스 | 독일 | 이탈리아 | 영국 | OECD |
|---|---|---|---|---|---|---|---|---|
| 조세부담률 | 18.7 | 18.9 | 17.2 | 27.5 | 22.5 | 29.8 | 26.7 | 24.7 |
| 사회보장부담률 | 6.1 | 5.5 | 12.3 | 16.5 | 14 | 12.9 | 6.3 | 9 |
| 국민부담률 | 24.8 | 24.4 | 29.5 | 44.0 | 36.5 | 42.7 | 33.0 | 33.7 |

자료: OECD Tax Statistics.

첫째, 2000년대 들어와서 투자부진으로 경제성장이 저조하였고 이로 인하여 일자리가 제대로 창출되지 못하였던 것이 크게 작용한 것으로 보인다. 2002~08년에 총고정투자의 연평균증가율은 3%에 불과하였고 이로 인하여 GDP도 평균 4.5%의 성장에 그쳤는데 1990~96년의 GDP성장률 7.9%에 비하면 크게 저조한 편이다.

둘째, 성장의 부진 외에도 급속한 세계화가 소득분배에 불리하게 작용하였다. 세계화의 진전으로 기업규모별 노동생산성의 격차가 심화되었다. 특히 경쟁력이 강한 대기업과 그렇지 못한 중소기업간의 생산성 격차가 커짐에 따라 기업규모간 임금격차가 확대되었다. 또한 지식기반경제의 진전으로 고학력, 고숙련 근로자에 대한 수요는 증가한 반면 저학력, 저숙련 근로자에 대한 수요는 상대적으로 위축되어 임금격차가 확대되었다. 학력간 임금격차를 보면 고졸자와 초대졸자의 임금격차는 외환위기 이후에도 큰 변화가 없으나 고졸자와 대졸 이상의 임금격차는 확대됨으로써 소득분배에 악영향을 미쳤다.[13]

셋째, 외환위기 이후 기업의 구조조정과 조직의 유연성 확보를 위해 비정규직 근로자의 비중이 늘어나면서 상용근로자와 임시 및 일용근로자간의 임금격차도 확대됨으로써 소득분배를 악화시켰다.

이와 같은 분배악화를 방지하기 위하여 정부는 다각적인 노력을 하였으며 그 결과 최근에 와서 다소 개선되는 경향은 보이고 있으나 계층간의 양극화 현상은 해소되지 않고 있다. 앞으로 정부는 사회복지관련 지출을 더욱 확대하여야 하겠지만 예상되는 우리 경제의 저성장추세를 고려할 때 복지관련 지출확대는 정부의 재정적 부담을 가중시킬 것으로 보인다.

따라서 정부는 경제의 활성화를 통해 성장력을 복원하는 것이 무엇보다 중요하다. 이와 아울러 사회보험과 주택, 보육, 교육, 기초노령연금 등에서 저소득층에 대한 지원을 강화하고 중위 및 상위 소득층에 대한 지원은 축소하여 수혜대상을 저소득층에 집중함으로써 재분배정책의 실효를 높일 필요가 있다

---

13) 한국경제60년사-사회복지·보건, p.584.

제 12 장

# 성장동력의 둔화와
# 성장전망

# 성장동력의 둔화와 성장전망

## 제1절  성장동력의 둔화

우리나라는 외환위기를 거치면서 성장의 둔화, 소득분배의 악화, 중산층의 몰락 등 대내외적으로 적지 않은 도전에 직면하게 되었다. 우려스러운 것은 투자율의 둔화로 성장잠재력이 크게 떨어지고 있고 이의 전망도 결코 밝지 못하다는 것이다. 우리나라의 경제성장률은 이미 지적한 바와 같이 1990년대부터 지속적으로 하락하고 있는데 여러 가지 요인이 복합적으로 작용하였다.

대외개방의 가속화로 경쟁이 심화되면서 기업들이 수익성 높은 신규투자를 발견하기 어려운 데다가 국내의 고비용 때문에 경공업관련 업종뿐만 아니라 중화학공업 업종에서도 생산시설의 해외이전 등 국내투자보다 해외투자를 선호하는 기업이 많아졌다. 그 반면 외국인의 국내직접투자는 매우 저조하다. 예컨대 2000~2011년에 우리나라 기업의 해외투자는 연평균 24%가 증가한 반면 외국인의 국내직접투자는 연평균 3%의 증가에 그쳤다. 이러한 이유로 우리나라의 투자율은 1990년대만 해도 거의 연평균 35%에 달하였으나 2000년대 와서는 28~29% 수준으로 떨어졌다.

투자율과 함께 저축률도 계속 하락하고 있다. 저축률은 90년대 초까지만 해도 거의 40%에 달하였으나 2000년대에 와서는 30% 수준으로 하락하

고 있다. 저축률 하락에는 가계저축률의 하락이 크게 작용하였다. 우리나라
의 가계저축률은 90년대까지만 해도 14~15%에 달하였으나 외환위기 이후
크게 하락하여 2013년에는 4.7%로 떨어졌다.

저축률 하락과 함께 가계부채는 매년 급증하여 2013년 말 현재 1,220조
원으로 GDP대비 85.3%에 달하고 있고 처분가능소득대비는 134%에 달하고
있다. 이러한 높은 가계부채비율은 성장둔화와 인구고령화로 인한 피부양인
구비율의 상승을 고려할 때 앞으로도 쉽게 떨어지지 않을 것으로 보인다(〈그
림 12-1〉).

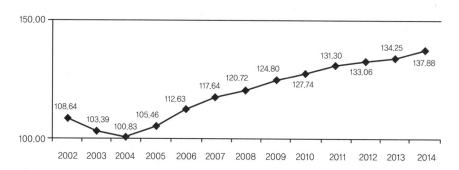

**그림 12-1  처분가능소득 대비 가계부채비율**                        (단위: %)

자료: 한국은행.

성장률의 주요 요인인 노동력의 공급도 생산가능인구(15~64세)의 증가
율이 둔화됨에 따라 90년대 들어와서 크게 떨어지고 있다. 〈표 12-1〉에서
보는바와 같이 생산가능인구와 경제활동인구의 증가율이 80년대 이후 지속
적으로 떨어지고 있다. 80년대만 해도 연평균 2.5%에 달하였던 경제활동인
구의 증가율은 90년대 와서는 2.4%로 떨어졌고 2000년대 와서는 1% 수준으
로 떨어졌다. 이에 더하여 근로시간마저 점점 떨어지고 있어 실제 생산에 참
여하는 노동력의 증가는 2000년대 와서는 거의 없는 것으로 나타나고 있다.

| 구분 | 1980~1989 | 1990~1997 | 1998~2008 |
|---|---|---|---|
| 생산가능인구증가율 | 2.34 | 1.49 | 0.63 |
| 경제활동인구증가율 | 2.47 | 2.40 | 1.01 |
| 취업자수증가율 | 2.60 | 2.39 | 1.00 |
| 주당평균근로시간 | 54.86 | 52.61 | 48.93 |
| 취업자수×근로시간증가율 | 2.76 | 1.65 | 0.03 |

표 12-1 **노동관련지표 증가율** (단위: %)

자료: 삼성경제연구소(2009), p.4.

더욱 심각한 것은 저출산으로 인구증가율이 계속 떨어지고 있어 생산가능인구의 증가는 기대하기 어렵다. 통계청의 추계에 의하면 우리나라의 인구증가율은 2010년에는 0.34%였으나 2020년에는 0.04%로 크게 떨어지고 2030년부터는 인구가 오히려 감소할 것으로 전망된다. 이에 따라 생산가능인구도 2010년부터는 증가율이 크게 떨어져 2016년을 정점으로 하여 그 이후에는 감소할 것으로 예상된다. 더구나 생산가능인구에서 노년층(55~64세)이 차지하는 비중이 1990년의 9.2%에서 2020년에는 무려 21.8%로 증가함으로써 노동력의 노령화가 급속도로 진행되고 있다.[1] 이와 같은 현상은 유효노동력의 공급을 크게 제약하는 것으로 잠재성장률을 저하시키는 중요한 요인으로 작용할 것으로 보인다.

위에서 지적한 바와 같이 앞으로는 자본과 노동투입과 같은 요소투입에 의한 성장에는 한계에 있기 때문에 생산성 증가가 잠재성장률을 결정하는 중요 요인으로 작용할 것으로 보이나 그 전망도 결코 밝지 못하다.

지금까지 우리나라의 총요소생산성은 주로 생산성을 결정하는 요소들의 양적 확대에 의존하였다. 산업구조가 생산성이 낮은 1차산업 중심에서 생산성이 높은 2차산업 중심으로 이동하였고 2차산업에서는 경공업 중심에서 중화학공업 중심으로 고도화되었다. 대외개방도 매우 제한된 개방에서 전면개방으로 이행하였고 기술개발도 외국기술의 단순도입에서 소화·개량하는 단

[1] 최강식(2010), p.440.

계로 발전하였다. 교육수준도 고등교육취학률이 크게 향상되고 연구개발투자도 GDP대비 크게 올라가는 등 주로 양적 확대를 통하여 생산성이 올라갈 수 있었다.

그러나 이러한 양적 확대를 통한 생산성 증대는 한계에 왔음을 알 수 있다. 〈표 12-2〉에서 보는 바와 같이 총요소생산성의 증가율이 2000년대 들어오면서 점점 떨어지고 있음이 이를 뒷받침하고 있다. 따라서 생산성을 결정하는 요인들의 질적 개선을 통한 생산성 증대가 무엇보다 필요하며 이를 위해서는 산업구조를 고기술 및 고부가치산업으로 개편하고, 자체기술개발능력을 제고하며, 인적자본의 질적 향상을 기하는 등의 제도적, 구조적 개혁이 요청되나 이는 결코 쉬운 과제는 아니기 때문에 생산성 향상을 크게 기대하기도 어렵다.

## 제 2 절   잠재성장률 전망

앞에서 지적한 바와 같이 우리나라의 성장동력은 여러 측면에서 2000년대에 와서 급격히 떨어지고 있고 이에 따라 우리나라의 잠재성장률은 앞으로도 지속적으로 둔화될 것으로 보인다. 물론 이러한 잠재성장률의 둔화 내지 하락은 경제발전이 어느 수준에 달하면 자본과 노동의 한계생산성이 하락하는 데서 오는 일반적인 현상이라고 볼 수 있으나 문제는 우리나라의 경우 하락속도가 빠르게 진행될 것으로 예상된다는 점이며 그의 중심에는 인구증가율의 하락과 인구구조의 고령화가 크게 작용하고 있다.

잠재성장률은 인구 외에도 투자나 생산성과 같은 다른 요인에 의해서도 영향을 받기 때문에 노동력공급의 원천인 인구증가율이 그렇게 중요하지 않다고도 할 수 있다. 그러나 인구증가율과 인구구조의 변화는 노동력의 공급은 물론 소비, 저축, 투자 등 광범위한 분야에 걸쳐 영향을 줌으로써 잠재성장률에 결정적인 영향을 미칠 수 있다. 과거와 같이 노동력공급이 원활하였

을 때는 자본축적이 잠재성장률을 결정하는 가장 중요한 요인이었으나 이제
는 인구증가율의 급속한 하락으로 노동력공급이 가장 큰 성장의 제약요인이
되기 때문이다.

　우리가 인구문제를 중요시하는 또 다른 이유는 1990년대 초 이후 일본
경제의 장기침체가 인구의 노령화와 밀접한 관계가 있고 우리나라의 인구증
가율과 노령화추세가 20년 전 일본과 매우 유사한 움직임을 보이고 있어 우
리나라도 특별한 대책이 없는 한 일본과 같은 장기침체에 진입하지 않나하
는 두려움이 있기 때문이다.

　〈그림 12-2〉에서 보는 바와 같이 우리나라의 총인구증가율과 노인부
양비율은 20년 차이를 두고 일본과 거의 비슷한 추이를 보이고 있다. 일본
의 인구는 2010년부터 절대인구가 감소하였는가 하면 우리나라 인구는 2030
년경에 감소할 것으로 추정된다. 노인부양비율(65세 이상 인구/15~64세 인구)
도 일본은 1990년의 17% 내외에서 2010년에 35% 수준으로 급등하였으며,

**그림 12-2  한국과 일본의 인구증가율 및 노인부양비율**

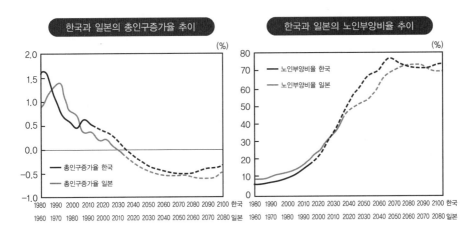

자료: 조동철(2015), p.8.

우리나라는 2010년의 15% 내외에서 2030년에 38% 수준으로 급등할 것으로 전망되어 일본보다 고령화가 더 빠르게 진행될 것으로 전망된다.

인구구조의 노령화는 투자, 저축, 소비, 재정수지, 부동산 가격 등 여러 부문에 걸쳐 막대한 영향을 준다. 유년층과 청년층의 비중감소는 노동력공급의 감소와 함께 상품, 교육, 주택 등에 대한 수요를 감소시켜 투자에 부정적인 영향을 주는 한편 고령화로 인한 피부양인구의 급증으로 저축률은 하락하게 된다. 인구구조의 고령화는 중장기적으로 저축과 투자에 부정적인 영향을 줄 뿐 아니라 연금과 보건의료 등 복지재정수요의 증가로 재정수지에도 큰 압박요인으로 작용하게 된다. 산업구조에도 영향을 주는데 인구의 노령화는 노동집약적 산업의 경쟁력을 약화시키고 주택수요를 감소시킴으로써 주택가격의 하락요인으로도 작용한다.

통계청이 발표한 우리나라 인구추계에 의하면 우리나라는 2000년에 고령인구(65세 이상 인구)의 비중이 7.2%로 고령화사회로 진입하였고 2018년에는 그 비율이 14.3%를 넘게 되어 세계에서 가장 빠른 속도로 고령사회로 진입할 전망이며, 2026년에는 비율이 20.8%로 올라가 초고령사회로 진입할 것으로 예측되고 있다. 한국개발연구원의 연구에 의하면 우리나라의 인구구조는 이미 저축률과 투자율에 부정적인 영향을 주는 단계에 와 있고 따라서 저축률과 투자율 모두 앞으로 빠르게 하락할 것으로 전망하고 있다.[2]

이러한 인구증가율과 인구구조의 변화를 고려하여 한국개발연구원이 추정한 잠재성장률은 〈표 12-2〉와 같다. 우리 경제의 성장률은 1990년대 부터 지속적으로 하락하고 있는데 2001~10년의 4.5%에서 2011~20년에는 3.6%로 하락하고 2020년대와 2030년대에는 각각 2.7%와 1.9%로 하락할 것으로 전망하고 있다.[3] 취업자수, 즉 노동투입은 2020년대 이후부터 전혀 성장에 도움이 안 되고 있다. 이는 인구감소로 인구문제가 경제성장에 큰 걸림돌

---

2) 보다 자세한 내용에 대해서는 권규호(2014), pp.37-45 참조.

3) 한국개발연구원은 잠재성장률을 2100년까지 전망하고 있으나 100년이라는 긴 기간의 잠재성장률 추정은 현실적 의미가 없기 때문에 여기서는 2040년대까지만 보기로 한다. 잠재성장률 방법과 구체적 내용에 대해서는 김성태 외(2013) 참조.

| 표 12-2 | 잠재경제성장률 전망과 요인별 기여도 | | | (단위: 증가율, %) |
|---|---|---|---|---|
| | GDP | 물적자본 | 취업자수 | TFP |
| 1981~1990 | 8.6 | 4.3 | 1.7 | 2.5 |
| 1991~2000 | 6.4 | 3.4 | 1.2 | 1.9 |
| 2001~2010 | 4.5 | 1.9 | 0.8 | 1.8 |
| 2011~2020 | 3.6 | 1.5 | 0.5 | 1.6 |
| 2021~2030 | 2.7 | 1.2 | 0.0 | 1.5 |
| 2031~2040 | 1.9 | 0.8 | −0.4 | 1.5 |
| 2041~2050 | 1.4 | 0.5 | −0.5 | 1.4 |

주: 1981~2010년까지는 실적치.
자료: 김성태 외(2013), p.69.

로 작용할 것이라는 것을 반영하고 있다.

또한 주목되는 것은 1990년대까지 우리나라 경제성장의 주된 요인으로 작용하였던 자본축적의 역할도 점점 감소하는 반면 생산성 증가가 경제성장의 주된 요인으로 등장하고 있다는 점이다. 2020년대는 생산성 증가가 경제성장의 55.6%를 설명하고 있고 2030년대는 경제성장의 78.9%를 설명하고 있다. 다시 말하면 앞으로의 경제성장은 생산성이 주도한다는 것이다.

총요소생산성은 그 나라 경제의 총체적인 효율성을 나타내는 것으로서 여러 가지 요인에 의하여 복합적으로 결정되기 때문에 이를 정확하게 추정한다는 것은 불가능하다. 한국개발연구원도 선진국의 경험을 바탕으로 하여 총요소생산성이 연평균 1.4~1.5%로 증가할 것으로 가정하고 있는데 이것도 결코 쉽게 달성될 수 있는 것은 아니다. 왜냐하면 이는 우리나라의 제도나 구조가 선진국형으로 발전할 것이라는 것을 암묵적으로 가정하고 있기 때문이다. 그런 의미에서 한국개발연구원의 전망치는 낙관적인 면이 없지 않다.

선진국이라고 해서 총요소생산성 증가가 다 높은 것은 아니다. 일본의 경우를 보면 1980년대까지 1~2%를 유지하여 오던 생산성증가율이 1990년대 이후에는 0%대로 급락하고 있다(〈표 12-3〉). 이는 인구의 고령화와 함께 일본경제의 장기침체를 가져온 중요한 요인으로 지적되고 있다. 일본의 생

산성 하락요인으로는 ICT투자의 저조, 조직개편/교육훈련 등 무형자산투자
저조, 산업간 자원배분의 비효율, 경직적인 노동시장관행 등으로 인한 경제
의 신진대사부진이 지적되고 있다.[4] 이러한 일본의 경험으로 비추어 볼 때
여러 부문에 걸친 제도와 구조개혁이 없이는 생산성 증가도 기대하기 어렵
다는 것으로 우리에게도 시사하는 바가 크다.

**표 12-3  일본의 경제성장률과 요인별 성장기여도**  (단위: %, %p)

| | 기간 | 실질GDP | 노동 | 자본 | 생산성 |
|---|---|---|---|---|---|
| IMF(1998) | 1980~1990 | 3.9 | 0.6 | 1.9 | 1.4 |
| | 1991~1997 | 1.7 | −0.3 | 1.4 | 0.6 |
| | − | − | − | − | − |
| Hayashi and Prescott(2002) | 1980~1989 | 4.0 | 0.5 | 1.6 | 1.9 |
| | 1990~1999 | 1.3 | −0.5 | 1.4 | 0.4 |
| | 2000~2009 | − | − | − | − |
| Conference Board(2013) | 1980~1989 | − | − | − | − |
| | 1990~1999 | 1.0 | −0.3 | 1.5 | −0.3 |
| | 2000~2009 | 0.3 | −0.2 | 0.5 | 0.0 |

자료: 권규호·조동철(2014), p.10.

## 제 3 절  정책과제와 방향

위에서 지적한 바와 같이 우리나라는 구조적, 추세적으로 성장률의 둔
화가 불가피하며 이에 따라 우리 경제도 저성장기로 진입할 것으로 전망된
다. 잠재성장률의 둔화가 빠르게 진행되고 있기 때문에 둔화속도를 어떻게
억제하고 조절하느냐가 문제의 핵심적 과제라고 할 수 있다. 앞에서 지적한
바와 같이 잠재성장률의 중심이 요소투입에서 점차 총요소생산성으로 이동

---

4) 보다 자세한 내용에 대해서는 정진승(2015) 참조.

하고 있기 때문에 문제의 핵심은 이에 영향을 주는 요인들을 어떻게 개선하고 향상시키느냐에 있다고 할 수 있다.

노동력공급문제는 해결하기가 쉽지 않다. 저출산문제를 해결하기 위하여 정부는 다각도로 정책을 실시하고 있으나 그 효과는 매우 제한적이고 그렇다고 해서 이민정책을 과감히 시행하기도 어렵다. 자본축적문제도 저축률의 하락과 투자유인환경의 악화로 쉽게 활성화되기가 어렵다. 규제를 풀고 세제상의 유인을 제공할 수 있으나 이의 효과는 단기적이고 제한적일 수밖에 없다. 그렇다고 해서 과거와 같이 저리금융이나 보호를 통해서 특정산업을 지원할 수도 없기 때문에 높은 투자율을 유지하기가 어렵다. 따라서 자본축적의 둔화는 지속될 수밖에 없다.

이러한 관점에서 볼 때 우리 경제가 해결해야 할 과제는 기본적으로 우리 경제의 효율성, 즉 생산성을 올리는데 있는데 이는 중장기적인 측면에서 볼 때 크게 보아 세 가지 문제로 집약될 수 있다. 첫째는 생산성 향상의 핵심요인인 인적자원개발을 효율적으로 추진함으로써 하락하고 있는 물적 자본축적을 어떻게 대체하느냐에 있고 둘째는 연구개발의 효율성을 증대하여 기술개발을 촉진하는 한편 선도형 기술혁신을 어떻게 구현하느냐에 있으며, 셋째로는 제조업 중심의 성장전략이 한계에 왔음을 고려할 때 새로운 성장동력을 어디서 구하고 어떻게 육성하느냐에 있다고 할 수 있다. 따라서 여기서는 이 세 가지 문제에 대하여 간략히 검토하여 보기로 한다.

## 1. 인적자원개발의 효율성 증대

우리나라는 개발초기부터 경제발전에 있어 교육과 인력개발의 중요성을 인식하여 교육과 인력개발정책을 적극적으로 실시함으로써 큰 성과를 거두었다. 이 과정에서 교육과 연구개발활동은 빠르게 팽창하여 왔다. 노동인구 (15~64세)의 평균교육연수는 지난 50년간 세계에서 가장 빠르게 상승하였다. 우리나라의 평균교육연수는 노동인구기준으로 보면 1960년의 4.6년에서 2010

년에는 12.6년으로 상승하여 일본(12.4년)을 포함한 대부분의 선진국들을 추월하였고 미국(13.2년), 뉴질랜드(13.0년) 다음으로 세계 세 번째로 높다.[5]

이와 같은 교육의 양적 팽창은 교육투자의 급증으로 이어져 이미 지적한 바와 같이 사교육비를 포함한 총교육비는 GDP대비 세계 최고수준이다. 그런데 문제는 이러한 양적 팽창에 상응하는 질적 향상이 없다는 것이다. 예컨대 GDP대비 고등교육비는 세계 최고수준이나 대학의 국제경쟁력은 이에 훨씬 미치지 못하고 있다.[6] 2013년 IMD의 국가경쟁력 평가의 교육경쟁력지수(전체 60개국 대상)에 따르면 한국은 25위로 21위의 대만보다도 못하고 대학교육은 41위로 매우 낮다.

또한 상해교통대학이 실시한 세계대학학술평가에 의하면 500위권에 속하는 한국대학은 2004년의 8개교에서 2012년에는 10개교로 증가하였으나 중국은 같은 기간에 8개교에서 28개교로 증가하였다. 일본은 36개교에서 21개교로 감소하였으나 우리나라보다는 거의 3배나 많은 대학이 500위권에 속한다. 대학의 질적 수준을 나타내는 논문수와 피인용 논문수의 비중을 보더라도 우리나라의 대학은 미국, 독일, 프랑스, 일본은 물론 이탈리아, 스페인 등에도 미치지 못한 것으로 나타나고 있다.[7]

대학은 신입생 수능성적에 따라 수직적 차별화가 되고 서열이 매겨져서 하위권 대학으로 갈수록 학생들은 열악한 교육여건에서 질 낮은 교육을 받고 있다. 문제는 이러한 하위권 대학들의 학생이 빠르게 증가함으로써 대학의 양적 팽창은 이루어졌으나 상응한 질적 개선은 이루어지지 못하였다는 것이다. 다시 말하면 교육투자는 확대되었으나 상당부분이 실질적인 인적자본형성에는 기여하지 못함으로써 교육의 거품현상이 발생하였다는 것이다. 대학졸업자의 수는 증가하였지만 노동시장의 수요에 부응하는 질 높은 교육을 받지 못함으로써 투자한 만큼의 보상을 노동시장에서 받지 못하고 있어

---

5) 김용성·이주호(2014), p.15.
6) 1994년 GDP대비 고등교육비는 1.8%로 미국(2.4%) 다음으로 높고 OECD평균(1.3%)보다 훨씬 높다(〈표 10-5〉).
7) 보다 자세한 내용에 대해서는 김용성·이주호(2014), pp.23-35 참조.

대졸자가 고졸 평균임금보다 낮은 보수를 받는 비중이 지속적으로 증가하
였다.8)

이로 인하여 고등교육투자의 사회적 수익률9)은 지난 30년 동안 크게 하
락하고 있다(〈표 12-4〉). 특히 주목되는 것은 전문대학의 투자수익률이 일
반대학보다 낮고 2000년대에 들어와서는 남자의 경우 5~6%대에 머물고 있
는데 이는 OECD 국가들의 8.5% 보다 낮은 수준이다.10)

**표 12-4  고등교육투자의 사회적 수익률**

|  | 전문대학 | | 일반대학 | |
|---|---|---|---|---|
|  | 남자 | 여자 | 남자 | 여자 |
| 1980 | 0.113 | 0.172 | 0.153 | 0.138 |
| 1985 | 0.107 | 0.179 | 0.179 | 0.195 |
| 1990 | 0.088 | 0.132 | 0.142 | 0.150 |
| 1995 | 0.054 | 0.106 | 0.098 | 0.109 |
| 2000 | 0.060 | 0.103 | 0.108 | 0.116 |
| 2005 | 0.051 | 0.078 | 0.112 | 0.106 |
| 2010 | 0.069 | 0.058 | 0.114 | 0.092 |

자료: 김미란 외(2012), p.42.

따라서 이러한 교육의 거품현상을 해소하는 것이야 말로 인적자본형성
을 증대시키고 나아가 잠재성장률 제고를 위한 중요한 정책과제라 하지 않
을 수 없다. 이를 위해서는 부실대학을 퇴출하는 한편 대학의 수평적 다양화
를 통해 특성화를 기하고 자율성을 높여 대학의 경쟁력을 강화하여야 할 것
이다.

우리나라는 그 동안 기능인력 양성보다는 고급기술인력 양성에 중점을

---

8) 34세 이하 4년제 대졸자가 34세 이하 고졸자평균임금보다 낮은 임금을 받는 비율이
   1980년의 3% 수준에서 2011년에는 23% 수준까지 증가하였다. 상게서, p.60.
9) 고등교육으로 인한 직접적인 교육비와 교육기간 동안의 기회비용을 감안한 수익률이다.
   보다 자세한 추계에 대해서는 김미란 외(2012), p.41 참조.
10) 김미란 외(2012), p.42.

둠에 따라 직업교육훈련이 전반적으로 침체되었다. 실업계 고등학교의 학생 비중은 70년대까지는 상승하여 한 때는 50%를 넘었으나 그 이후 지속적으로 하락하여 2012년에는 23.0%까지 하락하였다. 이와 같이 실업계고교가 전반적으로 침체됨으로써 직업교육을 활성화하는데 실패하였고 일반고나 실업고 할 것 없이 졸업생이 취업보다는 진학을 선택하게 하므로 고등교육의 팽창과 수직적 차별화를 가속화시켰다.

또한 평생교육제도의 낙후로 성인들의 학습역량은 크게 떨어지는데 OECD 국가 중에서도 중하위수준인 것으로 평가되고 있다. 예컨대 25세부터 64세까지 직장인의 평생학습참여율은 50.1%로 OECD 평균인 51.2%에도 미치지 못하고 있다. 이러한 이유로 우리나라의 노동생산성성은 OECD 평균보다 크게 낮은 수준이다.[11] 따라서 직업교육훈련을 강화하고 직장인들의 평생교육참여를 확대시킴으로써 노동시장에서의 수직적 수급불균형을 해소하고 생산성을 제고하여야 할 것이다.

## 2. 연구개발활동의 효율성 증대

인적자본형성의 중요한 지표가 되는 연구개발활동도 양적으로는 크게 성장하였다. 고등교육기관의 급성장과 석·박사급 인력의 급증으로 경제활동인구 천명당 연구원수는 2013년 현재 12.4명으로 세계 1위다. GDP대비 R&D지출도 2012년 기준 4.36%로 세계에서 가장 높은 수준이며 국내 총연구개발비(구매력평가기준)도 미국, 중국, 일본, 독일에 이어 세계 5위이다. 그러나 성과는 OECD 평균에도 크게 미치지 못한다. 기술무역수지배율(기술수출/기술수입)은 2010년 기준 0.33배로 OECD 평균 1.31보다 크게 떨어지고 있고 세계 1등 품목수도 2000년의 87개에서 2012년에는 64개로 떨어진 반면 중국은 698개에서 1,485개로 증가하였다. IT융합부문에서도 미국대비 우

---

11) 구매력평가지수로 환산한 명목GDP를 취업자수로 나눈 우리나라의 노동생산성은 2012년 65,820달러로 OECD평균인 82,156달러보다 매우 낮다. 반가운(2015), p.64.

리나라의 기술수준은 2011년의 84.7%에서 2013년에는 83.9%로 떨어지고 있다.[12]

이와 같이 우리나라의 연구개발활동은 양적으로는 크게 팽창하였으나 양적 성장에 상응하는 질적 향상이 없었는데 그 이유로는 다음과 같은 것을 지적할 수 있다.

첫째, 전반적인 고학력화로 고급기술인력의 수급불일치가 심각한 가운데 교육기관이 산업의 수요에 부응하는 인력을 제공하지 못한데 있다. 예컨대 2008~2012년 이공계 박사학위자 중 65%가 박사학위가 필요 없는 직종에서 일하고 있어 고급인력이 제대로 활용되지 못하고 있다. 뿐만 아니라 대졸자 전반에 걸쳐 전공불일치가 매우 심각하다. 2011년 기준 대졸자의 44.9%가 전공과 일치하지 않는 분야에서 일하고 있고 이공계 대졸자의 경우도 23.4%가 전공불일치 분야에서 종사하고 있어 교육투자의 상당부분이 인적자본형성에 기여하지 못하고 있음을 알 수 있다.[13]

둘째, 과학기술인력이 현장산업기술연구를 기피함으로써 혁신인력의 전문성심화가 이루어지지 못하고 있다. 박사급연구자가 기업보다는 출연연구소를, 출연연구소보다는 대학을 선호함으로써 산업(기업)의 혁신역량 제고에 기여를 하지 못하고 있다. 대학이 박사학위 소지자의 3/4을 고용하고 있지만 2010년 전체 연구개발의 10%만을 대학이 수행하는데 이는 OECD 평균의 반정도 밖에 되지 않는다. 또한 기업연구개발의 97.3%가 기업자체에서 수행하고 1.5%만이 대학에서 수행함으로써 대학과 기업간의 연구협력은 매우 빈약한 상태다. 이로 인하여 기업의 기술개발은 거의 전적으로 기업자체의 연구개발에 의존하고 있다. 캐나다와 미국의 경우 기업특허의 9%가 대학과의 협력에서 나온 반면 한국의 기업특허는 5%만이 대학과의 협력에서 나오고 있다.[14]

---

12) 양정호·엄미정(2015), p.50.
13) 우천식(2015), p.19.
14) OECD(2014), pp.72-73 참조.

이와 같이 상대적으로 소수의 고급과학기술인력만이 민간부문에 종사하고 있고 기업과 대학간의 연구협력의 결여로 박사학위 소지자는 많이 배출되었으나 기업의 경쟁력 향상에는 기여를 하지 못하고 있다. 그것도 대부분이 대기업에 종사하고 있어 중소기업의 연구개발에는 도움을 주지 못하고 있다. 2011년 기업연구소는 총 25,291개에 달하나 이 중 중소기업 연구소가 93.8%를 차지하고 있음에도 불구하고 연구인력은 박사 2.58%, 석사 18.45%로 중소기업의 연구인력구조가 매우 취약한 상태다.[15]

이는 대기업과 중소기업간의 생산성 격차를 심화시키는 중요한 요인으로 지적되고 있다. 이러한 문제들을 해결을 위해서는 대학의 질을 향상하고 산·학 연구개발 협력을 촉진하는 한편 대학의 특성화를 통해 수요맞춤형 고등교육이 강조되어야 한다. 기업부설연구소의 연구여건을 개선하여 중소기업의 연구개발을 촉진하여야 할 것이다.

셋째, 출연연구기관의 효율성 증대를 지적할 수 있다. 우리나라의 연구개발정책은 선진국을 추격하는 과정에서 다수의 국책출연연구소를 설립하였으며 이를 통해 선진기술을 습득·개량함으로써 주력산업부문의 기술문제를 해결하는데 크게 기여하였다. 이 과정에서 출연연구소의 규모는 확대되고 정부의 개입과 통제는 심화되었다. 그러나 1990년대부터는 대학과 기업의 R&D 활동이 활발해지면서 기업 및 대학과의 연구영역 중복 및 연구효율성의 문제가 지속적으로 제기되어 왔으나 진전은 별로 없었고 연구성과도 기대에 미치지 못하였다는 것이 일반적 평가다. 최근의 한 연구에 의하면 출연연구소의 연구성과는 지난 10년간 특허, 기술이전 및 기술료, 논문 등 모든 지표에서 대학에 비해 증가율이 낮아지고 있다.[16]

이와 같은 출연연구기관의 낮은 효율성은 우리나라의 국가연구개발사업이 대부분 개별부처의 필요에 따라 하향식으로 이루어짐으로써 효율성이 떨어질 뿐 아니라 단기적 성과에 연구의 초점을 맞춤으로써 미래가 요구하는

---

15) 양정호·엄미정(2015), pp.50-53 참조.
16) 보다 자세한 내용에 대해서는 이주호 외(2013), p.73 참조.

고위험·고가치 연구를 수행할 수 없다. 정부는 그 동안 출연연구소의 자율성과 독립성을 강화하기 위한 노력이 있었지만 큰 성과는 없는 것으로 평가되고 있다. 따라서 미래기술혁신을 선도할 연구를 활성화하기 위해서는 관료통제에서 벗어나 보다 자율성을 부여하도록 하는 출연연구기관의 지배구조를 개편하는 한편 대학 및 기업은 물론 해외연구기관과도 협력을 더욱 적극적으로 강화하는 노력이 필요하다.

## 3. 신성장동력산업의 육성

우리나라는 그 동안 특정산업을 지정하여 육성하는 이른바 industrial targeting 정책을 통하여 상당한 성과를 보였으며 이러한 산업정책은 대체로 1980년대까지 지속되었다고 할 수 있다. 그러나 WTO체제 이후 산업에 대한 직접적인 재정금융상의 지원이 불가능한 반면 연구개발에 대한 간접적 지원만이 가능하게 됨에 따라 산업정책은 기술개발정책으로 변모하게 되었다. 이에 따라 정부는 2000년대부터 기술개발에 초점을 맞춘 새로운 성장산업을 육성하기 시작하였다.

김대중 정부는 2001년 이른바 5대 기술/산업(IT, BT, NT, ET, CT) 등을 육성하고자 하였으며, 노무현 정부는 2003년 10대 성장동력산업을 제시하고 구체적으로 44개 품목, 147개 기술을 명시하였다. 이명박 정부도 2009년 신성장동력 비전 및 발전전략을 발표하면서 녹색기술산업, 첨단융합산업, 고부가서비스산업 등 3대 분야, 17개 신성장동력을 제시하고 이를 육성하기 위한 노력이 있었다. 이러한 노력에도 불구하고 성과는 만족스럽지 못하였다. 물론 반도체, 이동통신기기 등의 IT산업이 90년대 이후 빠르게 성장하였고 2000년대 와서는 디스플레이, 이차전지, 4세대 단말기 등이 주력산업으로 등장하는 등의 성과가 있었으나 소수에 불과하며 그것도 IT산업에 연계된 분야로 새로운 분야는 아니다.[17]

---

17) 김도훈(2015), p.54.

박근혜 정부가 들어와서도 이른바 창조경제발전을 위한 산업생태계 조성에 역점을 두고 미래성장동력을 발굴·육성하기 위한 계획을 발표하였다. 이를 통해 국민소득 4만 달러를 달성한다는 것이다. 이의 구체적 실천을 위해 미래과학부와 산업통상자원부는 각각 13개 미래성장동력의 육성계획을 발표하였다.

미래과학부는 미래성장동력으로 9대 전략산업과 4대 기반산업을 선정하였는데 9대 전략산업으로는 5세대 이동통신, 지능형 로봇, 웨어러블(착용형) 기기, 맞춤형 웰니스(몸과 정신건강관리)케어, 신재생에너지 하이브리드 시스템 등이며, 4대 기반산업은 지능형 반도체, 지능형 사물인터넷, 빅데이터, 융복합 소재가 이에 속한다. 정부는 4대 기반산업을 바탕으로 9대 전략산업이 융합되어 36개의 융복합 신산업을 육성한다는 것이다. 또한 거점지역에 창조경제혁신센터를 건립하여 지역특화전략산업을 위한 벤처 및 창업을 지원하기로 하였다.[18]

산업통상자원부도 비교우위가 있는 제조업에 다양한 신기술을 융합해 핵심기술을 개발하고 새로운 산업생태계를 구현한다는 취지에서 4대 분야 13개 대형융합 프로젝트를 추진하기로 하였다. 웨어러블 스마트 디바이스, 자율주행 자동차, 첨단소재 가공시스템, 국민안전건강 로봇, 탄소소재, 개인맞춤형 건강관리 시스템, 고효율 초소형화 발전시스템 등이 이에 속하며, 이를 통해 우리의 주력산업을 고도화하고 신산업을 창출하여 선진산업강국으로 도약한다는 것이다.[19]

이상에서 본 바와 같이 박근혜 정부도 미래성장동력 육성을 위한 매우 야심찬 계획을 발표하였다. 그러나 이의 타당성 조사 및 자원조달 등 해결해야 할 과제가 적지 않다. 범위가 방대하고 장기에 걸쳐 추진해야 할 대형융합 과제를 안고 있기 때문에 과거의 경험에서 비추어 볼 때 실효성 있는 추진은 쉽지 않을 것으로 보인다. 이명박 정부에서도 야심적인 녹색성장5개년

---

18) 자세한 내용에 대해서는 미래과학부 보도자료, 2014. 3. 7 참조.
19) 자세한 내용에 대해서는 산업통상자원부 보도자료, 2015. 1. 7 참조.

계획을 세워 추진하였으나 별로 큰 성과를 보지 못하였다.[20] 우리나라처럼 5년마다 정권이 바뀌고 새로운 정부가 들어설 때마다 정책의 우선순위가 변하는 것을 고려할 때 정책의 일관성을 유지하기가 어렵기 때문이다.

또한 우리나라와 같은 시장경제체제하에서 정부주도의 신성장동력산업을 선정하고 추진하는 것이 지금과 같은 민간주도의 시장경제하에서 과연 바람직한가의 문제도 제기된다. 물론 어느 정도의 방향제시나 정부지원은 필요하겠지만 너무 구체적인 프로젝트까지 지정하는 것은 문제점이 적지 않다. 시장경제하에서 산업발전의 주체는 기업이기 때문에 기업 스스로 신성장동력을 발굴하는 것이 원칙이며 정부는 이를 위한 제도나 투자환경을 조성하는 한편 창업과 벤처기업을 지원하여 새로운 산업의 육성에 주력함이 바람직하다 하겠다.

## 4. 서비스산업 육성

우리나라는 그 동안 제조업 중심의 공업화전략을 추진하여 왔으며 이를 통해 선진국의 문턱까지 오게 되었다. 제조업은 이제 GDP에서 차자하는 비중이 거의 30%에 달함으로써 제조업강국으로 부상하게 되었다. 그러나 이러한 제조업 중심의 성장전략은 여러 측면에서 한계에 이르게 되었다.

기술의 발달로 제조업은 고용 없는 성장산업으로 전락함으로써 낙수효과(trickle down effect)를 반감시키는 결과를 가져왔으며, 대외개방에 따른 경쟁의 심화와 고비용으로 성장의 한계에 부딪치게 되었다. 제조업의 GDP비중도 최근까지는 상승하였으나 이제 거의 정점에 도달하였다고 볼 수 있어 그 이상의 비중확대는 어려울 것으로 보인다. 물론 제조업도 앞에서 제시한 것처럼 기술혁신을 통해 계속 성장하여야 하겠지만 과거와 같은 성장의 엔진역할을 기대하기는 어렵다. 이와 같이 제조업이 성장의 한계를 나타냄에 따라 서비스산업이 새로운 성장동력의 대안으로 제기되고 있다.

---

20) 자세한 내용에 대해서는 졸저(2012), pp.340-351 참조.

　　서비스산업 육성의 필요성이 제기되는 이유로는 첫째, 서비스산업이 국민경제에서 차지하는 비중이 지속적으로 증가하고 있음을 지적하지 않을 수 없다. 서비스산업은 GDP나 고용에서 차지하는 비중이 지속적으로 증가하고 있고 이와 같은 현상은 선진국의 경험에서 보듯이 앞으로 더욱 증가할 것으로 보인다. 그러나 우리나라의 서비스산업은 고용이나 부가가치에서 차지하는 비중이 선진국에 비하여 아직도 매우 낮다(〈표 12-5〉). 따라서 서비스산업의 성장가능성과 높은 고용유발계수를 고려할 때 고용창출을 위해서도 서비스산업의 육성은 필요한데 서비스업 중에서도 사업서비스의 고용유발계수가 가장 높다(〈표 12-6〉).

**표 12-5　주요국의 서비스업 비중, 2011**　　　　　　　　(단위: %)

|  | 한국 | 미국 | 영국 | 프랑스 | 독일 | 일본 |
|---|---|---|---|---|---|---|
| 고용비중 | 68.9 | 81.1 | 79.7 | 79.7 | 69.9 | 71.7 |
| 부가가치비중 | 57.5 | 78.6 | 76.0 | 79.2 | 68.9 | 71.3 |

자료: OECD, Annual Labor Force Survey 및 National Accounts; 김주훈·조병구(2015), p.8 에서 재인용.

**표 12-6　고용유발계수(2011년 기준)**　　　　(단위: 명/10억원, 경상가격 기준)

| 서비스 | 지식기반서비스[1] | 사업서비스 | 제조업 | 기타산업[2] |
|---|---|---|---|---|
| 12.8 | 12.3 | 15.1 | 5.8 | 8.7 |

주: 1) 통신, 금융보험, 사업서비스.
　　2) 농림어업, 광업, 전기·가스·수도, 건설업.
자료: 한국은행 ECOS.

　　둘째, 서비스산업은 경제 전체의 생산성 증대에 기여함으로써 성장잠재력의 확충을 위해서도 육성이 필요하다. 서비스업은 최종수요로만 이용되지 않고 중간재로도 이용되는데 그 비중은 경제가 발전함에 따라 점점 증대되고 있다. 금융보험, 정보통신, 사업서비스 등 이른바 지식기반서비스(knowledge-based services)21)는 이를 이용하는 기업의 생산성을 올리는 것은 물론 산업 간 이용증대에 따른 외부효과로 경제 전체의 생산성 증대로 이어진다는 것이다. 그러나 우리나라의 경우 서비스업이 중간재로 사용되는 비중은 매우 낮다. 2007년 현재 제조업 생산에서 중간재로 사용되는 서비스업의 비중이 11.9%로 미국, 영국, 독일의 32.1%, 39,1%, 34.9%에 비하여 매우 낮다. 더구나 생산성 증대효과가 큰 지식기반서비스의 비중은 이들 선진 3개국의 경우 각각 15.8%, 12.2%, 13.4%인 반면 우리나라는 4.8%에 불과하다.22)

셋째, 서비스산업의 세계교역량이 상품교역량의 증가율을 상회함으로써 서비스산업이 세계적으로 성장산업으로 등장하고 있다는 점이다. 1980~2010년에 세계상품교역량은 연평균 6.6%가 증가하였으나 서비스교역량은 7.9%나 증가하였는데 이러한 추세는 세계경제의 글로벌화로 앞으로 가속화될 것으로 보인다. 예컨대 세계의료관광시장의 경우 그 규모가 2004년의 400억 달러에서 2012년에는 1,000억 달러로 증가한 것으로 추정되고 있는 등 세계 서비스시장은 크게 확대될 것으로 전망되기 때문이다.23) 우리나라도 같은 기간 동안 서비스수출은 연평균 11.8%나 증가함으로써 상품수출증가율 10.7%를 상회하고 있어 서비스산업이 수출산업으로 발전할 가능성을 보여주고 있다. 2009년 현재 우리나라의 서비스수출은 총수출에서 차지하는 비중이 16.8%로 세계평균인 21%보다도 낮은 수준이기 때문에 우리의 노력여하에 따라 서비스산업이 수출산업으로 성장할 가능성은 충분히 있다.

위에서 지적한 바와 같이 서비스산업은 경제성장과 고용창출 및 수출증대를 위해서도 육성이 필요하다는 것을 지적하였다. 이와 같은 서비스산업의 중요성에도 불구하고 우리나라의 서비스산업은 여러 가지 문제점을 안고 있는데 그 중에서도 낮은 생산성을 지적할 수 있다. 우리나라 서비스산업의 노동생산성은 2008년 기준 미국의 50% 수준, 기타 다른 선진국의 60~70%

---

21) 지식기반서비스는 출판영상방송통신 및 정보서비스업, 금융 및 보험업, 전문과학 및 기술서비스, 사업시설관리 및 사업지원서비스업을 말한다. 김승원 외(2014), p.3.
22) 김승원 외(2014), p.13.
23) KDI정책세미나(2014), p.39.

수준에 머물고 있어 경쟁력이 매우 취약하다(〈표 5-4〉, 〈표 5-5〉).

생산성이 낮은 이유는 규모가 영세한 전통적인 도소매 및 음식숙박업에 고용이 집중되고 있기 때문이다. 2005년 기준 우리나라는 도소매·음식숙박업이 서비스업 고용의 39%를 차지하고 있는데 이는 선진국에 비하여 월등히 높은 반면 금융보험·부동산·사업서비스와 같은 고부가가치 서비스업의 비중은 매우 낮은 편이다(〈표 12-7〉). 이러한 규모의 영세성과 구조의 취약성 외에도 규제가 심하여 투자가 부진하고 경쟁을 통한 효율성 제고가 어렵기 때문이다. 서비스업은 전 산업에 걸쳐 진입규제비율이 제조업을 상회하고 있으며 특히 통신, 교육, 보건사회복지사업 등의 경우 진입장벽이 높다. 2001년 현재 제조업의 진입규제는 20.1%인데 서비스업은 44.2%에 달하며 서비스업의 대외개방도도 미국, EU, 일본 등 선진국에 비하여 낮은 수준이다.[24]

**표 12-7 서비스업 고용구조의 국제비교, 2005** (단위: %)

|  | 한국 | 미국 | 일본 | 스웨덴 |
|---|---|---|---|---|
| 서비스업 | 100.0 | 100.0 | 100.0 | 100.0 |
| 도소매·음식숙박 | 39.0 | 27.8 | 36.3 | 20.2 |
| 운수창고·통신 | 9.6 | 5.6 | 9.1 | 8.3 |
| 금융보험·부동산·사업 | 18.7 | 22.2 | 21.0 | 20.5 |
| 기타 서비스업 | 32.8 | 44.4 | 33.7 | 51.0 |
| (사회서비스업)[1] | (20.2) | (32.4) | (25.3) | (43.9) |
| (개인 등 기타서비스업) | (12.6) | (12.0) | (8.4) | (7.1) |

주: 1) 교육, 보건사회복지, 공공행정·국방 등.
자료: OECD, 정준호·김진웅, 서비스업 고용변화 요인과 시사점(2006)에서 인용.

위에서 지적한 바와 같이 서비스산업은 그 중요성에도 불구하고 여러 가지 구조적 문제점을 안고 있으며 이를 해결하기 위해 정부는 2000년대 초

---

24) 이홍직 외, p.17.

부터 서비스산업 활성화대책을 추진하여 왔다. 2005년에는 지식기반서비스, 생활형서비스, 사회서비스 등 27개 중점육성분야를 선정하고 서비스업 전반의 구조고도화를 위한 정책을 수립·추진하여 왔으며 제도개선 등 진전이 없지는 않았다. 그러나 교육, 의료, 관광 등 유망서비스업 육성을 위한 규제개혁과 개방 등 기본적인 시장환경 개선은 이익집단들의 저항으로 큰 진전을 보지 못하고 있다.

2015년 6월 현재 규제정보포털에 등록된 총 규제 수는 6,378건인데, 이중 서비스산업과 연관된 규제가 3,443건으로 전체 규제의 54%에 달하고 있어 여타 산업에 비하여 서비스산업에 대한 규제가 많은 편이다. 특히 금융보험업, 운송창고업, 교육서비스업, 의료보건복지서비스, 방송정보통신, 부동산업에 대한 규제가 집중되고 있어 서비스산업의 활성화에 큰 장애요인으로 작용하고 있다.[25]

서비스산업을 육성하기 위해서는 규제개혁과 대외개방을 통해 경쟁력을 강화해야 한다. 우리나라는 그 동안 제조업에 유리한 투자환경으로 투자의 제조업 편중현상이 심화되었고 이는 제조업과 서비스업간 생산성 격차를 확대시켜온 중요한 요인으로 지적되고 있다. 따라서 산업간 균형성장과 양질의 고용창출을 위해서도 진입제한 등 과도한 규제를 철폐하여 서비스업에 대한 투자를 활성화 시키는 것이 중요하다. 특히 의료, 관광, 사업서비스 등 고부가가치 서비스업에 대한 투자유치와 대외개방을 확대하여 서비스산업의 경쟁력을 강화하여야 할 것이다.

## 제4절  요약 및 시사점

우리나라는 외환위기 이후 성장의 둔화, 중산층의 몰락, 소득분배의 양극화, 세계경제의 침체 등 대내외적으로 심각한 도전에 직면하고 있다. 성장

---

25) 박정수(2015), p.106.

을 뒷받침하였던 자본축적과 노동력의 공급이 크게 떨어지고 있고 생산성마저 지지부진하여 전망이 밝지 못할 뿐 아니라 저출산과 인구의 고령화를 고려할 때 구조적으로 우리 경제는 저성장기에 진입할 것이 불가피할 것으로 보인다. 문제는 추락하는 성장동력을 다소나마 멈추게 함으로써 어느 정도의 성장을 유지하느냐에 있다. 분배문제도 시장경제하에서는 성장이 지속되지 않는 한 해결될 수가 없기 때문에 3~4%의 성장은 필요하나 이 또한 쉽지 않다.

특히 우려되는 것은 저출산과 급속한 고령화로 잠재성장률이 지속적으로 하락하고 있어 일본의 전철을 밟을 가능성이 크다는 점이다. 우리나라는 일본의 공업화정책을 모방함으로써 중화학공업을 수출산업으로 육성하는데 성공하였고 이를 바탕으로 높은 성장을 유지할 수 있었다. 그러나 이들 산업이 성숙기에 접어들고 중국 등 후발개도국의 도전과 국내의 고비용으로 경쟁력은 급격하게 떨어지고 있으나 이를 대체할 새로운 산업은 나타나지 않고 있다.

2000년대 들어오면서 정부는 신성장동력산업 육성을 위한 노력이 있었으나 정권교체에 따른 정책의 일관성 결여로 별로 큰 성과를 거두지 못하였다. 국내외 경제환경의 악화로 투자가 부진한 가운데 교육의 거품현상과 연구개발투자의 비효율로 생산성 향상도 부진하였다. 이에 더하여 세계경제의 경기침체가 장기화되면서 우리 경제는 저성장이 지속되고 있다. 더욱 심각한 것은 투자율, 저축률의 하락이 전망된 데다가 저출산과 인구의 고령화로 잠재성장률이 지속적으로 하락할 것으로 전망되고 있기 때문이다.

오늘날 우리 경제가 안고 있는 이러한 문제들은 기본적으로 장기적이며 구조적이고 제도적인 문제로 단기에 해결될 수 있는 문제가 아니다. 따라서 우리는 중장기적인 관점에서 인내심을 갖고 잠재성장률을 제고하는데 역점을 두어야 할 것이다. 특히 과거와 같이 물적 및 인적인 양적 투입에 의한 성장은 한계에 왔기 때문에 질적 성장, 즉 우리 경제 전체의 효율성 증대에 역점을 두어야 할 것이다.

이를 위해서는 효율적인 인적자본형성을 촉진함으로써 하락하는 물적자본형성을 대체하는 것이 무엇보다 중요하며 이와 아울러 연구개발투자의 효율성을 높여 우리 산업의 경쟁력을 향상시키고 새로운 성장동력을 발굴·육성하여야 한다. 또한 제조업의 성장이 한계에 왔음을 고려할 때 서비스산업을 육성하여 성장의 돌파구를 찾을 필요가 있다.

이러한 중장기적인 문제 외에도 우리가 해결해야 할 과제가 적지 않다. 우리의 대외개방은 선진국과 별로 큰 차이가 없으나 개방화의 이점은 생각보다 크지 않다. 외국에서 들어오는 투자보다는 나가는 투자가 몇 배나 커서 생산과 고용창출효과는 기대보다 크지 않다. 예컨대 지난 5년간(2009~2014) 국내에 들어온 외국인직접투자는 880억 달러인데 이보다 거의 2배가 많은 1,572억 달러가 해외직접투자로 유출되었다.

이는 수도권규제를 비롯한 각종 기업규제가 국내기업의 공장 신·증설 투자는 물론 외국기업의 국내투자를 어렵게 하고 있기 때문이다. 우리나라의 상품시장규제는 OECD 국가 중에서도 이스라엘 다음으로 두 번째로 높은 것으로 평가되고 있다.[26] 따라서 투자를 저해하는 각종 규제를 철폐하여 투자를 활성화하여야 할 것이다.

노동시장의 경직성도 이에 적지 않은 영향을 미쳤다. 우리나라의 노동시장은 정규직에 대한 과보호로 정규직과 비정규직간의 양극화로 이중구조가 심화되고 있다. 정규직의 해고는 어렵기 때문에 기업은 비정규직을 선호하여 비정규직 고용만 크게 늘어났다. 2012년 현재 비정규직 고용은 전체 고용의 1/3이나 되는데 OECD 국가에서도 네 번째로 높다.[27] 이와 같은 노동시장의 경직성은 산업간 인적자원의 효율적 배분을 어렵게 함으로써 기업의 투자와 생산성 증대를 저해하고 있다. 따라서 노동시장의 유연성 확보가 시급한 과제다.

또한 대기업은 규제의 대상인 반면 중소기업은 보호의 대상으로 인식됨

---

26) OECD(2014), p.78.

27) OECD(2014), p.80.

으로써 중소기업은 중소기업에 안주하고자 하고 있고 이로 인하여 비능률적인 중소기업, 이른바 좀비기업을 양산시키는 결과를 가져왔다. 중소기업의 1/3 정도는 100% 이하의 이자보상비율을 보이고 있어 영업이익을 가지고 이자를 갚지 못할 정도로 부실하다. 이는 중소기업에 대한 과보호에 기인하는 것으로 중소기업의 경쟁력 향상과 성장을 위해서도 결코 바람직하지 못하다. 따라서 중소기업의 육성을 소극적인 보호의 측면에서 볼 것이 아니라 경쟁력 향상이란 적극적인 면에서 접근함으로써 지원체계를 재조정하여야 할 것이다.

이러한 비효율과 부실문제는 중소기업에만 그치지 않고 조선, 건설, 철강업 등 대기업에까지 확대되고 있을 뿐 아니라 공공부문, 금융부문 등 우리 경제의 도처에 산재하고 있어 성장의 걸림돌로 작용하고 있다.

이상에서 지적한 바와 같이 우리 경제는 여러 부문에 걸쳐 구조개혁이 필요하며 구조개혁 없이는 한국경제는 추락하는 성장잠재력의 복원이 어려울 것으로 보인다. 지금까지도 이러한 문제인식이 없었던 것은 아니나 정치적 논리와 이익집단간 이해관계의 충돌로 해결하지 못하였다. 어떻게 보면 오늘날 우리가 안고 있는 문제는 경제내적 문제보다 경제외적 문제가 더 심각하다고 할 수 있다. 이러한 문제가 해결되지 않는 한 한국경제의 앞날도 결코 밝지 못하다. 우리가 당면하고 있는 문제들이 1990년대 초 일본경제가 직면하였던 것과 유사한 점이 많고 특히 일본의 잃어버린 20년이 구조개혁의 실패에 있다는 교훈은 우리에게도 시사하는 바가 크다고 하겠다.

# 참고문헌

강광하 외, 「한국고도성장기의 정책결정체계」, 한국개발연구원, 2008.

강선민, 「대규모기업집단의 국민경제적 비중」, 『한국의 대기업정책』, 한국경제연구원, 2007.

강성국 외, 「한국교육60년 성장에 대한 지표분석」, 한국교육개발원, 2005.

고영선 외, 「경제위기 10년: 평과와 과제」, 한국개발연구원, 2007.

고영선, 「한국경제의 성장과 정부의 역할: 과거, 현재, 미래」, 한국개발연구원, 2008.

권규호, 「저축률과 투자율, 경상수지: 인구구조의 변화를 중심으로」, 조동철 편, 『우리경제의 역동성: 일본과의 비교를 중심으로』, KDI, 2014.

권규호·조동철, 「20년 전의 일본, 오늘의 한국 인구구조고령화와 경제역동성 저하」, 조동철 편, 『우리경제의 역동성: 일본과의 비교를 중심으로』, KDI, 2014.

권원기, 「과학한국, 그 꿈을 위한 선택」, 디플랜네트워크, 2014.

김광석, 「우리나라의 산업·무역정책 전개과정」, 세계경제연구원, 2001.

김도훈, 「미래의 성장동력모색을 위한 과제와 해법」, 한국경제포럼, 제8권 제2호, 한국경제학회, 2015.

김동석 외, 「한국경제의 성장요인 분석: 1963~2000」, 한국개발연구원, 2002.

김미란 외, 「직업교육투자의 사회경제적 효과분석」, 한국직업능력개발원, 2012.

김병주, 「금융제도와 금융정책」, 차동세·김광석 편, 『한국경제 반세기』, 한국개발연구원, 1995.

김복순, 「2014년 임금동향과 2015년 임금전망」, 한국노동연구원, 2015.

김성태 외, 「한국의 장기 거시경제변수 전망」, 한국개발연구원, 2013.

김수곤, 「내가 본 노동행정」, 『노동행정사』, 노동부, 2007.

김승원·황광명, 「서비스업발전을 통한 내외수 균형성장: 기대효과 및 리스크」, 경제연구원, 한국은행, 2014.

김승진 외, 「위기극복 이후 한국경제의 성장동력」, 한국개발연구원, 2000.

김영봉·N. F. 맥긴 외, 「한국의 교육과 경제발전」, 한국개발연구원, 1980.

김영우 외, 「한국과학기술정책50년의 발자취」, 과학기술정책관리연구소, 1997.

김영화 외, 「한국의 교육과 국가발전」, 한국교육개발원, 1997.

김적교, 「1970년대 초의 개발계획과 장기비존」, 『KDI 정책사례연구』, 한국개발연구원, 2003.

김적교, 「경제정책론」, 제3개정판, 박영사, 2008.

김적교, 「빈곤층과 비빈곤층간의 소득분배」, 『경제연구』, 제8권 제2호, 한양대학교 경제연구소, 1987.

김적교, 「시장경제의 윤리적 기초」, 『국제경제연구』, 제5권 제2호, 1999.

김적교 외, 「한국 대만 일본의 제조업생산성분석」, 한양대학교 경제연구소, 1984.

김적교·김상호, 「독일의 사회적 시장경제」, 한국경제연구원, 1997.

김정렴, 「한국경제정책30년사」, 중앙일보, 1990.

김주훈, 「중소기업의 구조조정과 혁신능력의 제고」, 『혁신주도형 경제로의 전환에 있어서 중소기업의 역할』, 한국개발연구원, 2005.

김현종, 「혁신형 중소기업확대 및 중견기업육성」, 『글로벌경제위기이후 한국경제의 발전 방향』, 제2권, 한국개발연구원, 2010.

대통령비서실, 「한국경제의 어제와 오늘」, 1975.

문팔용, 「농산물가격정책의 전개」, 『한국농업의 근대화과정』, 한국농촌경제연구원, 1980.

박정수, 「서비스산업 규제개혁의 추진성과와 향후과제」, 규제연구, 제24권, 2015년 9월.

반성환, 「농업생산 및 생산성의 성장과 요인」, 『한국농업의 근대화과정』, 한국농촌경제연구원, 1980.

산업자원부, 「한국의 수입」, 2003.

삼성경제연구소, 「SERI 경제포커스」, 2009. 8. 4.

성명재, 「한국의 소득분배: 현황, 정책효과, 국제비교」, 정책제안 14-02, 자유경제원, 2014.

송인상, 「부흥과 성장」, 21세기북스, 1994.

안종직, 「우리나라경제의 나아갈 방향」, 동아출판사, 1962.

양정호·엄미정, 「미래인재 및 창조적 인재육성을 위한 정책과제」, 『학습사회구현과 인적자원 고도화를 위한 정책방향과 과제』, KDI, 2015. 7. 22.

여유진 외, 「빈곤과 불평등의 동향 및 요인분해」, 한국보건사회연구원, 2005.

우천식, 「인적자원 고도화를 위한 정책방향과 과제」, 중장기 경제발전전략 정책세미나, KDI, 2015. 7. 22.

원종학, 「소득계층 이동의 원인과 정책적 대응방안」, 재정포럼, 2013. 8.

유경준, 「우리나라 빈곤변화 추이와 요인 분석」, KDI정책포럼 제215호, 2009. 7. 13.

유경준·김대일, 「소득분배 국제비교와 빈곤연구」, 한국개발연구원, 2003.

윤덕룡 외, 「금융개방의 경제적효과와 과제」, 대외경제정책연구원, 2008.

이규억, 「시장구조와 독과점규제」, 한국개발연구원, 1977.

이규억·윤창호, 「산업조직론」, 법문사, 1993.

이대근, 「해방후-1950년대의 경제」, 삼성경제연구소, 2002.

이재형, 「우리산업의 경쟁구조와 산업집중분석: 광공업 및 서비스산업을 대상으로」, 한국개발연구원, 2007.

이재형, 「한국의 산업조직과 시장구조」, 한국개발연구원, 2013.

이정우, 「소득분배」, 『한국경제론』, 변형윤 편, 유풍출판사, 1992.

이주호 외, 「국가연구개발체제의 진단」, 김기완·이주호 편, 「국가연구개발체제 혁신방안 연구」, 한국개발연구원, 2013.

이주호 외, 「한국은 인적자본 일등국가인가?」, 김용성·이주호 편, 『인적자본정책의 새로운 방향에 대한 종합연구』, KDI, 2014.

이철희, 「한국의 자동차공업」, 한국개발연구원, 1980.

이홍직·장준영, 「서비스업의 성장부진 요인분석」, 한은조사연구, 한국은행, 2007.

장수명 외, 「국가 및 산업경쟁력제고를 위한 교육의 역할」, 한국교육개발원, 2004.

전상근, 「한국의 과학기술개발」, 도서출판 삶과 꿈, 2010.

정진성, 「구조개혁과 일본형 경제시스템의 변화」, KDI 정책세미나, 2015. 8. 27.

조동철, 「우리경제, 일본의 잃어버린 20년, 답습할 것인가?」, KDI 정책세미나, 2015. 8. 27.

조병규·김주훈, 「노동수요창출을 위한 제도개선방안」, 고령화시대 정책세미나, 한국개발연구원, 2015. 7. 21.

주현, 「중소기업정책의 방향 및 과제」, 『선진일류국가를 위한 비전』, 경제·인문사회연구원, 2008.

중소기업은행, 「중소기업은행30년사」, 1991.

최강식, 「노동시장유연성제고」, 『글로벌금융위기 이후 한국경제의 발전방향』, 제1권, 한국개발연구원, 2010.

최광·권순원, 「복지 및 분배정책」, 차동세·김광석 편, 『한국경제 반세기』, 한국개발연구원, 1995.

통계청, 「가계동향조사」, 각년도.

통계청, 「통계로 본 한국의 발자취」, 1995.

한국개발연구원, 「한국의 산업경쟁력 종합연구」, 한국개발연구원, 2003.

한국개발연구원, 「한국의 산업경쟁력 종합연구-통계자료집」, 2003.

한국경제60년사 편찬위원회, 「한국경제60년사-국토·환경」, 2010.

한국경제60년사 편찬위원회, 「한국경제60년사-경제일반」, 2010.

한국경제60년사 편찬위원회, 「한국경제60년사-대외경제」, 2010.

한국경제60년사 편찬위원회, 「한국경제60년사-사회복지·보건」, 2010.

한국경제60년사 편찬위원회, 「한국경제60년사-산업」, 2010.

한국경제60년사 편찬위원회, 「한국경제60년사-총괄편」, 2011.

한국교육개발원, 「한국의 교육지표」, 1997.

한국무역협회, 「한국의 무역, 어제와 오늘」, 1993.

한국보건사회연구원, 2005년 빈곤통계연보, 2005.

한국보건사회연구원, 2011년 빈곤통계연보, 2011.

한국보건사회연구원, 2014년 빈곤통계연보, 2014.

한국산업기술재단, 「한국의 산업기술혁신맵」, 2008.

한국산업연구원, 「중소기업 고유업종제도의 합리적 개선방안」, 1999.

한국산업은행, 「자본재산업의 장기발전전망」, 1989.

한국산업은행, 「한국산업은행50년사」, 2004.

한국은행, 「경제통계연보」, 1960.

한국은행, 「국민계정 2009」, 2009.

한국은행, 경제통계시스템.

한진희 외, 「한국경제의 잠재성장률 전망: 2003~2012」, 한국개발연구원, 2002.

한홍열, 「우리나라 시장개방의 특징과 효과」, 대외경제정책연구원, 1993.

황병태, 「박정희 패러다임」, 조선뉴스프레스, 2011.

황수경, 「서비스업의 고용창출과 노동생산성」.

황인학, 「경제력 집중: 한국적인식의 문제점」, 한국경제연구원, 1997.

황인학·최원락, 「경제력집중 규제론, 무엇이 문제인가」, 규제연구 제22권, 제2호, 2013.


Amsden, Alice H., Asia's Next Giant, Oxford University Press, 1989.

Amsden, Alice H., "Diffusion of Development: The Late-Industrializing Model and Greater East Asia", The American Economic Review, Vol. 81, No. 2, May. 1991.

Bahl, Roy, Chuk Kyo Kim, Chong Kee Park, Public Finance During the Korean Modernization Process, Harvard University Press, 1986.

Balassa, Bela, "A Stages' Approach to Comparative Advantage", in B. Balassa(ed.), The Newly Industrializing Countries in the World Economy, Pergamon Press, 1981.

Balassa, Bela, "Korea's Development Strategy", in Jene K. Kwon(ed.), Korean Economic Development, Greenwood Press, 1990.

Balassa, Bela, "The Process of Industrial Development and Alternative Development Strategies", in B. Balassa(ed.), The Newly Industrializing Countries in the World Economy, Pergamon Press, 1981.

Cho, Soon, The Dynamics of Korean Economic Development, Institute for International Economics, 1994.

Chung, Ki-Whan, "Rural Development Policies in Korea: Policy Measures, Effects and Issues for Remain During 1960~1995", Paper presented in Seminar on Korean Experience of Economic Development: Enforcing Rural Economic Activities in Cambodia, Korea Development Institute, March 2002.

Fields, G. S., "Who benefits from Economic Development?-Reexamination of Brazilian Growth in the 1960s", American Economic Review, Sep. 1977.

Frank, Jr, Charles R., Kwang Suk Kim, and Larry Westphal, Foreign Trade Regimes and Economic Development: South Korea, National Bureau of Economic Research, New York, 1975.

Haggard, Stephan, The Politics of Growth in the Newly Industrializing Countries, Cornell University Press, 1990.

Hirschman, A. O., "The Changing Tolerance for Income Inequality in the Course of Economic Development", Quarterly Journal of Economics, Nov. 1973.

Hong, Wontack, "Export Promotion and Employment Growth", in Wontack Hong. Trade and Growth, Kudara International, 1994.

Hong, Wontack, "Import Restriction and Liberalization", in Lawrence B. Krause & Kim Kihwan(eds.), Liberalization in the Process of Economic Development, University of California Press, 1991.

Johnson, Chalmers, "What is the Best System of National Economic Management for Korea", Institute of Public Policy Studies, Seoul, October 11, 1991.

Kim, Chuk Kyo(1972), "Productivity Analysis of Korean Export Industries" 개관기념 심포지움 발표논문집, 한국개발연구원, 1972. 7.

Kim, Chuk Kyo(1997), "Development of Industrial Subcontracting in Korea", in Chuk Kyo Kim(ed.), Korea's Development Policy Experience and Implications for Developing Countries, KIEP, 2008.

Kim, Chuk Kyo(1994), "Evolution of Science and Technology Policy in Korea", in Chuk Kyo Kim(ed.), Korea's Development Policy Experience and Implications for Developing Countries, KIEP, 2008.

Kim, Chuk Kyo(1983), "Industrial Growth and Productivity Change in Korea", Chuk Kyo Kim(ed.), Korea's Development Policy Experience and Implications for Developing Countries, KIEP, 2008.

Kim, Chuk Kyo(1993), "SMEs Development, SMEs Policy Approaches, Achievements and Constraints in the Republic of Korea", in Chuk Kyo Kim(ed.), Korea's Development Policy Experience and Implications for Developing Countries, KIEP, 2008.

Kim, Chuk Kyo(1977), "The Growth Pattern of Central Government Expenditure", in Chuk Kyo Kim(ed.), Planning Model and Macroeconomic Policy Issues, KDI.

Kim, Eun Mee, "Contradictions and Limits of a Developmental State: with Illustrations from the South Korean Case", University of Southern California, January 1992, mimeo.

Kim, Jae Won, "Initial and Further Vocational Training in Korea", A paper presented in Korean-German-Japanese Symposium on Technological Development and Vocational Education and Training, Kyung Hee University, Nov. 1986.

Kim, Kwang Suk and Michael Roemer, Growth and Structural Transformation, Harvard University Press, 1979.

Krueger, Anne O., "Industrial Development and Liberalization", in Lawrence B. Krause & Kim Kihwan(eds.), Liberalization in the Process of Economic Development, University of California Press, 1991.

Krueger, Anne O., The Developmental Role of the Foreign Sector and Aid, Harvard University Press, 1979.

Krueger, Anne O. and Jungho Yoo, "Falling Profitability, Higher Borrowing

Costs, and Caebol Fiances During the Korean Crisis" in David T. Coe and Se Jik Kim(eds.), Korean Crisis and Recovery, IMF and KIEP, 2002.

Lee, Suk-Chae, "The Heavy and Chemical Industries Promotion Plan", in Lee-Jay Cho and Yoon Hyung Kim(eds.), Economic Development in the Republic of Korea, University of Hawaii Press, 1991.

Lewis, W. Arthur, The Theory of Economic Growth, Homewood, Illinois, 1955.

Moreira, Mauricio Mesquita, Industrialization, Trade and Market Failures, St. Martins's Press, 1995.

OECD, In It Together(Why Less Inequality Benefit All), 2015.

OECD, OECD, Economic Surveys Korea, June 2014.

OECD, OECD Science, Technology and Industry Scoreboard, OECD, 2007.

Stern, Joseph J., Ji-hong Kim, Dwight H. Perkins, Jung-ho Yoo, Industrialization and the State: The Korean Heavy and Chemical Industry Drive, HIID, 1995.

Suh, Sang-Mok and Ha-Cheong Yeon, Social Welfare during the Structural Adjustment Period in Korea, Working Paper 8604, KDI, 1986.

Suh, Suk Tai, Import Substitution and Economic Development in Korea, Working Paper 7519, KDI, 1975.

The World Bank, The East Asian Miracle, Oxford University Press, 1993.

# 찾아보기

## 국문

# 영문

## 저자 약력

서울대학교 상과대학(경제학학사)
미국 Vanderbilt대학교(경제학석사)
화란 사회과학원(ISS) 경제기획 Diploma
독일 Bochum대학교(경제학박사)
한국개발연구원(KDI) 수석연구원, 연구2부장
국제경제연구원(현 산업연구원) 부원장
대외경제정책연구원 초대원장
독일 Bochum대학교, Duisburg대학교 초빙교수
경희대학교 국제대학원 초빙교수
국제경제학회 회장
한양대학교 상경대학 경제학부교수, 경제연구소장, 경영대학원원장
경제기획원, 재무부, 상공부, 과학기술처, 재정경제부 정책자문위원
한국은행, 산업은행 자문위원
UNDP, UNIDO, ADB, UNSFIR Consultant
현 한양대학교 경제금융대학 명예교수

## 주요 저서

Wirtschaftswachstum und Kapitalkoefficient, Bertelsmann Universitaetsverlag, 1972

Planning Model and Macroeconomic Policy Issues(ed), Essays on the Korean Economy vol.1, KDI, 1977

Industrial and Social Development Issues(ed), Essays on the Korean Economy, vol II, KDI, 1977

Public Finance During the Korean Modernization Process(coauthor), Harvard University Press, 1986

Korea's Development Policy Experience and Implications for Developing Countries, KIEP, 2008

우리나라 제조업의 생산성분석, 한국개발연구원, 1979

한국, 대만, 일본의 제조업생산성분석(공저), 한양대학교 경제연구소, 1984

연구개발과 시장구조 및 생산성(공저), 한국개발연구원, 1989

독일의 사회적 시장경제(공저), 한국경제연구원, 1999

한국의 경제발전, 박영사, 2012

경제정책론, 제4개정판, 박영사, 2013 외 다수

제 2 판
한국의 경제발전

| | |
|---|---|
| 초판발행 | 2012년 9월 20일 |
| 제2판인쇄 | 2016년 1월 20일 |
| 제2판발행 | 2016년 1월 30일 |

| | |
|---|---|
| 지은이 | 김적교 |
| 펴낸이 | 안종만 |

| | |
|---|---|
| 편 집 | 김효선 |
| 기획/마케팅 | 이영조 |
| 표지디자인 | 권효진 |
| 제 작 | 우인도·고철민 |

| | |
|---|---|
| 펴낸곳 | (주) **박영시** |
| | 서울특별시 종로구 새문안로3길 36, 1601 |
| | 등록 1959. 3. 11. 제300-1959-1호(倫) |
| 전 화 | 02)733-6771 |
| f a x | 02)736-4818 |
| e-mail | pys@pybook.co.kr |
| homepage | www.pybook.co.kr |
| ISBN | 979-11-303-0272-0 93320 |

정 가     23,000원